Gerd Pohlenz

„Wert und Sinn": Prinzip der Realität und der Geschichte

PHILOSOPHIE
Forschung und Wissenschaft

Band 25

LIT

Gerd Pohlenz

„Wert und Sinn": Prinzip der Realität und der Geschichte

Warum die Moderne und die Wissenschaften von der Antike einander brauchen

LIT

Bibliografische Information der Deutschen Nationalbibliothek
Die Deutsche Nationalbibliothek verzeichnet diese Publikation in der Deutschen Nationalbibliografie; detaillierte bibliografische Daten sind im Internet über http://dnb.d-nb.de abrufbar.

ISBN 978-3-8258-9301-9

© LIT VERLAG Dr. W. Hopf Berlin 2007
Dietrich-Bonhoeffer-Haus
Ziegelstr. 30
D-10177 Berlin

Auslieferung:
LIT Verlag Fresnostr. 2, D-48159 Münster
Tel. +49 (0) 2 51/620 32 - 22, Fax +49 (0) 2 51/922 60 99, e-Mail: lit@lit-verlag.de

INHALTSVERZEICHNIS

Vorwort .... I - VII

Einleitung
1. Die Bürger von Schilda als Spiegel der Moderne 1
2. Philosophie als Medium wechselseitiger wissenschaft-
   licher Beleuchtung von Antike und die Moderne 3

1. Teil
**Geschichte der Wissenschaft als Ansatz
für ein genuin philosophisches Konzept
der phänomenalen Welt und der Praxis** 9

A. Zur Struktur der Wissenschaftsgeschichte 11
B. Sind naturwissenschaftliche Theorien der (Farb-)
   Wahrnehmung die (am) besten (bestätigten)? 16
C. Das ethische Motiv
   I. Das ethische Motiv und seine spezielle ‚Theorie' 31
   II. Ist das ethische Motiv (un)abhängig von Theorie? 34
   III. Ethisches Motiv, Sinn und Autonomie 36

2. Teil
**Ist ein wertbesetztes Selbstverständnis der Mensch-
heit als ein allgemeinhistorisches Prinzip denkbar?
Geschichte im Kontext des archaischen Kulturtyps** 39

3. Teil (*Hauptteil*)
**Skizze einer ‚Theorie' zur Wert- und
Sinn-Struktur der phänomenalen Welt** 49

A. Physikalisches und philosophisches Forschen
   in systematisch-historischer Sicht 51
   I. Skizze des genuin physikalischen Forschungstyps 51
   II. Der genuin philosophische Forschungstypus 55
B. „Verstehen, was schon offen vor unseren Augen liegt":
   Wittgenstein als sprachkritischer Realist der phänomena-
   len Welt und Rahmen einer konsequenten Grenztheorie 63
C. ‚Nichtfunktionaler' und genuin physikalischer Weltaspekt.
   Zum systematisch-philosophischen Kontext der Werte 70
   I. Der nichtfunktionale (metaphysikalische) Weltaspekt.
      Beispiel Farben 70
   II. Wert- und ‚Sinn' als Kern des nichtfunktionalen Weltaspektes 72
   III. Absolutheit, grenztheoretische Beschreibung und Handeln 74
   IV. Der falsche Schein methodologischer Privatheit:
       Wittgensteins Sprachspiel-Konzept 74
   V. Erkenntnistheoretische Implikationen.
      Der nichtfunktionale Weltaspekt als Grenz*bereich* der Welt 76
   VI. Das metaphysikalische Erscheinen der Welt 76
   VII. Wie beide Weltaspekte auch sonst einander gemäß sind:
        Korrespondenzprinzip und Interaktion von Leib und Seele
        in der Perspektive des nichtfunktionalen Weltaspektes 78
   VIII. Seelisches 81
   IX. Die ontologische und die ideelle Ebene der ‚Sinn'-Struktur 83
   X. Der Implikationszusammenhang der phänomenalen Welt 83
   XI. Wie weit ist ‚Sinn' *auch* als von
       der Welt Getrenntes denkbar? 85
   XII. Geist 85

XIII. Zur Rolle des Perspektivenwechsels:
Seele, Leib, Intersubjektivität 87
XIV. Zur Rolle des Perspektivenwechsels:
Gefühle, ethisches Motiv und verantwortliche Freiheit 89
XV. Bewusstsein - Welt - Bioevolution - Geschichte 91
XVI. Zur inneren Konsequenz der Wissenschaftsgeschichte 92
XVII. Freiheit 93
D. Zwei Varianten oder Ebenen transzendentaler Theorie 95
E. Dreiundzwanzig Schlussworte 101

4. Teil
Grundstrukturen der Geschichte im Lichte
der Antike und der modernen Wissenschaft 113
Prolog 115
A. Die Rolle der Antike in unserem Geschichtsbewusst-
sein und die Aporetik des Basis-Überbau-Modells 116
I. Zum Ort der Antike in unserem Bildungswesen 116
II. ‚Basis und Überbau' 117
III. Das Basis-Überbau-Modell –
eine methodologische, kulturelle und politische Falle? 118
IV. Philosophie als historisches Feld konstruktiver Skepsis 119
B. Naturwissenschaft als fundamentale Theorie der ‚Basis' 120
I. Die Mehrdeutigkeit der materiellen Basis 120
II. Das Fehlen der Wertethematik und ihrer
philosophiegeschichtlichen Kontinuität 120
III. Die Spiegelung des Dilemmas in der jüngsten Geschichte 122
C. Argumente für ein modernes Strukturmodell der Geschichte 124
I. Ein historiogenetisches Argument: antikes Athen als Milieu
der Entstehung des *Anscheins* einer Basis-Überbau-Struktur 124
II. Archaisch-ethnozentrischer und reflektierender Kulturtyp –
Ansatzpunkt für ein neues Modell der Geschichte 125
III. Konsequenzen für die Sicht des antiken
Europas und der folgenden Geschichte 126
IV. Schluss: *Der reflektierende Kulturtyp braucht halt seine Zeit* 129
D. Praktisch-organisatorische Aspekte der Geistesgeschichte 131
I. Schulbildungen als praktische Organisationsform philoso-
phischen Arbeitens und Gefahren moderner Verhärtungen 131
II. Die methodologische Deutung der Schulbildung – Stütze für
das Konzept eines spezifisch neuzeitlich-modernen Weges zu
einer integrierten philosophischen Theorie 133
III. Der biologische Aspekt mensch(heit)licher Autonomie
als notwendiger Teil der Sinn-Struktur unserer Welt 134
IV. Der biologische Aspekt des wissenschaftlichen Motivs 135
E. Epilog. *„Nichts an der Stelle frühe-
rer normativer Geltung der Antike"*? 137

5. Teil
Abschließende Überlegungen. Werbung für künftige
Philosophie als Leitwissenschaft und Lebensweisheit 143
I. 145
II. 147
III. Statt einer Zusammenfassung des Buches 194

Letzte Meldungen zu den Schildbürgern 229

ANHANG
I. Systematisch-historischer Überblick nach *Personen* und *Sachthemen* 233
II. Literaturverzeichnis 244
III. Personenverzeichnis 247

Vorwort

1

Die Jahre unmittelbar nach dem 2. Weltkrieg waren bekanntlich für viele Deutsche Jahre des Hungers, doch sehr bald regte sich auch ein starkes Verlangen nach Kultur (im weiten Sinne). Wohl auch daraus und nicht zuletzt aus der Stimmung des Auf- und Durchatmens erklärt sich die damals verbreitete, auch in den folgenden Jahren anhaltende Abneigung oder Zurückhaltung von – gar hitzig diskutierten – weltanschaulichen und theoretischen Grundfragen. Das gilt besonders für meine fortgeschrittene Schulzeit im niedersächsischen Hildesheim (Einschulung 1950). Vielleicht gerade auch deswegen regte dieses Klima mein Interesse an solchen Grundfragen an. – Insgesamt erscheinen mir das kulturelle Interesse sowie das geistig wie auch personell relativ liberale Klima meiner Schulen als einer ihrer positivsten, mir zudem persönlich wohltuendsten Züge jener Zeit.[1]

Andererseits vermisste ich damals eine auf den Unterricht und die Schulbücher durchschlagende *systematische* Thematisierung jener Grundfragen in den diesbezüglich doch offensichtlich stark divergierenden Schulfächern: Was der Mensch (und seine Welt) sei, diese nicht nur die Philosophie prägende Grundfrage, wurde (schon) damals in den Schulfächern kaum *interdisziplinär* erörtert, sondern ganz den Einzelfächern überlassen. Besonders das Fach Griechisch enttäuschte in der Oberstufe meine einschlägigen Erwartungen. Unter den übrigen Fächern fiel allenfalls die Biologie auf, aber auch sie nur in den Schulbüchern, nicht im Unterricht. Die Biobücher wiederum thematisierten damals in der Regel verschiedene evolutionstheoretische Grundansätze als wissenschaftlich umstrittene Alternativen. Physik und Chemie dagegen waren durchgehend ganz auf sich selbst ausgerichtet. Gegenwärtig sind seit einiger Zeit wissenschaftlich-*theoretische*, interdisziplinär relevante Grundfragen, zumal philosophischer Art, auch aus den Biologiebüchern so gut wie verschwunden. Einer der Gründe dafür ist gleich zu nennen.

Wie schon angedeutet, empfand und empfinde ich die skizzierte Entwicklung als einen gravierenden *primär wissenschaftlichen*, aber auch didaktischen und pädagogischen Mangel. Daher wählte ich für mein Lehramtsstudium die Fächer Biologie, Philosophie und Latein. Im Verlaufe dieses Erststudiums machten verschiedene Zweige der Biologie – Molekularbiologie, Genetik, Mikrophysiologie (Neurophysiologie) und Evolutionsbiologie – rasante Fortschritte: im Sinne des Darwin'schen Konzeptes zufälliger Erbmutationen als Material natürlicher Auslese. Und da diese Entwicklung ins denkbar Grundsätzliche geht, wundert es nicht,

---

[1] Mein Vater war als Diplomingenieur ausgebildet (ohne pädagogische Begabung). Beide Eltern waren evangelisch, mein Vater eher areligiös, meine in einfachsten Verhältnissen aufgewachsene, in Pädagogik ausgebildete Mutter von zurückhaltender Religiosität. Im jungen Erwachsenenalter war mein Vater philosophisch interessiert, doch machte dieses Interesse schon früh einer Betonung ‚*der* Praxis' und einer entsprechenden Kritik ‚*der* Philosophen (und ihres Charakters)' Platz.

II

dass jenes Konzept bereits vom Vorsokratiker Empedokles gedacht wurde und im hellenistischen Atomismus (Lukrez) seinen systematischen Kontext fand.

2

Erst im Verlaufe mehrerer Studienperioden von je drei bis sechs Jahren zum Kernfach Philosophie, nicht zuletzt auch im Verlaufe Jahrzehnte langer Berufspraxis wurde mir in wachsendem Maße klar, worauf ich mich da eingelassen hatte: auf die größte *faktische* Zahl an ‚Lehrjahren' (im engeren Sinne), die eine wissenschaftliche Disziplin ihren Lernenden überhaupt abverlangen kann. (In diesem Sinne darf der Doktor- oder ‚*Gelehrten'*-Titel eigentlich gar nicht wörtlich genommen werden, noch weniger der Magister- oder ‚*Meister'*-Titel; eher sind sie Anerkennung für Spezialstudien philosophiegeschichtlicher oder systematischer, häufig auf einem Primärstudium (Linguistik, Naturwissenschaft) basierender Art.)

Dabei ist der kritisierte Mangel im Grundsätzlichen gar nicht schwer auszumachen: Die naturwissenschaftlichen Disziplinen beschäftigen sich ausschließlich mit *Sachen*. Müsste folglich nicht auch der Mensch grundsätzlich als eine *Sache* gelten? – Schon diese Frage ist kontraintuitiv. Bzw. sie berührt die Frage: Wie sind Werte näher zu verstehen, die so wenig wie der Naturwissenschaft dem Ermessen und Belieben von Menschen(-Gruppen) anheim gestellt sein können?

3

Auch die grundsätzlichen Gründe des bezeichneten Defizits sind m.E. schon vorab nicht schwer zu verstehen:

1. Die Bedeutung jener Frage wird durch eine diffizilere, gegenwärtig tendenziell, im naturwissenschaftlichen Sinne beantwortete Frage aus dem Bereich der KI-(= Künstliche-Intelligenz-)Forschung verdeckt und verwischt: ‚Sind bewusstseinsbegabte Computer denkbar?'

2.a) Von den durch das physikalische Raumverständnis geprägten Naturwissenschaften her *kann* ein theoretischer Übergang zu einem ‚ganz anderen' Aspekt oder Wesenszug der Welt oder/und des Menschen, etwa zum ‚Bewusstsein' gar nicht gelingen. Das war übrigens im Kern schon Descartes klar.

2.b) Historisch wurde daher der umgekehrte Weg eingeschlagen, besonders differenziert, umfassend und einflussreich von Kant: in seiner berühmten Kopernikanischen Wende. Folglich kann die Naturwissenschaft allein schwerlich den Ausweg aus dem genannten Dilemma weisen. Vielmehr ist (u.a.) die *Geschichte* der Philosophie selbst einschlägig zu analysieren und zu Rate zu ziehen.

3.a) Andererseits spielt das in 2.a genannte Dilemma in der heutigen Wissenschaft sicherlich eine kaum zu überschätzende *intuitive* Rolle – zusätzlich zu den rasanten biologischen Fortschritten der letzten vierzig Jahre. Sogar in der Philosophie selbst hat sich diese Situation zur weit verbreiteten Überzeugung verdichtet, Bemühungen um eine zum *exklusiven* Verständnis der Naturwissenschaften *alternative und zugleich integrative*, in diesem Sinne *genuin* philosophische Grundtheorie der Welt und des Menschen, wie sie ja schon Descartes (und noch viel früher Cicero) vorschwebte, sei geradezu unwissenschaftlich.

3.b) Die Philosophiegeschichte ist ihrerseits hochkomplex. Zu den Aufgaben eines geschichtlichen Teiles *genuin* philosophischer Arbeit, auch der vorliegenden den, muss es daher allem voran gehören, *unausgesprochene* Grundmethoden und Prinzipien zu explizieren und auszuwerten.

4.a) In der inzwischen wohl weit überwiegenden Mehrheit von Soziologen, Politologen und Historikern ist schon seit längerem die These verbreitet, jene *genuin* philosophischen Bemühungen liefen auf einen Rückfall in ein wissenschaftlich überwundenes mythisches, wenn nicht gar irrationales, Denken hinaus. Dieses sei im Prinzip schon in der griechischen Antike überwunden worden:

4.b) Nicht selten wird solche Überwindung mit der antiken Entstehung eines *primär politischen* Denkens in Verbindung gebracht, z.B. von Jean-Pierre Vernant (der freilich zugleich einen interessanten, wenn auch wissenschaftlich weniger zur Kenntnis genommenen *mehr*dimensionalen Ansatz vertritt).

4.c) Umgekehrt wird im soziologischen und politologischen Bereich *genuin* (s. o. 3.a) philosophisch-theoretisches Denken als ein primär politisches und sozialpsychologisches Phänomen interpretiert, nach dem Motto: Wenn überhaupt ein spezifisch philosophisches Denken gerechtfertigt ist, dann mit dem Ziel einer Theorie, die primär der sozialen und gesellschaftlichen *Praxis* gilt. (Damit ist übrigens die Naturwissenschaft implizit als exklusive Fundamentaltheorie anerkannt).

5. Als *mit*verantwortlich für die in 4.a-c skizzierte Situation sehe ich den hohen Spezialisierungsdruck, dem längst auch die wissenschaftlichen Einzel- und Unterdisziplinen ausgesetzt sind.

4

Schon die Thematik der vorliegenden Arbeit dürfte zu negativ-kritischer ‚Vorsortierung' im skizzierten Sinne (4.a-c) geradezu einladen. Es gehört zu den Absichten dieses Vorworts, unreflektierte Voraussetzungen solcher Vorsortierungen deutlich zu machen und damit diese selbst kritisch zu hinterfragen: sie vorab kenntlich zu machen als Ausdruck der modernen wissenschaftlichen Dominanz der Naturwissenschaft einerseits, andererseits als Verschleppung eines Jahrtausende alten *wissenschaftlichen* Problemkomplexes.

A. Auch darum kann hier allem voran gar nicht genug betont werden, wie unerhört es auf den ersten Blick scheinen muss, über die moderne Naturwissenschaft hinaus weitere bedeutende *wissenschaftliche* Aufschlüsse über das *Wesen* der Natur und des Menschen zu erwarten.

Besonders ins Auge zu fassen ist dabei: Der von der modernen Technik ausgeübte buchstäbliche Realitätsdruck der Naturwissenschaft – ‚*Realität*' verstanden als Inbegriff einer scheinbar lückenlos erfahrbaren *praktischen* Widerständigkeit und Instrumentalisierbarkeit – gipfelt in jüngster Zeit in der Entwicklung der Gentechnologie, der Neurophysiologie sowie in der Weiterentwicklung der modernen biologischen, an den traditionellen Rahmenkonzepten von Mutation und natürlicher Auslese orientierten Evolutionslehre (durch Konzepte wie ‚Isolation', ‚Gendrift', ‚Genpool einer Population' usw.). Da die *definitive* wissenschaftliche Geltung solcher Neuerungen und ihre praktische, d.h. technische und medizinische Relevanz unumstritten ist, wird die Frage kaum als *wissenschaftliches* Problem erörtert, welche bedeutenden (faktisch-)moralischen und politischen Rollen die moderne Biologie in den politisch-totalitären Ideologien des 20. Jahrhunderts spielte und – wenn auch abgeschwächt, latent oder unterschwellig – immer noch spielt. Im Gegenteil, man versucht nach wie vor den Menschen, seine Welt und sein ethisches Motiv *ausschließlich* als Resultate der physikalischen und biologischen Evolution zu begreifen.

Wir sind mithin gegenwärtig mental einfach nicht eingestimmt und vorbereitet auf ein betont wissenschaftlich verstandenes *genuin* philosophisch-theoretisches Denken: auf eine entschiedene, wissenschaftlich verbindliche Abkehr von der Dominanz und Exklusivität der naturwissenschaftlichen und (verdeckt) naturwissenschaftlich inspirierten soziologisch-politologischen Fundamentaltheorien des Menschen und der Welt.

B. Wo dennoch echte theoretische Irreduzibilitäten oder Eigentümlichkeiten der alltäglichen phänomenalen Welt bzw. entsprechender genuin philosophischer Begriffe eingeräumt werden (Bewusstsein, *Qualia*), scheut man sich, eine – m.E. eigentlich ohne weiteres einsehbare – Konsequenz daraus zu ziehen, nämlich dass schon unser physiologisches *Sprechen* über solche Eigentümlichkeiten eine Durchbrechung der ansonsten physikalisch und physiologisch determinierten neurophysiologischen Prozesskomplexe unseres Gehirns erfordert (Vf. 1977, 1990b).

Man fürchtet wohl, eine solche Konsequenz laufe auf einen Rückfall in magisches Denken hinaus. Dabei übersieht man, dass schon Kant eine alternative genuin philosophische Leib-Seele-Theorie konzipiert und längst auch die theoretische Physik ihren spezifischen Beitrag dazu beigesteuert hat (ebd.; vgl. 1. Teil, A). So zieht man logisch widersprüchliche (ebd.) Leib-Seele-Modelle jenem ‚Rückfall' vor, etwa den Epiphänomenalismus oder – von Feigl bis heute – die Rede vom inneren Wesen oder Aspekt neurophysiologischer Prozesse. Oder man bedient sich eines Begriffs vom *subjektiven* Erleben, der angeblich die (exklusive) Kompetenz der *objektiven* Biologie prinzipiell gar nicht schmälern *könne* (1. Teil, B.4, Abs.2).

Entsprechend macht man sich kaum Gedanken darüber, was denn der Sinn der konzedierten Eigentümlichkeiten der phänomenalen Welt sein könnte. Eher im Gegenteil, als wären jene Konzessionen einfach nur lästig, kehrt man gleichsam zur Tagesordnung zurück und schreibt der modernen Biologie und Soziologie die *exklusive* wissenschaftliche Kompetenz für das Verstehen menschlichen Handelns und der Wurzeln des ethischen Motivs zu.

5

Die skizzierte Situation vor Augen zu führen, ist wie gesagt der erste Schritt zu ihrer Überwindung. Weitere, ebenfalls äußerliche oder formale (nicht inhaltlich-philosophisch verfahrende) Schritte sind:

2. Der im dritten Abschnitt unter 2.a und b bezeichnete *allgemeine* Weg, den schon die neuzeitliche *Philosophiegeschichte* für eine Überwindung der dort genannten Schwierigkeit bzw. des grundsätzlichen Defizits der Moderne eingeschlagen hat, ist in seiner (indirekten) negativen Formulierung offenbar bis heute

gültig und zwingend: Die im Kern schon von Descartes artikulierte Problemstellung der Neuzeit und Moderne kann *nicht primär* vom modernen naturwissenschaftlichen Denken und Denkstil her angegangen werden.

3. Wenn dieser Weg aus den genannten Gründen *zunächst* als ‚unerhört' erscheinen muss, wie übrigens ja schon Kants Lösungsvorschlag, dann müsste umgekehrt ein mögliches Gelingen dieses Weges irgendwie Konsequenzen für die Praxis und die Politik haben, wie es wiederum schon Kant dachte – in Analogie zu Sokrates-Platon, den antiken griechischen Philosophen-Schulen der Akademie und der Stoa sowie zu dadurch beeinflussten römischen Philosophen, Politikern und Historikern (etwa Cicero, Cato d. J., Sallust, Seneca).

4.a) Sodann müsste dieser Weg, sofern er allgemein als wissenschaftlich interessant anerkannt ist, auch die Sicht der Geschichte ändern (helfen). Insbesondere müsste der *antiken Geschichte*, einschließlich ihres Ausgangspunktes im archaischen Kulturtyp bei den Griechen und Römern, neues wissenschaftliches und bildungspolitisches Interesse zuwachsen, zumal im Hinblick auf eine neue Sicht der *Wechselbeziehungen zwischen der politischen und der kulturellen Geschichte*.

4.b) Umgekehrt müsste die antike Geschichte, nunmehr unverstellt von den Vor-Urteilen genannter Art, aus sich heraus genügend Indizien für eine Abkehr von ihrer modernen wissenschaftlichen, primär machtpolitisch orientierten Beurteilung freigeben. Jener primär philosophische Weg spielt demnach zunächst die Rolle des Anstoßes zu einer neuen Sicht der politischen Geschichte.

Schon die bloße *Aussicht* auf derartige mögliche Konsequenzen rechtfertigt die von der universitären Philosophie gegenwärtig (zum Glück?) noch behauptete wissenschaftliche Eigenständigkeit. Umgekehrt weist jene Aussicht der Demokratie sogar die *Aufgabe* zu, diesen Weg unter allen Umständen im Bereich wissenschaftlicher Forschung offen zu halten und als natürlichen Verbündeten der Meinungsfreiheit und eines wohlverstandenen moralischen und politischen Engagements zu schätzen und zu schützen. Es ist m.E. kein Zufall, dass den kriegerischen und totalitären Weltkatastrophen des 20. Jahrhunderts zunehmende Verkennungen der wissenschaftlichen Qualität traditioneller (‚bürgerlicher') Philosophie und ihrer besonderen wissenschaftlichen Struktur vorausgingen (s. 5. Teil).

6

Im Folgenden einige weitere Auskünfte zu meinen philosophischen ‚Lehrjahren' im engeren Sinne (A) sowie, daran anknüpfend, einige ergänzende Bemerkungen über den Zusammenhang zwischen der vorliegenden Buchkonzeption und der gegenwärtigen wissenschaftlichen Gesamtsituation (B).

A. Die inhaltlichen Schwerpunkte meiner Studienetappen zeigen sich schon in der Kombination meiner Studienfächer *Latein, Philosophie, Biologie*.

Zum Philosophikum meines *Lehramtsstudiums* (Beginn 1963) wählte ich als Schwerpunkt der schriftlichen Arbeit ein Thema zu Platon (Gerechtigkeit und Freiheit), zum Staatsexamen in Philosophie Kants *Kritik der reinen Vernunft*. Die molekulare Revolution der modernen Biologie erlebte ich in der zweiten Phase meines Lehramtsstudiums.

Mein *Promotionsstudium* galt einer – wie ich meine, logisch zwingenden – Widerlegung des psychophysischen ‚Parallelismus' im weitesten – z.B. den Epiphänomenalismus und metaphysische Identitätstheorien (wie die von Feigl und Sellars) mit umfassenden – Sinne.

Im Habilitationsstudium (1986 – 1992) weitete ich die Leib-Seele-Thematik zu einer erkenntniskritischen Grenztheorie der phänomenalen *Welt insgesamt* aus. Gleichzeitig betrieb ich systematische Studien zur Geschichte der Philosophie.

In der anschließenden Zeit setzte ich zwei Schwerpunkte: 1. Noch in der Publikationsfassung meiner Habilitationsschrift berücksichtigte ich relevante Schriften des späteren Wittgenstein, der mich seit meinem Promotionsstudium beschäftigt. 2. Im Rahmen meines universitären Latein-Unterrichts (für diverse Studiengänge) vertiefte ich meine Studien zur politischen und kulturellen Geschichte der griechisch-römischen Antike und ihres Überganges zum Mittelalter (Augustinus).

B. Das Buch weist nicht nur den schroffen Dualismus Descartes' zurück, sondern bietet auch eine genuin philosophische Alternative. Diese erhebt, wie schon in der Fassung der Habilitationsschrift (1994), den Anspruch, konsequenter erkenntniskritisch und grenztheoretisch zu verfahren als Kant, der mit dieser Richtung der Moderne den Weg gewiesen hat. Schon äußerlich lässt sich der Anspruch daran ablesen, dass der Hauptteil des Buches betont an Wittgenstein anknüpft. Darüber hinaus schreibt das Buch *mutatis mutandis* jenen Anspruch fort, den paradigmatisch schon Descartes für seinen Dualismus erhob, nämlich wissenschaftlich grundlegende Prinzipien zu formulieren.

Schon allein letzterer Anspruch nun *impliziert* im Grunde eine – zumindest tendenzielle – Kritik des *Basis-Überbau-Modells* zum Verhältnis zwischen der Geistesgeschichte und der politischen Geschichte. Dieses Modell gilt gegenwärtig weit über dessen ursprüngliche Verortung in der an Marx anknüpfenden soziologischen Strömung hinaus als eine bewährte, auffallend unangefochtene sozial- und geschichtswissenschaftliche Hypothese. Ihr habe ich daher den 4. Teil des Buches gewidmet.

Wenn nun der Cartesische Dualismus gegenwärtig eine wissenschaftlich „extrem unpopuläre" (B. Lauth 2005) Position ist, dann geht das nicht nur – vielleicht sogar weniger – auf seine spezifische (in sich zwingende) Schroffheit und Aporetik zurück. Mindestens ebenso hängt diese Unpopularität damit zusammen, dass er auf dem Felde konkreter genuin philosophischer Theorie geradezu als Ausgangspunkt und Stimulans eines Gegenentwurfs zum (historisch wesentlich späteren!) Basis-Überbau-Modell erscheint.

Nicht freilich kann es hier darum gehen, die Basis-Überbau-Hypothese in einem eliminativen Sinne einfach durchzustreichen. Vielmehr bedarf auch sie revidierender Einbindung in die angestrebte integrierte Theorie: Die Theorie muss *auch* plausibel machen, wie der exklusiv wissenschaftliche Anspruch jener Hypothese entstehen konnte.

Auch für die Wissenschaften insgesamt gilt insofern, was ursprünglich allein eine Domäne der Psychologie war: Der erste Schritt zur Überwindung eines – vermuteten – verdeckten Problems besteht darin, dass man es bzw. seine ‚Verdecktheit' schlicht ausspricht und sodann durch Benennungen mutmaßlicher Ursachen seinerseits der Helligkeit wissenschaftlicher Analyse und Diskussion aussetzt. Im vorliegenden Fall geht es darum, die Geschichte *genuin* philosophischen Forschens als einen zentralen Strang im Geflecht der Wissenschaftsgeschichte wie auch der politischen Geschichte zu thematisieren – und mit ihr dann auch die Problematik einer bis heute unhinterfragten sozial- und geschichtswissenschaftlichen Dominanz des Basis-Überbau-Modells.

Mehr, aber auch nicht weniger, ist mit dem vierten Buchteil beabsichtigt. Das Basis-Überbau-Modell und seine Problematik müssen von vorneherein als integrale Teile des im Buch verhandelten Hauptthemas gesehen werden.

7

Von Anfang an war das Buch als ein Ganzes geplant, im weiteren Verlauf jedoch zugleich auf ihrerseits möglichst in sich geschlossene Teilarbeiten hin konzipiert. Diese Vorgehensweise brachte gewisse Wiederholungen mit sich. Einige von ihnen wurden für die vorliegende Buchfassung getilgt oder modifiziert. Soweit sie mir jedoch für die Lektüre und das Verständnis des Buches eher förderlich als hinderlich schienen, habe ich sie beibehalten. – Im Gefolge des sich im Verlaufe der Arbeit ergebenden Schwerpunktes im systematisch-philosophischen Bereich, habe ich den zunächst umfangreichen Teil allgemeingeschichtlicher Analysen zur Antike erheblich gekürzt – soweit es mir für eine systematische Einbeziehung der Basis-Überbau-Hypothese unbedingt erforderlich schien. –

Persönliche Förderungen und Anregungen, die ich auf meinem philosophischen und wissenschaftlichen Weg bis hin zur vorliegenden Arbeit nicht missen mag, empfing ich von Lüder Gäbe, Gunter Gebauer (Wittgenstein), Hans Kloft (J.-P. Vernant), Hans Lenk, Ernst Oldemeyer, Klaus Reich, Wolfgang Röd (Descartes' Briefe an Elisabeth), Robert Spaemann und Rainer Specht.

Unter meinen bisher insgesamt drei philosophischen Buchpublikationen hat die vorliegende den inhaltlich umfassendsten Horizont. Vielleicht ist es auch die letzte. Daher widme ich es außer den oben genannten Wissenschaftlern jenen Personen, denen ich mich primär freundschaftlich verbunden fühle, namentlich Sylviane Fauchereau, Peter Göbbels, Marianne und Hans Kunze, Sandrine Lagreulet (*utrîsque passis*), Joachim und Christiane Schröder und Burkhard Warko.

Einleitung

I. Die Bürger von Schilda als Spiegel der Moderne...

(1)

Als die Bürger von Schilda in alter Zeit ihr Rathaus erstmals aus Stein errichteten, vergaßen sie – vor Begeisterung über die technische Errungenschaft – den Einbau von Fenstern. Erschrocken angesichts drohender zusätzlicher teurer Bauarbeiten, berieten sie, wie sie dem Rathausinneren anders zu Licht verhelfen könnten. Da kam ihnen eine besonders kostengünstig scheinende Idee: Was an offenen Töpfen und Behältern nur greifbar war, trugen sie massenweise aus ihren Häusern ins gleißende Sonnenlicht hinaus und anschließend ins Rathaus.

Bekanntlich erwies sich diese Maßnahme als Fehlschlag. Obwohl für uns dieser Ausgang schon beim ersten Hören absehbar ist, genießen wir die Geschichte so oder in ähnlicher Form bis zum Ende. Offenbar macht es Spaß, Extreme von Torheit auszuloten und möglichst realistisch auszumalen.

Die vorliegende Geschichte hat aber noch einen besonderen Reiz: Sie regt dazu an, über mögliche Gründe jenes Einfalls und unseres ‚Besserwissens' nachzudenken. In diesem Sinne lässt sie sich, wiederum nicht ohne Augenzwinkern, wissenschaftsgeschichtlich ausspinnen:

Während uns Heutigen ein realistischer Anspruch jener Lichtbeschaffungsidee abwegig erscheint, hatten es die Bürger von Schilda eben auf einen Versuch ankommen lassen, zumal mit Blick auf den geschilderten ‚Massenaufwand', auf die drohenden Mehrkosten und damit zugleich auf die enge, heute wieder aktuelle Verknüpfung von naturwissenschaftlicher Forschung und wirtschaftlicher Nutzanwendung... Respekt gebürt jener Idee aber auch im *rein* wissenschaftlichen Bereich: Musste die Idee des Mathematikers Gauß, einfach nachzumessen, ob der natürliche Raum tatsächlich der Euklidischen Geometrie entspricht, damals den meisten Wissenschaftlern und Philosophen zunächst nicht ähnlich verrückt erscheinen, erst recht all ihren sonstigen Zeitgenossen?

(2)

Ein moderner wissenschaftlich-philosophischer Kommentar zum Versuch der wackeren Schildbürger könnte etwa von den folgenden Unterscheidungen zur Natur des Lichtes ausgehen:
A) Das phänomenale Licht ist offenbar vom Spektrum elektromagnetischer Wellenlängen im Bereich zwischen (abgerundet) 400 und 800 nm nicht minder verschieden als von der Strahlung der darunter und darüber liegenden Wellenlängen-Bereiche, z.B. der Röntgenstrahlung.
B-1) In naturwissenschaftlicher Rekonstruktion der *alltäglichen Wahrnehmung* sind das ‚phänomenale' Licht sowie die verschiedenen Grundfarben wesentlich nicht nur durch jenen Wellenlängen-Bereich, sondern *auch* durch die Sinneszell-Typen der Augennetzhaut definiert, natürlich nur im rein funktionalen Sinne: ohne

Bewusstsein von den Sinneszellen und den elektromagnetischen Strahlen als solchen.

B-2) In alltäglicher und dann auch genuin philosophischer Sicht sind das phänomenale Licht und mit ihm die phänomenalen Farben durch keines der drei genannten naturwissenschaftlichen Konzepte – elektromagnetische Strahlung, optische Sinneszellen, höherstufige Funktionen dieser Sinneszellen – *angemessen* erfasst, vielmehr (grob gesprochen:) theoretisch irreduzibel.

All dies konnten die Bürger von Schilda natürlich nicht wissen. Aber die moderne Naturwissenschaft gibt ihnen darin Recht, im Licht etwas im weitesten Sinne *Stoffliches* zu sehen, mit dem sich technisch, in der Sprache der Schildbürger: handwerklich, umgehen lässt. Insofern war ihre Maßnahme ein verständliches Experiment, ein erster Schritt, wenn nicht Meilenstein, auf dem Wege methodischer Erforschung der *physikalischen* Natur des Sonnenlichts...

Kaum in allegorischen Längenmaßen zu ermessen ist freilich die Wegstrecke, welche naturwissenschaftliche Forschung auf diesem Gebiet seither zurückgelegt hat. Nicht minder überwältigend sind die praktischen Früchte und teilweise ambivalenten sonstigen Folgen dieser Forschung, auch wenn sie uns inzwischen selbstverständlich scheinen; man denke etwa an die Erfindung von Glühbirnen.

Jener Selbstverständlichkeit nun entspricht die offenkundige Selbstverständlichkeit, mit der man inzwischen die Geschichte der Philosophie und ihre praktischen Perspektiven beurteilt. Gewohnt an die naturwissenschaftlich-technischen Errungenschaften, neigt die systematische (analytische) Gegenwartsphilosophie weithin dazu, offene Fragen wie die oben in den Punkten A und B-2 genannten für *rein* theoretisch und im Sinne der Naturwissenschaft lösbar zu halten. Die Hartnäckigkeit dieser Neigung erklärt sich nicht zuletzt von daher, dass eine signifikante *praktische* Relevanz jener Fragen nicht erkennbar ist. (Ähnlich grundsätzlich ist der in Abschnitt 2 des Vorworts unter 2.a genannte Grund).

(3)

Die von den Schildbürgern erstmals praktizierte Annahme einer physikalisch-stofflichen Natur des Lichts scheint demnach exklusiv im Sinne der Naturwissenschaft festgeschrieben zu sein. Wir kommen nicht einmal mehr auf die Idee, den möglichen Ernst jener ‚abweichenden' Fragen methodologisch, theoretisch und geschichtswissenschaftlich auszuloten; bzw. wir wagen uns aus der Deckung der Autorität der Naturwissenschaft kaum noch in von jener Autorität ungeschützte (anderweitig zu begründende) Zonen. – Kurz und bildlich gesprochen: Wir verhalten uns bezüglich jener offenen Fragen möglicherweise ähnlich ahnungslos wie weiland die Bürger von Schilda aus der Sicht moderner Naturwissenschaft...

In einem anderen Bilde ausgedrückt: Das ‚Gewand', in dem wissenschaftlicher Geist die phänomenale Welt betrachtet, ist ganz und gar theoretisch-naturwissenschaftlich gestrickt. Was den ‚Zauber' der Natur – nicht im Sinne von Magie! – und die strukturelle Werthaftigkeit der Welt ausmacht und noch von der klassischen antiken Philosophie (Sokrates / Platon) gespiegelt wurde, ist durch die Maschen des Strickmusters gefallen: Sein alltäglich-objektiver Charakter ist ins theoretische *Niemandsland zwischen der naturwissenschaftlich-objektiven Welt und ihrem – wiederum objektiv-naturwissenschaftlich beschreibbaren – Betrachter* entglitten und verwirbelt. Das ursprüngliche Staunen über die alltägliche Welt ist weitgehend verdrängt vom Bewusstsein dessen, was sich mit Hilfe der *naturwissenschaftlichen Theorie* aus der Natur technisch herausholen lässt. Unser eigenes Auto führt uns Natur als *Selbstverständlich*-Beherrschbares täglich vor Augen.

In solcher theoretischen Gewandung des Geistes hat sich m.a.W. sogar unsere alltägliche Wahrnehmung der Welt selbst geändert: Zum Beispiel fühlen wir *uns* bei sonnigem Wetter *wohler* als bei trübem und regnerischem Wetter, und fragen wir uns nach dem Warum, stoßen wir unvermittelt auf jene Antworten, welche unsere Schulbildung bereithält: ‚Die biologische Evolution hat *uns so ausgestattet*; Licht regt *in uns* bestimmte Stoffwechselprozesse an, die *unsere Vitalität* steigern...' Aus dem, was schon offen vor unseren Augen liegt, zaubert uns moderne Wissenschaft etwas bloß Subjektives – gleichsam ein neues Kleid, dessen vermeintliche Errungenschaft uns nicht minder täuscht als den berühmten Kaiser in den neuen Kleidern. Doch dies wäre eine andere Geschichte...

II. Philosophie als Medium wechselseitiger wissenschaftlicher Beleuchtung von Antike und Moderne

(4)

Die eine wie die andere Geschichte soll nichts und niemanden ausgrenzen, nicht die Naturwissenschaften noch ‚die Technik', schon gar nicht Personenkreise. Ohnehin sind die Felder der Technik-Kritik und der Kritik dieser Kritik ziemlich abgegrast. Vielmehr sollen die Geschichten eine Situation kritisch illustrieren, in der wir alle mehr oder weniger *Beteiligte* sind; Autofahrer bzw. Mitfahrende zum Beispiel sind wir alle.

Insbesondere ziehen sie das heute gängige (Vor-?)Urteil in Zweifel, die Naturwissenschaft und die ihr fundamental verpflichteten empirischen Wissenschaften und Methodologien besäßen die alleinige Kompetenz, empirische Wirklichkeit *wissenschaftlich* zu erfassen.

Aber lässt sich *so verstandene* wissenschaftliche Interpretation der Welt überhaupt gleichsam von außen kritisch betrachten? Offenbar nicht. Es sei denn, man wollte sich dazu genuin philosophischen Denkens bedienen, insofern dieses sich ja ausdrücklich vom naturwissenschaftlichen Denken abgrenzt. Doch wie gesagt (Vorwort 4.B), ein *Wissenschafts*charakter wird der traditionellen Philosophie inzwischen sogar philosophieintern weithin abgesprochen. Am naturwissenschaftlich vorgegebenen Maßstab von Wissenschaft (bzw. objektiver Wirklichkeit, Natur) gemessen wird entsprechend auch der Anspruch einer spezifischen ethisch-praktischen Relevanz traditioneller Philosophie – und zurückgewiesen.

Und doch ist für die neuzeitliche Philosophie, zumindest bis Kant, die Überzeugung charakteristisch: Sie stehe für kritisch-*wissenschaftliche* Distanzierung vom naturwissenschaftlichen Verständnis empirischer Wirklichkeit – im Sinne theoretischer Relativierung. Gleichzeitig bleibe sie selbst auf eben dieses Verständnis verwiesen: als Teilgegenstand eigener Theorie.

(5)

Als einen weiteren Forschungsgegenstand nun nimmt die *neuzeitliche* Philosophie zunehmend die Geschichte *insgesamt*, inklusive der politischen Geschichte, in den Blick. Das geht nicht zuletzt darauf zurück, dass sie sich selbst zunehmend als ein geschichtliches Phänomen – mit einer tendenziell auch die Religion(en) integrierenden Zielperspektive – begreift (wie im Ansatz bereits die antike skeptische Akademie, zumal Cicero). Reiche, teilweise hochwertige politisch-geschichtliche Literatur scheint es genuin philosophischer Forschung überhaupt erst zu ermöglichen, etwa der Frage nach dem Verhältnis zwischen Macht und Moral in der Geschichte unter dem Gesichtspunkt ihrer eigenen ethisch-praktischen Relevanz wissenschaftlich nachzugehen.

Ich sehe folgende vorab benennbare positive Gründe, der genuin philosophischen Forschung eine spezifische *wissenschaftliche* Kompetenz für dieses Unternehmen zusprechen: 1. Ihre Gegenstände – die alltägliche phänomenale Welt, einschließlich unseres Selbst und unserer ethischen Intuitionen – sind im Kern geschichtlich invariant; deren Bearbeitung freilich zieht sich, insoweit durchaus vergleichbar der Naturwissenschaft, durch die gesamte bisherige Geschichte. Es ist diese Differenz, die mitverantwortlich ist für den Anschein, Philosophie falle aus dem von der traditionellen Naturwissenschaft geprägten, u.a. kumulativen Wissenschaftsverständnis heraus. 2. Wenn es richtig ist, dass dem im Kern bereits seit Beginn der vorsokratischen Denkbewegung existierende naturwissenschaftliche Theorietypus die Basis-Überbau-These der Geschichte (Vorwort 6.B) oder der These vom Primat der Machtpolitik und den Institutionen ihrer Begrenzung und Kanalisierung zugeordnet ist, dann fällt dem genuin philosophischen Forschungstyp (der den naturwissenschaftlichen seit Beginn der vorsokratischen Denkbewegung begleitet: 1. Teil, A) die Rolle zu, eine hinreichend starke Antithese und sodann eine überzeugende Synthese zu begründen. Zwar nicht im Sinne eines konkreten (dogmatischen) genuin philosophischen Theorems – wie bei Hegel und *dessen* Antithese (Marx), sondern einfach im Sinne der Aufgabe, der faktischen Geschichte genuin philosophischer Forschung und ihrer spezifischen ethischen Kompetenz Rechnung zu tragen.

Auch in ihrem geschichtswissenschaftlichen Teil, wie schon in ihrem natur- oder (lebens)welttheoretischen Teil, freilich darf genuin philosophische Forschung ihre oben genannte spezifisch neuzeitlich-moderne Aufgabe, die Einbindung der Naturwissenschaft, keinesfalls vernachlässigen. Deren Anteil an einer umfassenden Ethik und an einer geschichtlichen Zielperspektive ist klar herauszuarbeiten.

Gelängen *beide* Teile des philosophischen Unternehmens, der systematische und der geschichtswissenschaftliche, müsste die heute übliche Geschichtswissenschaft ein geschichts*philosophisches* Element in sich aufnehmen. Fundamental verändern würde sich dann auch der Begriff der Geschichte selbst.

Da nun nach dem Gesagten umgekehrt ein angemessener Begriff heutiger Philosophie die geschichtswissenschaftliche Thematik wesentlich einschließt, ist dieses Thema schon in der vorliegenden Einleitung zu umreißen. Dies kann freilich nur in denkbar knapper, zum Teil bloß thesenartiger Form geschehen. Es soll hier ja zunächst nur ein zusätzliches – eben geschichtswissenschaftliches – Argument für die wissenschaftliche Notwendigkeit genuin philosophischer Forschung vorgestellt werden.

(6)

Von den Geschicht*en* also (s.o. Teil I) zur wirklichen Geschichte. Dabei ist jener großen Geschichtsepoche besondere Aufmerksamkeit zu schenken, in welcher sich der Übergang vom ursprünglichen oder archaischen Kulturtyp zu wissenschaftlichem Denken zuerst vollzog: der Antike. Denn der Entwicklungscharakter und die damit notwendig verknüpfte zeitliche Dehnung jenes Überganges ermöglichen überhaupt erst gezielte Analysen zu den kulturellen und politischen Wechselbeziehungen dieses Prozesses.

Gleichzeitig wird so deutlicher, wie wenig abrupte Berührungen noch lebender archaischer Kulturen mit der Moderne für solche Studien taugen. Umgekehrt sind der historisch oft katastrophale Charakter solcher Berührungen und Umbrüche sowie gewisse Urteile über archaische Kulturen – z.B. ‚Primitivismus', ‚Ethisches noch unentdeckt' – Symptome dafür, wie wenig wir selbst jenen Prozess an unserer eigenen Geschichte verstanden haben.

Andererseits muss gerade auch aus diesem Grunde in der wissenschaftlichen Analyse der letzten drei Jahrtausende menschheitlicher Kulturgeschichte eine besondere Rolle der *europäischen* Geschichte zukommen: In ihr treten *naturwissenschaftlich-theoretisches* Denken und – auffälligerweise daran offenbar irgendwie gekoppeltes – genuin philosophisches Denken (nach allem, was wir wissen:) *erstmals* und weltweit *einzigartig* auf den Plan. Naturgemäß geschieht die mit dem neuen Denken verknüpfte Konfrontation mit dem traditionellen archaischen Kulturtyp in einem zeitlich weit gedehnten geschichtlichen Prozess und unter geographisch und politisch relativ geschützten Bedingungen.

Zum Glück für die wissenschaftliche Analyse ist dieser Prozess für das antike Europa gleich zweimal literarisch außerordentlich gut belegt. Zudem vollzog er sich in zeitlich, kulturell und politisch voneinander sehr verschiedenen Umfeldern: 1. im antiken Griechenland (Athen), 2. im antiken ‚barbarischen' Rom.

Im Übrigen kommt man bei der Analyse dieser geschichtlichen Prozesse gar nicht umhin, andere Kulturen und ihre wichtige geschichtliche Bedeutung zu erörtern, vor allem den altorientalischen Kulturkreis. Dabei spielt die Entwicklung der Schrift eine kaum zu überschätzende Rolle. Die frühen Griechen selbst entwickeln die Konsonanten-Schrift der Phönizier zur vollständigen, jetzt hochpraktikablen Buchstabenschrift weiter.

(7)

Von den beteiligten Disziplinen wird bis heute kaum gesehen noch interdisziplinär verarbeitet (s. etwa K. Roth 2003, 73 ff., vgl. 97, 159, 164): Jener Wandel erfolgt gerade in Athen über gut hundertfünfzig Jahre hinweg *innerhalb* mythischen Denkens: *Als mythisches* Denken ist es zunächst weiterhin fraglos und ohne Alternative. Das politische Handeln der Griechen ist davon unlösbar: *nicht* primäres oder selbstgenügsames Medium freier „Erfindung" einer neuen, positiven politischen Qualität oder gar „*des* Politischen" (ebd. 71). Entsprechend scheint auch der Begriff „Klassenkampf" (90) wenig angemessen und konsequent.

Die Verschiebung des Hauptakzentes der Mythologie von der Naturerklärung zum Ethischen ist *Teil* einer Infrastruktur kultureller, im genannten geographischen und politischen Schonraum stattfindenden Entwicklung: des Überganges vom ursprünglichen Wander- bzw. ländlichen Leben zu städtischer Kultur einerseits und einer schriftvermittelten Begegnung und zugleich Konfrontation mit fremden Sprachen und Kulturen andererseits. Obwohl diese Verschiebung mental spannungsreich und insofern selbst ein kulturelles Krisenphänomen ist, erweist sie sich offenbar als geeignet, soziale Konflikte zu meistern, wie sie etwa aus der – ihrerseits im Bevölkerungswachstum begründeten – Parzellierung der ursprünglich flächenmäßig gleichen Landlose resultieren (Solon, 600 v. Chr.). Eben diese politische *und kulturelle* Leistung setzt eine institutionell-demokratische Entwicklung in Gang (fortgesetzt von Kleisthenes, Ephialtes, Perikles).

Gleichwohl tendiert heutige Wissenschaft dazu, den verschuldeten Bauern in dem an der Schwelle zur demokratischen Entwicklung stehenden Konflikt eine *einseitige* Opfer- und Unschuldsrolle zuzuweisen. Diesem Urteil scheint das folgende analytische Schema zugrunde zu liegen: Der Begriff des blanken Konfliktes und einer ihm unterstellten fixen (im Grunde nur sehr vage und dehnbar bestimmbaren) Machtkonstellation offenbar weit höher gewichtet als das in ‚der' jeweiligen Kultur und nicht zuletzt in ihren politischen Persönlichkeiten liegende Potential gerechter Friedensstiftung.

(8)

Mitten in jener Entwicklung nun überschreitet auch die Eigendynamik der vorsokratischen Denkbewegung die Schwelle zu kultureller und politischer Breitenwirkung. Ganz gegen die Erwartung *konstruktiv*-politischer Auswirkungen oder zumindest Neutralität ihrer rein intellektuellen Natur präsentiert sie sich zunächst gerade in politischer Hinsicht als überaus ambivalent:

In ihrer verwirrenden theoretischen Vielgestaltigkeit wird sie zu einem eigenen kulturellen Konfliktherd: Sie erschüttert den bis dahin fraglosen, wenngleich – *anders als bei den Römern moralisch spannungsreichen* – religiösen Boden. Sodann scheint sie hauptverantwortlich für die schleichende Erosion des gerade erst entwickelten *neuen*, aber eben *mythisch* begründeten – z.B. das alte Racheprinzip ersetzenden – Geistes der Gerechtigkeit, der Dichter (wie Homer, Hesiod, Aischylos), führende Politiker (wie Solon) und noch den ersten wissenschaftlichen, bewusst um Objektivität bemühten Historiker (Herodot) gleichermaßen beseelte. Im Gegenzug wachsen sich *Gier* nach Macht, Reichtum und Ruhm zu Selbstzwecken und zu kollektiver Maßlosigkeit aus.

(9)

Dem Gesagten lässt sich die Forderung entnehmen: Der antiken Epoche der Philosophiegeschichte und in betonter Verbindung mit ihr der antiken *politischen* Geschichte – und beiden in ihrer Einbettung in die Entwicklung vom archaisch-ethnozentrischen zum weltumspannenden Verständnis von Mensch und Menschheit – ist eine besondere Rolle für unser modernes Welt- und Selbstverständnis einzuräumen. Gerade der Zusammenhang zwischen Kultur bzw. Moral und Politik, der bis heute auffallend zwiespältig beurteilt wird und schon deswegen als wissenschaftlich unterbelichtet gelten sollte, lässt sich aus den genannten Gründen an der europäischen Antike besonders gut studieren.

Und wurde nicht umgekehrt seit den Tagen des klassischen Athen die Spaltung zwischen der Wissenschaft der politischen Geschichte (Thukydides, Sallust) und der Philosophie (Beispiel Sokrates/Platon) buchstäblich festge*schrieben*, und dies unvermerkt, geschweige denn reflektiert, und bis heute kaum beachtet? Besteht nicht ein innerer Zusammenhang zwischen diesem wissenschaftshistorischen Defizit und der viel beschworenen Spaltung zwischen Moral und politischem Machtstreben? Und verdeckt schließlich nicht gerade die moderne, auf Thukydides zurückgehende politische Geschichtsschreibung – als populärste Form wissenschaftlicher ‚Theorie' des Handelns – jenes Defizit?

(10)

Kommen wir zum Schluss: Seit der Neuzeit entwickelt sich, wie in der vorliegenden Arbeit zu explizieren ist, genuin philosophisches Denken tendenziell zu einem fundamentalen Zweig der Wissenschaft, der sich *methodisch* gleichsam gegenläufig, *inhaltlich* komplementär zum naturwissenschaftlichen Forschungstyp verhält. Er ist in spezifischer Weise der phänomenalen Welt und dem Handeln verpflichtet. Dabei wird tendenziell die Dichotomie zwischen Mythos und Religion einerseits und naturwissenschaftlichem Denken als exklusivem Inbegriff *wissenschaftlichen* Denkens andererseits überwunden – und mit dieser Dichotomie der kategoriale Charakter einschlägiger geschichtlicher Epochenunterscheidung.

Bereits die europäische Antike hat *mutatis mutandis* eine analoge Struktur: Die ungebrochene Rolle des Religiösen zeigt sich damals in der Entstehung der Hochreligionen, einschließlich einschlägiger Wandlungen der frühgriechischen Religion. Andererseits weisen diese in ihrer monotheistischen und zugleich *explizit* ethischen Tendenz den archaischen (‚polytheistischen') Religionstypus als Aberglauben zurück. Auch sonst zeigen sie – etwa in ihren allegorisch-theologischen Interpretationen (im Christentum etwa durch Augustinus) bzw. im kritischen Umgang mit figürlichen und bildlichen Gottesdarstellungen – gewisse Parallelen zum damaligen philosophischen Denken. Die Hochreligionen und das methodische genuin philosophische Denken zeigen sich so gleichermaßen als Erben des traditionellen mythischen oder (polytheistisch-)naturreligiösen Denkens: Die Hochreligionen explizieren das dem naturreligiösen Denken implizite Wert- und Sinn-Denken in einem ersten Schritt: insofern sie tendenziell eine explizite Ethik und eine Zielperspektive des Menschen und der Menschheit artikulieren. Das methodisch-philosophische, den naturwissenschaftlichen Theorietyp damals noch ungeschieden umfassende Denken dagegen erbt die Rolle der Naturerklärung und -beschreibung sowie einer nicht, zumindest nicht primär, theistisch artikulierten Ethik.

Demnach stellt sich die Aufgabe der modernen *genuin* philosophischen Forschung jetzt etwa so dar: Sie hat den von den Religionen *partiell* nach wie vor implizit, allegorisch und bildlich, ausgedrückten Wert und Sinn der Welt in einer der Naturwissenschaft komplementären und sie integrierenden Theorie in eben diesen Begriffen selbst zu artikulieren und so ihren geschichtlichen Beitrag zur Entwicklung vom archaisch-ethnozentrischen zum objektiven Verständnis der Welt, der Menschheit und der verantwortlichen Freiheit zu vollenden.

1. Teil

Wissenschaftsgeschichte als Ansatz für
für ein genuin philosophisches Konzept
der phänomenalen Welt und der Praxis

A. Zur Struktur der Wissenschaftsgeschichte

(1)

Die Wissenschafts*geschichte* umfasst nicht nur den genuin physikalischen, im neuzeitlich-modernen Sinne naturwissenschaftlichen Theorietyp, der auf der äußerlich wahrnehmbaren mechanischen Leib-Umwelt-Interaktion Experimentieren, Messen) basiert (Vf. 1994, 50-115). Sie ist Geschichte auch des genuin philosophischen Theorietyps, ungeachtet seiner modernen Umstrittenheit (s.o.). Schon diese Unterscheidung spricht für die These zweier objektiver Aspekte der Welt.

Zum Ausdruck ‚genuin physikalisch' drei Hinweise: 1. Er soll den Zusammenhang zwischen der Grundmethode (Leib-Umwelt-Interaktion) und den theoretischen Resultaten andeuten. 2. Er bezeichnet den Kern der modernen Physik (i.U. zu ihren ‚Randbereichen'). 3. Er wird hier dem in der Moderne sonst üblichen Ausdruck ‚naturalistisch' vorgezogen, weil es vor allem in der Antike – mit Ausstrahlungen bis weit in die Neuzeit und Moderne – noch einen anderen Typus von ‚Natur'- oder Materietheorie bzw. ‚Physik' gibt (vgl.u. 2, Abs.2); dieser muss infolge der obigen wissenschaftsgeschichtlichen Unterscheidung eine nicht unerhebliche Rolle spielen. Umgekehrt schneidet der Ausdruck ‚naturalistisch', der m.W. auf Kant zurückgeht, mit seinem exklusiven Naturverständnis jenen wissenschaftsgeschichtlichen Kontext ab und behindert so Einblicke in die Struktur der Wendung, welche die Philosophie zu Beginn der Neuzeit, zumal auch mit Descartes und Kant, einschlägt.

Die praktische Rolle der Naturwissenschaft ist fraglos. Warum dann sollte die Geschichte genuin philosophischen Denkens einen spezifischen Praxisbezug vermissen lassen? Ist dieser nicht auch und vor allem in einer spezifischen Relevanz für das ethische Motiv zu vermuten? Entscheidend für eine solche Rolle ist nicht, ob es entsprechende Theorien *gibt* – es gibt sie spätestens seit Sokrates-Platon –, sondern ob sich *eine* als allgemein überzeugungskräftig erweist.

In die Richtung dieser Erwartungen weist auch unser alltäglicher Realismus bezüglich der phänomenalen Welt: Trotz unserer naturwissenschaftlichen Schulbildung, also mitnichten ‚naiv', halten wir in unserem alltäglichen Wahrnehmen fest an der Objektzugehörigkeit des phänomenal-qualitativen Charakters etwa der Farben und der mit ihnen verbundenen Naturschönheit (z.B. der Herbstfärbung).

(2)

Die phänomenale Welt ist von Anfang an der systematische Ansatzpunkt der Philosophiegeschichte. Gerade dies qualifiziert sie umgekehrt zum Maßstab der Kritik am Anspruch allumfassender Geltung des genuin physikalischen Denktyps (zumal dieser eine Theorie des Sprechens – auch über Ursachen und Gründe – impliziert). Da dieser Anspruch in der oben angedeuteten methodischen und theoretischen Konsequenz gründet, artikuliert sich solche Kritik lange Zeit in Form theoretischer *Alternativen* – implizit, aber unmissverständlich schon in der vorsokratischen Denkbewegung.

Angemessene Beschreibung der *phänomenalen* Welt wird implizit schon im Zuge der vorsokratischen Denkbewegung zum Hauptanliegen genuin philosophischen Denkens (Anaximander, Heraklit; vgl. später Aristoteles und die Stoa). Dabei werden phänomenale Qualitäten, wie ‚das' Kalte und ‚das' Warme (auch Helligkeit und Dunkelheit) sowie ‚das' Feuchte und ‚das' Trockene, als Konstituentien *elementarer* ‚Dinge' oder Entitäten (Wasser, Erde, Feuer, Luft) konzipiert. Auch damals schon steht in diesen Fällen, wie sich auch aus der Verlaufsstruktur der vorsokratischen Denkbewegung schließen lässt (Vf. 1990/1991), der genuin physikalische Theorietypus negativ-methodisch im Hintergrund und besitzt darüber hinaus eine gewisse ontologische Eigenständigkeit.

Dem relativ diffusen Charakter jener Elemente oder ‚Materie' korrespondiert in diesem theoretischen Kontext ein nicht minder diffuses Verständnis des physikalischen Raumes. Es hat nicht die – etwa zum Konzept kleinster Teilchen (Demokrit, Epikur) bzw. unendlicher Teilbarkeit der Materie (Anaxagoras) vorangetriebene – innere Konsequenz des antiken Atomismus, der neuzeitlichen oder ‚klassischen' Physik und der modernen Biologie. Daher lässt sich eine Einheit mit dem Geist oder (Logos), wie bei Heraklit, oder mit einem irreduzibel teleologischen Prinzip noch mühelos denken.

Eine theoretische Deutung jener fundamentalen Konkurrenzsituation verlangen erst die mit der Neuzeit einsetzende *genuin physikalische Arbeitshypothese* und deren zunehmende experimentelle Bestätigung. Eher Programm als Resultat solcher Arbeit ist Descartes' radikaler Dualismus: 1. der Begriff eines Bewusstseins, das die Wesenseigenschaft der genuin physikalischen Welt, die physikalisch-räumliche Ausgedehntheit, nicht teilt. 2. Viele Eigenschaften, die bis dahin alltäglichem Verstande wie auch den meisten Philosophen als objektzugehörig galten, z.B. Farb- und Duftqualitäten, vollziehen jetzt gleichsam einen Rückzug in die Sinnesschicht des dualistisch begriffenen Geistes: *korrespondieren* fortan nur noch ganz anders gearteten genuin physikalischen Objekteigenschaften. Mit ihnen zieht sich auch die Kontaktzone des Geistes zur Außenwelt ins Geistinnere zurück.

In beiden Charakteristika zeigt sich die schon von Descartes diskutierte aporetische Struktur des Modells. Teil von ihr ist eine neue, auf die Außenwelt bezogene Form radikaler Skepsis. Das Fragenpaar: ‚*Wie gelangt Erkennen zu den Objekten? Sind seine Beziehungen zum Leib auch theoretisch verstehbar?*' wird erst jetzt zum philosophischen Fundamentalproblem. Das der Antike ist: ‚*Wie lässt sich der Wandel in der Welt erklären?*'; erkenntnistheoretische Fragen sind ihm nur nachgeordnet, und nur am Rande klingt auch jenes für die Neuzeit charakteristische Problem an (Anaxagoras, Aristippos von Kyrene).

Jene Aporetik führt zu zwei Grundpositionen: 1. Man hält an *alternativen* genuin philosophischen Positionen der Antike fest. 2. Zur Lösung jener Aporetik, wird ein Bündel *neuer*, aber ihrerseits problematischer genuin philosophischer Theorien und Methodologien entwickelt. Nicht minder unbefriedigend als diese Ausweitung des genuin philosophischen Theorienspektrums jedoch ist eine simple Streichung des Cartesischen Bewusstseinsbegriffs, die auf einer implizit schon vom antiken Atomismus, partiell auch von Descartes praktizierten genuin physikalisch-funktionalen Explizierbarkeit mentaler Terminologie fußt (Gassendi).

Die Richtung einer Lösung weist auch hier die phänomenale Welt: Ihr ist, wie schon Descartes bemerkte, jene Aporetik fremd. Als Ausdruck ihrer inneren Vernetzung hat Wittgenstein – auf dem für ihn stets unverzichtbaren Hintergrund der traditionellen genuin philosophischen Probleme – die (einschlägige) *Alltags*sprache entdeckt. Mithin ist ihr als theoretisch irreduziblem Weltaspekt die genuin physikalische Weltstruktur als zweiter Weltaspekt *korrelativ* unterzuordnen.

(3)

In der oben bezeichneten gedoppelten Problemlage (1. Cartesische Dualismus, 2. eine bis weit in die zweite Hälfte des 20. Jahrhunderts fortbestehende Umstrittenheit des genuin physikalischen Forschungstyps im genuin philosophisch-theo-

theoretischen Denken) wird eine neue methodologische Selbstbesinnung des genuin philosophischen Denkens unausweichlich. Erst auf der Basis solcher Selbstreflexion (s.u. 4) können *äquivoke* naturwissenschaftliche (Teil-)Besetzungen ursprünglich exklusiver Domänen genuin philosophischen Denkens einigermaßen solide in den Blick genommen und in neuer Perspektive analysiert und beurteilt werden (s. u. 5 - 7 und Kap. B).

(4)

Auch auf methodologischem Felde ist (1.a) bewusst ein enger Kontakt genuin philosophischen Denkens zu genuin physikalischem Denken zu suchen.

Aber das bedeutet jetzt: Nicht länger darf genuin philosophisches Forschen seine methodologischen und erkenntnistheoretischkritischen, bei Kant gerade und besonders dem genuin physikalischen Theorietypus geltenden Bemühungen auf genuin philosophisch-*theoretische* Begriffe gründen („*Bewusstsein*', Raum als ,*Form der Sinnlichkeit*', etc.). Diese waren zudem strukturell teilweise, wenn auch mehr oder weniger unreflektiert, vom genuin physikalischen Theorietypus inspiriert:
Schon die interne Struktur des Cartesischen Bewusstseinsbegriffs ist sichtlich mitgeprägt durch genuin physikalische Wahrnehmungstheorie. Ihre Grundbestandteile sind: (1.) die „Sinnesempfindungen" als Resultat sensorischer Inputs („Affizierungen"): bei Locke aus der materiellen Welt, bei Kant aus der prinzipiell unerkennbaren Realität an sich; (2.) die geistig aktive Bildung von (komplexen) Ideen anhand dieser Inputs bei Locke, bei Kant die freie Anwendung vorhandener Ideen oder Kategorien auf jene Inputs in den Raum-Zeit-Formen der „Sinnlichkeit".

Umgekehrt tragen solche von genuin physikalischer Theorie inspirierte Theorien mit dazu bei, dass seit dem Neukantianismus eine primär naturwissenschaftlich orientierte Philosophie und Methodologie das phänomenale Welt- und Selbstverständnis zu besetzen sucht, in jüngerer Zeit sogar auch auf sprachanalytischem Wege, also in merkwürdiger Umkehrung des Wittgensteinschen Sprachspiel-Konzeptes.

Eine neue methodologische Selbstreflexion genuin philosophischen Forschens hat demnach (1.b) die Nähe zum genuin physikalischen Forschungstyp primär bewusst *außerhalb* intern-theoretischer Begriffe zu suchen; freilich muss dann – analog dem genuin physikalischen Forschungstyp – diese Methode innerhalb einer umfassenden genuin philosophischen Welttheorie repräsentiert sein. (2.) Auch in diesem neuen Kontext ist zugleich ein radikaler Abstand der genuin philosophischen Methode von genuin physikalischem Forschen deutlich zu machen.

Letzteres nun setzt zuerst ein Verständnis der genuin physikalischen Methode voraus (das Konzept einer Unabhängigkeit genuin physikalischen Forschens ist mithin nunmehr sogar gefordert):

Gezeigt haben die Naturwissenschaften vor allem eins: Sie verfügen über eine eigene, von genuin philosophischem Denken unabhängige Methode, auch wenn sie nicht von Anbeginn durchsichtig und im traditionell-transzendentalphilosophischen Sinne ,gerechtfertigt' erscheinen kann. Diese Methode ist im genuin physikalischen ,Kern (s.o. 1, Abs.2) vergleichsweise ,robust': Sie basiert auf der äußerlich wahrnehmbaren mechanischen Leib-Umwelt-Interaktion sowie, dieser verpflichtet – auf Beobachtung und Experiment. Sie allesamt sind prinzipiell mathematisch erfassbar. ,Robust' und mathematisch fassbar sind daher auch ihre Ergebnisse. Ihr augenfälligster öffentlicher Ausdruck ist die moderne Technik, deren jüngstes und vorläufig spektakulärstes Produkt die Gentechnik ist.

In der zweiten Hälfte des 20. Jahrhunderts hat sich zudem die Beziehung zwischen jener Grundmethode und den theoretischen Ergebnissen zu einem Kreis geschlossen: in einer genuin physikalischen Erkenntnistheorie der modernen Biologie (Sinnes-, Hirn- und kognitive Entwicklungsphysiologie, im Verbund mit Genetik und Evolutionsbiologie; s. eingehend Vf. 1994). Moderne Naturwissenschaft hat so glänzend bestätigt und expliziert, was antike Naturphilosophie in genuin physikalischen Grundkonzepten vorweggenommen hat: in intuitiver Spekulation, aber auch durch Beobachtung und deren scharfsinnige Analyse (Anaximenes, Empedokles, Anaxagoras, Demokrit, Epikur).

Im Vergleich zu dieser robusten Methode erscheint die genuin philosophische Methode als subtil, ja introvertiert in dem Sinne, dass sie keine praktische Komponente hat: Sie ist *primär vergleichend-begriffsanalytisch*. Wiederum wird sie von Descartes erstmals explizit reflektiert, wenngleich nur nebenher; sein methodisch-skeptisches Verfahren dominiert (Vf. 1990; vgl. 3. Teil, A.II.3). Andererseits wird schon in der vorsokratischen Denkbewegung alltägliches Welt- und Selbstverständnis mit genuin physikalischen Konzepten verglichen und analysiert – implizit zwar, aber in der Gesamtstruktur der Bewegung kaum verkennbar (Vf. 1990/1991). Genuin physikalische Begrifflichkeit spielt also im genuin philosophischen Denken eine indirekte, konzeptuell kontrastierende Rolle. Das Verfahren dieses Forschungstyps findet buchstäblich geräuschlos ‚nur' im Denken statt.

(5)

Die Ergebnisse solchen Denkens zu interpretieren, war, solange der genuin physikalische Theorietyp umstritten war, insofern leicht, als es noch keine Schwierigkeiten machte, dies im konzeptuellen Rahmen von *mehr oder weniger vage* verstandenen räumlich-zeitlichen Parametern der phänomenalen Welt zu tun. Daher konnten vergleichende Begriffsanalyse und Interpretation lange Zeit eine ungeschiedene, methodologisch undifferenzierte Einheit bilden (z.B.: ‚teleologische Prinzipien bzw. Seelen *in* der Materie', vgl. o. 2, Abs.3). Von da lässt sich wohl eine Verbindung zurück zu archaischem Naturverständnis ziehen (Vf. 1990/1991).

In diesem Zusammenhang ist Descartes' Wendung zu würdigen: Seine interntheoretische Konfrontation der beiden grundsätzlichen Forschungstypen zwingt zu methodologischer und erkenntnistheoretischer Neubesinnung. Obgleich sein neuer Begriff des Bewusstseins durch den genuin physikalischen Denktyp mitgeprägt ist (s. eingehender B und 3. Teil, A.II), beschreitet er doch ganz neue Wege.

(6)

Durch eine an Descartes anknüpfende erkenntniskritisch-grenztheoretische Grundkonzeption überwindet Kant die primär gegenständliche, *Ding-an-sich*-schematische Denkweise und begründet so – unter betonter Einbeziehung des genuin physikalischen Theorietyps – ein neues Konzept zweier Weltaspekte. Der genuin physikalische Kontext hat also Konsequenzen für *beide*: für das Konzept von Bewusstsein *und* für die genuin physikalische Weltstruktur selbst.

Es folgen dann freilich Theorien, welche das Zwei-Aspekte-Konzept und die Verabschiedung der *Ding-an-sich*-schematischen Denkweise von jener erkenntniskritisch-grenztheoretischen Grundkonzeption sowie auch und sehr betont von Descartes' *grundsätzlicher* Problemstellung abkoppeln. Deswegen und weil die These einer naturumfassenden Geltung des genuin physikalischen Theorietyps wissenschaftliche noch nicht ausgeräumt ist, scheinen schlichte Rückschließungen an Platon und Aristoteles noch möglich. Zugleich wird im Leitkonzept eines werdenden Selbstbewusstseins die Geschichte dem genuin philosophischem Felde *systematisch* erschlossen. Dieser philosophische, tendenziell dogmatische Ausgriff auf die politische Praxis ist eine Vorstufe späterer politisch-ideologischer Vereinnahmungen der Praxis und ihrer Abkoppelung von *genuin* philosophischer Theorie.

Der Plural dieser Weg*e* enttäuscht zwar Kants Hoffnung, es naturwissenschaftlichem Voranschreiten gleichzutun. Doch eben darin besteht die Art genuin philosophischen Denkens, vorwärts zu kommen; sie ist schon für die vorsokratische Denkbewegung charakteristisch. Jener Plural ist ein nur äußerliches, aber potentiell konstruktives Indiz des Ungenügens aller beteiligten Konzeptionen.

(7)

Das oben umrissene Gesamtgeflecht neuzeitlicher Philosophie wirkt bis heute fort. Umso schärfer und wirksamer werden jetzt neue, von Seiten der Naturwissenschaften hinzukommende Zäsuren.

Die erste Zäsur steht mit für den Übergang zur Moderne: Darwins Evolutionskonzept von Mutation und natürlicher Auslese; es lässt sich aber auch als eine *konsequente* Verlängerung des genuin physikalischen Theorietyps in die Zeitachse charakterisieren. Auch dieses Konzept bleibt intern-naturwissenschaftlich etliche Jahrzehnte umstritten. Doch bezieht sie ihre enorme geistig-kulturelle Wirkungsmacht von Anfang an auch daraus, dass sie eine durch Beobachtung und Experiment zustande gekommene *Neuigkeit* ist. (Sie hat freilich wiederum einen methodisch-,spekulativen' Vorläufer: in Empedokles. Dessen Idee wurde dann – wen wundert's? – von Lukrez in die Darstellung des Atomismus übernommen.)

Eine weitere naturwissenschaftlich fundierte Zäsur fällt in die erste Hälfte des 20. Jahrhunderts: Die theoretische Physik bricht sowohl im makrokosmischen als auch im mikrokosmischen ,Randbereich' mit grundlegenden Begriffen der klassischen Physik, die freilich in ihren angestammten Bereichen in Geltung bleiben. Diese so genannten Paradigmenwechsel brechen mithin auch mit den Anschauungen des ,gemeinen Menschenverstandes' in einer bis dahin nicht gekannten Radikalität; nur Experiment und mathematische Theorie bleiben intern-physikalisch als methodologische Konstanten in Geltung.

An einen *inner*physikalischen Paradigmenwechsel im Makrobereich hatte Philosophie bis dahin nie gedacht (im Mikrobereich freilich schon in Epikurs ,Spontanabweichungen der Atome'). Macht mithin Naturwissenschaft den von Kants radikaler Wende begründeten Anspruch genuin philosophischer Forschung auf erkenntnistheoretische Grundlegungen streitig? Oder zeigt sich hier eine von der Naturwissenschaft her formulierte Nahtstelle zwischen beiden Forschungstypen? – Offenbar trifft Letzteres zu: Kants Relativierung von Raum und Zeit auf (Formen von) Bewusstsein *fordert* geradezu ein innerphysikalisches Pendant. Umgekehrt wird so jene philosophische Relativierung durch die Physik *bestätigt*, und mit ihr die – wie auch immer explizierte – These, die genuin physikalische Weltstruktur sei unlösbar von Bewusstsein überhaupt bzw. von *phänomenaler Welt*.

B. Sind naturwissenschaftliche Theorien der Farbwahrnehmung die (am) besten (bestätigten)?

Fakt ist: Vielerorts wird genuin philosophisches Denken an der naturwissenschaftlichen (zumal biologischen) Ontologie und ihrem hohen Bestätigungsgrad gemessen. Dies spiegelt sich sogar noch in der neueren (erkenntnis)theoretisch-interpretationistischen Strömung: darin, dass sie die moderne Naturwissenschaft als den grundständigen oder „härtesten" (Abel) Interpretationstyp interpretiert. Aber deutet nicht schon die skizzierte *formale* Struktur der Philosophie- und Wissenschaftsgeschichte unzweifelhaft *auch* auf einen ganz anderen inhaltlichen und zeitlichen, durch eine langfristige Zielperspektive geprägten Zuschnitt theoretischer Entwicklung des genuin philosophischen Forschungstyps – und dies unter *ständiger* – ggf. impliziter – Berufung auf die *alltägliche* phänomenale Welt?

In Verkennung dieser Situation droht die analytisch-philosophische Diskussion gegenwärtig in einer indirekt-restriktiven Form begriffsanalytischer Untersuchungen stecken zu bleiben: in einer Kombination aus naturwissenschaftlichen Standards und einer Analyse des – seinerseits implizit und unreflektiert biologisch vorinterpretierten – alltäglichen Sprachgebrauchs. Eine Diskussion, die den genuin philosophischen Forschungstypus als wichtige Ergänzung zur Naturwissenschaft erkennt und *darin* die ursprüngliche Herausforderung der analytischen Philosophie (der auch ich mich mit Nachdruck verpflichtet fühle) sieht, wird dabei tendenziell ausgegrenzt. So wird die analytische Verfahrensweise zum Produzenten abstrakter Debatten und damit ein *zusätzlicher Bestandteil* des philosophischen ‚Puzzle-Spiels', welches auflösen zu helfen sie angetreten war.

Als ein Beispiel dieser Tendenz scheint mir Ralph Schumachers Aufsatz *„Was sind Farben? Ein Forschungsbericht über die Wahrnehmung und den Status sekundärer Qualitäten"* besonders geeignet. Dieser Forschungsbericht (!) knüpft im Begriff der sekundären Qualitäten explizit an Locke an und bezieht sich auf englischsprachige Publikationen der letzten dreißig Jahre.

(1)

Locke koppelt den Terminus der „sekundären Qualitäten" oder *Objekt*qualia (Farben, Wärme, Gerüche usw.), wie in der Sache schon Descartes, an den Begriff von „Sinnesempfindungen (sensible qualities)" des Geistes, die „keinerlei Ähnlichkeit" haben mit den korrespondierenden „primären Eigenschaften" physikalischer Körper (wie Größe, Gestalt, Bewegung, Schwere).

Die Koppelung ist systematisch denkbar eng. Das spiegelt sich in einer Art Doppelcharakter des Locke'schen Begriffs der sekundären Qualitäten selbst:
1.) Eben weil diese „keinerlei Ähnlichkeit mit Körpern" und dessen primären Qualitäten haben, lokalisiert er sie als „Empfindungsqualitäten (sensible qualities)", hier Farbempfindungen, in dem aus anderen Gründen dualistisch konzipierten „Geist". Dieser projiziere sie „irrtümlich" auf äußere Objekte

(wie die Empfindung ‚rot' im Falle einer reifen Tomate).
2.) Zum andern ‚sind' sekundäre Qualitäten *„in Wahrheit"* Kräfte (powers), die – über Partikel-Bewegungen des menschlichen Gehirns (!) – im menschlichen Geist Farbempfindungen erzeugen, die dieser nicht von sich aus zu erzeugen vermöge (*Ess.* II, viii, 10-15).
In dieser zweiten Bedeutung versteht Locke selbst die „sekundären Qualitäten" als *den Objekten oder äußeren Körpern eigene* Kräfte, die „aus den Modifikationen der primären Qualitäten resultieren" (24; vgl. schon 15 Schluss: *„Was der Idee nach süß, blau oder warm ist, ist* (erg.: in Wahrheit, G.P.) *nur eine gewisse Größe, Gestalt und Bewegung der unsichtbaren Teilchen in den Körpern selbst, die wir so benennen".*

Indem Schumacher den dualistischen Geist-Begriff streicht, streicht er implizit auch jene Koppelung. Er macht diesen Schnitt zum Kern der zweiten seiner sechs „theoretischen Anforderungen", die an eine sachgerechte Diskussion der Farben zu stellen seien. Das restriktive Vorgehen[2] wird noch verschärft: Als „primitivistisch" (27, 33) klassifiziert werden Ansätze, die jener Anforderung genügen, aber als Konzept theoretischer Objektzugehörigkeit (irreduzibler) sekundärer Qualitäten gleichwohl genuin philosophischer Natur sind (John Campbell 1993),.

Der Text der zweiten „theoretischen Anforderung" lautet (21): *„Nach Auffassung vieler Autoren werden Farben von uns normalerweise als intrinsische Objekteigenschaften realer Dinge wahrgenommen. Um zu vermeiden, dass normale Farbwahrnehmung als vollständig fehlerhaft aufgefasst werden muss, sollte man demnach Farben weder als relationale Eigenschaften noch als Eigenschaften beschreiben, die nicht realen physischen Dingen, sondern ‚im Geist' existierenden mentalen Entitäten wie Sinnesdaten zukommen."*[3]

Der Forschungsbericht begründet seinen Schnitt also mit der These, ein intern-„geistiges" Verständnis der Farben lasse deren Wahrnehmung an Objekten als „vollständig fehlerhaft" erscheinen. Die starke Formulierung *„vollständig fehlerhaft"* ist aber ihrerseits etwas irreführend und wird Locke *so* nicht gerecht:

1. Locke zufolge werden die Farbempfindungen zwar in der Tat ‚irrtümlich' auf Objekte projiziert; insofern sie aber den objektiven mikrophysikalischen Körpereigenschaften – „Partikel-Konfigurationen", einschließlich ihrer Eigenschaft, „Licht zurückprallen" zu lassen: viii, 14 – gesetzmäßig korrespondieren sollen, haben sie, ungeachtet völliger „Unähnlichkeit" mit den „wahren" Objekteigenschaften, durchaus objektiven Erkenntniswert.
2. Vor allem aber – und in Verbindung mit Punkt 1 – ist jene Anforderung aus *systematisch*-historischer Sicht wenig plausibel. Es wird praktisch ausgeblendet, dass Locke die eigentliche qualitative Natur der phänomenalen Farbqualitäten *notgedrungen* von dem ihnen alltäglich zugeschriebenen Platz an Körpern in den „Geist" verlegt (wie zuvor Descartes). Diese Not ist primär vergleichend-begriffsanalytischer, nicht theoretischer Natur. Sie wiegt schwerer als das Argument, Entitäten (Empfindungsqualitäten), die für das *originär* qualitative Element in den sekundären Qualitäten eingeführt werden, seien ontologisch überflüssig. (Wohl in dieser Abwägung hat Descartes sein frühes physikalisch-reduktionistisches Farbkonzept später revidiert.)
3. Der Einwand ontologischer Überflüssigkeit verschwindet angesichts der Wertethematik, die schon im Falle sekundärer Qualitäten wie Blumenduft oder Zahnschmerzen berührt ist, und damit zusammenhängenden ethischen Fragen.
4. Die Farbthematik bezieht ihr genuin philosophisches Interesse aus zweierlei: a) Sie stellt dem *Objektbegriff* der Naturwissenschaft einen komplementären Objektbegriff zur Seite, zwar vorläufig nur

---

[2] Restriktiv ist es zumal gegenüber *neueren* dualistischen Empfindungskonzepten, wie das von Peter Lanz 1996, auf dessen Buch Schumacher nicht eingeht.
[3] In dieser Charakterisierung der Farben als ‚intrinsisch' und ‚nicht-relational' fehlt – gerechtfertigt durch den Blick auf das Wesentliche und die Tradition der Debatte – das ebenfalls vorhandene (eigentlich selbstverständliche) relationale Element im Farbbegriff. S. dazu B.7.

im Sinne eines theoretischen Programms, aber ansonsten durchaus gut begründet. b) Sie ist frei von genuin philosophisch-ethischen Implikationen, deren moralisierendes Missverständnis eine sachliche Diskussion behindert.

5. Vom Ausdruck ‚vollständig fehlerhaft' ist nur ein kleiner Schritt zur bis heute verbreiteten, auf Kant und Husserl zurückgehenden These, Sinnesempfindungen seien *nicht*-kognitiv.

Gerade weil demnach die Erstellung einer allgemein überzeugenden Farbwahrnehmungstheorie – wie der genuin philosophische Theorietyp überhaupt – ein sich zeitlich über die gesamte Philosophiegeschichte erstreckendes Unternehmen ist (s. *Vorwort* und *Einleitung*), ist es abwegig, Farbtheorien, die mit – *intern* hochbestätigter – *exklusiv* genuin physikalischer Wahrnehmungstheorie konkurrieren, als unbestätigt und unwissenschaftlich oder „primitivistisch" abzutun.

(2)

Schumachers Forschungsbereich bezieht die „intrinsische" Charakterisierung der Farbeigenschaften, die (von ihm unerwähnt) von W. Sellars zur Unterstreichung ihres theoretisch irreduziblen Charakters eingeführt wurde, ausdrücklich in die zweite „Anforderung" ein, ebenso den (ähnlichen) Begriff „nicht-relational".

Demnach hält Schumacher den Begriff „intrinsischer" (bzw. „nicht-relationaler") Farbqualitäten zumindest tendenziell oder grundsätzlich für interpretierbar im Kontext der genuin physikalischen Wahrnehmungstheorie. Entsprechend *untergeordnet* ist die Rolle, die dieser Ausdruck dann in seiner Diskussion neuerer physikalistischer Positionen zur Farben-Thematik (24 f.) spielt: Sie hat gleiches Gewicht wie die Rolle zweitrangiger ‚Probleme', die *in einem von vorneherein explizit oder implizit als wissenschaftlich exklusiv unterstellten Rahmen der Naturwissenschaft* relativ leicht ‚lösbar' sind. Zu ihnen gehört insbesondere die Unterscheidung zwischen ‚wirklichen' und ‚scheinbaren' Farben, aber auch das Problem des umgekehrten Farbenspektrums.

Auf genuin philosophischer Seite dagegen stehen (a) der Anschein, das Verhältnis der Farbqualia zu ihren physikalischen Korrelaten sei „kontingent", und (b) das Problem des invertierten Spektrums der (Grund-)Farben (25) im Kontext Jahrtausende währender Forschung und Lösungsbemühungen (vgl. o. Abs. 3). Zu letzteren gehört in jüngerer Zeit etwa Wittgensteins Sprachspiel-Konzept.[4]

Umgekehrt stellt Schumachers Forschungsbericht von den sechs „theoretischen Anforderungen" an eine Theorie der Farbwahrnehmung in einer abschließenden Diskussion just jene wieder in Frage, welche mit *exklusivem* naturwissenschaftlichem Theorieverständnis unvereinbar scheint: die Forderung, der „Transparenz" von Farben Rechnung zu tragen, also dem Umstand, dass unsere Wahrnehmung der Farben deren Natur „offen lege" (30, Nr.6).

---

[4] *„Wittgensteins unentwegtes Insistieren auf den ursprünglichen Verwendungen der jeweils in Frage stehenden, philosophisch problematischen Begriffe ist ... im Kern nichts anderes als der Hinweis auf die Unablösbarkeit der (ursprünglichen) r e l a t i o n a l e n ... Bedeutungselemente und -zusammenhänge von diesen Begriffen"* (Vf. 1990a, 88, vgl. 91). Damit wird implizit gesagt, dass genuin philosophische Theoriebildung diese Zusammenhänge zum Vorbild nehmen sollte, wenn sie die traditionellen schroffen Dichotomien sowie das weite Spektrum alternativer Theorien zugunsten einer integrierten Theorie überwinden will (vgl. 3. Teil, B und C).

(3)

Aber zurück zu Locke und Descartes. – Zunächst muss eines deutlich werden: Ihre differenzierten Argumentationen lassen sich schwerlich mit der Unterstellung begründen, ihnen sei eine in sich plausible genuin physikalische Wahrnehmungstheorie (noch) unbekannt gewesen und sie hätten (folglich) nicht hinreichend zwischen der alltäglichen Wahrnehmung und ihrer genuin physikalischen Rekonstruktion unterscheiden können:

Es ist gerade Locke, der betont, dass wir im Alltag Farben nicht als mikrophysikalische Objekteigenschaften wahrnehmen. Schon deswegen ist ihm klar gewesen: Für eine ausschließlich im Kontext genuin physikalisch-rekonstruktiver Kognitionstheorie verstandene *alltägliche* ‚Wahrnehmung' sind ‚Farbqualia' schlicht *nicht weiter definiert* – sofern man von ihrer selbstverständlichen Konnotationen (Stellung im ‚Farben'spektrum, Zugehörigkeit zu Körpern, optische ‚Wahrnehm'-barkeit) absieht. Sie sind also *offen* für theoretische Explikationen, genügen folglich völlig problemlos den Bedingungen jenes Kontextes, in welchen sie gerade gerückt wurden. Man *weiß nicht*, was sie ansonsten vielleicht – ihrem Wesen nach – sein mögen. *Nicht weiter definiert sein* bedeutet mithin nicht: (schlechthin) inexplikabel, irreduzibel oder wesentlich nicht-relational sein. Entsprechend stellt sich das *Problem* einer Definition und Abgrenzung der Farbqualia erst im Kontext eines mit jener Rekonstruktion zusätzlich verbundenen *strikten* Reduktionsanspruchs. (Auch ist zu fragen: Warum stellt sich eine analoge Forderung nicht auch für die Rekonstruktion *phänomenaler* – „ur-, primär-, genetisch-interpretativer"[5] – *Kompaktheit* oder *Ebenheit* von Körpern?).[6] – In einem entsprechend *modifizierten* Sinne spricht übrigens schon Locke von „*Reduzierung*" der Farben auf „Größe, Gestalt und Bewegung von Teilchen".[7]

(4)

Etwas eingehender kann man die genuin physikalische Sicht der Beziehung zwischen alltäglichem ‚Wissen' und Nichtwissen auch so formulieren: Farbwahrnehmungen sind *hochstufige* – auf die funktionell bzw. kognitionstheoretisch *basale mechanische Leib-Umwelt-Interaktion* bezogene – Funktionen gewisser sinnes- und hirnphysiologischer Prozesskomplexe (sie sind diesen ihren ‚Trägern' nicht eindeutig zuordenbar).

‚Bewusst' sind aus dieser Sicht – *for the sake of argument* – jene hochstufigen Funktionen bloß als Aktivität des ‚Wahrnehmens': ohne ihre mikrophysiologische Basis. ‚Bewusst' sind mithin auch die Gegenstände dieser Funktionen, die ‚Farben', *ohne* die sie fundierenden mikrophysikalischen Strukturen und deren Reflexionseigenschaften (Lockes *powers*) auf der *Objekt*seite und ohne die Typen von Zäpfchensinneszellen, welche die reflektierte Strahlung in verschiedene Spektralbereiche (‚Grundfarben') gliedern, auf der ‚Subjekt'seite. (Jene höherstufigen Funktionen sind *insofern* durchaus das äquivoke Korrelat zum genuin philosophi-

---
[5] Lenk, z.B. 2004, besonders 344.
[6] Vgl. Vf. 1990b, 121 f.
[7] *Ess.* II, viii, 17

schen Begriff der – ggf. begrifflich implementierten – Intentionalität des Bewusstseins). –

Man kann aber auch ganz grundsätzlich vom Funktionsbegriff her argumentieren. – Wir haben ein sehr klares Verständnis vom Begriff mechanischer Funktionen. Das fängt an auf der Ebene unmittelbar wahrnehmbarer Funktionen oder Wirkungen, zum Beispiel bei der Funktion eines Hammers oder auch der Standsäulen- und Standflächenfunktion unserer Beine und Füße (,Sohlengänger'). Was sollte sich an dieser grundsätzlichen Durchsichtigkeit des Funktionsbegriffs ändern, wenn zahlreiche Teile mit ihren Einzelfunktionen sich zu einem komplexen Ganzen mit einer übergreifenden Gesamtfunktion oder -wirkung zusammenschließen? Offenbar nichts. Das gilt für einen Flaschenzug oder Motor ebenso wie für hochkomplexe Systeme aus (ggf. ihrerseits hochkomplexen) Teilen, wie Zellen und Organismen.

Funktionen relativ einfacher Dinge sind mehrfach oder gar vielfältig, je nach dem Kontext, in dem die Dinge zum Einsatz kommen. Schon die möglichen Funktionen eines Hammers sind nicht ihm selbst *eins zu eins* zuordenbar, sondern stets nur dem Verwendungskontext insgesamt, an dem sich ,seine' Funktionen oder Wirkungen eigentlich erst zeigen. Insofern aber seine Betätigung die Veränderungen allererst herbeiführt oder auslöst, werden die Funktionen mit Recht und auch der Kürze halber allein *ihm* zugeschrieben.

Grundsätzlich gelten die genannten schlichten Sachverhalte auch für unsere Gehirne. Ihr kaum noch zu übertreffender Komplexitätsgrad kann daher kein Argument gegen die grundsätzliche ,Durchsichtigkeit' ihrer durchweg mechanisch definierten kognitiven Funktionen sein. Zu ihnen gehört als eine Implikation auch die ,subjektive' Perspektive. Diese ist darin begründet, dass die höher- und höchststufigen kognitiven, zumal ,bewussten' Funktionen neurophysiologischer Hirnprozesse in der makroskopischen – ihrerseits elementar mechanischen – Funktion der Leib-Umwelt-Interaktion fundiert sind. Der *unmittelbare* Kontakt des Leibes zu seiner Umwelt fundiert so auch die *funktional*-unmittelbare Beziehung der – funktionell gleichsam jenem Kontakt aufsitzenden – hirnphysiologischen Prozesse der ,Sehrinde' zu ihrer Umwelt. Auf diese Weise bildet die Leib-Umwelt-Interaktion das Kernstück einer biologischen ,Erkenntnis'theorie und einer Methodologie der Naturwissenschaften.[8]

Die äquivokative Verwendung des *Funktions*begriffs für unser Bewusstsein wie für zugeordnete Leistungen des Gehirns erschwert freilich die Begründung und Explikation unserer Intuition einer ontologischen Differenz – etwa im Sinne von Kants „empirischem Dualismus". Diese Schwierigkeit, von der Aporetik des Cartesischen Modells ganz zu schweigen, ist für viele analytische Philosophen seit Herbert Feigl wohl der positive Hauptgrund für eine modifizierte oder gar strikte Identitätstheorie von Körper und Seele. Im Hinblick auf die ,Funktionen' des Bewusstseins scheint mithin der hier betonte Hinweis auf den *mechanischen* Funktionsbegriff als Argument gegen eine *strikte* Identitätstheorie wenig geeignet.

---

[8] S. dazu eingehend Vf. 1994, 50-115.

Wohl aber ist nun einsehbar: Der Begriff des phänomenalen Gelb oder Rot *kann* mit jenem mechanisch fundierten Begriff von (höherstufigen) Funktionen gar nichts gemein haben; ebenso gut könnte man die Funktion eines Hammers als ‚gelb' bezeichnen (*reductio ad absurdum*; vgl. das Gedankenexperiment einer Koppelung des Gehörnervs an den Sehnerv). Die funktionale Rekonstruktion der ‚subjektiven' Perspektive ist Locke, wie im vorigen Abschnitt gezeigt wurde, offenbar im Wesentlichen geläufig. Und umgekehrt ist es unsinnig zu unterstellen, Descartes und Locke, in der Moderne etwa Husserl und Sellars, wüssten nicht, *was* da eigentlich auf was reduziert werde, bzw. sie hätten noch kein (klares) Verständnis von *höherstufigen* Funktionen mikrophysiologischer Prozesse.

Wenn ferner schon Lukrez – als römischer Vertreter des antiken Atomismus (1. Jh. v. Chr., also in späthellenistischer Zeit) – konstatiert, einzelne Atome seien prinzipiell nicht zu Empfindungen fähig, dann entspricht dies in der Sache einer *impliziten* Kenntnis des Begriffs höherstufiger Funktionen mikrophysiologischer (Sinnes- und Gehirn-)Prozesse, die *in diesem Kontext* legitim mit mentaler Terminologie belegt werden können.

In diesem Rahmen muss sich das Interesse der antiken atomistischen Erkenntnistheoretiker darauf richten, welche Beschaffenheit (Textur) der – von den Oberflächen der Körper abgelösten und vom Auge rezipierten – Atom(komplex)e am ehesten der jeweiligen Spezifität von (Farb-)Wahrnehmungen korrespondieren könnte (in genuin physikalischer Hinsicht durchaus analog modernen *Resultaten* naturwissenschaftlicher Forschung).

Dieser exklusive Reduktionsanspruch des antiken Atomismus ist im historischen Kontext zu sehen: Sein Hauptargument ist ein seit Parmenides verbreiteter Topos antiker Philosophie. Danach ist das theoretische Urteil des Verstandes *kategorisch* dem ‚Urteil' der Sinne überlegen.

Für die Neuzeit sei daran erinnert: Schon Descartes hatte überhaupt kein Problem damit, die Annahme zu teilen, sinnliches ‚Wahrnehmen' und körperliches ‚Phantasieren' (in Anführungsstrichen!) sei auch schon *allein* in bestimmten Gehirnteilen lokalisierbar, bei Tier *und* Mensch.

Wenn also in der Geschichte des genuin philosophischen Denkens die *primär vergleichend-begriffsanalytische* Methode (A.4) weitgehend vernachlässigt wird zugunsten *unvermittelt*-theoretischer Interpretationen ihrer Resultate, die auf letzte ontologische Einheiten abheben, so zeigt sich diese Vernachlässigung noch heute, freilich mit umgekehrten Vorzeichen: Der Begriff höherstufiger Funktionen komplexer mikrophysiologischer Prozesse und die alltäglichen Begriffe der ‚Funktionen' des Wahrnehmens und Denkens werden kaum analysiert und verglichen; vielmehr werden letztere ersteren stillschweigend unterschoben.

(5)

Die auf Schumachers Referat zugeschnittene Antwort Lockes auf die Frage nach dem eigentlich Qualitativen der phänomenalen Farben im Rahmen einer vollständigen Theorie lautet mithin etwa so: ‚Das in Frage stehende Qualitative der Farben kommt *nur je ihnen selbst* zu, d. h. nicht auch ihren genuin physikalischen Rekonstruktionen: also nicht den rekonstruierten *Objekt*eigenschaften *und natürlich auch nicht dem wie gesagt höherstufig funktional mit rekonstruierten ‚alltäglichen Farbeindruck' selbst*. Da sie deshalb, theoretisch notgedrungen, dem – ohnehin als nicht-körperlich zu definierenden – „Geist" zuzuordnen sind, sind sie jetzt theoretisch zu (einfachen) Sinnesqualitäten oder gar „einfachen" oder „partikularen *Ideen*" reduziert, die vom Geist, den Eingaben der Sinne möglichst angemessen, zu „komplexen Ideen" zusammengesetzt werden.'[9]

---

[9] So werden also nicht nur alltägliches Erkennen, sondern auch Objektqualia „sensifiziert" (Kant).

Im genannten Sinne reden Wilfrid Sellars (wie schon vor ihm Feigl, der wiederum an Husserl[10] anknüpft) und McDowell von „*intrinsischen (intrinsic)*" Eigenschaften, deutsch: von einem ihnen selbst, etwa den Farben, ‚*Innerlichsten*', ‚*Wesentlichen*' (Unveräußerlichen, Irreduziblen). Demnach darf dieser wissenschaftliche: vergleichend-begriffsanalytische Kommentar zum Eigenschaftsbegriff nicht auf die systematisch vorangegangenen Begriffe zurückprojiziert werden: weder auf den *ursprünglich* ‚unreflektierten' alltäglichen Urbegriff noch auf dessen genuin physikalische Rekonstruktion.

(6)

Die Neigung zu all den hier verhandelten Missverständnissen und Widersprüchen sehe ich zudem in den folgenden weiteren Punkten begründet:
1. Der erste Punkt knüpft an den zuletzt genannten Grund an: Die vergleichend-begriffsanalytische Ebene hebt betont auf das ab, „was schon offen vor unseren Augen liegt" (Wittgenstein, PU 89). Dabei wird oft nicht hinreichend deutlich gesagt bzw. von Kritikern leicht übersehen, dass dies auf dem Hintergrund des genuin physikalischen Theorietyps geschieht.
2. Philosophische Arbeit mit dem Begriff höherstufiger Funktionen mikrophysiologischer Prozesse gilt in der modernen analytischen Philosophie zunehmend (seit etwa dem letzten Viertel des 20. Jh.) als *nicht*-reduktionistisch.
3. Das Prädikat ‚*am besten bestätigt*' wird vom naturwissenschaftlichen Kontext, in dem es seinen wohlbegründeten Platz hat, der Philosophiegeschichte übergestülpt, obwohl in ihr die (ausgesprochene oder unausgesprochene) Auseinandersetzung mit dem genuin physikalischen Denktyp und entsprechenden Rekonstruktionsansprüchen eine wesentliche Rolle spielt.
Derselbe Grund dürfte auch bei einem schon in Kapitel A genannten Phänomen eine Rolle spielen. Es findet kaum Beachtung, dass wir trotz naturwissenschaftlicher Allgemeinbildung, also mitnichten naiv, *im Alltag* an der Objektzugehörigkeit etwa der Herbstfarben und ihrer Schönheit festhalten.
4. Verbreitet ist die Überzeugung, die ‚subjektive Perspektive' sei *eo ipso* kein Thema der ‚objektiven', an die dritte Person gebundenen Naturwissenschaft. Diese Überzeugung teilt sich in eine genuin philosophische[11] und eine genuin physikalische, biologiekonforme[12] Variante. Erstere teilt die traditionelle Zuschreibung der Objektqualia zum Subjekt, doch fordert dessen neuere Subsumierung unter den Begriff der *Perspektive* eine *exklusiv* relationale Interpretation geradezu heraus.[13]

---

[10] Zum Terminus *intrinsisch* vgl. E. Husserl 1910/11, §14: „... ein Erlebnis (hat) *in sich sein Sein*, von dem wir sagen können, es ist, was es ist, auch wenn die Rede einer räumlich-zeitlichen Natur mit Körpern und Geistern eine bedeutungslose Einbildung wäre" (Hervorh. hinzugf.); *Ideen II:* „Empfindungsdaten als letzte primitive Urgegenstände, die nicht mehr durch irgendwelche Ichaktivität konstituiert, sondern im prägnantesten Sinne Vorgegebenheiten für alle Ichbetätigung sind" (214). „Die Erlebnisse im Bewusstseinsfluss haben ihr absolut eigenes Wesen" (300).
[11] In der *neueren* Diskussion geht sie weitgehend auf T. Nagel zurück: Vf. 1994, 25 f. mit Anm. 6, 7.
[12] Vgl. eingehender Vf. 1990b, bes. 137, Anm.72 mit weiteren Hinweisen, auch auf John Kekes 1977, der die gegenteilige Überzeugung vertritt – mit gutem Grund: s. B.4, Vorwort 4.B, 3. Teil, B.VII.
[13] Feigl rubriziert bewusste Ereignisse insgesamt unter dem Begriff des *Qualitativen* und seinem Gegensatz zum *Quantitativen* (mathematisch Beschreibbaren in der Natur), stellt aber diesbezüglich graduelle Unterschiede zwischen verschiedenen Arten von Bewusstseinsphänomenen fest. Sellars dagegen sieht das Qualitative ganz auf Sinnesempfindungen begrenzt. Die vor allem von dem ursprünglichen Physikalisten T. Nagel spektakulär ins genuin Philosophische gewendete Diskussion sieht erneut

Ein weiterer Grund für die biologiekonforme Variante des Ausschlusses des Subjekt-Begriffs aus der Naturwissenschaft ist wohl der große Abstand zwischen mechanischen Funktionen im gewöhnlichen Sinne und den vergleichsweise hoch- und höchststufigen kognitiven Gehirnfunktionen, obwohl diese doch nichts anderes sind als Summen- oder Komplexfunktionen von Neuronen-Netzwerken, bezogen auf die Leib-Umwelt-Interaktion (B.4).

5. Die Frage ,*Wie funktioniert das?*' kennzeichnet den genuin physikalischen Forschungstyp; sie gibt auch der Unterscheidung verschiedener Funktionsstufen ihr Gepräge – aber, und das scheint auch die Philosophiegeschichte zu lehren, eben nicht den korrespondierenden alltäglichen bzw. genuin philosophischen Begriffen von Farbqualitäten und Bewusstsein(s'funktionen': Wahrnehmen, Erinnern, Vorstellen, Denken/Begriffe, Wünschen, Wollen, Gefühle).

Wundert es in diesem Kontext, dass der Begriff numerischer Identität des Bewusstseins nicht weiter präzisierbar ist, obwohl er andererseits klar einsehbar ist (jedenfalls nicht auf sprachliche oder grammatische Indikatoren noch auf die funktionale Identität des biologischen Organismus rückführbar)? Schon Kant meint, das ,Ich' im ,*ich denke*' könne sich nicht selbst zum Gegenstand machen, gehöre vielmehr zu den unhintergehbaren Bedingungen möglicher empirischer Erkenntnis und Erkenntnisgegenstände. (Wenn ferner Locke vom „Geist gleichsam als Auge der Seele" spricht (2. Buch, X, 7), kann dieses veranschaulichende Bild dann noch Gegenstand einer Kritik seines Geist-Begriffes sein?)

(7)

Um die genannten definitorischen Missverständnisse zu vermeiden, habe ich für die Objektqualia eine *notwendig*, also *nicht*-trivial zirkuläre (oder tautologische, A. Menne 1984) *Definition* vorgeschlagen (Vf. 1994, 19 - 36), in Abgrenzung von und zugleich Verknüpfung mit ihren relationalen Konnotationen.[14] Danach ist im definierenden Ausdruck (*Definiens*) der Rekurs auf das Zu-Definierende (*Definiendum*) selbst unausweichlich: ,Gelb ist gelb, und rot ist rot, *nichts Anderes*'.

Der notwendig zirkulär definierte „Kern-Gehalt" (a.O. 37) enthält freilich wichtige *indirekte*: ,*negative*' *oder explizit ausschließende Relationen* zu Anderem, sonst wäre er nicht definierbar (Vf. 1990b, 114, 117; 1994, 32 ff).

Umgekehrt sind *positive Relationen oder Strukturen*, wie der Farbenkreis oder eben die ,subjektive' Perspektive' (1994, 25 zu Jakob von Uexküll), kognitionsbiologisch reduzierbar.

Vor allem ist jene Definition *primär* (vergleichend-*begriffs*)*analytischer* Natur, ist also nicht verdinglichend. Erst im Gefolge, in ihrer *Interpretation*, kommen theoretische Begriffe ins Spiel (Vf. 1994, 24 ff.): So definierte Farbqualia können nur *Gegenstand*, nicht *Eigenschaft* des Wahrnehmens selbst sein; eine theoretische Reduktion auf „Empfindungen" wird so von vorneherein vermieden. (Darin liegt wohl der Grund dafür, dass wir im Alltag trotz unsres biologischen Schulwissens *intuitiv* an der Objektzugehörigkeit der Farben und der Schönheit der Herbstfärbung festhalten.) Doch auch hier kann von Verdinglichung nicht gut die Rede sein. Vielmehr wird der *ohnehin schon gedachten Objektwelt* ein theoretisch irreduzibler ontologischer Gehalt zugeschrieben.

---

das Bewusstsein insgesamt unter dem Aspekt, wie Bewusstseinsphänomene sich in der subjektiven Perspektive gleichsam ,anfühlen' („Wie ist es, ein Fledermaus zu sein?"). Etwa seit dieser Zeit hat sich der Begriff der Qualia *tendenziell* für Bewusstseinsphänomene *insgesamt* eingebürgert, obwohl Nagel selbst m.W. ausschließlich den Begriff der *subjektiven Perspektive* verwendet.

[14] z.B. 1990b, 112: „niemals ohne konnotative Relationen". Vgl. B.1 (Schumacher-Zit. mit Anm.3).

Umgekehrt lässt sich aus dieser Sicht ein gewisses Defizit in der Diskussion der beiden letzten Jahrzehnte verdeutlichen: Die vielleicht einflussreichsten Wendungen haben eine gleich bleibende, insofern sich wiederholende Form: Man versucht, den Begriff phänomenaler Qualitäten *primär* epistemisch- oder kognitiv-*beziehungsmäßig* zu deuten, verabsolutiert also das in der vorigen Anmerkung betonte konnotative (positiv-)relationale Element einer umfassenden Definition der phänomenalen Farben. Zudem spielt auch hier der oben erwähnte Ausschluss einer (explizierbaren) ‚subjektiven Perspektive' aus der ‚objektiven' Biologie eine Rolle. Insgesamt *kann* demnach, so Churchland, die von Geburt an farbenblinde Mary noch gar nicht über *alltägliche* Kenntnis der Farben verfügen, die sie *als Forscherin* beschreibt.[15]

Auch Schumacher (24) referiert eine ähnliche Argumentation Frank Jacksons, die zugleich dessen eigene spektakuläre Abkehr von seiner früheren Position bekundet: „*Die Grundannahme, sinnliche Wahrnehmung würde uns ... die Natur der Farben offen legen, sei u n z u t r e f f e n d*" (Hervorhebung hinzugefügt). – Eine verwandte frühere, freilich im analogen Kontext seelischer Vorgänge von Wittgenstein (PU 308) zurückgewiesene Version dieser Argumentationsweise lautet: ‚Was heutige theoretisch irreduzibel scheint, könnte vielleicht künftige naturwissenschaftliche Forschung reduzieren.'[16]

M.a.W., die notwendig zirkuläre Definition dient gezielt einer Verbesserung der Begriffe *theoretischer Irreduzibilität* und des *Intrinsischen*. Umgekehrt dient sie gerade der *Kritik* eines Verfahrens, das etwa so vorgeht: Es untersucht den Begriff der Objektqualia „von vornehrein *ausschließlich im Kontext* ... empirischer Zusammenhänge, und den Begriff des Psychischen ... erörtert (es) nur unter dem Gesichtspunkt (so F.v.Kutschera 1982 wörtlich:) ‚analytischer *Beziehungen*', der ‚Bedeutungs*zusammenhänge*', der ‚wechselseitigen *Bezogenheit*' bzw. des ‚polaren *Verhältnisses* von Psychischem und Physischem' ..." (Vf. 1990a, 86).

(8)

Wiederholen wir: Genuin physikalisch gesehen ist *alltägliche* Farbwahrnehmung höherstufig-funktional definiert, *ohne dass* darin auch der fundierende komplex-physiologische Kontext dieser Funktionen – auf der ‚Subjekt'- wie auf der Objektseite – ‚bewusst' sein könnte.

Weil ihr dies offenbar selbstverständlich scheint, lässt die moderne Biologie diese subtile Differenzierung und auch schon das Konzept höherstufiger Funktionen unexpliziert. Schwerlich wird man ihr *deswegen* philosophische Fortbildungskurse empfehlen wollen und können. Umgekehrt müssen *intern*-biologisch die theoretischen Probleme und Theorien der europäischen Philosophiegeschichte als *wissenschaftlich* und praktisch unproduktiv gelten.

---

[15] P.M. Churchland 1985 in Auseinandersetzung mit der damaligen Position F. Jacksons. Dazu eingehend Vf. 1994, 29 f., dort Anm. 14 (kürzer 1990a, 117/118 mit Anm.29).

[16] 1. Sehr extensiv vertritt diese Position H. Hastedt.
2. In den Kontext ausschließlichen Beziehungsdenkens gehört Lenks (B.3, Abs.2) „*urinterpretatives*" Erfahrungsbewusstsein nur, *insofern* es als genetisch verankert charakterisiert ist; jedenfalls hält Lenk es im Kern für physikalisch nicht erklärbar.

Eher nur vereinzelt wagen Universitätsbiologen und -physiker den (Zeit-)Aufwand, sich mit *genuin* philosophischen Theorien und Problemen zu beschäftigen. Wohl weil (auch) ihnen diese zunehmend vertrackt, ausweglos scheinen, ziehen sie es schließlich vor, zum vertrauten, in sich weitgehend abgerundeten genuin physikalischen Theorietypus zurückzukehren.

Erst jetzt projizieren sie traditionelle genuin philosophische Denkmuster gern auf die untere funktionale, *unmittelbar-* neurophysiologische Ebene, etwa indem sie diese (wie Churchland) zum Gegenstand von Introspektion erklären. Das wird als *philosophischer* Fortschritt angepriesen. In der Kritik *dieser* Haltung wiederum kommt dann die, wohlgemerkt eigentlich selbstverständliche, vielstufig-funktionale Sicht zu ungeahnten wissenschaftlichen Ehren (vgl. o. B.4), indem die genuin philosophische Leib-Seele-Thematik betont zum Erbe moderner Naturwissenschaft gerechnet wird. Dabei wird insbesondere das Problem kausaler Relevanz seelischer Ereignisse zum Problem kausaler Relevanz höherstufiger Funktionen umgedeutet, das analytisch zu explizieren und dann zu ‚lösen'[17] nicht übermäßig schwierig ist. Das Resultat entspricht dem, womit Biologie-Studenten und Oberstufenschüler unausdrücklich ohnehin schon gearbeitet haben: Es trägt, was die biologischen Schul- und Studienbücher betrifft, Eulen nach Athen; und es sägt tendenziell den Ast ab, auf dem aus den genannten Gründen auch der *naturwissenschaftlich* orientierte Zweig der analytischen Philosophie sitzt.

Philosophisch-akademischem Denken droht in diesem Milieu (von der jüngsten Renaissance der politischen Philosophie abgesehen) eine Fixierung auf Philosophie*geschichte*, mithin die Ausklammerung der, wenn auch verdeckten, späthellenistisch-neuzeitlichen Aufgabe, den genuin physikalischen Theorietypus genuin philosophisch zu integrieren.

Im übrigen bedient jenes Defizit die problematische – weil eben auch eine problematische Praxis verstärkende und insofern sich selbst bestätigende – schon in der Antike auch geschichtswissenschaftlich vertretene These, die Menschheit und ihre Geschichte seien ‚realpolitisch' primär machtorientiert und (gruppen-)egoistisch, unterlägen mithin *schlechthin* einem Basis-Überbau-Verhältnis zwischen sozioökonomischer Struktur einerseits und Kultur und Persönlichkeitsstruktur andererseits – etwa die Religion und sogar die Philosophie selbst... Und lehrt wiederum nicht auch schon die Antike einen Zusammenhang zwischen politischer Philosophie genuin philosophischen Problemen?[18] Eine Betonung des Interdisziplinären kann daran m.E. nicht einfach vorbeisehen.

(9)

Weitgehend schon die auf ‚letzte' ontologische Einheiten bedachte Antike vernachlässigt die *primär (vergleichend-begriffs)analytische* Methode der Bestimmung des Kerngehalts der Objektqualia – zugunsten ihrer unvermittelten theoretischen Interpretation (vgl. A.2, Abs.2; B.11, Abs.1). In der Neuzeit, welche die Natur erstmals unter das Leitbild des genuin physikalischen (= empirisch-methodischen: auf der Leib-Umwelt-Interaktion basierenden) Forschungstyps rückt, ist dieser Mangel an methodologischer Reflexion das negative *Pass*-Stück zu einer am physikalischen Ding-Begriff orientierten Verdinglichung des Seelischen: zur

---

[17] Hans Lenk (2004, 228-233) gibt eine schöne Darstellung davon am Beispiel R. van Gulicks.
[18] S. dazu die Einführung in die „antike politische Philosophie" von Reese-Schäfer 1998.

schen: zur *res cogitans* und zu letzten oder einfachen *Empfindung(seinheit)en* samt den damit verknüpften radikal-skeptischen und solipsistischen Konsequenzen. Derartiger Verdinglichung und *nur* ihr gilt Wittgensteins Kritik *methodologischer* ‚Privatheit' – nicht Existenz! – seelischer Ereignisse und führt sie *ad absurdum*: etwa im Bild vom ‚Ding in der Schachtel' (PU 293; auch PU 270 f.).[19] ‚Privatheit' ist sozusagen Symptom jener Verdinglichung oder falschen ‚Grammatik'.

Solche Verdinglichungsprodukte sind erst recht jene Sinnesqualia, die als ‚Materie' oder ‚Hyle' (Husserl: „primitive Urgegenstände", Anm. 10 zu B.5) einer ‚Synthesis' oder ‚Konstitution' gelten. Auch sie noch sind letztlich inspiriert von der – gleichsam aus der Sicht und nach Analogie des genuin physikalischen Theorietyps vordiktierten – Deutung des Bewusstseins.

Wie Kant bemerkt, scheint das Bewusstsein an den zu *Dingen an sich* verabsolutierten physikalischen Strukturen gleichsam *abzuperlen* (Kant formuliert: „*sich ablösen*"). Insofern scheint auf den ersten Blick die notwendig zirkuläre Definition dieses ‚Perlen'-Bild und die damit verknüpfte Verdinglichung und alle weiteren Schwierigkeiten zusätzlich zu bedienen. Aber genau dagegen stehen eben die oben explizierten methodologischen und definitorischen Ausführungen.

Aus der primär begriffsanalytisch *gewonnenen* notwendig zirkulären Definition des *Kern*gehalts der Objektqualia folgt ganz im Gegenteil keinerlei originär philosophisch-theoretische Verdinglichung, sondern eine wissenschaftliche Rechtfertigung alltäglicher Zuschreibung jener Qualia zu den *Objekten* – in innerem Verbunde mit dem Konzept eines spezifischen, theoretisch irreduziblen ontologischen Status jener ohnehin schon ontologisch unterstellten Objektwelt.

(10)

In der weiteren Verfolgung dieses Ansatzes gelangt man zum Konzept eines nicht konkret lösbaren Implikationszusammenhanges eines zum genuin physikalischen Weltaspekt komplementären *nicht*physikalischen Weltaspektes: als ‚theoretischer' Interpretation der alltäglichen phänomenalen Welt, um deren richtiges Verständnis es der Philosophie seit jeher geht (Vf. 1994, III). Dieses Konzept kann an vorliegender Stelle nicht näher expliziert werden. Nur so viel sei bemerkt:

Die hier als nichtphysikalischer Weltaspekt interpretierte alltägliche phänomenale Welt involviert *qua* phänomenaler Leib-Umwelt-Interaktion auch jenen ersteren Aspekt – und relativiert ihn zugleich. Ausdruck und Teil des allumfassenden Implikationszusammenhanges, welcher als solcher den philosophischen Solipsismus in der Wurzel auflöst, sind spezifische, interkulturell variable „Sprachspiele" (s. dazu eingehend 3. Teil, C).[20]

Der Anschein *zufälliger* Verknüpfung zwischen physikalischer Weltstruktur und ontologisch davon verschiedenem, aber nicht abtrennbarem Weltaspekt entsteht demnach – ganz im Sinne der im letzten Abschnitt erwähnten neuzeitlichen

---

[19] Dazu eingehender Vf. 1990a, 88 f. mit Anm. 38 und 40.
[20] *Tendenziell* findet sich dieser Ansatz eines ontologischen Primats der „Lebenswelt" auch beim späten Husserl (Vf.1999). Umgekehrt jedoch zeigt sich die Problematik klassischer Transzendentaltheorie zusätzlich darin, dass der *Begriff* transzendentaler *Sinnes*empfindungen, zumal (bei Husserl) der kinästhetischen, eben jenen Leib-Umwelt-Kontext *impliziert*, der angeblich erst im Resultat dingschematischer Konstitutionsleistungen steht (Vf. 1994, 113 ff.).

Einsicht – nur aus jener ersteren, nicht aus letzterer Perspektive. Nicht zuletzt auch darin zeigt sich die Einheit beider Weltaspekte, dass im Blick auf sie *äquivoke* physikalische Rekonstruktionen der Objektqualia wie auch des Subjekts sogar *gefordert* sind. – Dies jedenfalls scheint mir die Alternative zu sein zur aporetischen Cartesischen Spaltung und ihren Nachfolgetheorien wie auch zum physikalischen Funktionalismus.

Hochintelligente, hochlernfähige Computer mit aufrechtem Gang, Greif'händen' und Sprechfähigkeit können folglich nicht sozusagen ‚Teilnehmer' unserer phänomenalen Welt sein; denn u. a. könnte man sich bei ihrer Entsorgung auf ihr Computer-Sein berufen. *Erweisen* sie sich aber als solche Teilnehmer, mithin als kulturfähig, kann es sich nicht mehr um *Computer* handeln.

(11)

Die angemessene Beschreibung des nichtphysikalischen Weltaspektes wird implizit schon im Zuge der vorsokratischen Denkbewegung zu einem Hauptanliegen philosophischen Denkens (Anaximander, Heraklit). Dabei werden bestimmte phänomenale Qualitäten – wie ‚das' Kalte und ‚das' Warme (auch Helligkeit und Dunkelheit, im Alten Testament das Licht), auch ‚das' Feuchtes und ‚das' Trockene – zur theoretischen Konstitution *elementarer* ‚Dinge' oder Entitäten (Wasser, Erde, Feuer, Luft) herangezogen. Auch damals schon steht in diesen Fällen, wie sich auch aus der Verlaufsstruktur der vorsokratischen Denkbewegung schließen lässt (Vf. 1990/1991), der genuin physikalische Theorietypus negativ-methodisch im Hintergrund und besitzt darüber hinaus wie selbstverständlich ontologische Eigenständigkeit.

Dies ändert sich auch in der Neuzeit bis weit in die Moderne nicht grundlegend: Die jetzt programmatisch eingeräumte *durchgängig* genuin physikalische Weltstruktur bildet den neuen konzeptuellen Hintergrund für die Beschreibung des Phänomenalen. Dabei nimmt sie die Gestalt einer Beschreibung und Analyse *des „Bewusstseins"* – vor allem im Sinne empirischen Erkennens – an, von Descartes bis weit ins 20. Jahrhundert zu Husserl, zu dessen explizitem methodologischem Instrumentarium Epoché und ‚Reduktion' gehören (Vf. 1994, I.1, I.3, II). Insgesamt also tritt genuin philosophische ‚Beschreibung' jetzt *gleichberechtigt* neben das genuin physikalische Denken. Gleichwohl ist sie von ihm *mitgeprägt*, gerade auch ihre – von Modell zu Modell variierenden – aporetischen Züge. Andererseits wird die indirekt-, negativ-konstruktive Rolle des physikalischen Theorietyps für jenes Beschreiben jetzt ausgesprochen, wenn auch nur von Descartes und auch da nur beiläufig (Vf. 1990, 80, Anm.14). Der Begriff unseres alltäglichen Bewusstseins und seine physikalische Rekonstruktion sind die Gegenstände der vergleichenden *Begriffs*analyse (vgl. o. A.4), auch wenn sich die Resultate unreflektiert mit vom genuin physikalischen Theorietyp geleiteten Interpretationen mischen.

Mit dem *späten* Husserl, mit Heidegger und Wittgenstein wächst die – wiederum im Ansatz schon bei Descartes nachweisbare – Überzeugung, solche Beschreibung müsse ihren Schwerpunkt vom Bewusstsein auf die alltägliche Erfahrung der *Welt (einschließlich des Menschen)* verlegen.

In einem ersten Schritt ist ‚Beschreibung' jetzt methodisch freizuhalten von *theoretischen* Beeinflussungen durch den physikalischen Theorietyp. Zugleich aber rückt nun sehr konsequent das Cartesische Ausgangsmodell der Neuzeit in ein betont kritisches Licht. Am kritisch-konstruktiven methodologischen Leitfaden des Sprachgebrauchs ist dies die *Position in nuce* des späteren Wittgenstein.

Eigentlich kann erst der zweite Schritt einer – wiederum 'beschreibenden' und Descartes' Aporetik jetzt auch theoretisch überwindenden – *Theorie* gelten. Zur Ironie der Philosophiegeschichte gehört: Dieser zweite Schritt war in gewichtiger Hinsicht – im Sinne einer Überwindung jener Aporetik – die Idee Kants. Doch vollzieht ihn Kant eben noch *vor* jener Wendung zum Primat der phänomenalen *Welt*, also noch in direkter Anknüpfung an Descartes' Bewusstseinsbegriff und die damit verbundenen neuen Formen radikaler Skepsis.[21]

> Daher ist in Kants Ansatz zwar die *empirische Realität* der genuin physikalischen Weltstruktur impliziert (wenn auch 'im' transzendentalen Bewusstsein), und umgekehrt ist das transzendentale Bewusstsein ist geradezu *beherrscht* vom Konzept der genuin physikalischen Weltstruktur. Doch die radikale Skepsis bezüglich fremdpsychischer Ereignisse ist nicht ausgeräumt, auch nicht bei Husserl. Zudem ist das Interesse für das Seelische auch bei Kant (auf Grund jener Rolle der Physik) *philosophisch* marginalisiert (auch im Konzept des „empirischen Dualismus"), ganz zu schweigen von der qualitativen Eigenart der phänomenalen *Objekt*welt. All dies ist der Preis für den in der ‚Kritik der reinen Vernunft' zentralen Anspruch einer genuin philosophischen Grundlegung der Physik.

Zu Kants bleibenden Vermächtnissen gehört in diesem Zusammenhang ohne Frage die Einsicht: Die von Descartes geschaffene und an den Beginn der Neuzeit gerückte Grundproblematik und die ihr zu Grunde liegende große Aufmerksamkeit für das Bewusstsein müssen Rückwirkungen haben auf die theoretische Sicht der genuin physikalischen Weltstruktur. *Diese existiere nicht an sich; sie und begriffliches Denken seien theoretisch unlösbar voneinander.*

(12)

Die Pointe des „theoretischen *Motivs*" (Schumacher) McDowells und J. Campbells (bzw. *mutatis mutandis* des späteren Wittgenstein) liegt aus der hier entwickelten systematisch-historischen Sicht darin, die intrinsisch-qualitativen oder *notwendig* zirkulär definierten Qualia gleichsam aus dem von Descartes und Locke eingeräumten ‚Asyl' des Geistes in die phänomenale Objektwelt zurückzuführen.[22] Ohnehin hat alltägliches Weltbewusstsein sie nie aus ihr entlassen – *trotz* moderner naturwissenschaftlicher Schulkenntnisse, also mitnichten naiv; und umgekehrt ist eine basale philosophische Rechtfertigung dafür, wie gesagt, das Konzept der notwendig zirkulären Definition.

Doch im Unterschied etwa zu Aristoteles sind phänomenale Farben, Töne, und Düfte im Kontext eines Zwei-Aspekte-Modells Inbegriff einer relativ zur genuin physikalischen Weltstruktur ‚ganz anderen': *originären*, eben nur genuin philosophisch fassbaren *ontologischen Ebene* unserer Welt.

---

[21] Diese Skepsis hat übrigens Descartes selbst dazu bewegt, sie ins Methodologisch-Erkenntniskritische zu wenden: *für* eine Rechtfertigung seines eigenen Bewusstseinsbegriffs bzw. seines dualistischen Modells und dessen wissenschaftlicher Fundamentalstellung (Vf. 1990).

[22] Der von McDowell dafür benutzte Begriff der Disposition ist gewiss unbefriedigend, wie Schumazu Recht bemängelt. Aber er ist eben auch vorläufig. Zudem sollte man hier an Wittgensteins ‚(theoretische) Anforderung' denken, dass „(kausale) Erklärung" aus der (genuin) philosophischen Herangehensweise an die phänomenale Welt verschwinden müsse (wiederum im Gegensatz zu Schumachers „theoretischen Anforderungen", bes. Nr.3).

Der eigentümliche ontologische Status eines zum genuin physikalischen Weltaspekt komplementären Weltaspektes ist die genuin philosophische Konsequenz neuzeitlich-moderner Hinwendung zum genuin physikalischen Theorietypus. *Daneben*, sozusagen im alltäglich-praktischen Umgang mit Gegenständen, kann diese Art von Eigenschaften ihren ‚akzidentellen' oder ‚sekundären' Status durchaus beibehalten.[23]

An den so verstandenen sekundären Eigenschaften zeigt sich ferner, dass sich ihr ontologischer Status durch das Konzept *vorgeordneter* Begriffe oder Ideen (etwa von Farben) nicht ontologisch gleichsam in den ‚Schatten' stellen lässt. Es sind nicht primär Ideen, die ‚Ausstrahlung' haben und uns staunen machen, sondern die phänomenale Welt selbst. Allerdings sind wir dazu – im Unterschied zu Tieren – in der Lage, weil wir begrifflich denken können. Begriffe gehören für uns zur phänomenalen Welt, wie sie *ist*, theoretisch nicht wegkürzbar *dazu*; theoretisch darüber hinaus zu denken, ist nicht nur erkenntnistheoretisch illegitim, sondern führt auch (auch praktisch) nicht weiter. Das jedenfalls scheint mir die Quintessenz Jahrhunderte langer grenztheoretisch-erkenntniskritischer Bemühungen zu sein.

(13)

Das Beständige im fortwährenden ‚Flusse' oder Wandel der *Objekt*welt (vgl. A.2, Abs.3) finden wir primär in ihr selbst vor: als strukturell-funktionelle Einheiten oder ‚Atome' (Atome, Moleküle, physikalische Körper, Zellen, Organe, Organismen) in ihrem genuin physikalischen Aspekt (vgl. Vf. 1994, I.2 zum „Struktur-Funktion-Prinzip"), in ihrem ‚anderen', gewissermaßen ‚metaphysikalischen' Aspekt als notwendig zirkulär definierte, teilweise polare ‚Kern'-Gehalte (Warm und Kalt; Hell und Dunkel; Grundfarben; Töne; Düfte und Geschmäcke in ihren Unterschieden zu jenen und untereinander: wie Süß und Bitter).

Diesem Beständigen auf der Objektseite korrespondieren auf der Subjektseite: Schemata, Begriffe, numerische Identität und Einheit des Bewusstseins im metaphysikalischen Aspekt, im genuin physikalischen Aspekt äquivokative kognitionsbiologische oder mechanisch-funktionale Sachverhalte. Mit unseren Begriffen vermögen wir im Übrigen *beides* zu erfassen: Das Beständige *und* das ‚Fließende' und an unserer Welt und an uns selbst.

Der gemeinsame Nenner beider Seiten und Aspekte ist ihre Weltzugehörigkeit: ihr Implikationszusammenhang (B.10) im gemeinsamen Rahmen von Raum, Zeit und ‚Sinn'.

Der ‚Sinn'-Begriff kann erst im 3. (und 5.) Teil des Buches systematisch expliziert werden. Abschließend soll wenigstens ein Teilmoment davon zur Sprache kommen: Im – intuitiven und expliziten – Verstehen dessen, was schon offen vor unseren Augen liegt, dürfte die eigentümliche Freiheit unseres begrifflichen Den-

---

[23] Mit McDowell, wiederum unabhängig von ihm, teile ich außerdem die Idee, das *alltägliche* ethische Motiv gleichsam aus dem ‚Exil' eines primären – sei es theoretisch nicht hinterfragbar absoluten, sei es sozial oder biologisch bedingten – Sollens in den Kontext der phänomenalen Welt und der mit ihr verknüpften ethisch relevanten Werterfahrungen zurückzuholen (Vf. 1997).

kens gegenüber unserer biologischen Natur begründet liegen, und damit auch unser spontanes Verantwortungsbewusstsein. (Freilich setzt derartige Freiheit die *formale* Freiheit des persönlichen Urteils voraus bzw. fordert sie). Ohne solche Freiheit würden wir gewissermaßen nur ‚*funktionieren*', wären wir ansonsten noch so intelligent, ja machtpolitisch genial.

(14)

Im genuin philosophischen Forschen zur Wahrnehmung geht es mithin nicht primär um experimentell-instrumentelles Eindringen in die Natur und (Re-)Konstruktion von zuvor nie gesehenen Strukturen bzw. um theoretische Auswertung der Resultate und eine ständige Verbesserung oder auch Bestätigung der so gewonnenen Theorien. Folglich kann es so verstandenem Forschen auch nicht um einen Bestätigungsgrad von Wahrnehmungstheorien gehen, wie er die heutige biologische – sinnes- und neurophysiologische – Wahrnehmungstheorie ohne Frage auszeichnet.

Vielmehr geht es genuin philosophischem Forschen darum zu „*v e r s t e h e n, was schon offen vor unseren Augen liegt; denn d a s scheinen wir, in irgendeinem Sinne, nicht zu verstehen*" (Wittgenstein, PU 89, seine Hervorhebungen). In diesem Interesse *kann* es gar kein angemessener Gegenstand moderner Naturwissenschaft sein, unterliegt mithin von vorneherein nicht ihren Maßstäben der Überprüfung bzw. Bestätigung von Theorien. Bzw. alltägliche Wahrnehmung ‚bestätigt' das – im begrifflichen Vergleich mit genuin physikalischem (auch schon handwerklichem) Denken – Eigentümliche der phänomenalen Welt tagtäglich und seit geschichtlich unvordenklichen Zeiten: ist in diesem Sinne unübertroffen vom Bestätigungsgrad naturwissenschaftlicher Theorien.

C. Das ethische Motiv

I. Das ethische Motiv und seine spezielle ‚Theorie'

(1)

Das ethische Motiv (das Verantwortung für das je eigene Selbst einschließt) scheint seinem Wesen nach *nicht primär* von der Art zu sein, dass es mit anderen Motiven kräftemäßig konkurriert. Irgendwie scheint es vielmehr darin zu bestehen, dass es Motive eigensüchtiger, Mitmenschen schädigender Vorteilnahmen, schwächt oder gar nicht erst aufkommen lässt. Diese Wirkung ist kaum anders denkbar als dadurch, dass das ethische Motiv mehr oder weniger ausgeprägte Intuitionen oder Überzeugungen enthält, welche eigensüchtig Angestrebtes im Maße jener Ausprägung entwerten. (Primäre) Aggression, nach innen wie nach außen, schließt das so verstandene ethische Motiv, sein Entwertungscharakter, aus.

Nur in dem Maße, in dem jene Überzeugung vage, dunkel, unsicher ist, kann demnach von einer Konkurrenz des ethischen Motivs mit anderen Motiven die Rede sein. Solche Konkurrenz hat einesteils etwas von (automatischer) Verrechnung an sich, anderenteils wird durchaus auch die Besonderheit des ethischen Motivs gespürt, mithin besteht ein Bewusstsein freier Verantwortung. In einem korrupten Milieu jedoch kann es so weit kommen, dass der besondere Anspruch des ethischen Motivs kaum noch spürbar ist, umso mehr dagegen die Sorge, (gruppen)egoistische Kalküle könnten nicht aufgehen. Immerhin impliziert auch noch diese weitgehende Reduktion des Motivs die Akzeptanz gerichtlicher Sanktionen bzw. ein ‚schlechtes Gewissen', mithin auch die faktische Rolle moralischer Vorwürfe (sogar noch innerhalb ausgesprochen krimineller Gruppen).

Unter Folter erzwungenes Verhalten kann nicht ethischen Maßstäben unterliegen. In gewissem Maße gilt dies auch für Sucht, seelische Abhängigkeit oder mangelnde *Fähigkeit* zu Triebverzicht; andererseits zählt hier nicht zuletzt der Wille zu einschlägigem Training bzw. Widerstand. (Das Verhältnis zwischen dem ethischen Motiv und den Emotionen wird noch näher zu untersuchen sein.)

Das ethische Motiv kann nicht seinerseits nochmals Gegenstand einer freien Entscheidung sein. Vielmehr gehört es zum Kern der spezifisch menschlichen Identität: Das ethische Motiv oder Verantwortungsbewusstsein, wo immer es sich rührt, lässt sich so wenig ablegen wie das mit ihm verknüpfte Bewusstsein der Freiheit. Es *ist* wesentlich spontan; wir können nicht – im Sinne einer Alternative – gleichsam neben es treten. Das Bewusstsein, man hätte auch anders handeln können, beruht m.E. auf dem skizzierten Sonderfall des schlechten Gewissens. (Das schlechte Gewissen ist demnach Symptom eines Zwiespalts zwischen einem vagen Bewusstsein, das ethische Motiv sei Teil der eigenen Identität, und einer sozial, politisch und theoretisch bedingten Entfremdung vom ethischen Motiv.)

In diesem Rahmen sind folglich (im reflektierenden Kulturtyp) in moralischer Hinsicht mehr Klarheit und bewusste Entscheidung gefordert; nur in einem begrenzten Sinne frei verantwortlich sind Individuen, Gruppen oder gar ganze Gesellschaften dafür, ob und in welchem Maße sie ihren ethischen Intuitionen *und* dem Interesse an Einsicht und ‚Weisheit' bezüglich der Natur des ethischen Motivs folgen.[24]

(2)

Der Natur des ethischen Motivs entspricht, dass man gewissermaßen das Ganze im Blick hat; zwar ist das ethische Motiv nicht alles, aber ohne dieses Motiv bzw. ohne den Blick für das Ganze ist ‚alles' nicht viel.

Ist dieser Begriff vom ‚Ganzen' nicht unrealistisch oder gänzlich illusionär? Wird er nicht durch den heutigen Stand der Naturwissenschaft konterkariert? – Wir müssten solche Fragen *neben* dem vorstehenden Versuch, das ethische Motiv zu beschreiben, stehen lassen, gäbe es da nicht den Hinweis auf die Struktur der Philosophiegeschichte, gerade auch der europäischen:

In dem Bemühen, das ‚Ganze' der Welt zu verstehen, unternimmt die europäische Philosophie- und Wissenschaftsgeschichte seit zweieinhalb Jahrtausenden den Versuch, ‚alles' analytisch zu durchlaufen. Dabei hat sie den genuin physikalischen Theorietyp schon früh auf die Bahn gebracht, aber – schon an ihrer äußeren Struktur ersichtlich – auch das Bewusstsein, dass mit ihm gerade *nicht* alles erfasst ist. Die nähere Beschreibung der Differenz bzw. die theoretische Erfassung des nichtphysikalischen Weltaspektes ist wissenschaftlich-philosophische Arbeit eigener Art. Letztlich muss eine derartige Beschreibung vergleichbar überzeugend und kommunizierbar sein wie der genuin physikalische Theorietyp, wobei das Wort ‚letztlich' der (gleich noch näher zu erläuternden) Eigentümlichkeit der Aufgabe selbst entspricht.[25]

Wir müssen also die Philosophie(geschichte) selbst nicht neu erfinden, sondern nur angemessen verstehen, sie gewissermaßen selbst ‚auf den Begriff bringen'...

(3)

Wenn diese Überlegungen zutreffen, müsste sich eine Theorie des ethischen Motivs vom heute üblichen wissenschaftlichen Theorietyp unterscheiden: Wenn sie den genannten Charakteristika des ethischen Motivs gerecht werden soll, darf

---

[24] Man kann aus dieser Sicht Kants kategorischen Imperativ bzw. ‚das Gesetz in mir, das mich mit steter Bewunderung erfüllt', als einen Versuch interpretieren, derartigem Weisheitsstreben Genüge zu tun, ungeachtet des ursprünglich radikalen Freiheitsbegriffs Kants, welcher das (selbständige) Individuum für sein Verhalten auch unabhängig von jeglichen empirischen Bedingungen – also auch denen des Wissensstandes und der Irrtümer selbst – verantwortlich sieht.

[25] Darauf, dass der Begriff des ethischen Motivs auch eine theoretische Komponente hat, weist m.E. auch der oft konstatierte Kontrast zwischen dem Pathos moralischer Appelle und dem Erstaunen über ihre Wirkungslosigkeit. Auch das Umschlagen einer ‚moralischen' Grundhaltung in aggressiven Terror kann in diesem Kontext gesehen werden: Man könnte die so Agierenden fragen, warum nicht wie sie selbst auch ihre Feinde oder Hassobjekte von der Gnade des ethisches Motivs gesegnet sind und warum sie nicht besser dieses Motiv selbst vermitteln.

sie dieses *nicht durch Anderes e r klären* und damit theoretisch reduzieren, wie etwa in der *biologischen* Theorie von Tötungs*hemmung* und Gesselligkeits*trieb*. Darüber hinaus zeigt sich die Problematik solch *exklusiver* Erklärungen angesichts der modernen biologischen Selektionstheorie. (S. auch Vorwort 2, Abs.2).

Es geht demnach um eine Theorie des ethischen Motivs, welche jene Eigentümlichkeit nicht theoretisch reduziert oder *er*klärt, sondern in dem Sinne ‚*beschreibt*' oder *klar* macht, dass sie den oben genannten Intuitionen gerecht wird, anstatt mehr oder weniger in Widerspruch zu ihnen zu geraten. Ethischem – *eo ipso* spontanem – Engagement entsprechend müsste sich die Überzeugung, die Eigentümlichkeit des ethischen Motivs sei in diesem Sinne ‚theoretisch' fassbar und dann allgemein mitteilbar, mit Begeisterung verbinden, ihre erfolgreiche Vermittlung selbst eine *spezifische Art* von ‚Glück' bedeuten.

(4)

Das philosophiegeschichtliche Urmuster einer derartigen Wechselbeziehung zwischen ‚Theorie' und mental-emotionaler Verfassung verkörpert der junge Platon bzw. sein Lehrer Sokrates, wie er von ihm in den frühen Dialogen bezeugt wird. (Auch schon der gut hundert Jahre ältere Vorsokratiker Heraklit ist hier zu nennen, dessen philosophische Lehre Sokrates bewundert haben soll). – Emotionen spielen bei Platon eine Rolle auch als Quelle oder Medium des Philosophierens: als ‚Staunen' über Natur sowie als Liebe im Anblick des Schönen und entsprechende Sehnsucht.

<small>Platon entstammt höchstem athenischen Adel. Sokrates ist Sohn einer Hebamme und eines Steinmetzen, und er nennt seine philosophische Methode nach dem Beruf seiner Mutter ‚Hebammenkunst (*Mäeutik*)'. Die Beispiele zeigen übrigens, wie wenig die soziale Herkunft in der Philosophie zählt.</small>

Platon interpretiert das ethische Motiv: das *intuitive Streben nach dem Guten (Gerechten, Wahren)* theoretisch durch das Konzept ursprünglicher „Seelen-Schau (*theoria*)" des Guten als höchster Idee, die er „jenseits des Seins (der Ideen)" verortet. Insofern darin der Begriff des Guten nicht auf Anderes zurückgeführt ist (der weitere theoretische Kontext sei hier vernachlässigt), ist auch das ethische Motiv theoretisch irreduzibel. Die Theorie ist in diesem Sinne ‚*beschreibend*' (s. o. 3, Abs.2) oder einfach. Konsequent ist mithin die Überzeugung, sie sei allgemein mitteilbar: Jene Schau sei nur zu „*erinnern*": vom Modus der Ahnung (partiellen Verschüttung) in den Modus des Wissens (der Erinnerung) zu überführen.

Wird die Überzeugung von der Mitteilbarkeit enttäuscht, ohne dass die ‚Theorie' des ethischen Motivs selbst erschüttert wird, wird dem so Enttäuschten das Leben und Zurechtfinden in der Welt erheblich erschwert, wie es Platon im berühmten Höhlengleichnis schildert. (Vergleichbares lassen wiederum schon die Fragmente Heraklits erkennen.) Platon zieht daraus im ‚Staat' politisch-theoretische Konsequenzen: Nur ‚Philosophen' seien zu politischer (Allein-)Herrschaft berufen, oder Monarchen müssten Philosophen sein. Er selbst erprobt seine Konzeption zweimal im tyrannisch regierten Syrakus – und scheitert beide Male.

<small>*Ein* Schlüsselerlebnis, das zur Wendung Platons führte, ist sicherlich: Ausgerechnet sein Lehrer Sokrates wird – im demokratischen Athen und vor dem Hintergrund des verheerenden Bruderkrieges mit Sparta – mit der Anklage vor Gericht gestellt, er verderbe die Jugend (der Prozess endet bekanntlich mit dem Todesurteil). Zu den Anklägern gehört auch der Dichter Meletos; das ist ein Hinweis darauf,</small>

dass zu den Gesprächsthemen des Sokrates auch die traditionelle Religion bzw. ihre damalige Interpretation gehört, und damit verbundene gewisse Infragestellungen (etwa in der Frage nach dem Wesen von Frömmigkeit). So wird verständlich, dass Sokrates von seinen athenischen Mitbürgern mehr oder weniger in eine Reihe mit den ebenfalls in Athen lehrenden Sophisten gerückt wird.

Vor allem aber lassen die späteren Dialoge Platons erkennen, dass inzwischen auch seine Ideenlehre selbst an Klarheit, Einfachheit und Faszination, die sie ursprünglich einmal besaß, verloren hat, mithin auch an allgemeiner Überzeugungskraft. Inhaltlich weisen in diese Richtung zum Beispiel Versuche Platons, Demokrits Atom-Begriff in modifizierter Form in die eigene Lehre aufzunehmen. Entsprechend scheint sich Platon ganz bewusst einer gewissen methodischen Skepsis zu befleißigen. Die Dialog-Form seiner Schriften erfährt so eine ganz neue Verfahrensrichtung: *weg* von der maieutisch-pädagogischen, *echt*-dialogischen Erinnerungs-Konzeption der Ideenlehre *hin* zu einer zunächst dogmatisch-belehrenden (‚*Staat*'), später dann skeptisch-konstruktiven, auf systematische Kontinuität bedachten, also eher monologischen Suche nach einer neuen, umfassenderen (Ideen-)Theorie, welche u.a. die von Demokrit formulierten Konzepte und Probleme berücksichtigt.

Auch in Platons politischer Theorie schlägt sich diese Entwicklung nieder: Die ‚*Gesetze*', die zu Platons Spätwerk gehören, entwerfen ein wesentlich moderateres Staatsmodell als der ‚*Staat*'. Die Philosophie tritt offenbar einen Teil ihrer unumschränkten Stellung an die tradierte Religion ab: Ihr wird jetzt ein besonderer rechtlicher Schutz zuerkannt: freilich ein dogmatischer Schutz, der auf Kosten der Urteilsfreiheit geht (von der die Geschichte der Philosophie selbst, zumindest faktisch, lebt).

Platon selbst hat mithin die Fortsetzung genuin philosophischer Forschung bzw. dessen weitere Geschichte initiiert. *Er* hat die methodische Skepsis und eine entsprechende pragmatische Grundorientierung in der Philosophie etabliert. Eben dieser Richtung folgen dann die Geschichte der von Platon begründeten Schule, der Akademie, und nicht zuletzt sein großer Schüler Aristoteles, der eine eigene Philosophen-Schule gründet.

II. Ist das ethische Motiv (un)abhängig von Theorie?

(1)

Gegenwärtig freilich gilt das ethische Motiv weithin als theorie*un*abhängig. Doch hält solche Geltung der Erinnerung an die verheerenden politischen Weltereignisse der ersten Hälfte des 20. Jahrhunderts stand? Verstellen die moderne Praxis-Orientierung und die inzwischen beträchtliche zeitliche Distanz zu jenen Großereignissen nicht die Rolle der fundierenden, teilweise sogar betont wissenschaftlichen Ideologien (die dazu noch selbst allesamt ‚praktisch' orientiert waren) und die damit verknüpften *theoretischen Verwirrungen des ethischen Bewusstseins*? Kamen die Inkriminierungen geburts- und kulturbedingter Gruppenzugehörigkeiten nicht mehr oder weniger in Rahmen wissenschaftlicher Begründungen daher? Und stimmten die großen Ideologien nicht auffällig überein in ihrer Ablehnung und Verachtung ‚überholter' bürgerlicher (auch moralischer) Verhaltens- und Denkweisen, des angeblich ‚praxisfernen' genuin philosophischen Denkens ebenso wie der zwar praxisnahen, aber nicht *revolutionär*-praktischen – eben ‚bürgerlichen' – Rechtspraxis?

Wohlgemerkt, es geht bei jenen Ideologien nicht um das übliche Phänomen von Ausreden oder Verschleierungen, die über ein gleichzeitiges, mehr oder weniger ausgeprägtes Bewusstsein verantwortlicher Freiheit hinwegtäuschen (im Sinne des in Abschnitt C.I.1 genannten Konkurrenzmodells bzw. ‚schlechten Gewissens'). Vielmehr geht es hier um Entwicklungen, in denen ‚herkömmliches Bewusstsein' von Verantwortung in einer Art Austauschverfahren mit neuen Inhalten gefüllt wird: mit großenteils an wissenschaftliche Theorien angelehnten Grundkonzepten, wie: ‚lebensunwertes Leben', ‚Kampf der Klassen', ‚Ersatz'- oder ‚Überlebensfunktion der Religion', ‚bürgerliches Bewusstsein im Gegensatz zu revolutionärem', ‚naturgemäß leben = im Sinne der biologischen Evolutionstheorie leben'. Derartige totalitär-politische Bewegungen waren bekanntlich katastrophal. Doch ist es da noch ausreichend, *ohne weiteres* wieder traditionell-moralisch zu argumentieren und dabei gar den Begriff des Bösen zu rehabilitieren, auch geschichtswissenschaftlich? (Und dies nicht zuletzt nach Konrad Lorenz' 1963 erschienenem, damals viel beachtetem evolutions- und verhaltensbiologischem Buch „*Das sogenannte Böse*"?)

(2)

Ein – wenn auch unausdrücklicher – Grund zur Annahme einer Theorie*un*abhängigkeit des ethischen Motivs ist von der vorstehenden Argumentation freilich unberührt: Die philosophische Gesamtlage ist notorisch unübersichtlich und fließend. Zweifel und persönliche Wahl sind mitkonstitutiv für das, was über die Welt und die Menschen philosophisch ‚geglaubt' wird. Philosophie präsentiert sich insofern wenig verschieden von der Vielfalt religiöser Strömungen. Legt eine derartige Rahmenlage die Rede von einer Theorieunabhängigkeit des ethischen Motivs nicht nahe oder lässt sie zumindest geraten erscheinen?

Und doch zeigt sich eine Schwäche dieses Argumentes schon in vordergründiger, rein äußerlicher Betrachtung: Es kann offenbar nichts dagegen ausrichten, dass verschiedene philosophische Positionen faktisch um (die beste) ethische Qualifikation *konkurrieren*. Nichts ausrichten kann es aber vor allem dagegen, dass Konflikte *im Namen der Moral* (wie ehemals oder noch aktuell im Namen der Religion) polemisch bis militant ausgetragen werden

Am vernünftigsten scheint mir der folgende, im besten Sinne pragmatische Umgang mit dieser Lage zu sein: Man überlässt die definitive oder wissenschaftlich konsensfähige Entscheidung jener philosophischen Konkurrenzsituation bewusst der *Zukunft*. Entsprechend wird konkreten moralischen Argumentationen ein praktisch-hypothetischer, provisorischer Charakter zugesprochen. So werden die theoretische Diskussion wie auch die Praxis entlastet und gefördert.

Umgekehrt ist Mangel an jener Differenzierung zwischen der theoretischen Wahrheitsfrage und den ethischen Implikationen der verschiedenen Theorien ein Hemmnis der Diskussion. Er ist nicht nur wissenschaftlich kontraproduktiv, sondern auch ethisch bedenklich. Denn wäre es nicht z.B. für alle ‚gut', sich auf eine in ethischer Hinsicht weniger günstige wissenschaftliche Theorie wie die (heute vielfältig erweiterte) Darwinsche Evolutionstheorie *ausdrücklich* einzulassen und ggf. dennoch einen ihr zuwiderlaufenden ethischen (und ggf. religiösen) Standpunkt zu vertreten, anstatt solche Theorien (schon) aus moralischen Gründen zu bekämpfen und gerade damit eine auch ethisch prekäre Situation zu schaffen?

Von allgemeiner Warte aus formuliert: Zweifel und Unsicherheit sind für die bisherige Geschichte des reflektierenden Kulturtyps *charakteristisch*; sie nehmen auch das moralische Motiv nicht aus. Daher – und zudem auf Grund unserer geschichtlichen Erfahrungen und Kenntnisse – können auch Personen und Gruppen davon nicht ausgenommen sein, die sich subjektiv moralisch noch so gefestigt wähnen mögen. So paradox es klingen mag: Es ist gerade eine Gemeinsamkeit konstruktiver Skepsis in theoretischer wie in ethischer Hinsicht, welche sowohl die philosophische Diskussion als auch die moralische Praxis befördert.

Umgekehrt ist die Annahme eines *exklusiven*, hochprivilegierten Zuganges zu einer Theorie des ethischen Motivs mit diesem selbst kaum vereinbar, nicht nur in praktischer, sondern auch in politiktheoretischer Hinsicht. Beides lehren uns bereits die in der oben skizzierten Entwicklung Platons auftretenden Dilemmata. Von einem solchem Dilemma aber kann in unserer wissenschaftsgeprägten Zeit nicht mehr die Rede sein: Wer genuin philosophische Forschung als elitär – als nur einer privilegierten Gruppe zugänglich – brandmarkt, sei an die Geschichte des genuin physikalischen Forschungstyps erinnert, dessen Hauptresultate heute Gegenstand der allgemeinen Schulbildung und der Medien sind.

Freilich können in einschlägig relevanten wissenschaftlichen Studien- und vor allem Schulbüchern vorläufig lediglich Rahmenangaben vermittelt werden: Moderne Naturwissenschaft könne mitnichten als alleinige Fundamentalwissenschaft der Natur oder Welt und des ethischen Motivs gelten. Vielmehr gebe es dem geschichtlichen allgemeinen wissenschaftlichen Diskussionsstand zufolge einen grundsätzlich komplementären Aspekt zum naturwissenschaftlichen Aspekt – wenn nicht unserer *phänomenalen Welt* insgesamt, dann doch zumindest des Menschen. Er habe u.a. wesentlich mit Fragen der Moral zu tun. Ansonsten jedoch sei er in der Philosophie in einer Weise umstritten, dass seine nähere Beschreibung in naturwissenschaftlichen Büchern besser auszuklammern sei.

III. Ethisches Motiv, Sinn und Autonomie

(1)

Zum Kern der Sinn-Thematik gehört die Frage, ob sich unter ihrem Gesichtspunkt eine ‚bessere Welt' als die unsere denken lasse (Stichwort: Leibniz und das Erdbeben von Lissabon).

Diese Frage lässt sich schon an dieser Stelle verneinen: Gerade dann, wenn für unsere Welt der Gegensatz zwischen moralisch gut und schlecht konstitutiv ist, ist *eo ipso* gar nicht denkbar, wie eine in dieser *Grundstruktur* bessere Welt aussehen könnte. Vorausgesetzt, dies wäre überhaupt *theoretisch* denkbar: Würden Menschen, die angeborenermaßen ‚gut' wären, mithin den Gegensatz zwischen *moralisch* gutem und schlechtem Handeln nicht kennten, würden solche Menschen, so ließe sich rhetorisch fragen, eine *bessere Welt* verkörpern? Und wären sie *freie*, moralisch frei verantwortliche Menschen?

Ein Paradies gar, eine Welt ständigen Glücks ohne Krankheit und Sterblichkeit, lässt sich *theoretisch* gar nicht denken, weil die Leib-Umwelt-Struktur unserer Welt eine genuin physikalische Weltstruktur sowie ihre physikalische und biologische Evolution impliziert (vgl. o. A). Starke Strömungen der antiken Philosophie definieren entsprechend das höchste Gut, das *summum bonum*, als Gerechtigkeit, sofern sie lehrbar und realisierbar sei. Sie sehen die Vorstellung einer besseren Welt also allein im Rahmen der *moralischen* Thematik.

Mag die Kultur (unberührt-)archaischen Typs, in welcher ein intuitives Wissen um *beide* Weltaspekte *fraglos* interpretiert ist, den Menschen im denkbar strikten Sinne ‚zweite *Natur*' sein – neben der (im genuin physikalischen oder modern-biologischen Sinne:) ‚ersten Natur', so kennen diese Menschen doch den Unterschied zwischen ‚gut' und ‚böse' und sind in diesem Sinne *freie* Menschen.[26]

(2)

Im Sinn-Begriff ist mithin, so viel zeichnet sich schon jetzt ab, die Leib-Umwelt-Struktur und die darin involvierte genuin physikalische Weltstruktur als Teil menschlicher *Autonomie* mit zu berücksichtigen: In deren Perspektive gehören zur Autonomie des Menschen außer Fortschritten in der Besiedlung des Erdballs, in Ernährungsweise und Handwerk (Technik) auch Entwicklungen, die auf den ersten Blick einem Sinn des Lebens und der Welt eher entgegenzustehen scheinen: die Entwicklung verschiedener Sprachen und Kulturen und die mit ihr zunächst verbundene Fremdheit verschiedener Kulturen zueinander, einschließlich des Kriegsphänomens. Eben diese scheinbar umwegige Entwicklung muss als Implikation der Leib-Umwelt-Struktur des menschlichen Daseins und der an sie geknüpften Autonomie des Menschen begriffen werden.

Gemeinsam ist den Kulturen des reflektierenden Kulturtyps, dass sich die Menschen dessen, was der Mensch sei und was ‚gut', ‚schlecht' und ‚frei', neu zu vergewissern suchen – mit der Tendenz, eine Kultur der *objektiven*: nicht mehr aus dem ursprünglich ethnozentrischen Blickwinkel der archaischen Kultur wahrgenommenen Menschheit tragfähig zu begründen. Der geschichtliche Prozess ist also im skizzierten Sinne autonom, von den Menschen selbst getragen.

Was geschichtswissenschaftlicher Sicht heute vielfach als ein primär machtorientiertes Ringen von Völkern erscheint, ist demnach *im Kern* ein Ringen um ein neues kulturelles Selbstverständnis von Mensch und Menschheit, das von der Wahrnehmung verschiedener Sprachen und Kulturen ausgelöst ist.

Die Idee einer *in der Grundstruktur* besseren Welt ist mithin auch aus der Sicht eines umfassenden, die Leib-Umwelt-Struktur der phänomenalen Welt einbeziehenden Autonomie-Begriffs inkonsequent und sinnwidrig. Das gilt für den internreligiösen wie für den religionskritischen Bereich: Das Wort von einer *im Kern* schlechten Welt verfehlt die skizzierte allgemeine Welt- und Geschichtsstruktur. Das religiöse Bild von einer im Kern verdorbenen Welt ist selbst nur Teil einer – zudem volksgebundenen – Geschichtsepoche; darüber hinaus ist es *auch religionsintern* analyse- und interpretationsfähig.

Im Rahmen der theoretisch unhintergehbaren Gesamtstruktur unserer Welt sind die Geschichte, das ethische Motiv und die menschliche Autonomie aufeinander

---

[26] Die historischen Zeugnisse zum republikanischen Rom lassen sich, wenn auch mit gewissen Abstrichen, für Beispiele anführen. Auf sie wir später noch zurückzukommen sein.

verwiesen. Man kann von einem *modifizierten teleologischen* Geschichtskonzept sprechen (welches die formale Freiheit des Urteilens und die Wahrheit unseres Bewusstseins verantwortlicher Freiheit impliziert). Naturwissenschaft, besonders die moderne Biologie, trägt zum Verständnis der Autonomie des Menschen und der Menschheit Wesentliches bei, ist aber gleichwohl nur Teil jenes Gesamtkonzepts bzw. einer integrierten genuin philosophischen Theorie.

2. Teil

Ist ein wertbesetztes Selbstverständnis
der Menschheit als ein allgemeinhistorisches
Prinzip *denkbar*?
–
Geschichte im Kontext des
archaischen Kulturtyps

> *"... das Verschwinden einer Kultur (bedeutet) nicht
> das Verschwinden menschlichen Wertes, sondern
> bloß gewisser Ausdrucksmittel dieses Werts ..."*
> WITTGENSTEIN, Vermischte Bemerkungen 1930

(1)

Wie wir aus modernen ethnologischen Untersuchungen noch lebender Völker des archaisch-ethnozentrischen Kulturtyps wissen, schreiben diese Völker den (fraglos-)wertbesetzten Begriff von Mensch und Menschheit nur je sich selbst zu.[27] Das hat einen triftigen Grund: Sie nehmen von den Sprachen der je anderen Völker nur monotone Klanggebilde wahr. Entsprechend undifferenziert muss ihr Eindruck von fremden ‚Kulturen' sein. Fremde Völker gelten demnach, zumindest ursprünglich, gleichsam als Populationen menschengestaltiger Tiere, wenn auch mit gleichen handwerklichen Geschicklichkeiten und Ritualen, die wir übrigens ähnlich auch sonst von Tieren, etwa Vögeln, kennen. Folglich können bewaffnete Konflikte unter verschiedenen Völkern nicht als ‚Kriege' im moralisch problematischen bzw. gerechtfertigten Sinne gelten. Vielmehr gehören sie zu den Herausforderungen, welche das jeweilige Volk – als ‚*die* Menschheit' mit ihren gleichsam in der Weltordnung verankerten rituellen Einflussmöglichkeiten und Schutzmächten – zu meistern hat. (Hat archaischer – ggf. ritueller – Kannibalismus *darin* seine Wurzel?)

In der frühen griechischen Antike kann es kaum viel anders gewesen sein. Das griechische Wort ‚*barbar(os)*' lässt erkennen: Die Wurzel archaisch-ethnozentrischer Exklusivität der Menschheit liegt in der Nicht-Wahrnehmung fremder Sprachen. (Dass den mythischen Kentauren, Mischwesen aus Menschen- und Pferdegestalt, naturhafte Wildheit zugesprochen wird, ist ein weiteres Indiz für eine ursprüngliche Koppelung der Wahrnehmung von ‚Sprache' und ‚Kultur'.) Geographischer Ausdruck des ursprünglichen Ethnozentrismus ist, dass den antiken Griechen ein heiliger Stein im kultischen Zentrum Delphi als „Nabel" der Welt gilt.

Der Ursprung verschiedener Sprachen ist in geographischen und dann auch kulturellen Isolierungen zu suchen (geographische Isolierung kann auch schon in relativ großen Entfernungen bestehen). Der evolutionsbiologische Faktor der Isolation findet demnach in sprachlich-kulturellen, also nicht biologisch-genetisch vererbbaren Entwicklungen eine Art Verlängerung.

(2)

Mythisch-geschichtlichem Bewusstsein sind die skizzierten Sachverhalte und Entwicklungen unzugänglich. Schon aus diesem Grunde kann derartiges Wissen für das *spezifisch menschliche* Leben nicht eigentlich wesentlich sein. Ein weiterer Grund ist: Neben dem naturwissenschaftlich, im üblichen Sinne empirisch-wissen-

---

[27] Z.B. schon Ruth Benedict 1960 (Org. 1934), S. 11.

schaftlich erfassbaren Aspekt der Welt und des Menschen gibt es einen zweiten Aspekt, hier vorläufig pauschal als Wertaspekt bezeichnet (vgl. oben das Wittgenstein-Motto). Auf ihn weisen m.E. implizit alle bekannten Kulturen der Welt. Auf einen besonderen Aspekt der Welt weist implizit und schon rein äußerlich auch die Struktur der europäischen Philosophiegeschichte (s.o. 1. Teil, A.1-7). – Andererseits sind die spezifischen Kenntnisse unseres naturwissenschaftlich: in diesem (üblichen) Sinne ‚empirisch'-wissenschaftlich geprägten Zeitalters zu nutzen, wollen wir zu einer *umfassenden, unserer Zeit hinreichend gemäßen philosophischen Antwort* auf die Frage nach dem Wesen der Welt und des Menschen – seines Handelns und seiner Geschichte – vordringen.

Eine solche Antwort bereitet die vorliegende Skizze einer allgemeinhistorischen Vorgehensweise vor. Die folgenden Teile des Buches suchen diese Antwort systematisch- und historisch-philosophisch zu entwickeln: als Perspektive und Skizze einer integrierten Theorie. – In dieser Verfahrensweise ist die These impliziert: *Im menschlichen Handeln und seiner kulturellen Geschichte kommt immer schon indirekt zum Ausdruck, was die Philosophie- und Wissenschaftsgeschichte seit nunmehr gut zweieinhalb Jahrtausenden in mühseliger Kleinarbeit und doch zugleich weit gefächerter Gemeinschaftsarbeit theoretisch zu explizieren sucht.*

(3)

Zunächst sind gewisse positive Aspekte der ziemlich pessimistisch klingenden Ausführungen des ersten Abschnittes weiter herauszuarbeiten und zu vertiefen:

1. Die durch Darwin begründete moderne Evolutionsbiologie kann als eine Implikation des (modifiziert-)'atomistischen' Naturverständnisses gelten, das um die evolutionsgeschichtliche Dimension erweitert ist (1. Teil, A.6 f.). In Kernelementen wurde sie bereits von Empedokles und dem ‚Teilchen'-Theoretiker Anaxagoras vorweggenommen, also noch vor Demokrit. Danach ist die biologisch explizierte körperliche und cerebrale Natur der Menschen als ein wichtiger Aspekt ihrer ethischen, vernunftgebundenen Autonomie oder Eigenständigkeit zu verstehen. Die Möglichkeiten und Rahmenbedingungen eigenverantwortlicher Mitgestaltung des Lebens und der Geschichte sind demnach *auch* durch die biologische Ausstattung der Menschheit definiert.

Zu den Rahmenbedingungen gehört die gleichsam mechanische, isolationsbedingte Differenzierung verschiedener Kulturen. Die Menschen sind daher herausgefordert, die damit verbundenen Schwierigkeiten als einen Aspekt jener Eigenständigkeit zu begreifen und zu meistern.

2. Bewaffnete Kämpfe unter Völkern sind ursprünglich, so ungewohnt es klingen mag, moralisch ‚unschuldig'. Mehr noch, die oben skizzierte undurchschaut-symmetrische Struktur der (objektiv falschen) exklusiv-ethnozentrischen Interpretation von Mensch(heit) im wechselseitigen Verhältnis der Völker lässt eine Charakterisierung solcher Kämpfe als (moralisch) grausam oder wild nicht zu.

3.1. Angesichts ‚wild' anmutender personifizierter Naturgewalten der archaischen Mythologie dürfen wir nicht vergessen: Solche Mythen leisten zweierlei: a) Sie *erklären* Naturereignisse, zumal Naturkatastrophen. b) Sie tragen dem wertbesetzten Begriff von Mensch und Menschheit Rechnung: in Form von Schutzgottheiten und der Möglichkeit, auf das Naturgeschehen rituell-magisch Einfluss zu nehmen. (‚Grausam' und moralisch unzumutbar wäre in dieser Geschichtsepoche ein Bewusstsein, Naturkatastrophen unabwendbar und unvorhersehbar ausgeliefert zu sein.)

3.2. Entsprechend haben Menschenopfer zweierlei Bedeutung: a) Sie sind Opfer im Sinne von Verlusten. b) Die schon im archaischen Verständnis von menschlichen Leben (‚Blut' etc.), mithin auch in dessen ritueller Opferung liegende Magie schafft ein Bewusstsein der Sicherheit vor Katastrophen, die viel größere Opfer fordern. Rituelle Opfer sind demnach Stellvertreter-Opfer, welche im Bewusstsein der Beteiligten ihre magische Wirkung ihrem rituellen und freiwilligen Darbringungs- oder Gabe-Charakter verdanken.

4. Mit dem wertbesetzten Menschheitsverständnis, das gerade auch den archaisch-ethnozentrischen Kulturtyp prägt, ist das entscheidende Stichwort für die Geschichte des (hier so genannten) *reflektierenden Kulturtyps* gegeben. Dieser setzt mit der *schriftvermittelten* Wahrnehmung der Sprachen und Kulturen fremder Völker ein. Der tief greifende Wandel ist also selbst primär mentaler und kultureller Natur. Primär kulturell und mental sind auch ihre Konsequenzen:

4.1. Unabweislich ist die prinzipielle Ausweitung jenes wertbesetzten Verständnisses der ‚Menschen' vom eigenen Volk auf die *objektive* Menschheit, aber auch ein Bewusstsein von den damit verbundenen Schwierigkeiten der Realisierung. Diese Ausweitung ist evolutionsbiologisch alles andere als (selbst)verständlich: Auch in der Hominiden-Evolution geht es um erbbiologische Selektionsvorteile in den mehr oder weniger voneinander isolierten Populationen. Jene Ausweitung bzw. das *wertbesetzte* Menschheitsverständnis im Allgemeinen gehört mithin nicht zum biologischen, sondern zum ethischen Aspekt und *Kern* der Autonomie, dem in der biologischen Tötungshemmung freilich ein äquivok-biologischer Sachverhalt *korrespondiert*. Erst jener ethische Kern macht einen sozusagen *konnotativen* biologischen Aspektes menschlicher Autonomie überhaupt sinnvoll.

4.2. Mit einem Schlage ist der archaische Ethnozentrismus ausgelöscht. Gleichzeitig droht das pure Faktum von sprachlichen und kulturellen Barrieren zwischen den Menschen verschiedener Völker auch auf die ‚Moral' im Inneren der einzelnen Völker durchzuschlagen. Vermutlich haben Mythen vom verlorenen Paradies, „Goldenen Zeitalter der Menschheit" (Hesiod, um 700 v. Chr.) und von der (auch verpflichtend gemeinten: ‚*Du sollst nicht töten'-*)Auserwähltheit des eigenen Volkes – oder auch die Übernahme von Kulten besiegter Völker – in dieser Situation ihren Boden. Bewaffnete Kämpfe zwischen Völkern erhalten eine moralische Konnotation, werden zu ‚Kriegen'.

Es sind demnach wiederum Mythen, die den Menschen moralische Verantwortung für ihre sprachlichen und kulturellen Spaltungen zuschreiben. Diese Mythen sind aus objektiv-wissenschaftlicher Sicht unzutreffend. Andererseits scheinen sie in ihrem kulturellen Kontext ohne Alternative *und sinnvoll*: Jene Schuldzuweisung entspricht durchaus der geistigen und ethischen Kraft, mit welcher die entstandenen kulturellen und politischen Schwierigkeiten von der damaligen Menschheit eigenständig und selbstverantwortlich, kurz: autonom, gemeistert werden.

4.3. Zur Spannung des *reflektierenden Kulturtyps* gehört auch die Koppelung von *Frömmigkeit, Gerechtigkeit, Wohlergehen*. Da mit ihr die Vorstellung einschlägiger, tendenziell monotheistischer göttlicher Allmacht einhergeht, wird in der Religion das Element der Naturerklärung dem ethischen Moment untergeordnet. Persönliches Unglück und Naturkatastrophen (Dürre, Seuchen, Erdbeben) werden so auf menschliche Schuld zurückgeführt, und das bedeutet ein beträchtliches kulturell-soziales Spannungsmoment; aber so entstehen auch Vertiefungen – oder besser: Adaptationen – von Frömmigkeit und Gerechtigkeit, die nicht mit Umsetzungen dieser Haltungen in materielles Wohlergehen rechnen.

Hesiod übernimmt jene Koppelung für die Griechen vermutlich von Ägypten (ihr kultureller Kontext war im *Alten* Reich sicher ganz anders, wohl auch frei von Spannung). Die Römer lösen (unreflektiert) die – auch moralische – Spannung, indem sie, an die Etrusker anknüpfend, in jene Koppelung die strikte Beachtung ritueller Regeln bei der Vorzeichendeutung einfügen; Unglück ist demnach auch auf Verletzungen rein formaler Regeln rückführbar. Und anders als die Griechen haben die Römer ursprünglich ein bemerkenswert abstraktes, auf numinoses Wirken zentriertes Verständnis von Gottheiten, ist also ohne weiteres auf fremde Völker übertragbar (vgl. unten Abschnitt 7).

(4)

Konstitutiv für den reflektierenden Kulturtypus *insgesamt* ist der intellektuelle Zweifel. Er ist ambivalent: gleichermaßen konstruktiv und gefährdend – je nachdem, wie und in welchem Kontext er sich auf die ethischen Intuitionen auswirkt.

Neue kulturelle Stabilität kann auf dem Boden des archaischen Kulturtyps in der frühen Antike nur da entstehen, wo ein Volk geographisch hinreichend geschützt ist. Beides finden wir in dem – den archäologischen Zeugnissen zufolge bemerkenswert friedlich anmutenden – Minoischen Kreta, in der alten Induskultur, im Alten Reich Ägyptens und anfangs auch im frühen Griechenland, an dessen zerklüfteten Gebirgsregionen und kargen Böden benachbarte mächtige Reiche kein Interesse haben.

Den Griechen wird die Konfrontation mit überlegenen Kulturen im Zuge auswärtiger Koloniengründungen fühlbar. Daher werden sie auf längere Zeit zu gelehrigen Schülern des altorientalischen Kulturkreises (städtische Kultur, steinerne Häuser und Monumentalbauten etc.). Anders als die Römer (Abschnitt 7) gehen sie nur in der vorliterarischen Frühzeit nennenswerte kulturelle Verbindungen mit anderen Völkern ein, nehmen ansonsten Neugestaltungen nur im Rahmen ihrer eigenen Mythologie vor (Homer um 750, Hesiod um 700). Umgekehrt erscheint den überlegenen Kulturen das Volk der Griechen anfangs als ‚barbarisch'...

Zwei weitere Faktoren katalysieren gleichsam jenes Lernen: 1. die spezifisch griechische Polis-Struktur städtischer Kultur (Dahlheim 1995); 2. die von den semitischen Phöniziern übernommene Konsonantenschrift wird durch Vokalzeichen zur vollständigen Buchstabenschrift ergänzt. Ihre relativ leichte Erlernbarkeit und hohe Praktikabilität schafft ungeahnte Möglichkeiten der Erinnerung, Mitteilung und systematischen Weiterentwicklung von Ideen.

schen, aber auch spannungsreichen – Neugestaltung der griechischen Mythologie
Auf diese Weise wird der hier wiederholt genannte Dichter Hesiod mit seiner erstmals *systematischen* – d.h. mythisch-*geschichtlichen* und *ausdrücklich* ethi-

zum „Lehrer der Griechen" (Heraklit). Vor allem wird Hesiod so zum Anreger und Vorläufer des rund hundert Jahre später (600 v. Chr.) einsetzenden systematisch-philosophischen Denkens. Dieses verlässt den Rahmen fraglos mythischer Wahrnehmung der Welt und intern-mythologischer Revisionen. Theoretische Ansätze werden entwickelt: Sie suchen die phänomenale Welt, wenn auch *methodologisch* unausdrücklich und in unausgesprochenem Dialog miteinander, *analysierend* sowie mit Hilfe von Analogieschlüssen und Verallgemeinerungen (Alltagserfahrungen, Handwerk) zu erfassen.

(5)

Aus der hier herausgearbeiteten geschichtlichen Perspektive verdient ein Sachverhalt der antiken philosophiegeschichtlichen Dynamik besonderes Interesse:

Würdigen wir die lange, rund zweihundertjährige Dauer der vorsokratischen Denkbewegung, dann dürfen wir sagen: Gerade im Anschluss an diese relativ lange Phase antiker Philosophiegeschichte entwickeln Sokrates und Platon auf neuer, argumentierend-philosophischer Ebene ein als (hypothetisch-), fraglos' oder (hypothetisch-)'absolut' charakterisierbares *wertbesetztes* Verständnis des Menschen und seiner Welt: in der Gestalt eines in jedem Menschen angelegten, ahnungsweisen, in philosophischer Arbeit „maieutisch" explizierbaren ‚Wissens' um das Wesen des Guten.

Dass diese Konzeption dem gleichzeitig konzipierten atomistischen Verständnis der Natur und der Wahrnehmung gegenübersteht, dürfte ebenfalls kein Zufall sein. Es weist auf die systematische Zusammengehörigkeit beider Entwicklungen.

(6)

An dieser Stelle nun ist bemerkenswert: Die gesamte antike *politische Geschichtsschreibung* thematisiert seit ihren Anfängen (Herodot, Thukydides, 5. Jh. v. Chr.) den fraglos-archaischen Kulturtypus entweder gar nicht oder nur völlig unzureichend und verzerrend – eben unter den Begriffen der Wildheit und des Barbarischen. Seine politische und folglich auch seine gleichsam grundlegende politisch-geschichtswissenschaftliche Rolle *kann* sie auch gar nicht erkennen, da sie dessen politisch-kulturellen Strukturen sozusagen nur von außen betrachtet. Zur Analyse der Kultur, insbesondere des archaischen Kulturtyps, fehlt ihr erst recht jenes begriffliche Werkzeug, welches philosophisches Denken aus Analysen der phänomenalen Welt gewinnt. Dabei gibt es fruchtbare Resultate philosophischer Analyse spätestens seit Heraklit, die spektakuläre, dazu öffentlichkeitswirksame Wendung des Sokrates sogar parallel zur analytisch-geschichtswissenschaftlichen Arbeit des Thukydides.

Dem bezeichneten Defizit korrespondiert, so paradox es klingen mag, ein Mangel an *Selbstreflexion* des ‚reflektierenden Kulturtyps': Er reflektiert weder den für ihn konstitutiven Zweifel noch seine damit verknüpfte Rückbezogenheit auf den fraglos-archaischen Kulturtyp. Stattdessen kommt es sogar zu einer gegenläufigen Entwicklung: Auf der neuen Ebene freiheitlich-politischer Strukturen und der sich, zumal in Athen, in dichterischem Schaffen und seiner Breitenwirkung im Theater bekundenden ‚geistig-kulturellen Freiheit' gewinnt der Begriff der Barbaren tendenziell eine neue kulturkritische Bedeutung, von der jetzt nicht einmal die orientalischen Kulturen ausgenommen sind. (Auf Grund ihrer Undurchschautheit ist eine moralisierende Kritik dieser Entwicklung – im Sinne eines moralischen Schuldvorwurfs – unangemessen.)

Den neuen Geist verkörpert in Athen besonders die Sophistik. Ihre Quelle ist die aus den divergierenden Positionen der Vorsokratiker entspringende neue geistige Beweglichkeit – und deren Pendant: die Verunsicherung des bis dahin fraglosen mythisch-religiösen Denkens. Ohnehin schon ist das mythisch-religiöse Denken ja durch eine moralisch spannungsreiche Revision geprägt. Umso mehr sorgen nun besonders Dichter für dessen Kultivierung. Andererseits dürfte ein großer Teil der Athener jene Verunsicherung im Sinne des bezeichneten Freiheits- und kulturellen Überlegenheitsgefühls interpretiert und erfahren haben und damit in ihrem neuen Tätigkeitsdrang bestärkt haben.

Für den neuen Tätigkeitsdrang stehen wiederum beispielhaft die Tätigkeit und die praktischen Zielvorstellungen der Sophisten. Anders als Sokrates nutzen sie kontroverse philosophische Schlagworte und Thesen primär als Mittel zur Schulung der Redefähigkeit und individuellen Durchsetzungsfähigkeit ihrer Klienten oder Schüler (etwa vor Gericht oder in der Volksversammlung), nicht zu methodischer Wahrheitsfindung. Ihre Arbeit gilt als eine private Dienstleistung. Darum auch lassen sie sich, wiederum im Unterschied zu Sokrates, bezahlen. – Im übrigen wird Sokrates, zumal von Dichtern, in eine Reihe mit den Sophisten gerückt: Die tendenzielle Einheit von philosophischer Theorie und Ethik verbindet ihn zwar mit einer analogen Struktur der tradierten Mythologie, doch stoßen in der hochgespannten politischen und kulturellen Situation seine kritischen, dabei oft nicht zu fertigen Antworten führenden Fragen, etwa zum Wesen von Frömmigkeit, trotz oder gerade wegen ihres Ernstes auf Gegenkritik – nicht nur auf kulturellem, sondern auch auf juristischem Felde. Denn im damaligen Athen unterliegen Anklagen nicht einer vorherigen Überprüfung auf ihre Rechtmäßigkeit.

Dem skizzierten, für Athen auch im Vergleich mit anderen Städten des griechischen Festlandes typischen neuen Geist – dem Bewusstsein, man sei selbst Herr der eigenen Chancen auf Durchsetzung und Einfluss – entspricht schließlich Athens politischer Tatendrang nach außen: sein Streben nach politischer und wirtschaftlicher Vormacht sowohl gegenüber dem neuen Gegner Sparta als auch unter seinen Verbündeten.

In eben diesem Geist nun, in dem Macht und Moral weit auseinanderdriften, schreibt Thukydides sein großes, bis heute mustergültiges Werk über den Bruderkrieg zwischen Athen und Sparta (z.T. im Bündnis mit dem ehemals gemeinsamen Gegner Persien), der am Ende beide Großmächte politisch und wirtschaftlich dauerhaft ruiniert. Ihren Ruhm verdankt die Monographie gerade dem Umstand, dass es den neuen politischen Geist ungeschminkt analysiert und spiegelt – freilich ohne dessen Entstehung selbst historisch analysieren zu können. Es beschreibt die Rolle von Moral und Kultur in jenem Krieg als bloße Hilfsfunktionen in einer Dynamik von Stadtstaaten, in welcher Eigeninteresse und Streben nach Macht, Vorherrschaft, Machtkontrolle und Kriegsbeute die prägenden Motive sind.

Thukydides' Werk ist mithin Urmuster nicht nur für das *geschichtswissenschaftliche* Defizit der Ausklammerung des noch für Herodot verbindlichen mythisch-religiösen Denkens, sondern auch für dessen *wissenschaftsgeschichtliches* Pendant: für die Trennung zwischen Geschichtswissenschaft und Philosophie.[28]

---

[28] Dafür, dass beide Defizite auch noch in unserem wissenschaftsbetonten Zeitalter gelten, sehe ich Gründe nicht nur 1. in der inzwischen auch in der Philosophie selbst weit gediehenen Arbeitsteilung, sondern auch in Folgendem: 2. Die modernen Naturwissenschaften, Nachfolger des in Demokrits Atomismus begründeten Theorietyps, legen eine geradezu kategoriale Trennung zwischen ontologischer und normativer Theorie nahe. 3. Bedeutende Ansätze zur Überwindung des Dilemmas werden schon in der Antike durch philosophischen Dissens weitgehend neutralisiert.

Den oben erwähnten Aspekt einer für den neuen Geist charakteristischen, wenn auch verdeckten moralischen Verunsicherung und seiner ‚aktivistischen' Kompensation beleuchtet Jahrhunderte später Cicero im spätrepublikanischen Rom schlaglichtartig mit nur *einem* Satz über einen Zeitgenossen: Dieser habe aus Enttäuschung über den philosophischen Dissens in der Frage, was denn das Wesen des Guten sei, „alle Güter aufgekauft".

(7)

Kulturelle Stabilität im Rahmen des reflektierenden Kulturtyps, so hieß es zu Beginn des 4. Abschnitts, ist sei in der Antike nur da erreichbar, wo ein Volk geographisch hinreichend geschützt ist. Für das frühe antike Rom nun war der geographische Schutz der italischen Halbinsel (Alpenbarriere) nur sehr begrenzt. Zu groß sind die italische Halbinsel und die benachbarten Inseln Sizilien, Sardinien und Korsika mit ihren zum Teil mächtigen griechischen und karthagischen Kolonien. Doch wie zum Ausgleich gesellt sich in der monarchischen Frühzeit Roms ein einzigartiges politisch-kulturelles Arrangement mit den – wiederum politisch und kulturell überlegenen, ursprünglich selbst in Italien eingewanderten – Etruskern und ihrer städtischen Kultur. Diese üben eine offensichtlich moderate Vorherrschaft in einem Teil Italiens aus (wohl mitbedingt durch ihre fehlende Anbindung an ein Mutterland und ein von Beginn an starkes Interesse am Handel). Wie sehr Rom sich ihnen dauerhaft verbunden fühlt, zeigt sich darin, dass es seine etruskischen Könige der Anfangszeit auch später als einen authentisch römischen Teil seiner Geschichte betrachtet und wichtige Priester-Kollegien bei den Etruskern ausbilden lässt.

Die frühe politisch-kulturelle Verbindung mit einem überlegenen Partner prädestiniert Rom von Anfang für das ‚Politische' im positiven Sinne. Darin hebt es sich gerade auch von der oben kurz gestreiften Geschichte Griechenlands ab. Entsprechend geht Roms schließliche Verdrängung der Etrusker aus ihrer moderaten Vormachtstellung vermutlich nicht auf ein *primäres* Machtstreben zurück, sondern auf eine eigentümliche Verschränkung zweier Entwicklungen: Zum einen büßen die Etrusker nach schweren Niederlagen gegen die Griechen schlicht ihre Schutzfunktion ein. Zum anderen verquicken sich die primär innenpolitisch motivierte Auflösung ihres (personell etruskischen) Königtums und die daran anknüpfende Entwicklung der Republik (angeregt durch Griechenland?) wie von selbst mit einer politischen Verselbständigung auch gegenüber den Etruskern. Beide Entwicklungsfaktoren zusammen dürften Rom dann auch eigenständige militärische Anstrengungen in der labil gewordenen Lage der gesamten Region abverlangt haben.

Die genannte frühe *inter*ethnische Erfahrung, dazu eine archaische, aber von Beginn an nicht ethnozentrische, sondern bemerkenswert tolerante (3, Punkt 4.3) Religion sowie deren *praktisch* fraglose Gültigkeit gehören drei Jahrhunderte lang zum Boden der römischen Republik, ihres im Grundansatz völkerrechtlich orientierten Denkens und des – wiederum religiös fundierten – Vorranges der Politik vor dem Militärischen. Bleibendes Vermächtnis dieser langen Phase ist ein pragmatisch entwickeltes Rechtswesen. Als eine bewährte und weiter gestaltete Tradition trägt es später wesentlich zur Stabilität und Dauer des römischen Kaiserreichs bei und strahlt von da auf die gesamte Geschichte Europas und der Welt aus.

Erst mit der Rezeption der griechischen Literatur beginnt auch für Rom die Phase des reflektierenden Kulturtyps. Die Frage verdient daher eingehende Untersuchungen, in welchem Maße der zunächst schleichende, dann mit verheerenden Bürgerkriegen verbundene Niedergang der römischen Republik (seit etwa 200 v. Chr.) mit jenem kulturellen Umbruch zu tun hat.

Andererseits bietet die allmähliche Rezeption der griechischen Philosophie auf längere Sicht auch eine kulturell-politische *Chance*. Sofern die praktisch und traditionsbewusst orientierten römischen Politiker überhaupt – als eine kleine Minderheit – zu tieferem philosophischem Interesse finden, lenken sie dieses bezeichnenderweise auf jene philosophischen Strömungen, die nach ihrer Überzeugung auch politisch konstruktiv sind. Mit Sorgfalt und langem Atem bezieht Cicero die atomistische Lehre der Epikureer in seine Diskussion der verschiedenen hellenistischen Philosophen-Schulen ein. Mit der Perspektive ihrer theoretischen Integration verknüpft er die (von ihm selbst für damals politisch nicht thematisierbar gehaltene) Vision einer einschlägigen Bildung der Jugend. Doch trotz hoher moralischer und politischer Autorität gelingt auch ihm nicht eine Verhinderung und Beendigung der mörderischen Bürgerkriege (die er schon im Anfang vergeblich zu verhindern versucht hatte). Aus dieser Sicht ist Roms Verlust der republikanischen Verfassung – und natürlich zuvor schon der weitgehende Verlust echter republikanischer Gesinnung und Unbestechlichkeit – *die* politische Katastrophe in der europäischen Antike.[29]

Als historisch richtungweisend sei hier gleichwohl festgehalten: Erstmals berühren sich in Cicero freiheitlich-republikanische Politik (in schwierigster Zeit), Religion, die Perspektive einer integrierten philosophischen Theorie und die (von ihm selbst für seine Zeit für unrealistisch gehaltene) Idee einer entsprechenden Bildung der Jugend. Nur gemeinsam scheinen sie das Ziel einer umfassenden kulturellen und politischen Integration der Menschheit leisten zu können.

---

[29] Augustus' betonte Anknüpfung an die Traditionen der römischen Religion und die ohnehin tief verankerte Pflege der Rechtskultur werden nun, neben der formellen Beibehaltung des Senats, die tragenden Säulen der Kaiserzeit.
Auch die geschichtlichen Möglichkeiten des Christentums werden durch diese Entwicklung beträchtlich gemindert. Im Kern bejaht es, wenn auch nicht in einem *ausdrücklich*-grundsätzlichen Sinne, die formale Freiheit des persönlichen Urteils (als Wesenselement des reflektierenden Kulturtyps), etwa in der Geschichte vom „ungläubigen Thomas". Und es wird zu einem wichtigen Förderer der griechischen Philosophie und so zu ihrem entscheidenden Vermittler an die Neuzeit, auch wenn es deren ‚politisch-systembedingten' Verkürzungen von der römischen Kaiserzeit übernimmt und nach dem Untergang des weströmischen Reiches seinen stark urbanen Charakter für lange Zeit einbüßt.

3. Teil
(Hauptteil)

Skizze einer ‚Theorie' zur Wert- und Sinn-Struktur der phänomenalen Welt

A. Physikalisches und philosophisches Forschen in systematisch-historischer Sicht

I. Skizze des genuin physikalischen Forschungstyps

(1)

Schon aus unserem Alltag ist uns vertraut: Die Strukturen und Funktionen der uns begegnenden Körperwelt stehen in innerem Zusammenhang miteinander. Die (relative) Rundheit einer Kugel etwa ist unlösbar von ihrem Rollen auf einer leicht geneigten (relativ) ebenen Unterlage. Konvex zum Wasser hin gebaute Staudämme halten dem Druck der gestauten Wassermassen weit besser stand als geradlinig gebaute. Geradlinig gebaute Stützen sind viel geeigneter, schwere Lasten zu tragen, als krumme oder gewinkelte (man vergleiche etwa die Beine von Katzen und Elefanten). Dem aufrechten Gang des Menschen entsprechen etliche Baumerkmale des Skeletts: säulenförmige zwei Beine (als Träger der gesamten Körperlast), abgeflachter Brustkorb und seitliche Stellung der Arme (für das Gleichgewicht), S-Form der Wirbelsäule (zum Schutz des Kopfes gegen Erschütterungen beim Laufen) u. a. m.

Man kann daher von einem *‚Prinzip innerer Beziehungen zwischen der räumlichen Struktur und den Funktionen materieller oder körperlicher Gegenstände'* sprechen (auch die räumlichen Muster polarer und unpolarer molekularer Gruppen und die verschiedenen Weisen ihrer wechselseitigen Anziehung und Abstoßung gehören hierher). Es schließt nomologische Beziehungen in der Körperwelt ein. Es ist (in seiner apriorischen Geltung) selbstbegründend in dem negativen Sinne, dass seine Ablehnung bzw. ein *alternatives* Prinzip empirisch(-wissenschaftlich) undenkbar ist.[30a]

Dieses Prinzip zum methodischen Leitkonzept theoretischer Welterschließung zu machen, heißt: es zu verknüpfen mit dem *‚Prinzip nicht oder nur teilweise wahrnehmbarer Makro- und Mikrobereiche der Welt'*. Alltägliche körperliche Vorgänge werden so theoretisch erklärt.

Die erklärende Kraft rührt also daher, dass diese Bereiche ebenfalls jenem Struktur-Funktion-Prinzip unterworfen sind. Darin impliziert ist das Konzept der Einheit des Raumes und der Zeit. Umgekehrt wird so die Einheit des Raumes, wie sie in der euklidischen Geometrie – buchstäblich vorbildlich – geübt wird, auch physikalisch gedacht und expliziert.

Die Kombination jener beiden methodischen Grundkonzepte ist ein wesentliches Charakteristikum eines bestimmten, sich geschichtlich von der Antike bis heute durchziehenden physikalischen Forschungstyps. Er sei hier durch den Terminus *‚genuin physikalisch'* gekennzeichnet (vgl. 1. Teil, A.1f.).

(2)

Als basale Methode der neuzeitlich-modernen genuin physikalischen Forschungspraxis gelten bekanntlich Beobachtung(ssätze) und Experiment. Diese nun lassen sich durch das Konzept der äußerlich wahrnehmbaren mechanischen Leib-Umwelt-Interaktion als ein genuin physikalischer Zusammenhang begreiflich machen und definieren: als höherstufige Funktionen mikrophysiologischer Prozesse, die in jener Leib-Umwelt-Interaktion ihren übergeordneten Bezugspunkt (des Mesobereichs) haben. Der Leib fungiert als ‚Supersinnesorgan': Er greift die räumliche Struktur seiner Umwelt kraft seines buchstäblich ‚unmittelbaren' Kontaktes zu ihr gleichsam ab, und die regulären (Fern-)Sinnesorgane, Augen und Ohren, übertragen diese kognitiv basale Leistung gewissermaßen auf die Ferne. – Ein solches Konzept der Beobachtung entwirft – implizit und im Kern – schon früh Demokrits Atomismus (um 400 v. Chr.).[30b]

<small>Ein Vorläufer systematischer Reflexion und praktischer Anwendung des Struktur-Funktion-Prinzips sind die menschheitsgeschichtlich schon sehr früh einsetzenden handwerklichen Techniken, etwa Töpfern, Färben, Weben, Bauen (Häuser, Straßen, Schiffe, Wagen, Aquädukte, Ziehbrunnen, Wasserräder), Filzhandwerk, Schmiedekunst.</small>

(3)

Wissenschaftlich explizit und definitiv durchschaubar wird jener elementare Zusammenhang erst seit der zweiten Hälfte des 20. Jahrhunderts: Der informationelle Verbund von Sinnesorganen, peripherem und zentralem Nervensystem (einschließlich Sprachzentren!) und motorischem Apparat spiegelt sich weitgehend in den einzelnen Nervenzellen. Deren informationelle Teilfunktionen – peripherer Empfang, zentrale Verrechnung und Weiterleitung des Resultats – sind schon an ihrer äußeren räumlichen Gestalt quasi sichtbar. Eben dieses schon an den räumlichen Strukturen erkennbare funktionelle Gesamtsystem macht die methodisch basale(n) Beobachtung(ssätze) *definitiv oder stringent* als einen integralen Bestandteil der äußerlich wahrnehmbaren Leib-Umwelt-Interaktion erkennbar: *Der neuzeitlich-moderne genuin physikalische Forschungstypus hat seine spezifische methodische Basis theoretisch eingeholt.* [30c]

Erkenntnistheorie (biologische Kognitionstheorie) und basale Methode sind demnach zwei Aspekte ein und desselben genuin physikalischen Forschungstyps. Entsprechend müssen die mikro- und makrotheoretischen ‚Randbereiche' der modernen Physik bzw. des physikalischen Universums in einem ganz anderen Kontext gesehen werden (s. u. 4; vgl. 1. Teil, A.7).

(4)

Jene kombinierte methodische Vorgehensweise, eben die Verknüpfung des Struktur-Funktion-Prinzips mit der Annahme entsprechend strukturierter Makro- und Mikrobereiche, erscheint uns heute, zumal im just begonnenen ‚Zeitalter der

---

<small>[30a-c] S. dazu Vf. 1991, 91–97, ausführlich 1994, 50–115. – Ein geometrischer Kreis ließe sich in *diesem* Kontext als die Anweisung definieren, den Abstand zu einem bezeichneten Punkt beim Drumherumlaufen *nicht zu verändern* (auch wenn diese Vorschrift in der Ausführung nicht exakt erfüllbar ist).</small>

Gentechnologie', geradezu selbstverständlich. Insofern lassen sich der ursprünglich s p e k u l a t i v e Charakter einer derartigen Verknüpfung einerseits und seine wissenschaftsmethodische Rolle andererseits heute nur schwer angemessen nachvollziehen und wissenschaftsmethodologisch würdigen. Selbst wenn wir von einer Übertragung des Struktur-Funktion-Prinzips von ‚dem' Mesobereich unserer phänomenalen Welt auf ‚die' Makro- und Mikrobereiche des physikalischen Universums (bzw. von einem Analogieschluss) reden, pflegen wir die Existenz jener Mikro- und Makrobereiche als nahezu selbstverständlich vorauszusetzen. Der hypothetische Charakter dieser Voraussetzung ist uns also kaum noch bewusst. – Umgekehrt sind, wie gesagt, die Konsistenz und die (auch interdisziplinäre) Kohärenz des Struktur-Funktion-Prinzips erst in moderner Zeit explizierbar.

Folglich hätte die moderne Wissenschaftsmethodologie innere Wechselbeziehungen zwischen den verschiedenen Etappen des Wissenschaftsprozesses und den darin angewandten Methoden und Grundmodellen in den Blick zu nehmen, einschließlich einer auf diese Weise betont auch historisch-analytisch orientierten Selbstreflexion und Selbstrevision der Wissenschaftsmethodologie selbst. Negativ heißt das: Das Modell einer historisch-linearen ‚Abfolge' von Wissenschaftsverständnissen wäre aufzugeben – auch schon für die antike Epoche der Wissenschafts- und Philosophiegeschichte, und umgekehrt wäre für die Moderne der Begriff wissenschaftlicher Revolutionen oder Paradigmenwechsel in den Kontext jener Wechselbeziehungen zu rücken.

Die genannte ‚Abfolge' oder Sequenz von Wissenschaftsverständnissen stellt sich traditionell etwa so dar: 1. Vorrang des Physiktyps aristotelischer und stoischer Provenienz, 2. dessen zunehmende Verdrängung durch den genuin physikalischen Forschungstypus in der Neuzeit und Moderne, zumal durch die moderne Biologie, 3. Descartes' fundamentale Unterscheidung zwischen ‚Bewusstsein' im eigentlichen Sinne und genuin physikalischer Weltstruktur, 4. tief greifende Umbrüche in der modernen mikro- und makrotheoretischen Physik.

Bei einer Überführung dieses sequentiellen Modells in ein Modell innerer systematischer Zusammenhänge kommt dem oben explizierten Begriff des genuin physikalischen Forschungs- und Theorietyps eine Schlüsselrolle zu. Darauf wird in Abschnitt II zurückzukommen sein. An dieser Stelle sei nur auf rein äußerliche, in der Art der zeitlichen Abfolge selbst liegende Indizien solcher Zusammenhänge hingewiesen:

a) Dass sich eine erste konsequente Durchformulierung des genuin physikalischen Theorietyps als Atomismus schon in der vorsokratischen Denkbewegung findet, wirft die Frage auf, warum *nach* ihm noch die aristotelische Physik auf den Plan treten konnte und warum diese zusammen mit der verwandten stoischen Physik bis in die Spätantike gegenüber dem Atomismus dominierte. Man kommt dann schwerlich umhin, diesem Physiktypus *gute*, also nicht minder ‚wissenschaftliche' Gründe konzedieren. Schon von daher wird man, wenn schon der Ausdruck ‚*genuin physikalisch*' den Atomisten vorbehalten wird, im Gegenzug die aristotelische und die stoische Physik legitim als ‚*genuin philosophischen*' Physiktypus bezeichnen können. Eine ähnliche Unterscheidung lässt sich auch schon für die Struktur der vorsokratischen Denkbewegung in Anspruch nehmen (s. u. II).

b) Wiederum rein formal bietet sich der in Absatz 3 unter Punkt 4 genannte radikale Wandel in den Randbereichen der modernen Physik als spezifisch naturwissenschaftliches Bindeglied zwischen genuin physikalischen und genuin philosophischem Forschen an. Sofern sich nun zugleich eine wechselseitige Verwiesenheit und Ergänzungsbedürftigkeit beider Forschungstypen zeigen lässt, würden die moderne Physik und der genuin philosophische Forschungstypus ihre je spezifischen Beiträge zum je anderen Forschungstyp leisten (vgl. 1. Teil, A.3; s.u. II).

(5)

Man kann nicht vom genuin physikalischen Theorietyp sprechen, ohne auch auf seine ethischen Aspekte einzugehen.

Einem modifizierten Atombegriff zufolge kann man ‚Atome' nicht teilen, ohne ihr ursprüngliches Potential an Funktionen zu zerstören. – Diese umfassende Definition, der von mir (1994, 66) so genannte „funktional Atommismus", gilt sowohl für den antiken Atom-Begriff, den Begriff strikt unteilbarer Teilchen, als auch für seine modernen Nachfolgebegriffe, die Begriffe von Elementarteilchen und ihren Komplexen: für Atome im heutigen Sinne, für Moleküle (Atomkomplexe). Vor allem aber gilt er auch für Zellen; diese, mithin auch der menschliche Organismus, bestehen aus den wenigen ‚anorganischen' Atomarten Kohlenstoff (C), Wasserstoff (H), Sauerstoff (O), Stickstoff (N), Phosphor (P) und Schwefel (S); charakteristisch für organische Moleküle ist lediglich ihr zentrales Skelett aus Kohlenstoff-Atomen (die u.a. energiereich Wasserstoff an sich gebunden haben).

Alle Atom-Arten nun sind ausschließlich *Sachen*, auch ihre mannigfaltigen Komplexe verschiedener Ebenen, *einschließlich ihrer entsprechenden Funktionen*. Folglich sind sie allesamt an sich selbst wertlos oder, besser, wertneutral. Wert kann ihnen nur mittelbar zukommen: Entweder er ist rein funktional bedingt, z. B. ‚programmiert' (etwa erbbiologisch: als Gruppeninstinkte, wie Brutpflege, Tötungshemmung usw.). Oder er wird ihnen durch Konvention zugesprochen; und solches Zusprechen wäre zudem im Rahmen des genuin physikalischen Theorietyps selbst eine (hochstufige) Funktion physiologischer Prozesse.

‚Bewusstsein' insgesamt – sinnliches Wahrnehmen, Gefühle, Erinnerung, Phantasie, Wollen, Denken, einschließlich der Unterscheidung zwischen Ursachen und Gründen – lässt sich demnach im Rahmen dieser Grundkonzeption konsequent (nur) als höherstufig-funktionaler, auf die alltäglich wahrnehmbare Leib-Umwelt-Interaktion bezogener Aspekt physiologischer Prozesse oder Aktivitäten von ‚Atom'-Komplexen deuten; man denke dabei insbesondere an die moderne hirnphysiologische und evolutionsbiologische Theorie der Sprache (vgl. 1. Teil, B.4, 8). Schon der römische Dichterphilosoph Lukrez betont, *einzelne* Atome könnten so wenig empfinden wie lachen.

Die moderne Evolutionstheorie mit ihren Kernbegriffen zufälliger Mutationen, natürlicher Auslese der Angepasstesten und geographischer (schließlich auch kultureller) Isolation ist gewissermaßen die evolutionstheoretische Konsequenz dieser modifiziert-atomistischen oder genuin physikalischen Grundkonzeption. Dabei ist zu beachten: Die Epochen der menschlichen Kulturgeschichte sind wesentlich kürzer als die Zeiträume der Hominiden-Evolution.

(6)

Der genuin physikalische Denktyp und die Faszination seiner Entdecker spielen offenbar – ganz auffällig, aber eben nicht zufällig – bereits zu Beginn der rund zwei Jahrhunderte (!) währenden vorsokratischen Denkbewegung eine große Rolle: bei Thales von Milet (um 600). Er erklärt die Nil-Überschwemmungen durch die jahresperiodisch wehenden Nordost-Winde. Erstmals. Denn der ursächliche Zusammenhang zwischen den beiden Phänomenen ist ja nicht selbst wahrnehmbar. Vielmehr wird jetzt deutlich, dass diese Erklärung auf einer Übertragung alltäglicher Erfahrungen auf den nur teilweise wahrnehmbaren makroskopischen Bereich beruht, etwa auf der Erfahrung des Blasens in einen mit Wasser oder Wein gefüllten Becher: Es erzeugt Wellen und drückt die Flüssigkeit im obersten Bereich an den gegenüberliegenden Becherrand.

Diesem Modell folgt auch die Erklärung hoher Meeresdünungen. Aber schon da ist die Beobachtung eines hohen Wellenganges nicht regelmäßig mit der Erfahrung entsprechend starker Winde verknüpft. Erst recht nicht in einem ursächlichen Sinne, denn gerade auf dem Meer ist eine ursächliche, mithin auch zeitliche Abfolge von Sturm und hohem Wellengang für den normalen Beobachter kaum feststellbar. Auf diese Weise wird nachvollziehbar, dass die mythische Erklärung der Stürme, Meeresgewalten und Überschwemmungen lange Zeit *fraglos* gültig war. Ja nicht einmal der Charakter einer *Erklärung* war als solcher bewusst. Vielmehr wurde die Natur schlicht mythisch *wahrgenommen* und erlebt. (Am Beispiel der Liebe etwa können wir dies noch heute ohne weiteres nachvollziehen.)

Schon sehr früh unternimmt Anaximenes (Milet, 6.Jh.) in seiner Ausweitung des physikalischen Raumbegriffs auf den Mikrobereich einen ersten wichtigen Schritt zum Anspruch einer allumfassenden Geltung des genuin physikalischen Denkens. In seinen für das Grundkonzept der Verdichtung und Verdünnung verwendeten Ausdrücken ist die Vorbildrolle des Handwerks, besonders des Filzhandwerks, kaum verkennbar.

II. Der *genuin* philosophische Forschungstypus

(1)

Der genuin physikalische Denktyp kann darüber hinaus als eine Art Initialzündung der vorsokratischen Denkbewegung insgesamt gelten: Gerade auch dieses Denken bildet offenbar den – unausgesprochen methodischen, kontrastiven – begrifflichen Hintergrund für alternative Theorieentwürfe zu Natur und menschlichem Selbst, die gewissen alltäglich wahrnehmbaren Gegensätzen besser Rechnung tragen.

Beispiele derartiger Gegensätze sind schon bei dem Vorsokratiker Heraklit (zweite Hälfte des 6. Jh.): *Helligkeit und Dunkelheit, Kalt und Warm, Feucht und Trocken, (Bewusst-)Lebendiges und Totes*; und früh schon spielen auch die *phänomenalen Farben* eine Rolle (Anaxagoras, 5. Jh.).[31a]

Derartige Theorieentwürfe seien hier auf Grund jener indirekten methodischen Bezogenheit und Angewiesenheit auf genuin physikalisches Denken als *genuin philosophisches Denken* bezeichnet. Ihr methodischer Boden ist also die *vergleichende Analyse von Begriffen* (vgl. 1. Teil, A.4).

Es kommt auf diese Weise zu auffälligen und charakteristischen, Verzögerungen in der Geschichte physikalischen Denkens.[31b] Diese sind nur aus moderner, verabsolutiert *genuin* physikalischer Sicht beklagenswert. Historisch hat die aus nachträglicher, zumal moderner Sicht ‚genuin' philosophische Konzeption des Parmenides (erste Hälfte des 5. Jh.) sogar den antiken Atom-Begriff mit vorbereitet: im Begriff des unwandelbaren *einen* Seins, über welches der Wandel und die Vielheit der Welt angeblich nur hinwegtäuschen.

Beide Denkweisen müssen daher als wissenschaftlich gelten. Insofern aus moderner Sicht auch der genuin physikalische Forschungstyp ursprünglich im wissenschafts-methodologisch positiven Sinne ‚*spekulativ'* ist und *beide* Denktypen unausgesprochen aufeinander bezogen sind, sind *beide auch als philosophisch zu bezeichnen.*

(2)

Die rund zweihundertjährige vorsokratische Denkbewegung mündet angesichts der bezeichneten (indirekt-)methodischen und theoretischen Beziehungen zwischen genuin physikalischem und genuin philosophischem Denken ganz folgerichtig auf der einen Seite im Atomismus Demokrits (um 400): in einer erstmals in sich geschlossenen genuin physikalischen Theorie der Welt insgesamt. Sie impliziert folglich erstmals auch eine mikrophysiologische und implizit höherstufigfunktionale Theorie des Wahrnehmens und Erkennens.

Bezeichnenderweise tritt spätestens mit Epikur (um 300), dem hellenistischen Fortsetzer des Atomismus, der *Gegensatz zwischen Determinismus und Willensfreiheit* zu den im vorigen Abschnitt genannten philosophisch relevanten Gegensätzen hinzu (‚Spontanabweichungen der Atome'). – Die Faszination über je ihre eigenen theoretischen Ansätze war allen Vorsokratikern gemeinsam. Auch die antiken Atomisten haben sich von ihrer Lehre positive Auswirkungen auf die Beziehungen unter den Menschen versprochen. So erklären sich vielleicht die gesonderten ethischen Konzeptionen Demokrits und Epikurs. Oder vielmehr aus einem Bewusstsein der ethischen Unzulänglichkeit dieser Theorie? Jedenfalls können Theorien das ethische Motiv weder erzeugen noch beseitigen, sondern ‚nur' schwächen oder kräftigen.

Auf der anderen Seite steht Demokrit gegenüber, gleichsam als sein Gegenpol, Sokrates' philosophische Gesprächsführung. Sie ist geleitet von der Überzeugung: *Das Wesen der Gerechtigkeit und des Guten, zunächst nur intuitiv oder „ahnungs"weise erfassbar, lasse sich dialogisch explizieren.* Erst dabei werde Gerechtigkeit als um ihrer selbst willen erstrebenswert, gerechtes Leben als höchstes Gut in der menschlichen Lebenswelt erkannt. (Platons Dialog ‚Phaidon' zufolge wendet sich Sokrates zudem gegen die mechanistische Deutung des Handelns.) Der historische Hintergrund dieser Zäsur ist ohne Frage der genuin philosophische Strang der vorsokratischen Denkbewegung, vor allem Heraklit, den Sokrates bewundert haben soll.

Insofern sind Demokrit und Sokrates / Platon (bzw. Heraklit) die ersten Repräsentanten der polaren Struktur der europäischen Philosophie- und Wissenschaftsgeschichte. Der bezeichneten (indirekt-)methodischen Verwiesenheit beider Pole

---

[31a+b] Näheres in Vf. 1990 / 1991.

entspricht eine inhaltlich-theoretische: wenn auch in der denkbar schroffen Form einer Alternative.

(3)

Die neuzeitliche genuin philosophische Antwort auf den jetzt experimentell verfahrenden genuin physikalischen Forschungstyp beginnt wie ein Paukenschlag mit Descartes. Danach ist im Gegensatz zur *wesentlich genuin physikalisch-räumlich* definierten Substanz (Ereignis, *res extensa*) oder Materie unser Bewusstsein als Einheit im ‚ich empfinde, phantasiere, will, denke' (*res cogitans*) *wesentlich unausgedehnt*. Mag unser Bewusstsein *intern* eine Art von Ausdehnung haben, so lassen sich ihm gleichwohl nicht sinnvoll äußere räumliche Konturen zuschreiben.

Bemerkenswert dabei ist: Schon Descartes lässt der Sinneswahrnehmung und Phantasie im eigentlichen Sinne äquivokativ bezeichnete (mithin implizit höherstufig funktional definierte) Organe des *Gehirns* korrespondieren, behält also das Wahrnehmen und Phantasieren im eigentlichen Sinne dem Geist (im Zugriff auf jene Organe) vor; und die präzise auf das genuin physikalische Raumkonzept zugespitzte Definition der materiellen Objektwelt gilt konsequent auch im Mikrobereich des Gehirns: in den aus feinsten Teilchen bestehenden „*Lebensgeister (spiritus animales)*", deren Bewegung im Gehirn auch durch Gedächtnisspuren gelenkt wird. – Ungeachtet dieses denkbar schroffen Dualismus, der entscheidend über Aristoteles' Begriff des immateriellen Geistes hinausgeht, sollen beide Substanzen interagieren.

Wie nebenher reflektiert Descartes erstmals die primär vergleichend-begriffsanalytische Methode des genuin philosophischen Denkens: „ *... die Verschiedenheit des Bewusstseins von der (physiologischen) Bewegung ... kann nur daraus erkannt werden, dass die B e g r i f f e des denkenden Dings und des ausgedehnten und beweglichen Dings vollkommen verschieden ... sind"* (Med., 6. Erw., S. 368, lat. Orig. 571; Klammer-Ausdruck und Sperrung hinzugefügt).[32] Darin impliziert ist die These vom erkenntnistheoretischen Vorrang des Denkens gegenüber der genuin physikalischen Realität (– wohl eine Anregung für Kants Wendung).

Zum Problem der Interaktion weist schon Descartes in einem Brief (an Elisabeth) die Richtung einer Lösung: Von der Einheit und Interaktion gebe unser alltägliches *Leben* oder die *(Sinnes-)Erfahrung* am deutlichsten Zeugnis. Das Problem zeige sich nur *intellektuell*: wenn wir die Interaktion in der Weise zu *begreifen* suchten, in der Körper einander bewegten.

Es zeigt sich jetzt deutlicher: Descartes sucht dem genuin physikalischen und dem genuin philosophischen Forschungstypus erstmals *gleichermaßen* Rechnung zu tragen. Alle oben genannten philosophisch relevanten Gegensätze sind in seinem interaktionistischen Dualismus berücksichtigt. Insbesondere nimmt darin das Bewusstsein tendenziell und konsequent jene phänomenalen Qualitäten in sich auf, die das alltägliche, in Antike und Mittelalter auch philosophisch übliche Weltverständnis materiellen *Objekten* zuschreibt.

---

[32] Vgl. *Med.* VI, S. 74, lat. Orig. 109/110. Zwar ist hier jener Bezug auf *Begriffe* weniger explizit, dafür aber finden wir die Unterscheidung zwischen zwei verschiedenen *philosophischen* Methoden bzw. den Hinweis auf die hier hauptsächlich angewandte radikal-skeptische Methode in der Wendung: „*... wenn ich es noch nicht anderswoher zur Genüge wüsste*".

Man kann die Radikalität letzteren Umdenkens pointiert so ausdrücken: Die historisch wie auch alltäglich verstandene Körperwelt ‚implodiert' sozusagen partiell ins Bewusstsein: Phänomenale Objektqualitäten (Objekt-*Qualia*), wie Farben und physische Schmerzen mutieren zu Sinnesqualitäten, erhalten einen neuen ontologischen Platz im Bewusstsein – als dessen sinnliche Empfindungen.

Descartes selbst vollzieht diesen Schritt für die phänomenalen körperlichen Schmerzen ohne Bedenken. Er sieht in ihnen nicht zuletzt einen Hinweis auf die (sinnlich wahrnehmbare) innige Verbindung des Geistes mit dem Körper. Allerdings deutet er diese unter dem *funktionellen Gesichtspunkt ihrer informationellen und praktischen Effektivität*, die so höher sei als eine bloß intellektuelle Kenntnisnahme von Körperverletzungen oder von dadurch ausgelösten „Bewegungen im Gehirn". Umgekehrt sieht er in solcher „Vermischung" des Geistes mit dem Körper eine Erklärung für den nach ideellen, mathematischen Maßstäben „verworrenen (konfusen)" Charakter der Schmerzempfindungen (Med. VI, Ss. 70-76; lat. Orig. 102-113).

Im Falle der alltäglich wahrgenommenen Farben und anderen Objektqualitäten (Töne, Düfte, Geschmacksqualitäten) zögert der *frühe* Descartes noch. Er sieht deren Aufnahme ins Bewusstsein dem Einwand einer (funktionell!) „unnötigen" Verdoppelung von Entitäten ausgesetzt. Dieser genuin physikalisch-funktionellen Denkweise entspricht sein Interesse an einem *wesentlich* „figürlichen", mathematisch-geometrischen beschreibbaren Charakter jener Qualitäten, der sie sinnesphysiologisch-*informationell* dem Prinzip von Druck und ‚Eindruck (im Sinne je spezifischer Druckspuren, nach dem Muster von Siegel und Wachs)' unterwirft, mithin „ausreicht, alle Unterschiede der Gegenstände der sinnlichen Wahrnehmungen auszudrücken" (*Reg.* XII, Abs. 5 f. / AT X, 412 f.). Erst später vollzieht Descartes den bezeichneten Schwenk von phänomenalen Objektqualitäten zu bewusstseinsinternen Sinnesempfindungen auch für die ‚*äußerlich*' wahrgenommene Natur (also nicht nur für *innerlich* wahrgenommene Leibzustände, wie Schmerzen).[33]

Ihm folgt John Locke im Begriff der „sensiblen Qualitäten", die (zumal ihre Änderungen) durch äußere „Kräfte (powers)" verursacht seien und „irrtümlich" der (objektiven) Realität „zugeschrieben" würden (Ess. II, viii, 14, 17, 25 f.)

In der Neuzeit sehen sich mithin gerade solche Philosophen, die Naturbeschreibung *more geometrico* anstreben und zudem mit den raffinierten reduktionistischen und eliminativen Argumentationen des antiken Atomismus vertraut sind (Gassendi war ein fast gleichaltriger Zeitgenosse Descartes'), gleichwohl zur Anerkennung der eigentümlichen Natur der Farben gezwungen. Entsprechend wird klar, aus welchen Gründen Gassendi den antiken Atomismus favorisiert: a) wegen dessen theoretischer Geschlossenheit, b) als Konkurrenz mit der Aristotelischen Naturauffassung. – Die moderne analytische Philosophie hätte sich von der 2. Hälfte des 20. Jahrhunderts bis heute m.E. viele Diskussionen sparen können, hätte sie sich von der modernen theoretischen Physik nicht zur These eines methodologischen Paradigmen-Wechsels verleiten lassen, welcher nur noch ein rein historisches Interesse an der Philosophiegeschichte rechtfertige. Das hat sich inzwischen weitgehend geändert, aber auch jetzt noch steht bemerkenswert differenzierten, zuweilen spitzfindigen (‚sophisticated') Untersuchungen und Argumentationen die relative Schlichtheit des genuin physikalischen Theorietyps Pate – oft unausdrücklich, in den Hinterköpfen; dabei täuschen der fundamentalwissenschaftliche Charakter und die Paradigmenwechsel der modernen theoretischen Physik leicht hinweg über die ungebrochene Geltung des genuin physikalischen Theorietyps in vielen naturwissenschaftlichen Disziplinen, zumal in der Biologie.

---

[33] „... Farbe dagegen, Geruch, Geschmack u. dergl. (sind) nur gewisse in meinem Bewusstsein existierende Empfindungen, die ebenso verschieden vom Körper sind, wie der Schmerz von der Gestalt und der Bewegung des den Schmerz verursachenden Geschosses" (*Med., 6. Erwid.,* S. 381, lat. Orig. S. 593). – Zu Descartes s. Vf. 1990, 73 -97.

(4)

Die skizzierte neuzeitliche Wendung der *Qualia*-Zuschreibung ist gleichwohl problematisch: Wenn das, was unser Alltagsverständnis als phänomenale Objektqualitäten interpretiert, seinem qualitativen Kern nach *primär* bloß (subjektive) Empfindungen wären und gewissen Eigenschaften genuin physikalischer Objekte bloß korrespondieren, warum dann erkennt das Bewusstsein die Qualia nicht ‚unmittelbar' als ihm selbst zugehörig? – Eine mögliche (Teil-)Antwort gibt schon Descartes selbst, an der im vorigen Abschnitt (3) zitierten Stelle: Unser Bewusstsein hat keinen im strikten Sinne ‚unmittelbaren' Zugang zu sich selbst, sondern nur einen primär vergleichend-begriffsanalytischen. Unbefriedigend bleibt diese Antwort gleichwohl.[34]

(5)

An dem Problem, wie die Interaktion zwischen Leib und Seele im Gefolge Descartes' zu denken sei und wie die naturwissenschaftliche Methode, haben sich die berühmtesten Philosophen der Neuzeit die Köpfe zerbrochen. Zu ihnen gehören Hume, Leibniz (Monaden-Modell, Leib-Seele-Parallelismus) und Kant (Relativierung des Raumes zu einer Anschauungsform).

Hegel und Schelling dagegen entziehen sich dem von Descartes gleichsam auf die Hörner genommenen Problem. Ihre *diesbezüglichen* Konzeptionen lassen sich als weitere Varianten jenem – damals als Alternative noch voll gültigen – Physiktypus zuordnen, wie er grundsätzlich schon von Heraklit konzipiert, von Aristoteles und den Stoikern variiert wurde.

Dieser legt jene Gegensätze zugrunde, die an anderer Stelle (II.1, Abs.2) als genuin philosophisch ausgewiesen wurden – *Kaltes / Warmes, Feuchtes / Trockenes* – und interpretiert sie mit einem entsprechenden Konzept weniger Elemente: Erde, Wasser, Luft, Feuer. Da Materie als beliebige Mischung dieser Elemente in jedem Falle relativ ‚diffus', vor allem nicht konsequent physikalisch-räumlich oder genuin physikalisch gedacht ist, ist sie philosophisch weniger problemträchtig: Es lässt sich z. B. in solcher Materie relativ problemlos eine ‚in' ihr wirkende immaterielle (Welt)Seele unterbringen, sogar – wie bei den Stoikern – streng monistisch. Zugespitzter formuliert: Jenen Grundeigenschaften oder Elementen ist Räumlichkeit unausgesprochen nur als inhärent zugedacht; warum sollten in ihnen dann nicht auch immaterielle Prinzipien (‚inhärent') wirksam sein können? (Gleichwohl ist es erstaunlich, welchen empirischen und genuin philosophischen Differenzierungsreichtum wir bereits bei Aristoteles finden.)

Für die Rolle der Farben im Konzept geistig-schaffender Naturprinzipien bietet Plotin ein schönes Beispiel: „*... Man muss aber auch das mechanische Hebelspiel fernhalten von dem Schaffen der Natur. Denn wie kann Stoß und Hebeldruck die bunte Mannigfaltigkeit der Farben und Formen erzeugen? Die Puppenmodelleure... können ja ihrerseits keineswegs Farben erzeugen, wo sie nicht ihren Geschöpfen anderweitig gewonnene Farben auftragen...*" (in: Richard Harder, 1958, 27 f.; ausgewählt aus *Schrift 30*).

Schelling glaubt, der gleichsam abstrakte *physikalische* Begriff von (antagonistischen) Energien (Zentripetal- und Zentrifugalkraft, polare Anziehung und Abstoßung) erlaube eine problemlose Identifizierbarkeit von Natur und Geist. Was macht es da schon, wenn Hegel eine zeitgenössische Tendenz zur Quantifizierung

---

[34] Vf. 1994: 144, 157, 169, 182; zu theoretischen Zuordnungsproblem 19 - 23. Vgl. Anm. zu McDowell 2002 in Kap. C.II.

von Qualitäten konstatiert (Bd. 5, 199)? Der entscheidende Punkt, an dem sie die von Descartes artikulierte Problematik unterlaufen, ist mithin: Während Descartes die Geistthematik im Rahmen der *genuin* (mikro)physikalischen Struktur von *Gehirn und Organismus* sieht (vgl. I.5), wird sie von Schelling und Hegel im Rahmen des abstrakten Begriffs von ihrem Wesen nach unbekannten Energien oder Kräften der *Natur im Allgemeinen* behandelt; außerdem war zur damaligen Zeit die Frage, ob Organismen, speziell Gehirne, genuin physikalisch strukturiert seien, wissenschaftlich noch gar nicht hinreichend entschieden.[35]

So zeigt sich auch der Unterschied zwischen Aristoteles' und Descartes' – weitgehend äquivok bezeichnetem – Modell *von Gehirnteilen*: Bei Descartes ist es genuin physikalisch („spiritus animales"); bei Aristoteles liegen ihm hochvariable Mischungen weniger Elemente zugrunde, die teleologisch ‚organisiert' sind (vegetative, animalische Seele), wozu auch die – systematisch sekundäre! – äußere und innere räumliche Struktur der Organismen gehört. Dabei freilich ist Aristoteles, grundsätzlich wie in betont empirischem Forschen, offen für relativ kleine Strukturen. Doch darf dies jenen grundsätzlichen Unterschied nicht verdecken. (Eben deswegen lässt sich die moderne biologische, auf den Grundkonzepten von zufälliger Genmutation, natürlicher Selektion und geographischer Isolation basierende Evolutionstheorie als eine konsequente naturhistorische Extrapolation des genuin physikalischen Theorietyps charakterisieren.)

Vermengt werden die beiden genannten theoretischen Kontexte oder Physik-Konzepte, wenn man Descartes' folgende Kommentierung seiner Charakterisierung der Tiere als *Automaten* für kompatibel mit Aristoteles hält: „... *Jene jedoch, die versichern, >die Hunde wüssten im Wachen, dass sie laufen<, ... beweisen es ... nicht. Denn wenn sie auch hinzufügen, sie glaubten nicht, dass die Handlungen der Tiere ohne Empfindung, Leben und Seele (d.h. wie ich es auffasse, ohne Bewusstsein; denn was man im allgemeinen Leben nennt, die körperliche Seele oder die organische Empfindung, spreche ich den Tieren nicht ab) allein durch die Mechanik erklärt werden könnten ..., so darf das nicht als Beweis gelten.*" (Med., 6. Erw., S. 369, lat. Or. 572/73).

Bemerkenswert in diesem Zusammenhang ist: 1.) Spätestens Husserl hat solche Vermengungen der theoretischen Kontexte zurechtgerückt, indem er auch Tieren Bewusstsein zuschrieb. 2.) In dem von Descartes kritisierten – m.E. alltäglichen – Standpunkt sind ‚Mechanik' und ‚Automat' als Gegensatz nicht (nur) zur *Willens*freiheit, sondern (auch) zur *Beseeltheit* – gerade auch von *Tieren* – verstanden.

(6)

Insgesamt stellt sich jetzt die Situation des genuin philosophischen Denkens etwa so dar:

(1) Descartes' Dualismus ist die erste genuin philosophische Antwort auf die zunehmende experimentelle Fundierung und Differenzierung des genuin physikalischen Forschungstyps. Aus seinen Schwierigkeiten leitet sich umgekehrt die partielle Berechtigung des französischen Materialismus (Gassendi) her.
(2) Genuin philosophisches Denken ist in der Perspektive von spezifischer *praktischer* Bedeutung, z.B. ethischer.
(3) Diese (begründete) These bedeutet keinerlei Urteil über die persönliche moralische Einstellung genuin physikalisch orientierter Philosophen, u.a. deswegen, weil es *faktisch* auch für die ethische Intuition unterschiedliche Deutungen gibt

---

[35] Nicht zuletzt dürfte in der *Interpretation* Hegels und Schellings eine mehr oder weniger unreflektierte Unterstellung eine Rolle spielen. Danach *verwandelt* sich der Weltgeist gleichsam in die Natur, so dass von einer Wesensidentität von Natur und Geist (Weltseele) nicht mehr die Rede sein kann oder braucht.

gibt (vgl. Abschnitt II.2, Abs.2 über die Ethik im antiken Atomismus und ihre möglichen Wurzeln).
(4) Andererseits sei hier betont: In seiner Konzeption kleiner und kleinster Teilchen (die zumindest nicht ohne Verlust ihrer Funktion ‚teilbar' und insofern ‚Atome' im wörtlichen Sinne sind), ihrer Komplexe und Funktionen (verschiedener Ebene) beschäftigt sich der genuin physikalische Theorietyp ausnahmslos mit *Sachen*, die an sich selbst keinerlei Wert haben, wertneutral sind.
(5) Aus der hier nur knapp skizzierten Analyse der europäischen Wissenschafts-, Philosophie- und Methodologiegeschichte folgt die wissenschaftliche *Gleichberechtigung und wechselseitige Verwiesenheit des genuin physikalischen und des genuin philosophischen Denkens*.

(7)

Die zentrale interne ‚Hausaufgabe' der Philosophie ist demnach eine unbeirrte Auseinandersetzung mit der teilweise extremen Divergenz genuin philosophischer Theorien. Ziel ist eine hinreichend überzeugende *integrierte philosophische Theorie*. Welches sind ihre Eckdaten?

1. Sie hat dem genuin physikalischen Forschungstyp Rechnung zu tragen. Dieser ist auf eine methodologisch und erkenntnistheoretische Rechtfertigung durch genuin philosophische Theorie, wie sie Hume und Kant vorschwebte, weder praktisch noch theoretisch noch auch methodologisch angewiesen (s.o. I).
2. Alle bedeutenden geschichtlichen und aktuellen Theorie-Entwürfe müssen sich in einer integrierten Theorie wiedererkennen können – mithin auch und ganz besonders die Menschen ihre alltägliche Welt und sich selbst im Allgemeinen: Geht es doch schon seit den Vorsokratikern um eine angemessene Interpretation unserer alltäglichen phänomenalen Welt.
3. Umgekehrt leistet die moderne theoretische Physik, wenn auch unausgesprochen, in ihren mikro- und makroskopischen ‚Randbereichen' spezifische Beiträge zu einer integrierten Theorie. In anderer, in Kapitel C (VII) auszuführender Weise tut dies auch die moderne Biologie.
4. Aus der Zuspitzung des genuin philosophischen Denkens in Descartes ergibt sich als eine weitere Zielvorgabe der grenztheoretische und erkenntnis*kritische* Charakter einer integrierten Theorie. Dieser Weg wurde von Kant begründet und am konsequentesten von Wittgenstein fortgeführt. Damit verknüpft sind a) die Abkehr von einer „*Ding-an-sich*"-schematischen Denkweise, b1) das Konzept zweier Weltaspekte: die Konzession eines durch die Einheit des physikalischen Raumes begründeten *lückenlos* genuin physikalischen Aspektes und eines Aspektes, der jenen ersteren Aspekt ontologisch relativiert, b2) Geistbegriff und genuin physikalisches Naturverständnis haben also *wechselseitige* Konsequenzen: Seit Kant lassen sich genuin physikalische Weltstruktur (bzw. die Welt) und Bewusstsein *überhaupt* nicht mehr unabhängig voneinander denken, und der Cartesische wird zum „*empirischen* Dualismus".
5. Es sollte ein modernes Gegenstück oder Nachfolgekonzept geben für die Sokratisch-Platonische Konzeption philosophischer Explikation einer in jedem Menschen keimhaft oder ahnungsweise angelegten Einsicht in das Wesen des Guten

Guten (bzw. für Kants Vernunft-Konzept, einschließlich des kategorischen Imperativs).

Erstmals praktiziert wurde die Leitvorgabe einer integrierten Theorie von Cicero im ersten Jahrhundert vor Christus. Er führte mit erstaunlich langem Atem die vier großen hellenistischen Philosophenschulen seiner Tage – Platonismus, Aristotelismus, Atomismus/Epikureismus und Stoizismus – in eine gleichberechtigt-sachliche Diskussion miteinander.

B. „*Verstehen*, was schon offen vor unseren Augen liegt". Wittgenstein als sprachkritischer Realist der phänomenalen Welt und Rahmen einer konsequenten Grenztheorie

(1)

Im *Vorwort* (1945) zu den *Philosophischen Untersuchungen* (PU) erklärt Wittgenstein: Seine philosophischen Bemühungen seien in wichtiger Hinsicht unvollständig geblieben und möchten folglich Andere *„zu eigenen Gedanken anregen"*.

Dazu passt, dass er in den *Untersuchungen* das kritische Moment des Sprachgebrauch-Konzeptes betont auf (traditionell-)"philosophische" Theorien bezieht: Von ihnen – einschließlich, wie er im Vorwort bemerkt, der des *Tractatus* – empfange es sein „Licht". Es korrigiere aporetisches „Erklären" und diene so der „Beschreibung" der erfahrenen Welt (PU 109, vgl. PU 89).

An derartige Selbstkritik knüpft sich die folgende **Teilinterpretation A:**
Das dominant kritisch ausgerichtete Konzept des Sprachgebrauchs bedarf einer ergänzenden philosophischen ‚Theorie': Als konsequent grenztheoretisch meidet sie „Erklärungen" des Erfahrungsmäßigen, auch den Anspruch einer methodologischen Fundierung aller Wissenschaften.

(2)

Die moderne Biologie (und Psychologie) bietet außer Erklärungen des menschlichen Handelns – zumal des moralischen: wie instinktive Tötungshemmung, Verinnerlichung elterlicher Gebote etc. – auch eine Theorie der Sprachevolution und der Entstehung *verschiedener* Sprachen. Außerdem beschreibt sie die grundsätzlichen physiologischen Verknüpfungen zwischen der akustischen Laut- und Wort-Produktion und dem komplexen kognitiven – sinnes-, neuro- und muskelphysiologischen – Apparat. Sie bietet mithin auch ein *theoretisches Rahmenkonzept für die Entstehung und Befolgung von Sprachregeln.*

Wittgenstein setzt sich damit kaum auseinander (bzw. nur indirekt: etwa indem er alles naturwissenschaftlich Sagbare antizipiert). Weniger deshalb, weil er die in der zweiten Hälfte des 20. Jahrhunderts einsetzenden rasanten Entwicklungen der Biologie nicht kennt. Vielmehr kommt es ihm vor allem auf die Auseinandersetzung mit den traditionellen *philosophischen* Theorien und ihren Problemen an, und nur nebenher auch mit der Naturwissenschaft. Diese Theorien, einschließlich seiner eigenen früheren des *Tractatus*, nimmt er sehr ernst. Es wäre einfach widersinnig, Wittgenstein zu unterstellen, er unterstütze im philosophischen Streit die naturwissenschaftliche Position; sie selbst hatte dergleichen nie nötig.

Doch gerade auch im Blick auf die naturwissenschaftliche Sprachtheorie zeigt sich sein Konzept der Sprach*spiele* als unzureichend. Denn insofern diese den Begriff des Sprachgebrauchs impliziert, scheint sie auch alle Kritik Wittgensteins an *traditionellen philosophischen* Theorien zu implizieren. Das erkennt man auch daran, wie wenig differenzierungskräftig, folglich missverständlich jene Bemerkung der *philosophischen Untersuchungen* ist, welchen er nicht nur dem „*Beha.-viourism(us)*", sondern auch künftigen naturwissenschaftlichen Kognitions- oder Geist-Theorien entgegenhält: „*(...) Wir reden von (seelischen) Vorgängen und Zuständen, und lassen ihre Natur unentschieden! Wir werden vielleicht einmal mehr über sie wissen – meinen wir. Aber eben damit haben wir uns auf eine bestimmte Betrachtungsweise festgelegt. Denn wir haben einen bestimmten Begriff davon, was es heißt, einen bestimmten Vorgang* (ggf. mit seinen höherstufigen Funktionen, Zusatz G.P.) *näher kennen zu lernen. (...) – Und nun zerfällt der Vergleich, der unsere Gedanken hätte begreiflich machen sollen. Wir müssen also den noch unverstandenen Prozess im noch unerforschten Medium leugnen. Und so scheinen wir also die geistigen Vorgänge geleugnet zu haben. Und wollten sie doch natürlich nicht leugnen!*" (PU 308).

Das zum *alltäglichen* Begriff geistiger Vorgänge gehörige Sprachspiel unterscheidet sich demnach in subtiler, aber irreduzibler und praktisch bedeutsamer Weise sowohl von dem zu seiner mikrophysiologischen (höherstufig-funktionalen) Rekonstruktion gehörigen als auch von dem zum (radikalen) Behaviourismus gehörigen Sprachspiel. Missverständlich im Sinne jener naturwissenschaftlichen Rekonstruktion ist Wittgensteins Hinweis auf den extremen Unterschied zwischen „*Schmerzbenehmen mit Schmerzen und Schmerzbenehmen ohne Schmerzen*": „*Welcher Unterschied könnte größer sein? ... Wir verwerfen nur die Grammatik, die sich uns hier aufdrängen will*" (PU 304). Die superlativische Ausdrucksweise dürfte hier auf die großen Unterschiede in den ethischen Implikationen hinweisen, auf Unterschiede für das *Handeln* also, die zu jenen verschiedenen Sprachspielen gehören.

Umgekehrt jedoch hat auch die „Dürftigkeit" seiner Arbeit, von der Wittgenstein im *Vorwort* spricht, einen praktischen Aspekt: Was hätte der ausschließliche Appell an ein „*So handle ich eben*" (PU 217) im aus den Fugen geratenen klassischen Athen oder im durch und durch korrupten, in Bürgerkriege verstrickten spätrepublikanischen Rom ausrichten können? Und was „*in der Finsternis dieser Zeit*" (Vorwort)?

Entsprechend lässt sich die „*einheitliche R i c h t u n g*", in die Wittgenstein laut eigenem Bekunden wiederholt, aber vergeblich seine „*Gedanken weiterzuzwingen*" suchte, jetzt so formulieren – als **Teilinterpretation B:**
1. Eine philosophische Theorie muss die biologische Theorie der Sprache bzw. die biologische Kognitionstheorie in sich integrieren. Bildlich formuliert: Der Hinweis auf den „Ausweg aus dem Fliegenglas" zeigt noch nicht die Welt außerhalb des ‚Fliegenglases'. Die integrierte Theorie ist dann aber genau gegenläufig zu diesem Bild: Es gibt weder einen Standpunkt außerhalb der *Welt* (wie im klassisch-transzenden-talphilosophischen Subjekt-, Erkenntnis- und Methodologie-Konzept) noch einen Standpunkt außerhalb des (erkennenden) menschlichen *Subjekts* (wie in dessen verabsolutierter biologisch-kognitionstheoretischer Rekonstruktion; s. 1. Teil, B.4, 8). Eben deswegen können wir von einem konsequenten Grenzcharakter der angestrebten Theorie sprechen.

2. Eine integrierte philosophische Theorie muss außerdem Rechnung tragen den großen Differenzen in den *praktischen* (ethischen) Implikationen der genannten verschiedenen Sprachspiele: unserer alltäglichen Rede, der behaviouristischen Rede und der (mikro- und höherstufig-funktional-)naturwissenschaftlichen Rede von seelischen Vorgängen.

Das Sprachgebrauchs- und Sprachspielkonzept Wittgensteins ist demnach sozusagen eine flankierende kritisch-konstruktive Begleitung auf dem Wege zu einer *neuen, integrierten* philosophischen Theorie, mithin auch ein Kriterium für den richtigen Weg in der Auseinandersetzung zwischen den stark divergierenden Theorien der philosophischen Tradition, wie sie bereits Cicero für seine (hellenistische) Zeit vorschwebte. Gefordert ist solche Auseinandersetzung ja auch schon im Blick darauf, dass Wittgenstein selbst sagt, jene Theorien würfen „Licht" auf sein Sprachspielkonzept.

(3)

Das alltägliche wie das biologische Konzept von Sprache und Sprachgebrauch implizieren je den Realismus. Daraus folgt das *‚richtung'*weisende **Rahmenkonzept C:**
Die angestrebte integrierte Theorie muss zum einen jene realistische Grundhaltung übernehmen, zum andern aber das Realitätsverständnis der Naturwissenschaften als solches relativieren – durch dessen Beziehung auf die phänomenale Welt, aber ohne jenes allgemeine Verhältnis von Realität und Sprache zu berühren oder gar umzukehren.

Es ist daher in jedem Falle der Mensch in seiner realen Welt, der Sprache verwendet: *„Wir reden von dem räumlichen und zeitlichen Phänomen der Sprache; nicht von einem unräumlichen und unzeitlichen Unding."* (PU 108).

Negativ formuliert: Wittgenstein gibt die These seines Frühwerks auf, die reale Welt und mit ihr die (Körper der) Menschen seien ‚letztlich' – auf höchster Theorie- und Methodologie-Ebene – eine *„Art von Vorstellung"* (Kant) oder – betont Intersubjektivität einschließenden – *„Interpretation"* (G. Abel). Gerade diese letztinstanzliche Ebene schlägt *theoretisch* auf das alltägliche und das naturwissenschaftliche Realitätsverständnis durch, auch wenn in diesen jeweils *intern* der Realismus ‚gilt'.

Wittgenstein sucht mit dem minimalen Mittel des Sprach*spiel*-Konzeptes die phänomenale Welt zu „beschreiben", statt zu „erklären" (PU 109) und so ihrer irreduziblen Eigenart gerecht zu werden. Er sucht damit diese Eigenart *indirekt* ‚zur Sprache zu bringen' – in der Überzeugung, so den Aporien traditioneller Philosophie zu entgehen. Das Sprachspiel-Konzept ist die Überwindung einer Paradoxie, die bis dahin sein Denken begleitet hatte: *„Das Unaussprechliche ist – unaussprechlich – in dem Ausgesprochenen enthalten"* (Brief Nr. 81 an Engelmann 1917; vgl. *Vermischte Bemerkungen* unter 1931). Jene „Implikation" zeigt sich jetzt in den oben herausgestellten *praktischen* Differenzen verwandter (äquivoker) Sprachspiele.

Damit kommen wir zum **„richtung"weisenden Rahmenkonzept D:**
1. Eine integrierte Theorie hat den alltäglichen Realismus und seine ethischen Implikationen gegenüber dem naturwissenschaftlichen Realismus zu stärken.
2. Damit wird die implizite method(olog)ische Rolle des naturwissenschaftlichen Begriffstyps für philosophisches Denken deutlich (wobei freilich von den mikro- und makrotheoretischen ‚Randbereichen' der Physik abzusehen ist): Er hat eine konzeptuelle Kontrastfunktion bei der Erfassung der irreduziblen, „unaussprechli-

chen" Züge der phänomenalen Realität. Denn wie könnte man von Irreduzibilität reden ohne Kenntnis des genuin physikalischen Theorietyps?

Das Konzept D.2 steckt implizit in vielen Sätzen Wittgensteins. Es wird in der Regel dadurch verdeckt, dass diese Sätze explizit die „grammatische" Struktur traditioneller (genuin) „*philosophischer*" Theorien kritisieren. Nur selten finden wir es unverdeckt. So in den *Vermischten Bemerkungen* 1948: „*Unsere Kinder lernen schon in der Schule, Wasser bestehe aus den Gasen Wasserstoff und Sauerstoff, oder Zucker aus Kohlenstoff, Wasserstoff und Sauerstoff. Wer es nicht versteht, ist dumm. Die wichtigsten Fragen werden zugedeckt.*"

Die Wendung zum Sprachspielkonzept und die realistische Wendung also gehen beim späteren Wittgenstein Hand in Hand. Ein Ausdruck dieser doppelten Wendung ist Wittgensteins geänderte Interpretation der phänomenalen Farben: Die *Vermischten Bemerkungen* zeigen, dass seine Interpretation der phänomenalen Farben im Jahr 1931 noch „psychologisch" orientiert ist, mithin noch ganz unter dem Eindruck des *Tractatus* steht. In demselben Jahr konstatiert er eine Verwandtschaft seiner damaligen Konzeption mit der „*Kantischen Lösung des Problems der Philosophie*". Allerdings benutzt er im *Tractatus* den Solipsismus bloß als „Leiter" (6.54); und indem er dessen „Zusammenfallen" mit „*dem reinen Realismus*" konstatiert: eine dem „nicht-psychologischen", „ausdehnungslosen" Ich-Punkt „*koordinierte Realität*", spricht er der alltäglichen Lebenswelt offenbar einen eigentümlichen Realitätscharakter zu.

In den *Philosophischen Untersuchungen* dagegen ordnet er – im Gegenzug zur philosophischen Tradition der Neuzeit – die phänomenalen Farben den realen phänomenalen Objekten zu (275): „*Schau auf das Blau des Himmels ... Wenn du es spontan tust – nicht mit philosophischen Absichten – so kommt es dir nicht in den Sinn, dieser Eindruck gehöre nur d i r. ... Und wenn du bei diesen Worten auf etwas zeigst, so ist es der Himmel. ...*" – Auch hier wieder verstellt die Auseinandersetzung mit ‚der' (traditionellen, genuinen) *Philosophie* die gleichzeitige theoretische Abgrenzung von den Naturwissenschaften und ihre indirekt-methodische Funktion.

<small>Wenigstens am Rande sei hier bemerkt: Diese und andere Überzeugungen Wittgensteins lassen sich nicht konsequent auf eine ausschließlich biologische Erkenntnistheorie abbilden (von ihr abdecken). Die angestrebte integrierte philosophische Theorie muss insofern ein **modifiziertes**, den aporetischen Substanzen-Dualismus Descartes' meidendes *interaktionistisch-dualistisches* **Element** aufnehmen (wie wir es analog schon bei Kant finden).</small>

(4)

Welche weiteren „richtung"weisenden Rahmenkonzepte einer integrierten Theorie lassen sich den oben genannten Teilinterpretationen des selbstkritischen Vorworts hinzufügen bzw. sind im Denken des späteren Wittgenstein impliziert?

Ich beschränke mich hier auf das **Rahmenkonzept E**:
Zentral in einer integrierten Theorie steht das Konzept zweier Aspekte der phänomenalen Welt, zu der auch die wahrnehmenden, erkennenden, fühlenden, strebenden Subjekte gehören. Beide Aspekte sind empirischer Natur. Aber nun ist eine Unterscheidung hinzuzufügen:

Der eine Aspekt ist genuin physikalischer Natur, insofern er in die phänomenale mechanische Leib-Umwelt-Interaktion (wie das Pusten in ein Glas mit Wasser) involviert ist. Dieser Aspekt wurde erstmals von der antik-atomistischen Theorie der Wahrnehmung expliziert.

Der andere Aspekt ist Inbegriff dessen, was an der phänomenalen Welt, z. B. den Farben, zwar empirisch ist, aber sich in einer wesentlichen, nicht-trivialen Hinsicht dem genuin physikalischen Theorietypus prinzipiell entzieht. Deswegen wird dieser Aspekt hier als metaphysikalisch (nicht: metaphysisch) bezeichnet.

> Der Terminus ‚metaphysisch' wird vermieden, weil er historisch eng mit dem Begriff des Übernatürlichen assoziiert wird. Und es ist eben dieser Begriff des *„Übernatürlichen"*, den Wittgenstein durch seine kritischen Hinweise auf den alltäglichen Sprachgebrauch auszuschließen sucht. Mit Recht. Denn es geht uns immer um die *phänomenale* Welt, die phänomenale Natur, einschließlich unseres Selbst.

(5)

Der *Tractatus* wie die *Philosophischen Untersuchungen* nun lassen sich gewissermaßen als ein Schwingen um den Begriff des metaphysikalischen Weltaspektes interpretieren: Sozusagen in der ‚(impliziten) Einsicht', dass dieser Aspekt *eo ipso* ontologisch nicht nach Analogie des genuin *physikalischen* Denktyps interpretiert werden kann, beschränkt sich Wittgenstein im Kern seiner Untersuchungen auf sprachphilosophische *Minimalkonzepte*. Andererseits erlauben gerade sie ihm einen großen philosophischen Schritt:

A. Im *Tractatus* steht für sie das Konzept des „Unsagbaren". Wer dessen solipsistische Interpretation als unsinnig *„überwindet"*, *„sieht ... die W e l t richtig"* (6.54; Sperrung hinzugefügt); er gewinnt das Unsagbare für das intersubjektive, Subjekt und Objekt umfassende Weltverständnis. Obwohl eigentlich nahe liegt, dass diese „richtige Weltsicht" Konsequenzen im menschlichen *Handeln* hat, sieht Wittgenstein im *Vorwort* (1918) den „Wert" seiner Arbeit, vom Anspruch einer *„definitiven Lösung der Probleme"* abgesehen, eher umgekehrt *„darin, dass sie zeigt, wie wenig damit g e t a n ist, dass die Probleme gelöst sind"* (Sperrung hinzugefügt; vgl. 6.43).

B.1. Die *Philosophischen Untersuchungen* verfahren konsequenter: Am Sprachgebrauch und Sprachspiel hat jetzt auch das H a n d e l n teil, folglich auch an seiner jeweiligen Spezifität.

Auf diese Weise gelangt das ehemals Unsagbare der alltäglichen Weltsicht zu explizitem *praktischem* Ausdruck. Auch sonst werden phänomenale Qualitäten, wie Farben und Schmerzempfindungen, aus ihrer ehemals solipsistischen Einbindung gelöst. Ihre intersubjektive Ausdrückbarkeit bleibt jetzt aber allein dem *alltäglichen* Sprachspiel vorbehalten; dagegen werden ihre naturwissenschaftlichen und – mehr oder weniger daran angelehnten, eine Außenansicht der Welt (des Subjekts und / oder des Objekts) implizierenden – „(genuin) philosophischen" Interpretationen als Produkte einer falschen „Grammatik" kritisiert.

Andererseits setzt Wittgenstein so den bereits im *Tractatus* eingeschlagenen Kurs fort, zu einem *„richtigen Sehen der W e l t"* zu führen, nunmehr auch mit der (unausgesprochenen) Konsequenz eines entsprechend ‚besseren' Handelns.

Die nüchterne handlungstheoretische Einbettung der Sprachspiel-Konzeption und der vordergründige Eindruck, es gehe darin sozusagen nur um eine ‚Rettung' der Philosophen vor sich selbst', verdecken, wie unten noch näher zu zeigen ist, den philosophisch spektakulären Charakter derartiger Einbeziehung der Praxis.[36]

B.2. Da es Wittgenstein stets um die *reale* Sprache in der *realen* raumzeitlichen Welt geht (PU 108), stellt er *auch* die Frage nach der *ontologischen* Natur der Eigentümlichkeiten der phänomenalen Welt. Am Beispiel der Schmerzempfindung führt er aus: *„Sie ist kein Etwas, aber auch nicht ein Nichts! Das Ergebnis war nur, dass ein Nichts die gleichen Dienste täte wie ein Etwas, worüber sich nichts aussagen läßt"* (PU 304).

In letzterem Satz gibt Wittgenstein die strikte Konzeption des „Unsagbaren" des *Tractatus* ausdrücklich auf.

C.1. Wie gesagt ist Wittgensteins Arbeit primär sprachkritisch und in konstruktiv-theoretischer Hinsicht minimalistisch angelegt. Daher erspart sie es uns weder, die (im Prinzip schon vom antiken Atomismus geleistete) naturwissenschaftliche äquivoke Rekonstruktion der subjektiven alltäglichen Weltsicht genuin philosophisch-theoretisch zu verarbeiten, noch die naturwissenschaftlich irreduziblen Eigentümlichkeiten der phänomenalen Welt begrifflich zu analysieren.

C.2. Letzteres bedeutet: Auch die einschlägigen (vergleichend begriffs)analytisch gewonnenen Kernresultate der philosophischen Tradition müssen in einer integrierten Grenztheorie angemessen zu Worte kommen, nicht nur die durch die theoretische ‚Einstellung' (den Theorietyp, das Sprachspiel) bedingten Probleme und Aporien jener Tradition.

Dazu gehört beispielsweise das Konzept der zeitübergreifenden numerischen Identität des Bewusstseins. Es ist verantwortlich für die Einheit im Wahrnehmen der alltäglichen phänomenal-qualitativen Objektwelt einerseits und der seelischen Vorgänge andererseits: Wahrnehmen, Erinnern, Fühlen, Denken, Wollen. – Ähnlich übrigens wie Kant betrachtet der Wittgenstein des *Tractatus* das Subjekt oder Ich im „nichtpsychologischen (solipsistischen, philosophischen, metaphysischen)" Sinne als nicht zur Welt gehörig (5.631 ff., 5.641).

Vor allem aber gehört dazu ein Begriff von ‚Sinn', wie er nicht zufällig gerade auch im modernen, mit dem genuin physikalischen Denktyp vertrauten Alltag explizit artikuliert wird, etwa in der – bezeichnenderweise anders als in der Antike – jedermann geläufigen Frage nach dem Sinn des Lebens. (Nicht zufällig finden wir das *Erlebnis* von Sinnlosigkeit erstmals von dem Atomisten Lukrez beschrieben; *Rer. Nat* III, 1053-1075). Denn sein Gehalt ist denkbar umfassend. Insbesondere umfasst er die ethische Werte- und Freiheitsthematik. Umgekehrt wüsste man *ohne* ihn schlicht nicht, was mit den Begriffen des Unsagbaren, des Sprachgebrauchs, des Sprachspiels oder auch des metaphysikalischen Weltaspektes eigentlich anzufangen sei...

Man beachte dazu, was Wittgenstein im *Tractatus* schreibt (6.422): *„Der erste Gedanke bei der Aufstellung eines ethischen Gesetzes von der Form ‚du sollst...'*

---

[36] So verstandene Praxis muss ihren spezifischen ‚Ausdruck' auch in der genuin physikalischen Weltbeschreibung haben. Denn wie kann *wahre Rede* von genuin physikalisch und biologisch prinzipiell nicht Erfassbarem logisch widerspruchsfrei von jeglichem Einfluss auf die rein physiologische Artikulation von ‚Sätzen' ausgenommen sein?

ist: Und was dann, wenn ich es nicht tue? Es ist aber klar, dass die Ethik nichts mit Strafe und Lohn im gewöhnlichen Sinne zu tun hat. Also muss diese Frage nach den F o l g e n einer Handlung belanglos sein. – Zum Mindesten dürfen diese Folgen nicht ('sagbare', G.P.) Ereignisse sein."
Der letzte Satz entspricht dem Bemühen des frühen Wittgenstein, das Ethische und mit ihm das „*philosophische (nicht-psychologische) Subjekt*" aus der Welt im Sinne des von ihr Sagbaren zu eskamotieren, nicht als „*Teil der Welt*" zuzulassen (5.632 f., 5.641, 6.41, 6.43; vgl. Schluss des Vorworts bzw. oben Punkt A). Doch dann fährt Wittgenstein fort: „*Denn etwas muss doch an jener Fragestellung richtig sein. Es muss zwar eine Art von ethischem Lohn und ethischer Strafe geben, aber diese müssen i n d e r H a n d l u n g s e l b s t liegen*" (Sperrung hinzugefügt; vgl. Anmerkung 36 zu Punkt B.1).[37]

Was Wittgenstein im Vorwort der *Philosophischen Untersuchungen* zum systematischen Stellenwert des *Tractatus* zu sagen hat, verdient jetzt unser besonderes Interesse: „*Vor zwei Jahren ... hatte ich Veranlassung, mein erstes Buch ... wieder zu lesen und seine Gedanken zu erklären. Da schien es mir plötzlich, dass ich jene alten Gedanken und die neuen zusammen veröffentlichen sollte: dass diese nur durch den Gegensatz und auf dem Hintergrund meiner älteren Denkweise ihre rechte Beleuchtung erhalten könnten.*"

---

[37] Vgl. Wittgenstein ähnlich zu den „Lebensproblemen" (6.52, 6.521): „*Wir fühlen, dass, selbst wenn alle m ö g l i c h e n wissenschaftlichen Fragen beantwortet sind, unsere Lebensprobleme noch gar nicht berührt sind. Freilich bleibt dann eben keine Frage mehr; und eben dies ist die Antwort. Die Lösung des Problems des Lebens merkt man am Verschwinden dieses Problems* (d.h. es handelt sich hier eben nicht um Sagbares, auch nicht um *Handlungs*anweisungen, G.P.). *(Ist nicht dies der Grund, warum Menschen, denen der Sinn des Lebens nach langen Zweifeln klar wurde, warum diese dann nicht sagen konnten, worin dieser Sinn bestand?)*". Hervorhebung im Original.

C. ‚Nichtfunktionaler' und genuin physikalischer Weltaspekt. Zum systematisch-philosophischen Kontext der Werte.

I. Der nichtfunktionale (metaphysikalische) Weltaspekt. Beispiel Farben

In der Kulturgeschichte der Menschheit sind zwei grundlegende Konstanten ineinander verschlungen. Die eine Konstante ist die Leib-Umwelt-Struktur der phänomenalen Welt mit der darin involvierten genuin physikalischen Weltstruktur. Die andere Konstante lässt sich zusammenfassend, wenn auch nur negativ, charakterisieren als *nicht*funktionaler Aspekt der alltäglich gegebenen Welt (einschließlich der Subjekte). – Der nichtfunktionale Weltaspekt ist aus naturwissenschaftlicher Sicht ein Unding. Anders als zum Begriff des Geistes lassen sich zu ihm nicht einmal äquivokative Begriffe (höherstufiger) biophysiologischer Funktionen formulieren.

Ein wichtiges Beispiel für den nichtfunktionalen Weltaspekt sind die Grundfarben Blau, (Grün,) Gelb, Rot und ihre Mischungen. Genauer fallen unter diesen Aspekt nur die phänomenalen Farbqualitäten im eigentlichen qualitativen Sinne; sie sind theoretisch-naturwissenschaftlich irreduzibel. *Das zeigt sich auch im Alltag: Ungeachtet unseres theoretischen Wissens, also mitnichten naiv, halten wir fest an der objektiven oder realen Zugehörigkeit der phänomenalen Farben und ihrer Schönheit zur Umwelt, etwa zum Herbstlaub. Dies gilt unabhängig von Licht und Dunkelheit (ein Radieschen ‚ist innen weiß', auch wenn kein Licht darauf fällt).*

Die Farb-*Qualia*[38] sind insbesondere nicht biologisch-funktional interpretierbar. Denn wir haben einen klaren Begriff von Funktionen materieller Prozesse im Allgemeinen, im Besonderen davon, dass die Biologie einschlägiges Wahrnehmen als höherstufige, auf die Leib-Umwelt-Interaktion bezogene Funktionen mikrophysiologischer Prozesse deutet, die alltäglicher ‚Reflexion' lediglich als nicht weiter definierte, aber biologischer Interpretation offene ‚Wahrnehmungs'funktionen mit den darin implizierten ‚phänomenalen Objektfarben' zugänglich sein können. Was also haben phänomenale Farben im eigentlich qualitativen Sinne mit jenen Funktionen gemein? Pointiert formuliert, könnte jemand ebenso gut behaupten, die Funktion eines Hammers sei gelb (vgl. auch die folgende Anmerkung). Folglich ist auch das – z.B. gegen das Blinden- oder Fledermaus-Argument gerichtete – Argument unhaltbar, es sei aus dem modernen biologischen Theorierah-

---

[38] S. Anm. 13: 1. Teil, B.6. – Zu den Objektqualia s. eingehender 1. Teil, B.5-7.

men selbst heraus plausibel, dass er subjektives Durchleben nicht erfassen könne.[39]

Umgekehrt kann der ‚qualitative Kern' der Grundfarben an keinerlei Funktionen beteiligt sein, die aus ihm selbst heraus mitbestimmt wären: Er lässt aus sich heraus *grundsätzlich* keinen Mechanismus eines Funktionierens erkennen, keine Funktionen, die mit ihm selbst in einem plausiblen Zusammenhang stünden. (Zwar können sie Signale sein, aber Signalfunktionen bzw. ihre Träger sind beliebig austauschbar, da sie durch Konvention oder erbbiologisch bestimmt sind.)

Verallgemeinert heißt das: Der qualitative Kern der Grundfarben ist *notwendig* (also *nicht*-trivial) zirkulär definiert, nicht durch Beziehung auf Anderes definierbar: ‚Gelb ist Gelb, Rot ist Rot, *nichts Anderes*';[40] auch (höherstufige, genetisch festgelegte) *Funktionen* sind wesentlich *Beziehungen*. Dies ist eine definitorisch(-phänomenologisch)e oder primär vergleichend-begriffsanalytische Entkräftung des Arguments, die These theoretischer Irreduzibilität der Farben stehe künftiger naturwissenschaftlicher Widerlegung durchaus offen.[41] Und wir haben es hier mit einer

---

[39] S. etwa P.M. Churchland 1985; Kritik i. Vf. 1994, 29/30: Anm.14 (auch 1990, 118). –
Etwas eingehender kann man die genuin physikalische Sicht der Beziehung zwischen alltäglichem ‚Wissen' und Nichtwissen etwa so charakterisieren: Farbwahrnehmungen sind *höherstufige Funktionen* gewisser sinnes- und hirnphysiologischer Prozesskomplexe (die sich diesen ihren ‚Trägern' nicht eindeutig zuordnen lassen). ‚Bewusst' sind aus dieser Sicht jene höherstufigen Funktionen bloß als Aktivität des Wahrnehmens: ohne ihre mikrophysiologischen Basis. ‚Bewusst' sind mithin auch die Gegenstände dieser Funktionen: als ‚Farben', aber wiederum ohne die sie fundierenden mikrophysikalischen Strukturen und deren Reflexionseigenschaften (Lockes' „powers") auf der *Objekt*seite und ohne die Typen von Zäpfchensinneszellen, welche die reflektierte Strahlung in verschiedene Spektralbereiche (= ‚Grundfarben') gliedern, auf der *‚Subjekt'*seite. (Jene höherstufigen Funktionen sind mithin das äquivoke Korrelat zum genuin philosophischen Begriff der Intentionalität des Bewusstseins.)

[40] Im *trivialen* oder *relativen* Sinne zirkulär (oder ‚nicht relational' oder ‚intrinsisch') wäre ein als *reiner Vorläufer* naturwissenschaftlicher *Explikationen* verstandener Begriff ‚subjektiver' Farbwahrnehmung. Ein Subjekt oder Homunculus-Computer *in diesem Sinne* würde Farben etwa so charakterisieren: ‚Rot und Blau sind als Eigenschaften sichtbarer Körper Teile des Farbenspektrums, haben aber sonst nichts (alltäglich) *sichtbar* Gemeinsames; was sie sonst (‚Anderes') sein mögen, *weiß ich nicht*.' Und in Kenntnis naturwissenschaftlicher Reduktionen hätte er damit ebenso wenig ein Problem wie *wir selbst* mit naturwissenschaftlichen Reduzierungen eben und glatt erscheinender Oberflächen auf zerklüftete (fibrilläre, molekulare) Oberflächen.

[41] Aus der Sicht dieser Definition lässt sich nun umgekehrt das bereits in der vorletzten Anmerkung angesprochene Defizit in der Diskussion der beiden letzten Jahrzehnte allgemeiner benennen und zugleich verdeutlichen: Die vielleicht einflussreichsten ‚Wendungen' in dieser Diskussion haben eine gleich bleibende, insofern sich wiederholende Form: Man versucht, den Qualia-Begriff *primär* epistemisch- oder kognitiv-*beziehungs*mäßig zu deuten (wie übrigens schon Locke, wenn auch nur partiell: im Kontext seiner Deutung der sekundären Qualitäten als geist-interne „einfache *Ideen*"). Danach *kann* die von Geburt an farbenblinde Mary noch gar nicht über *alltägliche* Kenntnis der Farben verfügen, die sie *als Forscherin* beschreibt (P.M. Churchland 1985). Auch Schumacher (2005, 24; vgl. 1. Teil, Kap. B) referiert eine ähnliche argumentative ‚Wendung' F. Jacksons (1996), die zugleich dessen eigene spektakuläre Wendung dokumentiert: „Die Grund*annahme*, die sinnliche Wahrnehmung würde uns tatsächlich die Natur der Farben offen legen, sei *unzutreffend*" (kursiv hinzugefügt). Eine verwandte, früher oft verwendete (im analogen Kontext seelischer Vorgänge von Wittgenstein, PU 308, zurückgewiesene) Argumentationsweise lautet: ‚Was heute theoretisch irreduzibel scheint, könnte vielleicht von *künftiger* naturwissenschaftlicher Forschung reduziert werden.'
Die in Schumachers (hier bereits im 1. Teil erörtertem) Forschungsbericht vorangestellten sechs „theoretischen" (!) „Anforderungen" (21 f.) an die einschlägige Diskussion sind deutlich von naturwissenschaftlicher Wahrnehmungstheorie inspiriert: besonders die Anforderungen 2 und 3. Anforderung 6 ist die einzige, die aus diesem Rahmen partiell heraus fällt, aber sie ist auch die einzige, die in der Durchführung des Forschungsberichts wieder in Zweifel gezogen wird (30).

analytischen Begründung dafür zu tun, dass wir im Alltag intuitiv an der Objektzugehörigkeit der phänomenalen Farben festhalten – gegen unsere naturwissenschaftliche Schulbildung, aber auch gegen eine – wiederum unter dem Eindruck des genuin physikalischen Theorietyps vollzogene – theoretische Reduzierung der phänomenalen Farben auf kognitive Beziehungen: auf Empfindungsqualitäten des Bewusstseins.

Hingegen gehören die *Struktur* des Grundfarben-Spektrums sowie die Orte der Farben an Körpern zu den *Konnotationen* des Farbbegriffs.[42] *Nur* diese machen die phänomenalen Farben *zugleich* naturwissenschaftlich *interpretierbar*. Wie schon in der Leib-Umwelt-Struktur (Abs.1) zeigt sich auch hier ein eigentümlicher Implikationszusammenhang der phänomenalen Welt mit der genuin physikalischen Weltstruktur.

Entsprechend sind phänomenale Farben – anders als chemisch-theoretisch verstandene ‚Farben' – keine räumlich konturierten Gebilde, sondern umgekehrt ist ihnen Ausdehnung inhärent.

Ihrer notwendig zirkulären Kerndefinition zufolge gehören Farben, wie andere Objektqualia (Hell / Dunkel, Warm / Kalt) zu einem *eigentümlichen Inbegriff empirischer Realität und Objekte*, ohne selbst verdinglicht – etwa als solche isoliert – werden zu können. So verstanden ist die phänomenale Welt nicht von genuin physikalischen Strukturen her zu begreifen, sondern diese ihrerseits von jener her. Da uns zudem unsere alltägliche wie jene systematische Zuordnung der Objektqualia zu Objekten mit der in der Antike üblichen, auch von den meisten antiken Philosophen (wie Plotin: s.o. A.II.5) geteilten Auffassung verbindet, ist die neuzeitliche Reduktion der Objektqualia auf Empfindungen (*sensible qualities*, wie bei Locke) auch historisch problematisch. Aber das bedeutet auch, zumindest aus historischer Sicht, dass eine theoretische Rekonstruktion der phänomenalen Farben schwerlich auf die *genuin physikalische* Objektseite zurückpendeln kann.[43]

II. Wert und ‚Sinn' als Kern des nichtfunktionalen Weltaspektes

Die theoretische Zuordnung der *Qualia* zu den Objekten, die noch eingehender zu explizieren sein wird, eröffnet eine im analogen Sinne objektive Deutung derjenigen Phänomene, die uns alltäglich als *in sich* (positiv, negativ) werthaft begegnen, wie der herbe Duft von Nelken, körperliche Schmerzen, Naturschönheit, Gefühle (VIII).[44] Jenes In-sich-‚Zurücklaufen' des phänomenal Werthaften ist der

---

[42] Vgl. Vf. z. B. 1990a, 112: „niemals ohne konnotative Relationen".
[43] Weitere begriffsanalytische Diskussion d. Farbbegriffs: C.II / Anm.; C.IV, vorletzter Absatz.
[44] Vgl. Vf. 1997, 240 ff. Ähnlich zieht John McDowell 2002, 206-225, einen Vergleich zwischen Farben und Werten in Betracht: Er knüpft an Lockes' Begriff der theoretisch irreduziblen, dem „Geist" zugehörigen „*sensiblen Qualitäten*" an und will sie an der Stelle lokalisiert wissen, die Locke – in Verbindung mit einer Kritik an unserer (alltäglich-)„irrtümlichen" Projektion jener „sensiblen Qualitä-

notwendig zirkulären Definition der phänomenalen Farben auffallend verwandt. Man kann auch sagen, das irreduzibel qualitative Moment habe das Moment des (positiv, negativ) Werthaften gleichsam in sich aufgenommen, bzw. Werthaftigkeit habe sich in Objektqualia gleichsam materialisiert.

In solchen *in-sich-selbst* oder ‚*absolut'* werthaften Phänomenen gründen moralische Gebote und deren erzieherische Vermittlung und Verinnerlichung. Dagegen befasst sich die Biologie ausschließlich mit (in ihrem intern-theoretischen Sinne:) objektiv oder ‚an sich' – d.h. unabhängig von empirischen Subjekten – wertneutralen *Sachen* (vgl. o. A.I.5).

Gebote und Verinnerlichung sind demnach in der Ethik abgeleitet von wertbetontem Wahrnehmen, Erleben und Tun. Der Gebots- und Forderungscharakter von Erziehung dominiert da, wo es auf die Entwicklung der Fähigkeit zu Triebverzicht ankommt, und dient der Lösung langfristiger Aufgaben. Jene in der phänomenalen Welt selbst liegenden Werte angemessen zu erfassen, gehört dagegen zu den Aufgaben philosophischer und künstlerischer Arbeit und Bildung.

An den Begriff des In-sich-Werthaften wiederum ist der Begriff des Sinnes oder *In-sich*-Sinnvollen geknüpft: Er ist besonders in der Frage nach dem Sinn des Lebens ausgedrückt, wie sie sich angesichts extremen, prinzipiell oder faktisch unvermeidlichen Leidens stellt. Umgekehrt wird ‚Sinn' (fortan SINN) von der phänomenal-qualitativen Objektwelt her überhaupt erst fassbar. Zum Beispiel ist seine Definition wiederum mit jener (notwendig zirkulären) der Farben verwandt, was auch ihn grundsätzlich als Teil des nichtfunktionalen Weltaspektes ausweist.

Wie der Begriff des nichtfunktionalen Aspektes insgesamt sind auch die Begriffe ‚SINN' und ‚In-sich-Werthaftes' *ohne* den Hintergrund des genuin physikalischen Denktyps nicht *explizit* artikulierbar (vgl. o. B.5, Punkt C.2 zu Lukrez).

Das ethische Motiv umfasst im Rahmen unserer Welt In-sich-Werthaftes und *Nützliches im eigentlichen Sinne*, das Nützliche wiederum die funktionalen Beziehungsnetze der genuin physikalischen, insbesondere biologischen Weltstruktur. Aber noch umfassender als das ethische Motiv ist die SINN-Struktur der phänomenalen Welt (s.u. IX). Hier zeigt sich erneut der für die phänomenale Welt charakteristische Implikationszusammenhang, der die genuin physikalische Weltstruktur mit umfasst.

---

ten" – als „*sekundäre Qualitäten*" dem objektiven, genuin physikalischen Korrelat zuschreibt (s. 1. Teil, B; 3. Teil, A.II.3).
Vgl. a. O. 202, wo McDowell mit Blick auf die Werte-Thematik *programmatisch* zwei verschiedene Begriffe von „Welt" und „Objektivität" (!) ins Auge fasst. M.E. ist darin ein – direkter oder indirekter – Einfluss Wittgensteins unverkennbar (vgl. u. Abschnitt IV). Passend dazu bemerkt er in *Geist und Welt* (2001, 187 f.), für eine transzendentale Konstitution – auch *ohne* ‚Subjekt' oder „Wir" (= „*verkümmerter transzendentaler Idealismus*") – gebe es bei Wittgenstein keinerlei Anhaltspunkt. Ich sehe daran eine Übereinstimmung mit Kapitel B des vorliegenden 3. (Haupt-)Teiles.

III. Absolutheit, grenztheoretische Beschreibung und Handeln

Der Begriff von Absolutheit hat hier, wie der Begriff des nicht-funktionalen Weltaspektes insgesamt, hypothetischen Charakter im grundsätzlich-methodologischen Sinne. Dies ändert jedoch nichts an der bezeichneten vergleichend-begriffsanalytischen Art seiner Begründung.

Entsprechend ist die theoretische Kennzeichnung des nicht-funktionalen Weltaspektes von besonderer Art. Sie ist *grenz*theoretisch-kritisch in dem von Kant begonnenen, von Wittgenstein mit sprachphilosophischen Minimalkonzepten (Unexplizierbarkeit, alltäglicher Sprachgebrauch) konsequent fortgeführten Sinne: Wir kommen hier an ein „Ende" möglicher *Erklärung*, wie sie üblich ist in den Naturwissenschaften und sogar – freilich wie auch sonst in derartiger Analogie undurchschaut – in den traditionell-philosophischen Bewusstseins- und Letztbegründungstheorien. Es geht mithin, wiederum in der Lesart Wittgensteins, um die *Beschreibung* der phänomenalen Welt: ihrer durch naturwissenschaftliche Erklärung nicht erfassbaren Eigentümlichkeiten. Die Welt ist in dieser Bedeutung, ‚*wie sie ist*': sie sperrt sich gegen Zergliederungen naturwissenschaftlichen Typs.

Die alltägliche Sprache und, wie der spätere Wittgenstein betont, das mit ihr zum „Sprachspiel" verknüpfte Handeln tragen diesem Zug der Welt *indirekt* Rechnung: In ihnen kommt der nicht-funktionale Weltaspekt zwar spezifisch, aber immer nur implizit zum Ausdruck.

IV. Der falsche Schein methodologischer Privatheit: Wittgensteins Sprachspiel-Konzept

Wittgenstein begegnet dem Anschein methodologischer Privatheit der phänomenalen Entitäten, wie Farben und Schmerzen, mit folgenden Argumenten:

1. Wird gefragt, was Himmelblau sei, zeigen wir auf den Himmel, nicht auf eine uns interne Empfindungsqualität *(PU 275; vgl. Verm. Bem.* 1948, Nr. 22).
2. Das Blau darf – ungeachtet seines Realitätscharakters – *nicht analog körperlichen Entitäten* dinglich aufgefasst werden; solche Verdinglichung oder genuin physikalische Denkweise ist verantwortlich für den Eindruck, jene phänomenalen Entitäten seien je *nur mir* kognitiv zugänglich: „privat" (wie ein *„Ding in der Schachtel"*, PU 293).
3. Der These, die Farben *Blau - Grün - Gelb - Rot* könnten verschiedenen Personen in je umgekehrter Reihenfolge erscheinen, ohne dass sich etwas änderte, begegnet Wittgenstein mit dem Argument *(reductio ad absurdum)*: Man könne solche Umkehrbarkeit genauso gut bei ein und derselben Person zu verschiedenen Zeiten annehmen: etwa gestern und heute; und dann ließen sich die Zeitintervalle beliebig verkleinern... (PU 270; vgl. auch PU II, Abschnitt 11; vgl. Vf. 1990a, 88 f. mit Anm. 38 und 40).

4. Die Farben sind Teil spezifischer Sprachspiele oder gar Implikationszusammenhänge. In dem Satz: *‚Das lichtdurchflutete kalte Blau des Winterhimmels ist schön'* lässt sich der Ausdruck *Blau* schwerlich – auch nicht systematisch und von Anfang an – durch den Ausdruck *Rot* ersetzen. Ähnliches gilt für Mischfarben, wie: *Rosa - Orange - Violett* (alle mit Rot-Anteilen), *Ocker, Graublau – Blaugrün*. Gerade in Bezug auf die intersubjektive Mitteilbarkeit korrespondieren mithin die alltäglich wahrnehmbaren Farben ihren *äquivokativen* naturwissenschaftlichen Rekonstruktionen.

Mehr noch, die phänomenalen Farben insgesamt werden, im Unterschied zu *Schwarz / Weiß*, mit Leben(digkeit) in Verbindung gebracht, einzelne Farben mit Gefühlen (VIII), Wärme, Kälte usw. Offenbar handelt es sich hier um Konnotationen, die nicht die strukturellen Momente der Grundfarben (wie das Farbenspektrum) betreffen, sondern *Ähnlichkeitsbeziehungen* innerhalb des *nichtfunktionalen* Weltaspektes.

In der Malerei kommt gerade auch das notwendig zirkuläre Definitionselement der Grundfarben zum Zuge: Die damit verbundene Auffälligkeit weist die Farben auch intuitiv als funktionalen Bezügen enthoben aus (in dem in C.I bezeichneten Sinne); nicht zuletzt tragen sie so zum *Eindruck des Urspünglichen* bei. Die strikte Verschiedenheit der Grundfarben, die vielfältigen Möglichkeiten ihrer Anordnung und Mischung sowie die genannten Ähnlichkeitsbezüge innerhalb des nichtfunktionalen Weltaspektes machen den besonderen Reiz und die Ausdrucksmöglichkeiten der Malerei aus.

Es gibt überdies eine spezifische Differenz zwischen dem alltäglichen und dem naturwissenschaftlichen ‚Spiel' der Farbensprache: Die naturwissenschaftliche Rekonstruktion der phänomenalen Farben unterscheidet zwischen einem objektzugehörigen Anteil (physikalische Reflexionseigenschaften) und einem objektiv in den Zäpfchen-Sinneszellen begründeten *‚subjektiven'* Anteil der Aufteilung des dem ‚Licht' zugeordneten Spektrums elektromagnetischer Wellen). Mit unserer Alltagssprache dagegen ist genau diese Unterscheidung unverträglich: Es ist sinnwidrig zu sagen, der alltägliche Begriff von Blau im eigentlichen qualitativen Sinne sei – analog wie dessen biologische Rekonstruktion – offen für die Unterscheidung zwischen einem subjektiven und ein objektiven Anteil. Auch dieses ‚Sprachspiel-Element' begründet mithin, wie schon die Definition (C.I), die These theoretisch irreduzible *Objekt*zugehörigkeit der phänomenalen Farben sowie unser *alltägliches* (intuitives) Festhalten an solcher Objektzugehörigkeit *entgegen* unserer naturwissenschaftlichen Schulbildung.

Die notwendig zirkuläre Definition der phänomenalen Farben bzw. der phänomenalen Qualitäten im Allgemeinen nun hat, wie im folgenden Abschnitt zu zeigen ist, erkenntnistheoretische *Implikationen*. Ganz allgemein heißt das: Anders als die üblichen kausal erklärenden Theorien kann eine beschreibende ‚*Theorie*' der phänomenalen Welt nur die Form der Explikation eines *ihr internen Implikationszusammenhanges* haben. Sie ist in diesem Sinne *konsequent* grenztheoretisch.

V. Erkenntnistheoretische Implikationen.
Der nichtfunktionale Weltaspekt als Grenz*bereich* der Welt.

Auf notwendig zirkulär definierte phänomenale Objektqualitäten bezogen *muss* Wahrnehmen im Kern strikt unmittelbar[45] sein. (Dieser Begriff von Unmittelbarkeit ist also nicht naiv-direktistisch, sondern hochreflektiert.) Auch diese Unmittelbarkeit ist theoretisch nicht zergliederbar noch isolierbar; es ist selbst nichtfunktionaler Natur. *Insofern* gilt auch hier der Grundsatz: *Gleiches wird durch Gleiches erkannt.* Die Aporetik des Cartesischen Dualismus *('Wie kommt das Erkennen zu den Objekten?'* – vgl. 1. Teil, A.2) ist so im Grundansatz überwunden.

Bei den Menschen ist diese Beziehung begrifflich erfassend. Und seit der Neuzeit (oder schon Plotin?) wissen wir, dass dazu auch die Einheit und numerische Identität im *'Ich nehme wahr (denke, fühle, will')* gehört. Aber diese ist jetzt nicht aporetisch als eine gegen die genuin physikalische Weltstruktur abgehobene Substanz interpretiert. Vielmehr machen beide Seiten, der Subjektpol mit seiner strikt unmittelbaren Erkenntnisbeziehung und die *inhärent* räumliche phänomenal-qualitative Objektseite (einschließlich des Leibes), den Grenz*bereich* der Welt aus.

Das heißt, anders als die *Grenze* selbst (s.u. VI) sind sie *Teil* der Welt, eben die Kernstruktur des nicht-funktionalen *Welt*aspektes. Anderseits heißt *Grenz*bereich: Wir können nicht gleichsam von außen um den nichtfunktionalen Weltaspekt herumgehen. Das unterscheidet ihn von der genuin physikalischen Weltstruktur: Diese ist gleichsam seine *Sub*struktur und damit zugleich ontologisch relativiert. Es ist aus dieser Sicht kein Zufall, dass die moderne Physik in ihren mikro- und makrotheoretischen ‚Randbereichen' eine analoge ontologische Relativierung artikuliert.

*Grenz*bereich bedeutet nicht Marginalität. Eher steht der Begriff des nichtfunktionalen Weltaspektes für den Wesenskern der Lebenswelt: für all das, was den unveräußerlichen Wert und Sinn bewusst-lebendigen Daseins ausmacht (an dem dann natürlich auch die davon unlösbare genuin physikalische Weltstruktur teilhat).

VI. Das metaphysikalische Erscheinen der Welt

Die Welt insgesamt, einschließlich der Raum-Positionen der Subjekte, erscheint im je gegenwärtigen Augenblick gleichursprünglich und gleichsam quer zu Raum und Zeit. Dieses *metaphysikalische Erscheinen* ist als solches wiederum theoretisch nicht weiter analysierbar; im Falle der phänomenalen Farben etwa ist die Frage nach einem *Wie* des Erscheinens, etwa im Sinne von Vorstufen, einfach

---

[45] Man erinnere sich, dass in A.I.2 ein *äquivokativer* „korrespondierender" (s.u. VI) *biologisch-*,wahrnehmungs'physiologischer – gegenwärtig kaum gewürdigter – Begriff kognitiver Unmittelbarkeit kurz skizziert wurde.

unangemessen. Auch im Alltag korrespondiert diesem Sachverhalt zuweilen ein intuitives Bewusstsein – trotz aller Beziehungen innerhalb des nichtfunktionalen Weltaspektes (IV): in der immer neuen Überraschung über das ‚Erscheinen' der Herbstfarben. – Im Unterschied zum Grenz*bereich* ist so die eigentliche *Grenze selbst* unserer Welt bezeichnet. Sie darf nicht mit der Grenze des Universums im äußersten Mikro- und Makrobereich vermengt werden. Denn im menschlichen Weltverhältnis sind immer beide Weltaspekte zugleich realisiert und theoretisch unlösbar voneinander.

Der Begriff theoretischer Unhintergehbarkeit der phänomenalen Realität ist so seinerseits konsequent grenztheoretisch expliziert. Dies bedeutet zugleich eine Ausweitung des Begriffs der Phänomenalität von seiner bisherigen – auch im Folgenden bevorzugten – engeren Bedeutung als nichtfunktionaler Weltaspekt. Danach ist die Welt insgesamt, einschließlich der (‚unterlagerten') genuin physikalischen Weltstruktur, theoretisch unhintergehbar: im Sinne *gleichursprünglichen* metaphysikalischen Erscheinens der Subjekte und ihrer Umwelt mit je ihren *beiden* Aspekten.

Auch die Zeit ist, wie der Raum, ontologisch primär der phänomenalen Welt im engeren Sinne inhärent: Die zeitliche Struktur der phänomenalen Farben – etwa das Entstehen, Verweilen und Verschwinden der Herbstfarben – wird von unserer Fähigkeit zum Erinnern intuitiv und explizit erfasst. Die kleinste Zeiteinheit ist dabei nur vage als der je gegenwärtige ‚Augenblick' (im buchstäblichen Sinne) bestimmbar. Die genuin physikalische Zeit ist *insofern* differenzierter, im Alltag sogar vorrangig; doch in systematischer (nicht ontologischer) Hinsicht ist sie nachgeordnet, wie die genuin physikalische Weltstruktur insgesamt.

Im Begriff metaphysikalischen Erscheinens ist die Welt insgesamt auf ein selbst *nicht* Erscheinendes bezogen. Aber das kann theoretisch nur im minimalen: konsequent grenztheoretischen Sinne eines Erscheinens *aus* dem (*quasi* punktförmigen) Nichts und gleichsam ‚*in*' einem metaphysi(kali)schen Raume gelten. Mit dieser Beziehung ist wiederum nichts eigentlich erklärt, sondern nur die Eigentümlichkeit der phänomenal-qualitativen Welt stärker konturiert oder beschrieben.

Der Blick auf die alltägliche Welt bleibt so theoretisch unverstellt. Unverstellt nicht nur durch die *qualia*lose genuin physikalischen Weltstruktur, sondern auch durch den Begriff eines radikal-dualistischen Geistes, der aus der verabsolutierten physikalischen Welt hinaus eskamotiert ist und dabei die Objektqualia gleichsam mitgenommen hat (A. II). Unverstellt ist so auch die alltägliche Wahrnehmung von Werten, also die Basis des ethischen Motivs und seines Ausdrucks in menschlichem, immer auch geschichtlich vermitteltem Handeln (C. II).

Zu den Implikationen des grenztheoretisch interpretierten nichtfunktionalen Weltaspektes gehört nun aber auch das *Faktum phänomenal-qualitativ verschiedenartigen Erscheinens* ein und derselben Welt, etwa für verschiedene Arten von Lebewesen, in *Ausnahmefällen* aber auch für Menschen. Die Frage nach dem *Warum* jenes Faktums hat wiederum zwei Aspekte:
1. In metaphysikalischer Hinsicht ist eine Antwort nicht nur nicht möglich, sondern auch so abwegig wie schon die Vorstellung eines *Wie* jenes Erscheinens. Jegliches erklärende ‚Modell' würde den konsequent grenztheoretischen Weg zerstö-

ren, und mit ihm die Konzeption intersubjektiver Zugänglichkeit des nichtfunktionalen Weltaspektes bzw. seines eigentümlichen Implikationszusammenhanges, zu dem wiederum auch jene ‚Grenze' selbst gehört. M.a.W., wir haben es hier zu tun mit dem ‚theoretischen' Gegenstück zum Sprachspiel-Konzept intersubjektiver Gegebenheit der phänomenalen Welt (wie des Blaus des Himmels, IV).

2. Doch in genuin physikalischer Hinsicht folgt jene Frage dem Auseinanderfallen der *einen* ‚phänomenalen' Welt in den biologischen Organismus und seine genuin physikalische Umwelt, also dem Begriff selektiver ‚Wahrnehmung' und verschiedenartiger sinnesphysiologischer Apparate.

VII. Wie beide Weltaspekte auch sonst einander gemäß sind. Korrespondenzprinzip und Interaktion von Leib und Seele in der Perspektive des nichtfunktionalen Weltaspektes

Es ist vor allem die *Beziehung* zwischen dem nichtfunktionalen und dem funktionalen oder genuin physikalischen Weltaspekt, welche der Philosophie so viele Schwierigkeiten bereitet. – Folgende Vermittlungen wurden expliziert: 1. Inhärenz und ontologische Relativierung des physikalischen Raumes, 2. Involviertsein der physikalischen Weltstruktur in die äußerlich wahrnehmbare Leib-Umwelt-Interaktion, 3. konsequent grenztheoretisches Weltverständnis: Sprachspiel, Implikationszusammenhang, Grenz*bereich*, metaphysikalisches Erscheinen als *Grenze*.

Was nun noch aussteht, ist eine entsprechende Interpretation des genuin philosophischen Korrespondenz- oder Korrelationsprinzips.

A. Dazu vorab der Hinweis auf die implizite *spezifisch* biologische Interpretation dieses Prinzips:

Implizites und in philosophischer Hinsicht wichtigstes Resultat objektiver (!) genuin physikalischer Forschung ist die *äquivokative* Rekonstruktion des Subjekts: (1.) als – in der raumzeitlichen Individualität und Kontinuität des Organismus selbst begründete – *rein funktionale Identität und Einheit* (Integration) höherstufiger kognitiver Leistungen des Organismus. Dazu gehört etwa die funktionale Identität und Einheit in den verschiedenen Arten des ‚sinnlichen Wahrnehmens', wie Hören, Sehen, Tasten, Riechen, Schmecken, Bewegungs- oder kinästhetischer Sinn, Wärmesinn, Kältesinn. Wir haben es also zu tun mit höherstufiger Funktionalität sowie deren *innerer* Bindung an physikalisch-räumlich strukturierte – und wie auch immer sonst definierte – Materie (s. A.I zum Struktur-Funktion-Prinzip).

Darüber hinaus sind für die biologische Definition des Subjekts (2.) die *Perspektivität und Selektivität* seiner Wahrnehmung und anderen kognitiven Leistungen charakteristisch. Mit ihnen verbindet sich eine ganz andere Bedeutung bzw. Komponente des biologischen Konzepts von ‚Subjekt und Subjektivem': der Begriff *‚bloßer* Subjektivität', der Begriff von kognitiven Defiziten alltäglichen ‚Erkennens' also, die am naturwissenschaftlichen Erkenntnisideal der Objektivität gemessen sind. Solche Defizite sind nicht selbst Gegenstand der alltäglichen kognitiven Leistungen, mithin auch nicht die Mikroprozesse und ihre niederstufigen Funktionen, die sie – die Leistungen wie ihre Selektivität – fundieren. Auch nicht der höherstufig-funktionale Charakter des ‚Subjekts' oder ‚Bewusstseins' selbst kann alltäglich *als solcher* ‚bewusst' sein.

Im Falle des Menschen beschreibt die Biologie in seiner Hirnrinde außer den Repräsentationszentren für äußere Objekte (z.B. primäre und sekundäre ‚Sehrinde') motorische und sensorische (taktile, kinästhetische) Repräsentationszonen der je eigenen Menschengestalt (wegen ihrer analogen Struktur ‚Homunculi' genannt) sowie motorische und sensorische Sprachzentren. Daher rekonstruiert sie (implizit) den Begriff des Subjekts – wohlgemerkt *objektiv*-wissenschaftlich – auch im Sinne von (3.) ‚*Selbstbezüglichkeit*': als alltägliches Selbstverständnis des Organismus, vor allem im Sinne ausdrücklicher (sprachlicher) und unausdrücklicher (sich in Phantasie und Wahrnehmung vollziehender) Selbstzuschreibung seiner kognitiven Leistungen und seiner Verhaltensweisen.

Die Biologie kann folglich *intern* durchaus von hirnphysiologischen Prozessen sprechen, die alltäglichen kognitiven Leistungen korreliert sind oder korrespondieren. Doch ist dabei zu beachten, dass diese höherstufigen Funktionen an die Leib-Umwelt-Interaktion gekoppelt sind, mithin auch ihr wesentlicher Bezug auf äußere Objekte (einschließlich des je eigenen Leibes selbst).

Es besteht demnach in intern *höherstufig-funktionaler* Sicht eine Einheit des je eigenen Körpers mit seiner Umwelt bzw. von ‚Subjekt' und ‚Objektwelt' (einschließlich des je eigenen Leibes). Danach ist und ‚weiß' sich das ‚Subjekt' als unlösbar von seiner Umwelt, nicht aber umgekehrt die Umwelt als unlösbar von sich selbst. Die Biologie nun fügt eine weitere Einsicht hinzu: Danach besteht eine doppelte, in zwei Pole zerfallende Abhängigkeit der alltäglichen phänomenalen Welt: 1. von den physiologischen Prozessen des Organismus, 2. von der genuin physikalischen Umwelt des Organismus. Auf dieser doppelten Abhängigkeit beruhen Träume und Sinnestäuschungen (wie mögliche Schmerzen an einem amputierten Arm, sogenannte Phantomschmerzen, auf Grund dessen cerebraler sensorischer Repräsentationszone).

B. Doch kommen wir nun zum *genuin philosophischen* Korrespondenzprinzip:

1. Den Abschnitten I - VI zufolge ist auch die genuin philosophische Fassung dieses Prinzips auf die Umwelt des Subjekts auszudehnen, und zwar – unter Hinweis auf den theoretisch unlösbaren Implikationszusammenhang und die Einheit metaphysikalischen ‚Erscheinens' der Welt insgesamt – noch betonter, als dies oben für die biologische Formulierung geschah.
Dabei zeigt sich: In der philosophischen Fassung *kann* es gar nicht um Konkurrenzen oder additive ‚Beiträge' des Bewusstseins zu kognitiven Hirnfunktionen gehen – wie noch in Descartes' Begriff vom Geist, der in das Phantasie-Organ des Gehirns neue Ideen einzeichnet. Vielmehr ist das Bewusstsein in seinen kognitiven Leistungen – strikte Unmittelbarkeit, numerische Identität (V), Begriffe – primär und wesentlich auf die theoretisch irreduzible Beschaffenheit seiner alltäglichen Umwelt wie seiner selbst, einschließlich des ‚Seelischen' (VIII), bezogen. Erst im begrifflichen Denken wird sich unser Bewusstsein intuitiv oder explizit

seines Unterschiedes zum leiblichen Umgang mit der Umwelt inne, etwa seiner eigentümlichen Unmittelbarkeit (eingehender XII). Es handelt sich dabei also nicht um den klar ausweisbaren höherstufig-*funktionalen* Aspekt genuin physikalischer (hirnphysiologischer) Prozesse. Statt von Funktionen ist daher von strikt *unmittelbaren* kognitiven – auch begrifflichen – Beziehungen und Aktivitäten *sui generis* zu reden, die freilich immer *auch* physiologischen Prozessen und ihren höherstufigen, äquivok ‚mentalen' Funktionen korreliert sind (s.u.).
Festzuhalten ist daher in modifizierter Form an Kants Einsicht, der Subjekt- oder Ichpol des Bewusstseins könne sich nicht als (Quasi-)Gegenstand zu fassen bekommen. Doch im Unterschied zu Kants Sicht ist hier der Subjektpol, wie die phänomenal-qualitative Objektwelt, dem Grenz*bereich* der Welt zugewiesen (V).

2. Analog genuin physikalischem Weltverständnis hat der je eigene Leib auch in metaphysikalischer Sicht eine ‚objektive' Außen- und eine ‚objektive' Innenansicht: So wenig wie das ‚Außen' (Hautfarbe etc.) lässt sich das ‚Innen' (z.B. Zahnschmerzen; physiologisch korrespondieren ihnen Entzündungen) des phänomenalen Leibes dem Bewusstsein oder Subjekt überschreiben. Auch im metaphysikalisch-‚objektiven' Erscheinen der Welt stellt sich der eigene Leib also bevorzugt dar. Die metaphysikalisch-‚objektive' Weltsicht verbindet sich so mit dem *empirisch-perspektivischen* kognitiven Verhältnis des eigenen Leibes zu seiner Umwelt.
Auf dieser Verschränkung beider Weltaspekte beruhen umgekehrt alle *scheinbar* ‚wissenschaftlichen', das Wesen eines metaphysikalischen Weltaspektes verkennenden Gegenargumente gegen die These theoretisch irreduzibler Objektzugehörigkeit der phänomenalen Qualitäten (wie Phantomschmerzen): Die Selektivität der Wahrnehmung und die Abhängigkeit unserer alltäglichen Erfahrung auch von hirnphysiologischen (‚manipulierbaren'!) Prozessen sind Implikationen der in die Leib-Umwelt-Struktur der phänomenalen Welt involvierten physikalischen Weltstruktur. Sie gelten mitnichten auch für den nichtfunktionalen Weltaspekt: Es wäre irreführend, auch den metaphysikalischen Aspekt unseres Wahrnehmens (und begrifflichen Erkennens) als ‚selektiv' zu bezeichnen; gilt dieses doch dem eigentümlichen, sozusagen sich selbst genügenden Kern unserer Lebenswelt. Der metaphysikalische Aspekt des Wahrnehmens teilt also mit dem physikalischen (oder empirisch-methodischen) Aspekt nur die Bevorzugung des Leibes und dessen räumlich-zeitliche Perspektive, *nicht* auch die Selektivität. *Solche Selektivität ist so wenig mit dem alltäglichen Sprachspiel vereinbar wie die Unterscheidung zwischen einem subjektiven und einem objektiven Element in der Farbwahrnehmung* (C.IV, vorletzter Absatz).

Mit Recht halten wir daher an der alltäglichen Überzeugung der Objektzugehörigkeit z.B. der Herbstfärbung und ihrer Schönheit fest, trotz sinnes- und hirnphysiologischer usw. Schulkenntnisse. Und gerade weil wir dies tun, ist schon diese Alltagsüberzeugung selbst alles andere als naiv.[46]

---

[46] Die Hartnäckigkeit etwa der berühmten Müller-Leyer-Täuschung dagegen ist ganz anderer Natur, eben *Hartnäckigkeit* unbezweifelter Sinnes*täuschungen*. Übrigens scheint diese Täuschung, anders als Ralph Schumacher (2004, S. 506) in seiner These „*kognitiver Undurchdringbarkeit optischer Sinnestäuschungen*" betont, zumindest für Momente aufhebbar, wenn man – im Gefolge unseres Wissens

3. Die *scheinbar "unüberbrückbare* Kluft" (Wittg. PU 412) zwischen den beiden Weltaspekten – auf der Subjektseite zwischen Bewusstsein und Gehirnvorgang – zeigt sich jetzt der eigentümlichen Natur des nichtfunktionalen Weltaspektes *gemäß*. Entsprechend lässt sich die Einheit beider Aspekte nun so verstehen:

1.a) Gerade das Fehlen einer in genuin physikalischer Erwartung erklärenden „*Brücke*" trägt der Einheit der beiden heterogenen und doch komplementären Weltaspekte am besten Rechnung; gäbe es sie Korrelation zwischen ihnen nicht schon, müsste man sie erfinden. Der genuin physikalische Aspekt ist jetzt völlig ausreichend als das Korrelat oder Substrukt des systematisch primären nichtfunktionalen Weltaspektes „beschrieben", das aus dessen inhärent räumlicher Leib-Umwelt-Struktur folgt. b) Das *Funktionieren* unserer Orientierung in unserer Umwelt ist ganz Sache des genuin physikalischen Aspektes, sozusagen sein ‚Beitrag' zu (dem Verständnis) der Einheit beider Aspekte.

2.a) Zumal die Gleichursprünglichkeit beider Aspekte, die sich in metaphysikalischer Sicht zeigt (VI), legitimiert auf der Subjektseite die Rede von der kausalen Relevanz des Bewusstseins. b) Ebenso gut kann man sagen, die kausale Wirksamkeit und verhaltensmäßige Wirkung des Geistes und des Seelischen (wie der Gefühle, VIII) seien durch die *äquivoken* höherstufig-*funktionalen* Konzepte der Biologie hinreichend ausgedrückt.

3. Letzterer Gedanke führt auf einen besonderen Begriff von Kausalität: Die höherstufig-funktionalen Konzepte der Biologie sind *teleonomischer* Natur.[47] Wegen des systematischen Vorranges des nichtfunktionalen Weltaspektes in grenztheoretischer Sicht (V, VI) dagegen ist der genuin physikalische Weltaspekt dem nichtfunktionalen Weltaspekt *gemäß*. Durchaus im Sinne unseres alltäglichen Selbstverständnisses kann man daher von einem modifiziert-*teleologischen* Einfluss des Seelischen auf das Handeln sprechen (für eine weitere Differenzierung s. XII.3).

VIII. Seelisches

Die strikt unmittelbare Beziehung des Bewusstseins zum phänomenal-qualitativen *Inneren* des Leibes (Körperschmerz, Körperwärme und -kälte, Berührungsquale, Muskelspannungsquale, Appetit, Hunger, körperliches Behagen) gewinnt *als Teilhabe des Bewusstseins daran* den Charakter von *Seelischem*. Analog gilt das zwar auch für äußere Wahrnehmung, doch ist Wahrnehmung des Körperinneren seelisch im *engeren* Sinne, *insofern* unser Geist den phänomenalen Leib als –

---

um sie – sozusagen ‚(*aktiv*) mit ins Auge fasst', dass die ‚Pfeilspitzen' bei der einen Parallele von ihrem *Inneren* her, bei der anderen Parallele von *außerhalb* unmittelbar auf die Endpunkte der jeweiligen Parallele ‚zeigen'. Überdies hat diese Täuschung keinerlei Boden in unserer Lebenswelt, ist auch nicht dem auf Descartes' Begriff des Bewusstseins und auf das (verwandte) Traum-Argument gestützten radikalen Zweifels an der Außenwelt vergleichbar (zu letzterem s. Descartes-Aufsatz 1990 des Vf.). Nicht zuletzt gehört sie zum Bereich der rein strukturellen Sinnestäuschungen, wie die alltäglichen Sinneseindrücke von ebenen Körperflächen und kompakten Körpern: Diese sind ihrer Mikrostruktur alles andere als eben und kompakt, und doch gibt uns die biophysiologische Wahrnehmungs.- theorie eine *völlig befriedigende Erklärung* jener Eindrücke.

[47] Vf. 1997, 245.

theoretisch wie praktisch unlösbaren – Teil des menschlichen Subjekts begreift (und mittelbar, *via* Korrespondenzprinzip, dann auch den Organismus: VII).

Der nichtfunktionale Aspekt des Seelischen gliedert sich in zwei ‚Schichten':
1. jenes auf phänomenale Körper, zumal auf das Leibinnere, bezogene *sinnliche Wahrnehmen*.
2. Wir ‚haben' *Gefühle oder Emotionen*: Wir freuen uns, trauern, lieben, haben Mitgefühl usw. Wie schon Duft und Naturschönheit als Beispiele *außer*leiblicher, Schmerzen als Beispiele *inner*leiblicher Objektqualitäten sind solche Gefühle von eigentümlicher qualitativer und *in sich* (positiv oder negativ) werthafter Natur. Doch dem Alltagsverständnis zufolge sind sie vom Leibe verschieden (vgl. aber letzten Absatz von VIII); sie gelten vielmehr als emotionale Regungen des Bewusstseinssubjekts oder der Seele, die daher selbst Inbegriff des Werthaften ist.

Mit gewissem Recht hat man an den Gefühlen, wie schon die Stoiker, einen kognitiven Gehalt oder 'Urteils'charakters herausgestellt. Jedoch wird bei diesem Schritt tendenziell jener eigentümlich qualitative und *in sich* werthafte Charakter zugunsten des *rein* Kognitiven eingeebnet; die ‚objektive' Werthaftigkeit fließt als – nunmehr rein relational definierte – Wert*zu*schreibung mit in das Urteil ein. Verstärkt wird diese Tendenz durch die kognitions- und interpretationstheoretische Deutung der Gefühle in der modernen Hirnphysiologie. Aber hätte dann nicht auch der Duft von *Objekten*, wie gebratenem Fleisch, Urteilscharakter? Bratenduft = ‚*Gebratenes Fleisch ist gut für dich – für deine Ernährung*'...

Wie die numerische Identität des Bewusstseins und die Objektqualia sind auch die Gefühle weder konkret isolierbare Teile, noch ist ihre Entstehung als ein zergliederbarer Vorgang denkbar, schon gar nicht als ein Produkt raumzeitlicher und kategorialer Konstruktion von Sinnesmaterial.

Entsprechend wäre es, analog wie bei den Farben oder der kognitiven Unmittelbarkeit, abwegig sich vorzustellen, *wie* Gefühle ‚*funktionieren*': auf körperliches Verhalten wirken und *wie* umgekehrt gewisse körperliche Funktionszustände Gefühle erzeugen. Vielmehr besteht der in ihrer nichtfunktionalen Natur der Gefühle implizierte Einfluss auf körperliches Verhalten darin, *dass* ihnen – metaphysisch gleichursprünglich und ontologisch komplementär, aber *theore-tisch* unlösbar – hirnphysiologische Prozesse höherstufiger Funktion *korrespond-ieren* (limbisches System etc.; s.o. VII.B).

Kraft des genuin philosophischen Korrespondenzprinzips ist der alltägliche phänomenale Körper, außen wie innen, *Ausdruck des Seelischen im eigentlichen Sinne*,[48] und umgekehrt das Seelische Spiegel verhaltensrelevanter Störungen des Organismus und der Entwicklung. – Man beachte, dass es äquivoke Formulierungen in der biologischen Interpretation des Korrespondenzprinzips gibt; jedoch verdienen die höherstufigen Funktionen hirnphysiologischer Prozesse die Bezeichnung

---

[48] Deshalb hielten die antiken Griechen das Herz (Zwerchfell) für den Sitz der Seele. Anders als die Römer stellten sie sich vor, die Seelen seien nach dem Tode, also ohne den Leib, nur noch erinnerungslos-schattenhafte Totenseelen. Homer scheint diese Vorstellung im 11. Gesang seiner Odyssee revidieren zu wollen: Für die Zeit der Begegnung des Odysseus mit der Seele seiner Mutter gibt er ihr Erinnerungsfähigkeit und Anteilnahme zurück, der Seele des Teiresias sogar ihre alte Sehergabe.

,seelisch' *eigentlich* ebenso wenig, wie die Reflexionseigenschaften genuin physikalischer Körperoberflächen bzw. die von ihnen aktuell reflektierten elektromagnetischen Wellenlängen die Bezeichnung ,Farben' verdienen. Andererseits sind sie kraft ihrer Einheit mit ihrem nichtfunktionalen Komplementäraspekt wesentlicher *Teil* des Seelischen, zumal seiner kausalen Relevanz.

IX. Die ontologische und die ideelle Ebene der ,Sinn'-Struktur

Seit jeher hat der Mensch *Interesse* an der SINN-Struktur der Welt und der (ursprünglich mythisch verstandenen) Geschichte, zumal an der des menschlichen Lebens, Fühlens, Handelns, Verantwortens, Glückes und Leidens.

Intuitives Wissen um im eigentlichen Sinne – also auch theoretisch unhintergehbar – werthafte Weltphänomene, freie Verantwortlichkeit, die hier (anders als bei Kant) der ontologischen Weltstruktur zugeschrieben ist, und die formale Freiheit des Urteilens sind in dieser SINN-Struktur als *spezifisch menschliche* Elemente *impliziert*. (Das Konzept der SINN-Struktur selbst übrigens muss sich jener formalen Freiheit des Urteilens stellen.)

Sogar die Vernunft-Ideen oder SINN-*Ideen* ,Gott' und ,Unsterblichkeit (Jenseits)' haben, wie die schon in Abschnitt II (Abs. 3f.) genannten ethischen Gebote und Grundsätze, in jener ontologisch fundamentalen SINN-Struktur ihre Wurzeln. – Damit unterscheiden wir zwischen einer *ontologischen*, zur phänomenalen Welt selbst gehörigen Ebene und einer daraus abgeleiteten – *ideellen* Ebene der SINN-Struktur der Welt.

Die SINN-Struktur ist daher die Einheit, welche die phänomenale *Welt* und ihre Geschichte umfasst, einschließlich der Subjekte. Diese Einheit gilt unter den Bedingungen der phänomenalen Leib-Umwelt-Struktur und der in sie involvierten genuin physikalischen Weltstruktur. Aber umgekehrt ist die genuin physikalische Weltstruktur in die phänomenale Welt ontologisch eingebettet, Teil ihres Implikationszusammenhanges. Entsprechend ist jene SINN-Struktur nicht anthropomorph, sondern eher ist der Mensch, sofern jener Teil der SINN-Struktur ist, kosmomorph (vgl. o. II, Schlussabsatz).

X. Der Implikationszusammenhang der phänomenalen Welt

Die naturwissenschaftliche Rekonstruktion unserer alltäglichen Wahrnehmung hat nach der gängigen wissenschaftsmethodologischen, die Natur als *black box* begreifenden Überzeugung die Struktur von *Sätzen* (Beobachtungssätze, theoretische Sätze, Vorhersagen, Sätze in Form experimenteller Fragen an die Natur). Das

Konzept des nichtfunktionalen Weltaspektes dagegen will nicht erklären, sondern beschreiben, *„was schon offen vor unseren Augen liegt"*. Insofern kann man *zuspitzend* von einem ‚Implikationszusammenhang' nicht nur von Begriffen, sondern auch des nichtfunktionalen Weltaspektes selbst sprechen.

1. Ein ‚beschreibendes' Moment im Sinne von Anschaulichkeit gilt auch schon für den physikalischen Denktyp: Er erfasst historisch zunehmend jenen (quasi-)ontologischen Implikationszusammenhang der Welt, der sich exemplarisch in der alltäglich anschaulich (nicht zuletzt handwerklich) erfahrenen inneren Beziehung zwischen räumlicher Struktur und Funktion, einschließlich ihrer nomologischen Implikationen, zeigt (A.I).

Auch der Satz vom Widerspruch lässt sich für seine empirische Geltung anschaulich begründen: Ein (unser) Körper kann sich nicht gleichzeitig an zwei Orten befinden. Auch dieser Satz ist negativ selbstbegründend in dem Sinne, dass sein Gegenteil nicht anschaulich, weder empirisch noch in der Phantasie, vollziehbar ist, mithin empirisches Denken und den Begriff des Empirischen selbst auflösen würde. Analog leitet Kant die Einheit des physikalischen Raumes aus der anschaulichen Verschiedenheit zweier (gedachter) symmetrischer, also nicht deckungsgleicher Handschuhe ab. (Und wiederum analog lässt sich der ‚ideale' Kreis deuten als eine praktische Anweisung zu einer Bewegung, die um einen Pflock herum *‚gleichen'* Abstand wahrt, diesen also – etwa mittels eines Bindfadens – *nicht verändert*.)

2. Für den hier explizierten Implikationszusammenhang des nichtfunktionalen oder metaphysischen Weltaspektes, einschließlich der Subjekte, ist charakteristisch, dass seine ‚Teile' nicht voneinander getrennt oder isolierbar sind. Innerlich verknüpft damit ist seine konsequent grenztheoretische Interpretation, die so umgekehrt Teil dieses Zusammenhanges ist. Sie rechtfertigt jene alltäglichen Intuitionen, die – wenn auch meist unreflektiert und folglich nur mit erheblich geschwächter Kraft – resistent sind gegenüber dem genuin physikalischen Theorietyp: Dazu gehören neben (a) der Überzeugung von der Objektzugehörigkeit der phänomenalen Qualitäten, wie Farben und Düfte, (b) die Überzeugung, Menschen und Tiere seien keine Automaten, sondern beseelt (vgl. u. XIII).[49] Verknüpft damit wiederum sind (c) unsere ethischen Intuitionen und (d) die Zurückweisung radikaler Skepsis gegenüber der Außenwelt.

3. Zur Eigentümlichkeit des genuin philosophisch ausweisbaren Implikationszusammenhanges der Welt gehört, sofern man die Wissenschafts- und Philosophiegeschichte selbst mit dazu zählt, nicht zuletzt die folgende methodologische Einsicht: Ausgerechnet der genuin philosophische Denktyp ist methodologisch angewiesen auf die kontrastive, also für ihn selbst indirekt konstruktive Funktion des genuin physikalischen Denktyps (vgl. Descartes, A.II.3).

Dies gilt bereits im Rahmen der alltäglichen äußeren Wahrnehmung der (mechanischen) Leib-Umwelt-Interaktion und der daran gebundenen handwerklichen Techniken: Bereits an der vorsokratischen Denkbewegung lässt sich ein derartiges implizites, aber auch da schon kaum zu überschätzendes methodisches Element aufzeigen (A.I.6). Ferner dürfte auf jenen elementaren Zusammenhang wis-

---

[49] Schon Descartes führte *äquivoke*, (implizit) höherstufig-funktionale hirnphysiologische Begriffe für die verschiedenartigen sinnlichen Wahrnehmungen und ihre Verknüpfung sowie für die Phantasie ein. Und schon Lukrez bemerkt, einzelne Atome könnten so wenig empfinden, wie sie lachen könnten. Worin also liegt das ‚(völlig) Neue' der modernen hirnphysiologischen Interpretation seelischer Vorgänge?

senschaftlichen und philosophischen Denkens schon die bereits vom fraglos-archaischen Kulturtyp generell geteilte Vorstellung von postmortalen, wie auch immer sonst gearteten ‚Seelen' oder ‚Geistern' hinweisen.

4. Der umfassendste und gleichsam oberste Begriff des Implikationszusammenhanges, der für die *inhaltliche* Einheit der Welt und der Menschheitsgeschichte steht, ist der SINN-Begriff.

XI. Wie weit ist ‚Sinn' *auch* als von der Welt Getrenntes sinnvoll denkbar?

Auch ‚der' SINN selbst ist weder – so wenig wie die phänomenalen Farben – konkret isolierbar, noch lässt er sich *konkret* als zugleich *auch* von der phänomenalen Welt *getrennt* denken. Vermutlich hat in der letztgenannten Grenze unseres Vorstellungsvermögens Platons Formulierung, welche die höchste Idee des Guten „jenseits des Seins" rückt, eine Wurzel. Eine ähnliche Vorstellungsschwierigkeit kennen offenbar auch verschiedene Hochreligionen (auch die christliche) in ihrem Umgang mit Jenseits-Vorstellungen.

Solche Schwierigkeiten haben theoretisch wie praktisch ihr Gutes: 1. Sie schützen vor ungerechtfertigten Grenzüberschreitungen. 2. Wertende Vergleiche zwischen einem ‚SINN an sich' und unserer Welt kämen keiner Seite zustatten. 3. Positiv gelangen wir so zur Vereinbarkeit von spezifischer Würde, Verantwortung, Weltzugewandtheit des Menschen *und* Transzendenz. Dazu gehört auch die Vereinbarkeit von verantwortlicher Freiheit und Jenseitsvorstellungen: Einerseits verändert die Jenseitsidee die Qualität (extremen) menschlichen Leidens; so kann dieses zum Beispiel durch die Art der Zuwendung selbst zu einer Quelle von SINN-Erfahrung werden. Doch insoweit die Jenseits-Idee inhaltlich wenig konkretisierbar ist, entgeht sie der Gefahr, Teil eines bloßen Kalküls zu werden und so die verantwortliche Freiheit des Menschen mehr oder weniger zu konterkarieren.

XII. Geist

Die *spezifischen* Leistungen des menschlichen Geistes sind nicht oder weniger mathematischer Natur (denn darin sind Computer inzwischen in bedeutenden Hinsichten überlegen). Vielmehr bestehen sie, mehr oder weniger intuitiv oder explizit, in begrifflichen Unterscheidungen der beiden Weltaspekte. In solchen Unterscheidungen zeigen sich die Eigenständigkeit des Geistes und das Spezifische des *begrifflichen* Denkens am deutlichsten. *Und doch bleibt unser Geist auch darin theoretisch und vorstellungsmäßig unlösbarer ‚Teil' unserer Welt.*

1. Dass Bewusstsein im Falle des Menschen seiner selbst innewird, geschieht mithin nicht durch gleichsam auf sich selbst zurückgebeugte Akte, analog einem

Kleinkind, das ein Bewusstsein vom eigenen Körper auch darin bekundet und weiterentwickelt, dass es mit Finger und Arm auf die eigene Nase usw. zu zeigen lernt. Vielmehr vollzieht sich solche Selbstbewusstwerdung in begrifflichem Denken, genauer vergleichend-begriffsanalytisch (vgl. schon, freilich marginal, Descartes): Unser Bewusstsein erfasst den Unterschied zwischen dem *Begriff* leiblicher Kontakte einerseits und den *Begriffen* seiner eigenen kognitiven Unmittelbarkeit zur Körperwelt sowie seiner numerischen Identität andererseits; ähnlich unterscheiden wir zwischen rein kognitiven Leistungen und menschlichem Fühlen.

Diese mittelbare Verfahrensweise ist, wie schon erwähnt wurde (A.II.4), einer der Gründe für die Schwierigkeit der Frage, ob die Objektqualia wirklich Objekteigenschaften oder primär Sinnesempfindungen sind. Der andere Grund kann sich erst in der theoretischen Interpretation zeigen. Im hier explizierten Vorschlag zeigt er sich in der konsequent grenztheoretischen Verschränkung der beiden Weltaspekte: Ihr zufolge ist die theoretisch unauflösbare Gegenüberstellung von phänomenaler Objektwelt und Subjektpol mit einem Auseinanderfallen der beiden Pole in der korrelierten biologischen Perspektive (Organismus – Umwelt) verquickt. Immerhin, in der Verbindung jener Methode mit dieser theoretischen Interpretation: in der definitiven grenztheoretischen Zuordnung der Objektqualia zur Objektwelt erledigen sich nicht nur tradierte philosophische Aporien, sondern auch das von (zumindest vom frühen) Descartes gar nicht gesehene Problem, dass das Bewusstsein von einem Kontakt zum Gehirn selbst gar nichts weiß.

Das Konzept der Verschränkung ist übrigens das Nachfolgekonzept der alten, schon von Anaxagoras formulierten und noch von Descartes variierten These, die „Vermischung" des Bewusstseins mit dem Körper behindere die Erkenntnis.

2. So wenig wie die phänomenalen Qualitäten lassen sich die strikte kognitive Unmittelbarkeit und die numerische Identität des Bewusstseins als aus andersartigen Vorstufen entstehend denken. Vielmehr gehören sie, wie gesagt, zu den – nur (vergleichend-begriffs)analytisch fassbaren, aber nicht weiter analysierbaren, theoretisch unhintergehbaren – Bedingungen, unter denen phänomenale Welt im engeren Sinne überhaupt möglich und für uns sinnlich wahrnehmbar ist.

Auch für *begriffliches* Denken im eigentlichen, *nicht* höherstufig-funktionalphysiologischen Sinne nun lassen sich nicht Vorstufen denken. Sofern wir dafür die genetisch-psychologische Ebene betreten, trifft eher das Modell eines Entwicklungs*sprunges* zu, analog dem berühmten Beispiel des Erlernens von Sprachverstehen der blinden Helen Keller. Ähnlich zeigen sich intelligente Problemlösungen als ein sprunghaft eintretendes Geschehen („Aha'-Erlebnis).

Die biologisch-funktionalistische Kognitionstheorie freilich *muss* – auf Grund des hier explizierten Implikationszusammenhanges – mit dem Modell ‚unbewusster', selbstorganisierender Lernprozesse des Gehirns arbeiten, die jenem im Handeln sich manifestierenden sprunghaften Erfolg vorausliegen und sich insofern als Vorstufen von begrifflichem Denken und problemlösenden Phantasie-Leistungen ansprechen lassen. Aber auch in dieser biophysiologischen Perspektive vollziehen sich die praktischen Erfolge des Lernens sprunghaft, wie es das Prinzip äquivoker Korrelationen ja auch erwarten lässt.

3. In Kapitel VII war im Rahmen der metaphysikalisch-grenztheoretischen Interpretation des genuin philosophischen Korrespondenz-Prinzips von einem modifiziert-teleologischen Einfluss des Seelischen auf hirnphysiologische Prozesse die Rede. Teleologisch im strikteren Sinne nun muss dieser Einfluss (logisch notwendig) in intuitiven und expliziten Unterscheidungen der beiden Weltaspekte sein: Da solche Unterscheidungen spezifischen Ausdruck in unserem Sprechen und Handeln finden (vgl. Wittgensteins Sprachspiel-Konzept), müssen sie Einfluss auch auf die (aus naturwissenschaftlicher Sicht ausschließlich genuin physikalisch determinierte) *Verlaufsstruktur* hirnphysiologischer Prozesse haben.

Das philosophische Korrespondenzprinzip ist gleichwohl auch hier zu wahren: Das hirnphysiologische Geschehen korrespondiert den intuitiven und expliziten Erfassungen der Differenz beider Weltaspekte sozusagen von Anfang an, auch wenn es in dem Falle vom nicht-funktionalen Weltaspekt (mit)bestimmt ist. – Umgekehrt steht unser Geist im engeren Sinne, in seinem nichtfunktionalen Aspekt, *eo ipso* unter den Bedingungen seines leiblich-physiologischen Aspektes.

Die genuin physikalische Weltstruktur weist in ihren mikro- und makroskopischen Randbereichen Eigentümlichkeiten auf, die ihrerseits dem Konzept eines nicht-funktionalen Weltaspektes bemerkenswert ähnlich sind. Zumal im Begriff mikrophysikalischer Unbestimmtheit liefert die moderne Physik spezifische Beiträge zur genuin philosophischen Relativierung des Raumes sowie zum hier geforderten *spezifischen Einfluss* intuitiver und expliziter *Unterscheidungen* der beiden Weltaspekte auf unser Sprechen und Handeln.

XIII. Zur Rolle des Perspektivenwechsels: Seele, Leib, Intersubjektivität

1. Wie schon gesagt (VIII), kommt die menschliche Seele, besonders in ihren Gefühlen, im äußerlich wahrnehmbaren Leibe oder Körper zum *Ausdruck*: in Mimik, Gestik, Gesichtsfarbe, (künstlerischem) Handeln, Sprechen. In Bezug auf die Begegnung unserer Blicke nun beschreibt die vorgeschlagene Konzeption sogar unseren alltäglichen Eindruck, wir berührten das Bewusstseins oder die Seele des je Anderen in eigentümlicher Weise: strikt unmittelbar und doch zugleich in körperlich-räumlicher Distanz. Unser Wissen um Augenlinsen, Glaskörper, durchblutete Netzhaut und Sehnerven würde, für sich genommen, diesen Eindruck (zer)stören; es gehört zur ‚anderen Geschichte', zur physikalischen Weltstruktur.

Husserl spricht treffend vom *„leeren Hinsehen eines leeren ‚Ich' auf das Objekt selbst, das mit diesem sich merkwürdig berührt"*,[50] Erwin Straus – wohl in Anlehnung an Husserl – von einem *„Kontakt auf Distanz"*.[51] Es ist klar, dass damit im hier vorgeschlagenen Kontext auch die wechselseitige Wahrnehmung verschiedener Subjekte in der Begegnung ihrer Blicke erfasst ist.

2.1. Die Rede vom *Im-Körper-Sein* der Seele und ihrer *innigen Verbindung* mit dem je eigenen Körper gilt primär für den metaphysischen Aspekt und Grenz-

---

[50] Schon Edmund Husserl, *Ideen I*, 81.
[51] Erwin Straus 1956, 170

bereich der Welt und nur mittelbar – *qua* Korrespondenzprinzip – auch für den biologischen Organismus. Danach hat die Seele ein (kognitiv) unmittelbares Verhältnis zum phänomenal-qualitativen Leibinnern und – durch den Leib, zumal seine Augen, hindurch – zur äußeren phänomenal-qualitativen, inhärent räumlichen Objektwelt und zu anderen Subjekten.

Es ist demnach die konsequent grenztheoretische *Beschreibung*, die sich mit dem alltäglichen Verständnis der Seele und ihrer innigen Verbindung mit dem Leibe trifft: Sie lässt uns das *„Erfahrungsmäßige"* verstehen: das, *„was schon offen vor unseren Augen liegt"*, auch diese Offenheit selbst. Doch über Wittgenstein hinaus schließt sie den genuin physikalischen Theorietyp und seine äquivoke Beschreibung der erscheinenden Welt und der Alltagssprache (!) ein. Danach ist der biologische Organismus bzw. die physikalische Weltstruktur gewissermaßen die Übersetzung des nicht-funktionalen Weltaspektes in die Struktur, welche die phänomenale mechanische Interaktion zwischen dem Leib und seiner Umwelt vorgibt. (Aber ‚Übersetzung' ist nur ein Bild für die in Abschnitt VII.B.3 gebotene Beschreibung.)

2.2. Um der Bedeutung, die der phänomenalen Welt im alltäglichen Weltverständnis zukommt, gerecht zu werden, muss man die materielle Welt, wie Leibniz, Berkeley und Kant, auf eine Art von (bewusstseinsinternen) Vorstellungen reduzieren. Vielmehr reicht eine ontologische Relativierung der physikalischen Weltstruktur auf jene phänomenale Welt völlig aus (I, VI). Doch umso wichtiger wird nun die *Unterscheidung* der beiden Weltaspekte oder Perspektiven.

Dies gilt besonders für den metaphysikalischen oder nichtfunktionalen Aspekt des Leibes und die ‚Seele' im eigentlichen Wortsinne. Zeige ich mit dem Finger auf meine Augen, dann bewege ich mich im Rahmen der genuin physikalischen Weltstruktur. Von daher ist es ausgeschlossen, dass dieser Finger auf meine Seele treffen oder auch nur zielen kann. Kann er doch umgekehrt nicht einmal die Farben von Objekten *im eigentlichen Sinne* berühren, weil Farbe ihrerseits nicht räumlich konturiert ist (I). Vielmehr ist der nichtfunktionale Weltaspekt als solcher nur menschlichem *Geist* zugänglich. Doch muss er für diesen Zugang, will er zugleich der genuin physikalischen Weltstruktur Rechnung tragen, einen entsprechenden Perspektivenwechsel vollziehen.

2.3. Vollzieht man ihn, erkennt man, dass das Alltagsverständnis *beiden* Weltaspekten Rechnung trägt. Zwar dominiert in ihm die räumliche Weltsicht, aber zugleich bekunden sich ‚in' der räumlichen Welt die Inhalte des metaphysikalischen Weltaspektes in aller Deutlichkeit. Danach können wir eben doch phänomenale Farben berühren, und unsere Seele ist in vergleichbar schlichtem Sinne eben doch ‚im' Körper. Unser alltägliches Raumverständnis, welches wir mit dem der Antike oder des archaischen Kulturtyps teilen, ist also nicht mit den systematisch-historischen Schwierigkeiten des physikalischen Raum-Konzeptes beladen (A.II).

2.4. Wir können demnach systematisch und historisch verstehen, auf welche Schwierigkeiten unsere heutige alltägliche Weltsicht stoßen *muss*, wenn sie ohne jegliche theoretische Vermittlungen mit dem genuin physikalischen Theorietypus konfrontiert wird. Hat dieser doch in der Moderne nicht bloß, wie in der Antike, die Form eines in sich schlüssigen, aber intellektuell unverbindlichen ‚spekulativ'-theoretischen Angebots. Vielmehr kommt er in der Gestalt experimenteller methodischer Fundierungen sowie technischer – neuerdings sogar gen- und hirnphysiologisch-technischer – Revolutionierungen unserer Welt selbst daher.

Doch obwohl dem modernen Menschen in der schulischen Bildung eine überzeugende theoretische Alternative fehlt, mittlerweile meist sogar der Hinweis auf ‚Grenzen der Biologie', zeigt sich die Faktizität des metaphysikalischen Weltaspektes auch in dieser Situation deutlich, wenn auch negativ, in jener mentalen Spaltung, die bereits an früheren Stellen erwähnt wurde: Einerseits gilt dem modernen Menschen gemeinhin der naturwissenschaftliche Theorietyp als einzig *wissenschaftlich* (sogar dem frühen Wittgenstein). Andererseits verhält er sich im Alltag mental ganz anders: Analog wie er trotz naturwissenschaftlichen Schulwissens an der Objektzugehörigkeit der phänomenalen Farben, Gerüche, Töne und Naturschönheiten wie selbstverständlich festhält (was dem Konzept theoretischer Unhintergehbarkeit der phänomenalen Welt entspricht), hält er fest an der Beseeltheit von Menschen und Tieren und ihrem Gegensatz zu Automaten (vgl. Wittgenstein PU 420; PU II, iv).

XIV. Zur Rolle des Perspektivenwechsels: Gefühle, ethisches Motiv und verantwortliche Freiheit

1. Obwohl In-sich-Werthaftes auch der phänomenal-qualitativen Objektwelt angehört, ist der Wertcharakter der Gefühle, zu denen ja auch unser gefühlsmäßiges Ansprechen auf die Natur und die Kunst gehört, von besonderer Bedeutung für das ethische Motiv. Jedoch ist angesichts häufiger Dissonanzen die wesentliche Einheit unter den Gefühlen zu sehen: ihre Subsumierbarkeit unter den Wert- und den SINN-Begriff (II, VIII). Nicht zuletzt lässt sich so besser verstehen, inwiefern zum ethischen Motiv Gefühle und Tugenden gleichermaßen gehören: Jene SINN-orientierten Analysen führen zu einer primär geistig inspirierten Form von Besonnenheit, Mitleid, Gerechtigkeit und Liebe.

Es kommt also wiederum darauf an, ob man Gefühle in wissenschaftlicher Hinsicht *ausschließlich* (im üblichen erklärenden, seit einigen Jahrzehnten auch informationstheoretischen Sinne:) ‚empirisch'-wissenschaftlich deutet – etwa hirnphysiologisch, evolutionstheoretisch, soziobiologisch, ‚empirisch'-psychologisch – oder *auch* genuin philosophisch.

Im üblichen ‚empirisch'-wissenschaftlichen Sinne lassen sich Gewalttätigkeit und Hass als fehlgeleitete, aber evolutionsbiologisch angelegte Reaktionen auf – historisch unter den Völkern besonders häufige – reale oder eingebildete Bedrohungen des eigenen Lebens interpretieren sowie auf wie auch immer geartete Mängel an Liebeserfahrung (nicht zuletzt auf unerwiderte Liebe) und sozialer Anerkennung. So entsteht der Eindruck, es finde ein quasi-physikalischer Kräfteabgleich statt unter ‚gemischten' oder gar einander widerstreitenden Gefühlen, Motiven und (psycho)sozialen Faktoren. Dies hat den Gefühlen den Ruf eingetragen, vom Verstande im Sinne eines Herrschaftsanspruchs kontrolliert werden zu müssen bzw. irrational zu sein. Heute haben sich demgegenüber die m.E. angemesseneren Konzepte der Gefühlsbildung, des Umganges mit Gefühlen und des sozialen

Lernens durchgesetzt. Sie entsprechen dem hier vorgeschlagenen philosophischen Beitrag wesentlich besser. Doch überwunden ist die Einseitigkeit der (im üblichen Sinne) ‚empirisch'-wissenschaftlichen Einstellung damit keineswegs.

Aus der primär evolutionsbiologischen – ihrerseits in der Leib-Umweltstruktur der phänomenalen Welt fundierten – Perspektive erklärt sich übrigens grundsätzlich auch, wie ‚Moral' zum Mittel von Aggression werden kann.

2. In der skizzierten Weltkonzeption hat verantwortliche Freiheit ihren Platz. Doch fordert sie mikrophysikalische Indeterminiertheit nicht etwa als Selbstzweck (vgl. XII.3). Für sich allein würde Indeterminiertheit sozusagen nur auf eine aufwendige Form von Willkür hinauslaufen. Zur Freiheit im ethischen Sinne gehören vielmehr Erfahrungen von In-sich-Werthaftem und dessen intuitive und explizite Reflexion (weniger die Wahl zwischen Alternativen: vgl. 1. Teil, C).

3. Es gibt theoretische, etwa biologische und (sozial)psychologische, *Erklärungen* der Moral und des ethischen Motivs (Tötungshemmung, biologische Disposition zur Gruppenbindung, Bildung des Überichs). Sie tragen zum *Verstehen* dieses Phänomens so wenig bzw. so viel bei, wie hirnphysiologische Prozesse und ihre höherstufigen Funktionen zum Verstehen von Farbwahrnehmungen und Gefühlen. Ihr eigentlicher diesbezüglicher Beitrag liegt sozusagen im Negativen: im wachsenden Verständnis der im primär physiologischen Bereich liegenden krankhaften Störungen und Schwächungen des Verantwortungsbewusstseins.

In ihren Übergriffen auf das ethische Motiv selbst dagegen zeigte sich historisch immer wieder ihre Ambivalenz: Sie förderten oder besiegelten oft genug Verwirrung, Resignation, Pessimismus oder gar Gewalttätigkeit. So etwa im 20. Jahrhundert die Übertragung des Darwinschen Begriffs erbbiologischer Auslese der Tüchtigsten auf menschliche Kulturen. Dazu gehört aber auch schon die pessimistische Erklärung der Moral durch die Existenz von Feinden; wir finden sie, so ausgeprägt und realistisch wie widersprüchlich, beim späten Sallust (republikanisch-römischer Geschichtsschreiber). Diese Beispiele demonstrieren also ihrerseits die Labilität des Moralischen, die allerdings für den reflektierenden Kulturtypus als solchen charakteristisch ist und für die folglich nicht einzelne Gruppen oder gar Individuen persönlich verantwortlich gemacht werden können.

Es haben demnach das – in einem weiteren Sinne verstandene – Bewusstsein sowie die Moralität des Handelns eines gemeinsam mit dem phänomenal-qualitativen Charakter der Welt: Sie alle vertragen sich nicht damit, dass zur Erfassung oder Definition ihres Wesens etwas ihnen Fremdes an sie herangetragen wird – mit dem Ziel, zu erklären, wie sie funktionieren. Vielmehr will das Eigentümliche, das uns an ihnen immer schon bekannt ist, sowohl in seiner Abgrenzung von als auch in seiner Einheit mit der genuin physikalischen Weltstruktur als theoretisch unhintergehbar sowie als ein Zusammenhang *sui generis* ‚beschrieben' sein.

XV. Bewusstsein (Seele) - Welt - biologische Evolution - Geschichte

Blicken wir kurz zurück. Descartes bezieht das – ursprünglich ‚spekulativ'-philosophische (A.I.4) – Konzept einer genuin physikalischen Weltstruktur in die Philosophie systematisch ein.

Auf der einen Seite führt dieser Schritt bei Kant zur impliziten Koppelung zwischen einer selektiven Betonung des mathematisch-intellektuellen und des voluntativen Vermögens des Geistes und einem exklusiv genuin physikalischen Objektbegriff. Dieser Koppelung entspricht eine Koppelung zwischen der Konzeption einer einer *more geometrico* betriebenen Naturwissenschaft und dem Willen zur Naturbeherrschung einerseits und einer Ethik des sich – intuitiv oder explizit – an ein kategorisches, verallgemeinerungsfähiges Sollen bindenden Wollens andererseits. (Marx übrigens ersetzt dieses Ethikkonzept *theoretisch* durch eine Ausweitung des Konzepts der Naturbeherrschung auf die Gesellschaft.)

Auf der anderen Seite kommt es auf dem Wege über eine Problematisierung der (Existenz der) genuin physikalischen (Außen-)Welt tendenziell zur Ausweitung des Begriffs der Leib-Verbundenheit der ‚Seele' zum Konzept einer theoretisch unlösbaren *Welt*-Bezogenheit des Bewusstseins (Kant, Husserl).

Zusammen führen beide Seiten, ihre Spannungen, Verengungen, Aporien und Widersprüche tendenziell zur Leitvorstellung vom systematischen Primat und der vermittelnden Rolle der *phänomenalen Welt*:

1. So kommt es *auf neuer Ebene* zur Anbindung an das Weltverständnis der Antike sowie an die methodologische Orientierung der antiken Philosophie.[52]
2. Wachsende Einsicht in die theoretische Unhintergehbarkeit der phänomenalen Welt überwindet tendenziell die notorischen Aporien und Mängel traditioneller philosophischer Theorien.
3. Im Gegenzuge zum methodologisch unhinterfragten Realismus der neuzeitlich-modernen Naturwissenschaft zeigt sich in der (von Kant begründeten) metaphysikalischen Perspektive die empirische Welt als unlösbar von a) schemageleiteter Interpretation in allgemein-methodologischer Hinsicht (Lenk), b) in (konkret-)theoretischer Hinsicht von durch allgemeine Formen strukturiertem transzendentalem Bewusstsein. Allgemeiner formuliert: In theoretischer Hinsicht ist Bewusstsein Inbegriff der Subjektpole, die für das metaphysikalische Erscheinen der empirischen Welt mitkonstitutiv sind. Dabei weicht tendenziell jene Kantisch-konstruktivistische Deutung dem – konsequent(er) erkenntniskritischen – Konzept theoretischer Unhintergehbarkeit der *phänomenalen Welt* und ihrer intern begründeten Einheit zweier Weltaspekte (VII.B.3) und des Implikationszusammenhangs.
4. Mit der gleichsam rückwärtigen evolutionsbiologischen Extrapolation der Leib-

---

[52] Auch unter den antiken Philosophen hielten die meisten, explizit o. implizit, die Farben für objektive Phänomene (vgl. A.II.5: Plotin), explizit Empedokles und Anaxagoras, implizit besonders Heraklit unter den Vorsokratikern, unter den großen klassischen Philosophen explizit Aristoteles, implizit Platon bis zum ‚Staat'. Der spätere Platon zeigt diesbezüglich (und insgesamt) deutliche Spuren der Auseinandersetzung mit Demokrit (bes. i. *Theätet* und *Timaios*); erst er dürfte so etwas wie eine (an Stelle des ursprünglichen mäeutisch-pädagogisch-methodologischen Ansatzes) *theoretisch* konstruktiv skeptische und zugleich politisch pragmatische Einstellung entwickelt haben.

Umwelt-Struktur der phänomenal-qualitativen Objektwelt sind diejenigen sinnes-, neuro- und verhaltensphysiologischen Strukturen, zumal Instinktresiduen, verknüpft, die es menschlichem Geist erlauben, die ihm ureigene Wert- und SINN-Orientierung zu kultivieren (s.o. XIV.3).

5. Andererseits sind von der physikalischen Weltstruktur und ihren speziellen evolutionsbiologischen und entwicklungspsychologischen Implikationen unsere Gesundheit und unser kulturelles Leben, einschließlich seiner – biographischen wie historischen – Entwicklungen abhängig. Als ein Beispiel erörterte der 2. Teil des Buches die Entstehung verschiedener Sprachen und Kulturen durch geographische und kulturelle Isolation. Das hat einen positiven Aspekt: Die in der Leib-Umwelt-Struktur der phänomenalen Welt angelegte genuin physikalische Weltstruktur ist auch Teil der menschheitlichen Autonomie.

Die Dramatik der Menschheitsgeschichte lässt sich so auf neuer Ebene *auch* als Dramatik und Faszination der Geistesgeschichte begreifen, die dann ihrerseits ein lebendiges Interesse an der Geschichte insgesamt und ihre lebendige Integration in unsere Kultur befördert.

XVI. Zur inneren Konsequenz der Wissenschaftsgeschichte

Die Geschichte genuin philosophischer Forschung ist kein auf willkürlichen Voraussetzungen sowie Versuch und Irrtum beruhendes Herumtappen:

1. Die neuzeitlich-moderne Naturwissenschaft gibt sich erst im Laufe des 20. Jahrhunderts mehr und mehr als ein innerer Zusammenhang zwischen der Grundmethode der äußerlich wahrnehmbaren Leib-Umwelt-Interaktion und dem – jetzt zusätzlich experimentell und mikroskopisch gestützten – *genuin* physikalischen Theorie*typus* zu erkennen. Erkennbar wird so auch die methodologische Unabhängigkeit von genuin philosophischen Grundlegungen.

2. Doch schon seit Thales spielt die Struktur genuin physikalischer Naturkonzepte eine intuitive indirekt-konstruktive Rolle im genuin philosophischen Forschungstyp. Umgekehrt verdankt gerade auch deswegen der genuin physikalische Forschungstypus dem genuin philosophischen Forschungsprozess wesentliche Beförderungen, wiederum schon in der vorsokratischen Denkbewegung: Gerade das wesentlich ‚Qualitative' in der phänomenalen Welt verlangt offenbar Konzepzepte, die Regelmäßigkeit im Fluss der Erscheinungen garantieren – wie die „Maße" bei Heraklit, oder gar den Schluss auf ein kontrapunktisch Unwandelbares – wie bei Parmenides das Postulat des Unwandelbar-Einen-Kugelförmigen; der folgende Begriff gleich*artiger* (Anaxagoras) oder gleichförmig-unteilbarer = atomistischer (Demokrit) Teilchen wäre ohne jene genuin philosophischen Einsichten kaum möglich gewesen. In der Neuzeit geschieht Analoges: Indem Descartes im Begriff des Bewusstseins jenes wesentlich Qualitative und eine ihm gemäße unwandelbare Einheit versammelt, verhilft er im Gegenzug im Konzept der *res extensa* dem physikalischen Forschungstyp zu eigenständiger Entfaltung. Die damit verknüpfte fundamentalwissenschaftliche Dichotomie ist aus dieser Sicht eine ebenso unvermeidliche wie konstruktive Phase genuin philosophischer Forschung.

3. Erst im Zuge der in der Neuzeit eingeleiteten Eigendynamik des physikalischen Forschens, etwa in der Rolle von Mathematik und Experiment, werden im Gegenzug explizite – aber intuitiv seit den Vorsokratikern wirksame – Einsichten zur Natur des genuin philosophischen Forschens überhaupt möglich:

a) die Einsicht in dessen indirekt-negative Abhängigkeit von der genannten naturwissenschaftlichen Grundmethode und den ihr entsprechenden theoretischen Resultaten: in die *primär* vergleichend-begriffsanalytische Methode (wie gesagt: erstmals, wenn auch nur marginal, schon bei Descartes);

b) die Einsicht in die tendenziellen spezifischen Begegnungen genuin philosophischen Forschens mit gewissen alltäglichen Intuitionen:

b1) mit unserem *modernen*, oft *fälschlich* für ‚naiv' gehaltenen *Festhalten* an der (mithin theoretisch irreduziblen) *Objekt*zugehörigkeit der phänomenalen Farben und anderer Objektqualia,

b2) mit unseren alltäglichen ethischen und ‚politischen' Intuitionen (wie erstmals Sokrates/Platon),

b3) mit der für die Moderne charakteristischen *expliziten* Sinn-Frage; in der Antike ist sie literarisch allenfalls implizit bezeugt – und dann wiederum nicht zufällig bei dem hellenistischen Atomisten Lukrez. (Nicht nur auf Grund unserer theoretisch durch den genuin physikalischen Theorietyp geprägten Denkweise, sondern auch weil wir naturgemäß, durch unser Handeln, *Beteiligte* sind an vielerlei (‚sinnvollen') Gestaltungen des Lebens – anderer wie unser selbst – oder gar von Kunstwerken, entsteht leicht der Eindruck, SINN schlechthin sei schieres Produkt menschliches Tuns oder inneres Objekt menschlicher ‚Gebungen'.)

XVII. Freiheit

Die phänomenale Welt insgesamt erscheint oder entspringt jederzeit zufällig oder spontan. Wissen zu wollen, wie solches Erscheinen funktioniert, ist nicht nur nicht möglich, sondern auch unsinnig. Mit diesem Konzept des in zeitlicher wie in räumlicher Hinsicht gleichsam punktförmigen Ursprungs *quasi* aus dem Nichts ist die Grenze selbst der phänomenalen Welt bezeichnet (VI). Nur *intern* unterliegt die phänomenale Welt einem theoretisch unlösbaren Implikationszusammenhang, zu dem dann freilich auch jene Grenze selbst gehört.

Dem spontanen Erscheinen der phänomenalen Welt nun entspricht die ‚Spontaneität' der kognitiven und voluntativen Beziehung des Bewusstseins zur phänomenal-qualitativen Objektwelt: Dieser metaphysische Aspekt unterliegt *nicht* dem Schema genuin physikalischer Funktionen (‚*Wie funktioniert das?*'), doch ist im in der metaphysischen Perspektive der genuin physikalische(-physiologische) Aspekt sehr wohl *gleichursprünglich* korreliert (VII.B.3).

Schon in diesem modifizierten Sinne also lässt sich von einer ‚Spontaneität des ‚Ich' im Verhältnis zur Welt sprechen. Sie hat als *komplementären* Aspekt den ihr substruierten Teil der genuin physikalischen Weltstruktur: den je eigenen wahrnehmenden und tätigen Organismus. Mit ihm bildet die kognitive und voluntative (tätige) Beziehung jenes Ich zur phänomenal-qualitativen Objektwelt eine theoretisch unlösbare Einheit, analog wie die phänomenal-qualitative Objektwelt mit der ihr substruierten genuin physikalischen Weltstruktur eine unlösbare Einheit bildet.

Insoweit ist die bewusste Zielgerichtetheit jenes ‚Ich' (vgl. B.VII.B.3.3) *ein* entscheidendes Kriterium seiner Freiheit. Entsprechend lässt in einem nicht-trivialen Sinne von Freiheit auch bei bewusstseinsbegabten *Tiere* sprechen. Wir sprechen sie ihnen auch im Alltag zu: Wir lassen zum Beispiel Hühner ‚frei' herumlaufen...

Andererseits haben Hühner keinerlei, nicht einmal intuitives, Bewusstsein von der eigentümlichen: ‚nichtfunktionalen' Natur ihrer Freiheit. Nur scheinbar liegt hier eine Parallele zum äquivoken Freiheitsverständnis der modernen Biologie vor: Auch aus biologischer Sicht haben Tiere keinerlei ‚Bewusstsein' davon, was die Struktur ihrer ‚Freiheit' ausmacht, und doch ist der bezeichnete nichtfunktionale oder metaphysikalische Aspekt der Freiheit das, was etwa die Säugetiere von „Automaten" (Descartes) unterscheidet bzw. was sie zu Lebewesen macht, die *im eigentlichen Sinne* beseelt oder bewusstseinsbegabt sind.

Wo die Scheidegrenze zwischen bewusstseinsbegabten und rein biologisch definierten Organismen (wie Viren und Blaualgen) liegt, lässt sich aus der metaphysikalischer Perspektive naturgemäß *grundsätzlich* nicht mit der für die Naturwissenschaften üblichen Art von Präzision sagen. Solches ist nicht nur nicht möglich, sondern auch unsinnig – wie schon die Frage nach einem *Wie* des metaphysikalischen Erscheinens der phänomenalen Welt.

Zu Verantwortung fähig jedoch ist Freiheit nur im Falle des Menschen. Nur er unterscheidet mehr oder weniger intuitiv oder explizit die beiden Aspekte der Welt, einschließlich des eigenen (und der Tiere) Selbst.

In den für die Geschichte des reflektierenden Kulturtyps weithin charakteristischen Unsicherheiten, Vagheiten und interkulturellen Differenzen solchen Unterscheidens werden Erziehung und autoritatives Zuschreiben von Verantwortung besonders wichtig. Auch die Betonung des Bewusstsein einer selbstverantworteten *Wahl* zwischen Recht und Unrecht ist in diesem Kontext zu sehen: das Bewusstsein, ich (wir) hätte(n) damals auch anders handeln können; bzw. ich (wir) könnte(n) mich (uns) jetzt auch anders entscheiden, als ich (wir) es jetzt tatsächlich tue(n). Doch verstellt solche Betonung der Wahl tendenziell den Blick auf den großen Einfluss von – zumal wissenschaftlichen – Interpretationen der phänomenalen Welt auf das ethische Motiv.

Umgekehrt gewinnt die ethische Freiheit einen anderen Charakter (als jenen der Wahl), sobald wir hinreichende, wissenschaftlich verbindliche und allgemein mitteilbare Klarheit über die beiden Aspekte der Welt und des menschlichen Geistes haben: von Wert und ‚Sinn' der Welt und dem Interesse menschlichen Geistes daran. Dieses Interesse und das von ihm geleitete Handeln weisen dem Bewusstsein vom Auch-anders-handeln-Können und von einer *daran* geknüpften ‚Schuld' eine eher nur marginale Rolle zu. ‚Spontan' im bezeichneten starken Sinne sind sie zudem auch ohne explizite Wahlsituationen: Wir erkennen in jenem Interesse unsere *allgemeine (inhaltliche) Identität* als Menschen und Personen. Verantwortliche Freiheit heißt jetzt: im Einklang mit der ‚Sinn'-Struktur der Welt und des menschlichen Selbst handeln. Die hirnphysiologischen Prozesse unterliegen in diesem Falle – wie generell in intuitiven und expliziten Unterscheidungen zu den beiden Weltaspekten – von Anfang an dem metaphysikalischen Aspekt unseres Selbst.

Das hier skizzierte Freiheitskonzept schwebt in der europäischen Philosophie wohl erstmals Sokrates und Platon vor (im Ansatz wohl auch schon Heraklit), und zwar in einer denkbar starken Formulierung, etwa in Platons ethischem Grundsatz, niemand tue freiwillig Unrecht. Die starke Formulierung ist aber nicht ganz unproblematisch: Das Konzept der ‚Sinn'-Struktur der Welt und des menschlichen Selbst ist Basis auch für eine *spezifisch zugeordnetes* Konzept (der Zuweisung) von Verantwortung und Schuld, jetzt aber im Sinne eines Appells an die Intuition des ‚Ungerechten', er entferne sich im Unrecht mehr oder weniger von seiner eigenen Identität.

D. Zwei Varianten oder Ebenen einer transzendentalen Theorie

(1)

Genuin philosophisches Forschen schreitet anders als der genuin physikalische Theorietyp nicht mehr oder weniger geradlinig und horizontal fort. Vielmehr unterliegt es großen in die Vertikale orientierten Ausschlägen oder Schwingungen, die für Umbrüche stehen. Freilich ist diese Struktur aus den genannten Gründen teilweise wie in einem Bilderrätsel verdeckt (s.o. A, C.XVI; vgl. auch 1. Teil, A).

Die Mittellinie, um welche die Ausschläge schwingen, steht für die Realität, die „schon offen vor unseren Augen liegt" (Wittgenstein, PU 89). Ihr ist zwar historisch von Anfang an auch der genuin physikalische Theorietyp verpflichtet, aber nur in gewissem Maße. Daher meint Wittgenstein hier die phänomenale Welt nur insoweit, als sie von jenem Theorietyp *nicht* rekonstruierbar, *nicht* erklärbar, *nicht* gleichsam in die Makro- und Mikrobereiche der genuin physikalischen Weltstruktur extrapolierbar (A.I) ist.

Das scheinbare Paradox erklärt sich aus der Schwierigkeit, jenes ‚Offenbare' ohne ungeprüfte Unterstellungen – wie den *Ding-an-sich*-schematischen Leib-Seele-Dualismus, begrifflich zu artikulieren. Zunächst müssen die primär vergleichend-begriffsanalytische Methode und die damit verknüpfte Eigentümlichkeit der Resultate als solche reflektiert und von ihrer theoretischen Interpretation unterschieden werden. Sodann darf die theoretische Interpretation einerseits nicht, wie sogar noch Kant und Husserl (1. Teil, B; eingehend Vf. 1994, 123-172), das genuin physikalische Theorie-Muster unreflektiert kopieren, andererseits muss sie die moderne Naturwissenschaft *insgesamt* theoretisch in sich integrieren. Zudem sollte sie jene Besonderheit der primär begriffsanalytischen Methode spiegeln.

Aus diesen Gründen kann man sagen: Auch die heutige, in sich abgerundete genuin physikalische Theorie (A.I) beschreibt die phänomenale Welt nicht hinreichend, sondern nur partiell. Umgekehrt ist von ihr die moderne Wahrnehmung teilweise geprägt, insbesondere durch das genuin physikalische – dynamisierte – ‚Ding'-Schema: das Schema physikalisch-räumlich getrennter (trennbarer) und interagierender Entitäten (Elementarteilchen, Atome, Moleküle, Zellen). Sie ist in diesem Sinne „theoretisch imprägniert" (Lenk) oder partiell konstituiert.

Auf allgemeinster methodologischer Ebene lässt sich diese Einsicht bzw. das Ideal strikter Meidung ungeprüfter Unterstellungen mit Hans Lenk durch das Konzept vom interpretativen Charakter aller empirisch-wissenschaftlichen Begriffe ausdrücken, auch der genuin philosophischen – sogar der transzendentalphilosophischen Konzeptionen, inklusive der methodologisch-interpretationistischen.

(2)

Auf der anderen Seite verbindet sich mit jenem (dynamisierten) Ding-Schema gerade in der Gegenwart, in der es zu einer Art Schließung des Kreises zwischen genuin physikalischer Methode und Theorie gekommen ist, ein Hang, es – etwa in der Biologie – im *genuin physikalischen* Sinne zu verabsolutieren. Die Kritik der Verdinglichung wird dann einseitig gegen das Cartesische „Bewusstseinsereignis (*res cogitans*)" gerichtet, indem dieses einfach durch dessen biologische Rekonstruktion ersetzt wird. Kants generelle Kritik am empirisch-wissenschaftlichen Gebrauch des Ding-an-sich-Schemas wird so ignoriert.

Kant glaubt in seiner *Kritik der reinen Vernunft*, das naturwissenschaftliche Exaktheitsideal und allgemeine Formengerüst in den – ohnehin schon (etwa im Begriff sinnlicher Empfindungen) vom genuin physikalischen Theorietypus beeinflussten – Cartesischen Bewusstseinsbegriff transformieren zu können und mit dem so selbst transformierten Bewusstseinsbegriff den „Ding-an-sich"-schematischen Dualismus Descartes' zu überwinden. Aber so fruchtbar und weiterführend die Kritik des *Ding-an-sich*-Schemas im genuin philosophischen Kontext ist, so problematisch, zumal erkenntniskritisch inkonsequent, ist die konstitutionstheoretische Aufladung des Bewusstseinsbegriffs. Zudem setzt sie die im verabsolutierten genuin physikalischen Theorietyp liegende partielle Entfremdung vom alltäglichen Welt- und Selbstverständnis des Menschen, die vom Cartesischen Dualismus nur abgeschwächt und variiert wird, auf neue Weise fort.

(3)

Kann alltägliche Realitätswahrnehmung im Rahmen moderner Naturwissenschaft von der so genannten ‚theoretischen Physik' überhaupt nennenswerte Modifikationen erfahren? Den hier entwickelten Untersuchungen zufolge ist diese Frage entschieden zu verneinen.

Man kann z. B. die Schwere und Trägheit als eine Funktion der physikalischen Raumstruktur deuten und damit von der alltäglich nachvollziehbaren Deutung als Funktion von Massenanziehungskraft abgrenzen. Dessen ungeachtet ist in der theoretischen Physik wie im Alltag von ein und demselben *Wirklichen* die Rede, *und dieses Wirkliche ist, unabhängig vom Interpretationskontext, auch empirisch erfahrbar* (anders Kurt Hübner 2005, 37). Der genuin physikalische Theorietypus ist der unangetastete methodisch- und theoretisch-*realistische* Kern auch der modernen Physik. Mathematische Theorie kann das biologische Faktum natürlicher ‚Messungen' von Schwere und Trägheit durch den sinnesphysiologischen Schwere- und Drehsinn (mit seinen charakteristischen, im inneren Ohr befindlichen Statolithen) nur um den Preis einer mathematischen und nur für *Berechnungen* empirischer Ereignisse nützlichen Abstraktion zu einer bloßen Funktion des gewählten mathematischen Raumkonzeptes machen, vom metaphysikalischen Aspekt der Beschreibung alltäglicher Welt ganz abgesehen.

Zudem galten speziell die Begriffe von Anziehungskräften (Gravitation, elektrische Ladungen, Magnetismus) schon zur Zeit Newtons und bei Newton selbst als nicht konsequent genuin physikalisch deutbar und wurden tendenziell als eine ontologische Relativierung des genuin physikalischen Dingschemas interpretiert. Mit Blick auf unsere alltägliche Welt und ihre genuin philosophischen Beschreibungen ist eine derartige Relativierung sogar konsequent und gefordert. Zu Recht nimmt daher Schelling die Gravitation als ein *auch* genuin philosophisches Thema – genauer als eine intern-physikalische Bestätigung genuin philosophischer Kritik des *Ding-an-sich*-Schemas[53] – in Anspruch. Freilich ist seine weitere (theistische) Interpretation unhaltbar und wird schon damals mit genuin philosophischen Argumenten zurückgewiesen. Doch ist den streitenden Parteien die Einsicht gemeinsam, dass die *Kritik* – zumal der genuin physikalischen Variante – des Ding-an-sich-Schemas angewiesen bleibt auf die von Descartes und Kant eingeleitete Wendung des genuin philosophischen Forschens.

---

[53] Schelling deutet Newtons Konzept der Massenanziehung als genuin physikalisch verifizierbares Indiz und Ausdruck einer „produktiven Kraft", die als universales Prinzip auch für das Organische in der Natur verantwortlich sei. Beide ließen sich nur mit Hilfe der – von Kant übernommenen – Kritik wissenschaftlicher Unterstellung von an sich existierenden Dingen verständlich machen: „Es ist keine Organisation denkbar ohne *produktive Kraft*. Ich möchte wissen, wie eine solche Kraft in die Materie käme, wenn wir dieselbe als ein D i n g a n s i c h annehmen" (*Ideen zu einer Philosophie der Natur* 1797, Orig. Bd. 1, 387: Hervorhebungen im Original). – Zum Verhältnis Schellings zu Newton s. Jochen Kirchhoff 1982, 95-100.

(4)

Man gelangt auf dem skizzierten Wege zu einem *methodologischen Interpretationismus*, für den drei Konzepte gleichermaßen konstitutiv sind: 1. das Konzept des Interpretierens, welches bewusst und explizit erfahrene, also *eo ipso* immer schon interpretativ aufgefasste Realität partiell (re-)konstituiert, 2. das damit möglicherweise zusammenhängende, methodologisch ebenfalls basal leitende Konzept einer nicht-interpretativen, vom Interpretieren verschiedenen, wenngleich nicht notwendig unabhängig von ihm (= an sich) existierenden Realität im strikten Sinne, 3. die konsequent *methodologisch*-interpretationistische Selbstrelativierung des methodologischen Interpretationismus (vgl. o. D.1, Schlussabsatz).

Im Rahmen eines so verstandenen methodologischen Interpretationismus kann es grundsätzlich nicht angehen, dass man eine gerade erreichte neuartige und tatsächlich oder dem Anspruch nach (irgendwie) weiterführende Interpretation zu endgültigem bzw. – im Falle der Naturwissenschaft: im fundamentalen Wissenschaftsbereich exklusivem – Wissen erklärt, es sei denn wiederum nur hypothetisch, mithin interpretativ. – Zur Ironie solcher Selbstbescheidung gehört: Unter methodologisch-interpretationistischer Prämisse wird so zwar nicht eine *absolut* einsichtige, wohl aber so etwas wie eine faktische ‚Endinterpretation' denkbar, bzw. spezifisch begründete *Thesen* absoluter oder definitiver Geltung. Erinnert sei hier an Wittgensteins Intention, die phänomenale Welt zu „beschreiben", statt zu erklären. Zugleich hält solche Selbstbescheidung an der formalen Freiheit des je persönlichen wissenschaftlichen Urteils fest, selbst wenn eine Interpretation allgemeine Zustimmung findet.

In diesem Sinne ist das philosophische Konzept des Interpretierens methodologisch, realistisch und transzendental in einem: Es gibt keinen Standpunkt außerhalb genuin philosophischen Interpretierens, und doch ist es einer von ihm selbst verschiedenen, wenngleich nicht unabhängig existierenden Realität verpflichtet. Entsprechend sucht es auch sich selbst jederzeit als einer realen Aktivität Rechnung zu tragen, macht sich selbst mit zum Gegenstand ‚konkreter' theoretischer Weltinterpretation: will sich im Rahmen konkreter genuin philosophischer Theorie wiedererkennen (wie analog die vergleichend-begriffsanalytische Methode).

Eben aus diesem Grunde haben wir zwischen zwei Konzepten bzw. Aspekten des Transzendentalen zu unterscheiden:

1. Der bereits skizzierte Aspekt gilt auf formal-methodologischer Ebene, welche die höchste Interpretationsebene überhaupt ist. Danach haben wissenschaftliche – auch genuin philosophische – „Interpretationsschemata" (Lenk) jederzeit konstituierenden Einfluss auf das, was wir als Realität ‚*wahr*nehmen' (Repräsentatum). Die Ebene dieser Konstitution liegt oberhalb der von Kant erreichten Ebene, da er konkret-theoretisch an Descartes' Konzept des Bewusstseins anknüpft.

2. Damit ist auch der zweite Aspekt des Transzendentalen angesprochen: a) *Mit* Kant müssen wir den transzendentaltheoretischen Aspekt zugleich auf der Ebene einer konkreten genuin philosophischen, konsequent erkenntniskritischen Grenztheorie formulieren. b) *Gegen* Kant kann das erkenntniskritische Anliegen auch vor dem theoretischen Begriff des transzendentalen Bewusstseins nicht Halt machen, muss aber auch konstruktiv nach entsprechenden Folgekonzepten suchen.

Anders formuliert: Die Frage *‚Was und wie können wir empirisch erkennen (wissen)?'* oder die Frage nach den Bedingungen möglicher empirischer Erfahrung und Erfahrungsgegenstände will mit Kant auch im Sinne einer *konkreten* erkenntniskritischen Grenztheorie beantwortet sein.

(5)

Am Beispiel des vorgeschlagenen Konzepts der notwendig zirkulären Definition des Kernes der phänomenalen Qualitäten (Farben etc.), der von ihren – selbstverständlichen, naturwissenschaftlich komplett rekonstruierbaren – relationalen Konnotationen zu unterscheiden ist, bedeutet dieses Konzept zweier Teilkonzepte des Transzendentalen zweierlei:

1. Der notwendig zirkulär definierte Kern der phänomenalen Grundfarben kann konkret- und intern-theoretisch *eo ipso* keine interpretative Beziehung zur Realität sein, muss vielmehr theoretisch irreduzibler Gegenstand (Objekt) einer – nur grenztheoretisch formulierbaren – unmittelbaren kognitiven Beziehung sein. „*The given cannot be entirely a myth!*", konstatiert schon Feigl, dem Sinne nach auch W. Sellars. Und beide nehmen (wie vor ihnen und ausgeprägter Moritz Schlick) eine theoretisch irreduzibel objektive Natur der *Qualia* an.

Freilich unterläuft auch ihnen eine Ungereimtheit: a) Sie interpretieren die Qualia als (innerstes, intrinsisches) Wesen empirischer Realität. b) Gleichzeitig betten sie sie in den biologisch-kognitionstheoretischen Kontext, interpretieren sie mithin sinnwidrig als eine besondere Art kognitiver *Beziehungen*: Im Blick auf deren irreduziblen, von relationalen Konnotationen freien qualitativen Kern spricht hier Feigl von „Rohempfindungen / raw feels".[54]

Sinnwidrig ist diese Interpretation wie gesagt deswegen, weil (im Kern) notwendig zirkulär definierte Qualitäten, wie Farben, *eo ipso* Gegenstand oder Objekt von ursprünglichem Erkennen (Erfahrung) sein müssen, nicht dessen – relational definierter – Vollzug oder Mittel sein können. Dies dürfte auch der Grund dafür, dass wir im Alltag durchaus gegen unsere naturwissenschaftliche Allgemeinbildung, also mitnichten naiv, an der Objektzugehörigkeit der Farben (Herbstfarben) festhalten (ebd.).

2. Aber im genannten formalen methodologisch-interpretationistischen Sinne steht auch das Konzept der notwendig zirkulären Definition nicht etwa außerhalb des (empirisch-)wissenschaftlichen Interpretierens', sondern hat selbst interpretativen Charakter. Es ist ein Interpretationsschema *besonderer Art*, analog dem philosophischen Begriff des Subjekts (Lenk 1992). Es ist *insofern* durchaus schöpferisch: Mit überzeugenden schöpferischen Änderungen seines schematischen Instrumentariums ändert wissenschaftliches Interpretieren partiell auch die phänomenale Welt oder unsere Wahrnehmung von Welt.

---

[54] Mit diesem Terminus knüpft er an Husserl an, der übrigens im Unterschied zu Kant – wiederum konsequent und inkonsequent zugleich – das Konzept kognitiver Beziehungen zu einem transzendentalen Objekt aus dem transzendentalphilosophischen Begriff von „*Empfindungs*daten" streicht.

(6)

Freilich hat der oben (D.1) umrissene Charakter genuin philosophischer Forschungsgeschichte, zumal in Neuzeit und Moderne, besondere Konsequenzen für seinen Einfluss auf menschliches Wahrnehmen:

Einerseits liegt die phänomenale Realität ‚schon offen vor Augen' und ist insofern unverändert. Andererseits fehlt es unter den Philosophierenden, anders als unter den Naturwissenschaftlern, nicht einfach nur an wissenschaftlicher Übereinstimmung. Vielmehr ist für die philosophische Landschaft jeder Epoche der Philosophiegeschichte auch ein höchst komplexes Geflecht unterschiedlicher Haupt- und Unterströmungen charakteristisch. Daher kann nicht einmal *intern*-philosophisch davon die Rede sein, Philosophie präge die Wahrnehmung in einem Maße, das auch nur entfernt naturwissenschaftlichem Einfluss in Schule, Fernsehen und Journalen vergleichbar wäre.[55]

Und doch spielt die phänomenale Welt eine besondere Rolle in unseren Intuitionen, im Alltag wie in künstlerischem Schaffen und Betrachten. Es scheint so grundsätzlich möglich, andere Kulturen und frühere Kulturepochen angemessen zu verstehen.

Umgekehrt lässt sich so wenigstens vage erahnen, was es für unsere Wahrnehmung und dann auch praktisch bedeuten könnte, wenn genuin philosophischem Denken eine allgemein überzeugende Theorie gelänge. Schon jetzt könnte die *Erwartung* einer solchen Theorie die genuin philosophische Arbeit motivieren und beflügeln.[56]

---

[55] 1. Wo es dennoch vereinzelt der Fall sein mag, besteht die Gefahr einer Förderung von Weltfremdheit *relativ zum kulturell-sozialen Umfeld*. Man denke an Platons Anekdote von der thrakischen Magd, vor allem aber an sein Höhlengleichnis.
2. Dem genannten naturwissenschaftlichen Einfluss in der Moderne stehen in bestimmten Epochen und kulturellen Milieus der Antike (Athen, Rom) gegenüber philosophisch begründete Zweifel an der je traditionellen (ihrerseits zuvor schon in die intern-reflektierende Phase eingetretenen) Religion, außerdem beträchtliche intern-philosophische Differenzen. Die Effekte dieser unterschiedlichen Verhältnisse in Antike und Moderne sind dennoch vergleichbar:
a) Im klassischen demokratischen Athen gewinnt die Philosophie in dieser Situation *im Allgemeinen* die Funktion eines Diskussions- und Redetrainings (Sophisten), ebenso im republikanischen Rom – hier freilich beschränkt auf die Ausbildung von Politikern und Juristen. Dabei übrigens steht Athen im Schatten des großen katastrophalen Krieges mit Sparta sowie partieller, teilweise bizarrer Auflösungen kultureller und familiärer Bindungen, Rom im Schatten innenpolitischen, von Korruption, Populismus, Egoismus und Bürgerkrieg geprägten Niedergangs, der mit dem Untergang der Republik endet.
b) In der Moderne ist – vom genannten Einfluss der Naturwissenschaft abgesehen bzw. gerade auch in diesem Kontext – die antike Trainingsfunktion weitgehend vergleichbar mit der Situation an den heutigen Schulen, teilweise auch an den Universitäten. Und steht nicht auch das 20. Jahrhundert im Zeichen großer politischer Katastrophen? Deren Wiederholung in Europa wurde bislang verhindert durch Wohlstand, hohe Akzeptanz der Demokratie, innereuropäische Kommunikation (Reisen, Medien) und die – wiederum durch moderne Medien geförderte – historische Erinnerung.
[56] Für die römische Antike gibt es dafür wiederum eine Analogie: bezeugt in Ciceros Bericht von seiner eigenen Teilnahme an der Platonischen – damals betont methodisch-skeptisch orientierten – Philosophen-Schule der Akademie und dann sein eigenes methodisch konsequentes Philosophieren. Es gibt freilich zwei – wenn auch nicht allzu gewichtige – Unterschiede zur modernen Situation: 1. die schon erwähnte Rolle der Naturwissenschaft; 2. Cicero konnte (wie auch andere römische

(7)

Kants bleibende genuin philosophische Hauptleistung sehe ich darin, dass er im Kontext der neuzeitlich-modernen Naturwissenschaft das Konzept einer *an sich* existierenden genuin physikalischen Welt zurückweist – nicht nur im Kontext seiner Bewusstseinstheorie, sondern auch angesichts der „Dialektik der reinen Vernunft": Reine Vernunft *kann* aus der Antinomie ‚*raumzeitliche Endlichkeit versus Unendlichkeit der Welt*' gar nicht heraus finden. Die Auflösung des Problems sieht Kant in jener Grundthese theoretisch unhintergehbarer Bezogenheit der Welt auf Bewusstsein *überhaupt*.

Kants theoretische Explikation dieser Grundeinsicht freilich, das Modell formaler Weltkonstruktion durch das transzendentale Subjekt, widerstreitet unserem alltäglichen wie auch naturwissenschaftlichen Weltverständnis intuitiv dermaßen, dass dieser radikale Konstruktivismus trotz seiner partiellen Fruchtbarkeit bis heute wenig akzeptiert ist. (In derart geteilter Wirkung Kants zeigt sich gerade das Typische des Fortschreitens genuin philosophischer Forschungsgeschichte.)

Nach der hier vorgeschlagenen integrierten Theorie ist die phänomenale Welt sowohl – im Sinne Kants – theoretisch unlösbar von Bewusstsein überhaupt, als auch – über Kant hinaus – objektiv werthaft. Unsere Welt hat m.a.W. ‚Bedeutung' und Wirklichkeit nicht nur im Sinne technisch-praktischer Umgänglichkeit oder Widerständigkeit, sondern auch im Sinne von objektiver Werthaftigkeit, die *eo ipso* nur Gegenstand von Bewusstsein sein kann. Danach kann, pointiert formuliert, eine *exklusiv* genuin physikalische Welt-an-sich auch insofern gar nicht existieren, als sie mit jener Welt theoretisch gar nicht kompatibel ist, auch nicht im Sinne einer ihr irgendwie assoziierten Welt oder einer Pluralität von Welten.

Mir scheint, es fällt uns auch intuitiv schwer, uns vorzustellen, eine exklusiv genuin physikalisch strukturierte Welt könne ‚irgendwo' real existieren. Gesetzt, sie existierte dennoch: 1. *Wo* überhaupt würde sie existieren? Diesbezügliche Verlegenheit hat mit der genannten Vernunftdialektik Kants zu tun. 2. Es gäbe dann überhaupt keinen Maßstab für gewisse quantitative Urteile über sie: a) Wäre sie riesig – wie *unser* physikalisches Universum? Wäre sie riesig relativ zur Größe eines Sonnenplaneten oder der zugehörigen Sonne selbst oder auch eines ganzen Sonnensystems? Wäre umgekehrt ein Planet klein oder winzig? Oder nicht vielmehr ein Berg, Felsbrocken oder Staubkorn? Offenbar setzt ‚Riesiges' Wesen voraus, auf die es ‚Eindruck macht' und die sich selbst als in sich werthaft zu erfassen vermögen. b) Welchen Sinn hätten Maßangaben überhaupt, egal in welchen Maßeinheiten? – Es scheint, rein quantitative Urteile und Ortsbestimmungen insgesamt erhalten Bedeutung erst in Bezug auf objektive Werte und von Lebewesen, die zu Werturteilen fähig sind *und* quantitative Größe haben.

In Kantischer Ausdrucksweise: Zu den Bedingungen a priori möglicher empirischer Welt gehört deren grundsätzliche ‚objektive' Werthaftigkeit oder, mit Platon / Sokrates (Heraklit) formuliert, ihr Gutsein – im auch das moralische Begriffspaar von gut und böse, gerecht und ungerecht umfassenden Sinne. – Dabei ist freilich zu beachten: Der genuin philosophische Objektbegriff mit seiner theoretisch unlösbaren Beziehung zwischen den Subjekten und der phänomenalen Objektwelt ist verschränkt mit dem genuin physikalischen Konzept einer Objektwelt, die vom ‚Subjekt' – als Teil ihrer selbst – unabhängig ist.

Zeitgenossen, z.B. Sallust – *nicht* der *primär macht*politisch geniale Caesar) immerhin auf eine – wenigstens noch in der Erinnerung lebendige – moralisch weitgehend intakte römische Geschichte der frühen und mittleren Republik zurückblicken.

E. Dreiundzwanzig Schlussworte

1

In der Geschichte des genuin philosophischen Denkens wird die primär vergleichend-begriffsanalytische Methode weitgehend vernachlässigt zugunsten unvermittelt-theoretischer Interpretationen ihrer Resultate, die auf letzte ontologische Einheiten abheben. In der Neuzeit bündelt sich diese Vernachlässigung – nun im Kontext allumfassender genuin physikalischer Ontologie und Erkenntnistheorie – im Begriff des Geistes: Wichtige Schritte physikanaloger Verdinglichung sind jetzt (1.) das Konzept eines unabhängigen nichträumlichen Geistes, (2.) der Begriff letzter einfacher Empfindung(seinheit)en. Mit solcher Verdinglichung verbindet sich *methodologische* ‚Privatheit'. Ihr und nur ihr gilt Wittgensteins Kritik.

Noch direkter zeigt sich solche Dominanz des genuin physikalischen Theorietyps darin, dass die ‚Funktionen' des Wahrnehmens und Denkens komplexen mikrophysiologischen Prozessen unterschoben werden – als *deren* höherstufige Funktionen.

Aus der notwendig zirkulären Definition des Kerngehalts der Objektqualia, wie der Farben, folgt ein spezifischer, theoretisch irreduzibler Status jener *ohnehin schon ontologisch unterstellten* Objektwelt. Man gelangt dann zum Konzept des nicht konkret, auch nicht konkret-theoretisch, auflösbaren *Implikationszusammenhanges eines zum physikalischen Weltaspekt komplementären Weltaspektes*. Dieser involviert *qua* phänomenaler Leib-Umwelt-Interaktion auch jenen ersteren Aspekt. Zugleich relativiert er ihn, und umgekehrt ist er selbst Teil der *einen* räumlich-zeitlichen Welt. Ausdruck und Teil des allumfassenden Implikationszusammenhanges sind spezifische, interkulturell variable „Sprachspiele".

Als mysteriös und problematisch erscheinen Objektqualia mithin nur dann, wenn man sie aus ihrer Objektzugehörigkeit herauslöst und zu Sinnesempfindungen verdinglicht. Steht doch ihre eigentümliche, *im Kern* notwendig zirkulär, *konnotativ* relational definierte ‚Struktur' geradezu zentral für den Implikationszusammenhang der Welt insgesamt und darin außerdem für den Grenzbereich der Welt, für den ein erklärendes ‚Dahinter' theoretisch einfach nicht denkbar ist. Die Vorstellung, für jeden Betrachter der Welt träten die Objektqualia in je eigenen quasi-dinglichen ‚Exemplaren' und einer entsprechenden physikanalogen Verifikationsbedürftigkeit auf, ignoriert jenen Zusammenhang.

2

Die Objektwelt existiert nicht unabhängig von Bewusstsein (Sprache); doch ist sie wesentlich verschieden davon. – Dies ist nur ein anderer Ausdruck für den irreduzibel objektiven Charakter der phänomenal-qualitativen Objektwelt.

Lediglich auf der höchsten interpretativen, *eo ipso* formalen Ebene des methodologischen Interpretationismus kann und muss auch jene Verschiedenheit als ein interpretatives Konstrukt gelten. Zudem nehmen wir unsere Welt stets auch theorieabhängig wahr, und in diesem Sinne ist phänomenale Welt immer *auch* (als Repräsentatum) ‚konstruiert'.

3

1. Die genuin physikalische *Weltstruktur*, einschließlich ihrer Evolution – zumal der biologischen, mutations- und auslesegesteuerten, ist eine Art Extrapolation der äußerlich wahrnehmbaren mechanischen Leib-Umwelt-Interaktion. Ihre Korrespondenz zum nichtfunktionalen Weltaspekt wird durch äquivoke naturwissenschaftliche Terminologie ausgedrückt, und das Konzept ihrer Mikro- und Makrorandbereiche ist der Beitrag der modernen theoretischen Physik zur Verknüpfung beider Weltaspekte.
Im Übrigen jedoch gibt es von ihr aus keinen eigentlichen Überstieg zum nichtfunktionalen Weltaspekt: Nur aus ihrer oder aus einer von ihr dominierten Sicht stellt sich ein Problem der Verknüpfung beider Weltaspekte.

2. Der nichtfunktionale Weltaspekt ist Inbegriff eigentümlichen Seins. Selbst wenn er nicht wissenschaftlich sagbar wäre, müsste die ‚sich zeigende' bzw. intuitiv erfasste Differenz zwischen beiden Weltaspekten Ausdruck im – zumal im ethischen und künstlerischen – Handeln finden (vgl. Wittgensteins „Sprach*spiel*").

3. Die dem nichtfunktionalen Weltaspekt unterlagerte, in die äußerlich wahrnehmbare mechanische Leib-Umwelt-Interaktion involvierte genuin physikalische Weltstruktur ist *eo ipso* nicht ‚tot', sondern deren *komplementäre* Seite. Wir können bewusste Individualität und Intersubjektivität *theoretisch* nicht anders denken als *auch* körperlich oder genuin physikalisch.

4. Mit dem Solipsismus ist so auch der Pysikalismus im weiten Sinne überwunden. Hochintelligente, hochlernfähige Computer mit aufrechtem Gang, Greifhänden und Sprechfähigkeit können folglich nicht Teilnehmer unserer phänomenalen Welt sein, z.B. könnte man sich bei ihrer Entsorgung auf ihr Computer-Sein berufen. *Erweisen* sie sich aber als Teilnehmer, mithin als kulturfähig, kann es sich nicht mehr um Computer handeln. Damit ist zugleich ein einfacher Unterschied zwischen dem alltäglichen und dem genuin physikalischen Sprachspiel benannt.

4

Die physikalische Weltstruktur gibt der phänomenal-qualitativen Objektwelt, einschließlich des je eigenen Leibes, und der kognitiv unmittelbaren (begrifflich angereicherten) Beziehung zu ihr gleichsam Füllung und räumliche Tiefe.
Da im Alltag beide Aspekte übereinander projiziert sind, kommt es zu folgenden Redeweisen bzw. bloß intuitiven Einsichten: 1. ‚*Wir berühren Farben*', obwohl diese im qualitativen Kern keine räumlich konturierten Gebilde sind. 2. ‚*Die Seele befindet sich schlicht i m Leibe*' – kraft kognitiver Unmittelbarkeit zum Innenaspekt des phänomenal-qualitativen Leibes, nur indirekt – *qua* Korrelationsprinzip – auch ‚*i m biologischen Organismus*'.

3. Das metaphysikalische Erscheinen der Welt, in welchem sich die kognitiv unmittelbare Beziehung unseres Bewusstseins zum phänomenal-qualitativen Aspekt der Objektwelt spannt und in dem gleichsam die Grenze unserer Welt markiert ist, kann uns gemeinhin nur intuitiv bewusst sein. 4. Den gleichen bloß intuitiven Status hat der folgende Sachverhalt: Jener für unser Leben *wesentliche* (statt mar-

ginale) Grenzbereich ist auch der Ort unmittelbarer Begegnung zwischen Subjekten: Wie unsere Blicke die phänomenal-qualitative Objektwelt „merkwürdig berühren" (Husserl), berühren sich auch unsere Blicke oder Bewusstseine unmittelbar – und doch zugleich in räumlicher Distanz.

5

Pointiert formuliert, haben bezüglich unserer Welt Theisten und Atheisten gleichermaßen recht; die Atheisten, weil wir die phänomenale Welt dann am besten verstehen, wenn wir über ihre ‚theoretische' *Beschreibung* und ihre genuin physikalische *Erklärung* nicht hinausgehen; die Theisten, insofern das eigentümliche Wesen der phänomenalen Welt auch naturwissenschaftlich nicht erklärbar ist. Auch der Begriff der *Un*erklärbarkeit ist unangemessen. Denn unsere Welt *ist* wesentlich gerade (auch) das, „was schon offen vor unseren Augen liegt". *Ihm* muss genuin philosophische ‚Theorie' gerecht werden, und das kann sie nur, indem sie es im strikten Sinne beschreibt. Die Leistung solcher ‚Theorie' besteht natürlich auch darin, dass sie die genuin physikalische Weltstruktur – ganz im Sinne der (primären) phänomenalen Welt – im Hintergrund *lässt* und auch dies plausibel macht (vgl. Wittgensteins „*Die Philosophie lässt alles, wie es ist*", PU 124).

6

Die phänomenale Welt ist ein lebendiger, konsequent grenztheoretisch-erkenntniskritisch erfassbarer Gesamtzusammenhang, in dem Leib, Bewusstsein und Freiheit je theoretisch irreduzibel real und je spezifisch an ‚Sinn' beteiligt sind. Dieses Konzept, zumal der Begriff eines metaphysikalischen Weltursprungs, ist nicht erklärend, sondern rein beschreibend.

Da die Leib-Umwelt-Struktur in einer auch biologisch-evolutionären Eigendynamik gründet, die z. B. für die Verschiedenheit der Sprachen verantwortlich ist, ist die leibliche Verfasstheit des Menschen wesentlicher Bestandteil der geschichtlichen Autonomie der Menschheit. Umgekehrt ist dieses Moment von Autonomie ein wesentlicher Bestandteil des genannten ‚Sinn'-Begriffs.

7

Die Rolle und Verschiedenheit des beiden Weltaspekten gemeinsamen funktionalen Elementes ist im Folgenden besonders hervorzuheben.

Dazu sei vorweg klargestellt: Der Terminus ‚nichtfunktional' im Begriff des nichtfunktionalen Weltaspektes schließt den engeren, naturwissenschaftlich geläufigen Funktionsbegriff und nur ihn aus: Nur dieser gibt Auskunft auf die mechanistische Frage ‚*Wie funktioniert* das?'; und innerhalb des genuin physikalischen Weltaspekts gilt er vor allem im hirnphysiologischen Bereich mit seiner breiten Skala niederer und höherer Funktionsstufen (vgl. u. 20 zu ‚Modellen').

Außerdem ist hier der nichtfunktionale Weltaspekt basal durch das Konzept des *im Kern* notwendig zirkulär definierten, also auch im weiten Sinne nicht-funktionalen Phänomenal-Qualitativen charakterisiert. Eben deswegen ist dieses Konzept nicht nach Analogie genuin physikalischer Dinglichkeit und zugehöriger Methode und Kognitionstheorie interpretierbar (Descartes, partiell auch Kant, Husserl). Vielmehr begründet es ein unsere Alltagserfahrung rechtfertigendes genuin philosophisches Konzept der Objektwelt. Anderseits korrespondieren auch ihm äquivoke funktional-naturwissenschaftliche Beschreibungen.

Dem im Kern notwendig zirkulär definierten Phänomenal-Qualitativen zugeordnet nun ist eine – beschreibend-'theoretisch' fundamentale – absolut unmittelbare Wahrnehmungsbeziehung, die nur im weiten Sinne als funktional bezeichnet werden kann. (Ihr biologisch-kognitionstheoretisches Korrelat hat sie im unmittelbar-mechanischen, die höherstufigen Funktionen der kognitionsphysiologischen Prozesse fundierenden Kontakt und Umgang des Leibes mit seiner Umwelt.)

Dieser unmittelbaren Kernbeziehung gleichsam arrondiert oder (konkret untrennbar) in sie eingelassen ist das, was man wiederum im *weiteren*, auch für den nichtfunktionalen Weltaspekt konzedierbaren Sinne als Erkenntnis'funktionen' – in Anführungsstrichen – bezeichnen kann. Dazu gehört vor allem das Ding-Schema, wie es für empirische Vorstellungen und Begriffe charakteristisch ist.

Neben *rein* erkenntnismäßigen ‚Funktionen' gibt es nicht konkret separierbare ‚Misch'phänomne *qualitativen* Teilgehalts (a) und *dynamischen*: erkenntnis- bzw. verhaltensfunktional *relevanten* Teilgehalts (b), der auch den äquivoken verhaltensbiologischen Korrelaten zukommt. Sie liegen in zwei Gruppen vor: 1. als Gefühle, 2. als eine besondere Gruppe von phänomenalen *Objekt*qualitäten, wie Düfte und leibliche Schmerzen. Die unlösbare *Einheit* jener Teilgehalte (a, b) wurde hier mit dem Begriff des *In-sich*-Werthaften betont. Sie scheint mir zum Kern (des Bewusstseins) der verantwortlichen Freiheit zu gehören, und beide wiederum zur umfassenden nichtfunktionalen ‚Sinn'-Struktur unserer Welt.

8

Als paradox muss zunächst erscheinen, dass ausgerechnet eine genuin philosophische Rekonstruktion des Wahrnehmens und des Bewusstseins, welcher die phänomenal-qualitative (z.B. farbige) Objektwelt als Ausgangspunkt dient, zu Resultaten führt, die ihrerseits in spezifischer Weise höchst unanschaulich sind.

Unanschaulich sind nicht etwa nur die Begriffe und die Aktivität begrifflichen Denkens, sondern auch schon die hier als basal für unser Wahrnehmen jener Objektwelt rekonstruierte ‚absolute kognitive Unmittelbarkeit'. Husserl bietet dazu das scheinbar anschauliche Konzept der „Ich-Strahlen". Doch täuscht gerade das Bild der ‚Strahlen' über das zutiefst Unanschauliche des Gemeinten hinweg. Das zeigt sich spätestens dann, wenn wir (mit Husserl) das ‚Ich' als „Quellpunkt" jener Strahlen bezeichnen: Müsste ein derartiger Sachverhalt nicht alltäglichem Selbstbewusstsein fraglos zugänglich sein?

Im Grunde entziehen sich die Erkenntnisleistung des Subjekts und das ‚Ich' selbst einer anschaulichen Darstellung nicht minder, als es Kant im Kontext seiner Theorie für das Ich im *Ich denke* formuliert: Das Ich *könne* gar nicht – als Grund*bedingung* des Erkennens – sich selbst zum *Gegenstand* des Erkennens machen – auch nicht nach Analogie solcher Gegenstände; es entziehe sich, so sehr man sich auch darum bemühe, *quasi*-empirischer Erkenntnis (KrV, B 404). Und doch sind jene Bilder kaum verzichtbar. – Dieses scheinbare Paradox ist in der eigentümlichen Natur des nichtfunktionalen Weltaspektes begründet, der seinerseits gerade das Verständnis der *Einheit* beider – scheinbar hetrogenen – Weltaspekte ermöglicht (s. C.VII.B.3). Er ist metaphysikalisch und ‚empirisch' zugleich, umfasst existentiell Wesentliches unserer Lebenswelt und ist doch nur grenztheoretisch fassbar. Eben dies macht ihn zum Gegenstand einer eigentümlichen Art von Beschreibung.

Auch das – wohl auf Locke zurückgehende – Bild des ‚geistigen Auges' täuscht Anschaulichkeit des Wahrnehmens, Erkennens und des Geistes vor. Zudem bemüht es ganz explizit den (kognitions)*biologischen* Begriff des Auges, kann also eo ipso den genuin philosophischen Begriff des Bewusstseins gar nicht plausibel machen. Es kann daher als ein systematischer Beitrag der Philosophie weder gedacht noch geeignet sein – noch weniger als das oben genannte Bild der Strahlen. Zur Ironie der modernen analytischen Philosophie gehört, dass ausgerechnet dieses *Bild* als Gegenstand der Kritik des genuin philosophischen Geistbegriffs herhalten muss.

9

Der nichtfunktionale Weltaspekt ist – seit der Neuzeit in Gestalt des Bewusstseins: seiner inneren Struktur und ihren ‚Elementen', vor allem Sinnesdaten, ‚Ich' und begriffliches Denken – Gegenstand analytischer Untersuchungen oder *‚Beschreibungen'*.

Das *Erklären* und die damit verbundene *genetische* Sicht, auch des lebendigen Wandels, sind Sache der im gängigen Sinne ‚empirischen' Wissenschaften. Andererseits will für das Empirische eben *auch* der nichtfunktionale oder metaphysikalische Weltaspekt angemessen beachtet sein (wie es Kant auch in seiner strengen *Kritik der reinen Vernunft* vorschwebte, vor allem im Konzept des „empirischen Dualismus").

Ein Musterbeispiel ist die Erklärung der phänomenalen Grundfarben: ihre Entstehung aus dem durch Regentropfen oder Prismen ‚gebeugten' Licht, welches seinerseits durch ein Spektrum elektromagnetischer Wellenlängen erklärt wird. Aber ist damit – ggf. einschließlich der drei Typen von Zäpfchensinneszellen – auch der rein phänomenale Vorgang der Entstehung der Grundfarben aus streng ‚weißem' (Neon-)Licht auch nur annähernd erklärt? Sie selbst, ihr Wandel und ihr komplexes Beziehungsgeflecht lassen sich offenbar nur ‚beschreiben' und sodann als Teil des konsequent grenz'theoretischen' Implikationszusammenhanges der phänomenalen Welt verstehen.

10

‚Was ist hinter dem blauer Himmel?'

Aus naturwissenschaftlicher Sicht ist der blaue Himmel ein bloß subjektives Phänomen: Produkt alltäglichen perspektivisch-selektiven Wahrnehmens. In der Zusammenschau beider Weltaspekte ist diese Sicht zuständig für die Erklärung z.B. von Farbenblindheit, Halluzinationen, Träumen sowie die Verschiedenartigkeit phänomenal-qualitativen Erscheinens bei verschiedenen höher entwickelten Tierarten.

Aus der hier explizierten genuin philosophischen Sicht ist der blaue Himmel ein zwar (leibbedingt) perspektivisch geschaut, aber ansonsten ein theoretisch irreduzibel ‚objektives' Phänomen (C.VII B.2, Abs.2); er ist theoretisch unhintergehbar. Eben deswegen ist jene Frage *theoretisch* zurückzuweisen, zugunsten eines konsequent grenztheoretischen Verständnisses der phänomenalen Welt selbst.

Am Beispiel der Blauheit des *Himmels* wird so besonders deutlich, dass Farben nichts ‚Greifbares', (äußerlich-)räumlich Konturiertes sind. Nur in der alltäglichen Verschmelzung beider Weltaspekte können sie als solches gelten; zugleich kann darin *intuitiv* eben auch erfasst werden, inwiefern Blau in Dichtung und Malerei als Symbol für Unendlichkeit oder Schöpferisch-Unbestimmtes gilt (ähnlich ‚Gold' im Sinne kosmischen Lichtes).

Dies gilt übrigens auch für den kognitionsbiologischen Begriff des ‚phänomenalen Blau'. Er ist mithin auch in diesem Punkte äquivoker Natur. Aber er ist eben nicht äquivok in dem Punkt kognitionsbiologischer Unterscheidung zwischen einem subjektiven und einem objektiven Anteil (C.VII). Unser alltägliches Sprachspiel zu den Farben erweist sich hier – wie schon in der Definition – auch in wissenschaftlich-systematischer als *verschieden* vom genuin physikalischen Sprachspiel, besonders auch von dessen Rekonstruktion der Alltagssprache!

11

Der eigentümliche ontologische Status eines Aspektes der *Welt insgesamt*, welcher dem genuin physikalischen Weltaspekt systematisch (nicht ontologisch) vorgeordnet und ihm komplementär ist, ist die dialektische indirekt-methodologische und -theoretische Konsequenz neuzeitlich-moderner *Hinwendung* zum genuin physikalischen Theorietypus. *Daneben*, in der Sicht alltäglich-praktischen *Umganges* mit Gegenständen, *behalten* phänomenal-qualitative Objekteigenschaften, wie Farben und Töne, ihren akzidentellen oder sekundären Status.

Der ontologische Status solcher Eigenschaften lässt sich durch Konzepte ontolologisch vorgeordneter Begriffe oder Ideen nicht *theoretisch* gleichsam in den Schatten stellen. Geistige und schöpferische Ausstrahlung kann demnach nicht ein Ideenhimmel oder Ähnliches haben, sondern die phänomenale Welt selbst. Andererseits verdanken wir entsprechende Wahrnehmung begrifflichem Denken.

Begriffe gehören zum Implikationszusammenhang der phänomenalen Welt theoretisch nicht wegkürzbar dazu. Über sie hinaus zu denken, ist nicht nur *wissenschaftlich* unmöglich und illegitim, sondern auch in moralisch-praktischer Hinsicht inkonsistent.

12

Das Beständige im ‚Flusse' oder Wandel der *Objekt*welt finden wir primär in ihr selbst vor: als strukturell-funktionelle Einheiten oder ‚Atome' (Atome, Moleküle, physikalische Körper, Zellen, Organe, Organismen) in ihrem genuin physikalischen Aspekt (vgl. Vf. 1994 I.2 zum „Struktur-Funktion-Prinzip"), in ihrem gewissermaßen metaphysikalischen Aspekt als notwendig zirkulär definierte, teilweise polare ‚Kern'-Gehalte (Warm und Kalt; Hell und Dunkel; Grundfarben; Töne; Düfte und Geschmäcke in ihren Unterschieden zu jenen und untereinander: wie Süß und Bitter).

Diesem Beständigen auf der Objektseite korrespondieren auf der Subjektseite: Schemata, Begriffe, numerische Identität und Einheit des Bewusstseins im metaphysikalischen Aspekt, im physikalischen Aspekt äquivoke kognitionsbiologische oder mechanisch-funktionale Sachverhalte. Mit Schemata und *Begriffen* übrigens vermögen wir beides zu erfassen: das Beständige *und* das Fließen unserer Welt, auch an uns selbst.

Der gemeinsame Nenner beider Seiten und Aspekte ist ihre Weltzugehörigkeit: ihr Implikationszusammenhang im Rahmen von Raum, Zeit und ‚Sinn'.

13

Nur *qua* unlösbarer *Einheit* mit dem genuin physikalischen Weltaspekt ist der nichtfunktionale Weltaspekt von diesem ‚abhängig'; es handelt sich dabei also nicht um ein (quasi-)kausales Verhältnis. Eben wegen dieser Einheit spricht man zu Recht etwa von einer kausalen Relevanz phänomenal-qualitativer körperlicher Schmerzen für das Verhalten, des Geistes für menschliches Handeln oder auch des phänomenal-qualitativen Lichtes für das Wachstum von Pflanzen.

Das psychophysiologische Korrelationsprinzip legitimiert entsprechend die Rede von einem modifiziert-teleo*logischen* – nicht nur teleo*nomischen* – Einfluss der seelischen Ereignisse auf den Körper (C.VII.B.3). Einen im strikteren Sinne teleologischen Einfluss auf das menschliche Handeln hat der menschliche Geist, sofern er intuitiv oder explizit zwischen den beiden Weltaspekten unterscheidet.

14

Die eigentümliche Einheit von Organismus bzw. phänomenal-qualitativem Leib und Seele (vgl. Nr. 4) ist wesentlich mitbegründet durch die Einheit des metaphysischen Erscheinens oder Ursprungs der phänomenalen Welt insgesamt bzw. durch den Implikationszusammenhang der Welt, welcher jenen Ursprung mit umfasst. Umgekehrt beruht die Implausibilität einer unlösbaren Einheit von Leib und Seele auf der alltäglichen Gewohnheit, das jeweilige Ganze zu denken als ein Interagieren von Körpern, modern gesprochen: als ein komplexes Zusammenwirken zahlreicher ‚Atome' (Elementarteilchen, Atome, Moleküle; Zellen, Organe, Organismen, Ökosysteme), also im physikalisch-funktionalen Sinne.

Auch das traditionelle Konzept von Analogieschlüssen bezüglich der Existenz anderer Bewusstseine basiert auf jenem Muster räumlicher und zeitlicher Gliederungen und ihrer Funktionen; danach existieren angeblich je für mich *zunächst* die äußeren Körper der je anderen Menschen, *sodann* – in räumlicher und zeitlicher Nachordnung – Seelen darinnen oder dahinter. – Nein, im Kontext des nichtfunktionalen Weltaspektes wird uns in der Begegnung unserer Blicke intuitiv bewusst, dass jenes in unlösbarer Einheit und absoluter Gleichzeitigkeit existiert *und wahrgenommen* ist; die Distanz zur Umwelt und ihren Subjekten wird ‚*objektiv'* nicht durchmessen, nicht einmal mit Lichtgeschwindigkeit.

Zwar fügen sich Zeit und Geschwindigkeit des genuin physikalischen Weltaspektes komplementär zu denen des nichtfunktionalen Weltaspektes (vgl. C.VI), etwa in dem äquivokativen Konzept ‚*unterhalb der Wahrnehmungsschwelle'*. Jedoch darf dieser Sachverhalt nicht auf Kosten der phänomenalen Gleichzeitigkeit in jener optischen Kommunikation gesehen werden. Diese Kommunikation ist in Begriffen noch so großer Geschwindigkeiten gar nicht adäquat fassbar. Aber da wir gegenwärtig wie gebannt vom genuin physikalischen Theorietypus sind, bleibt uns philosophisch nur die Wahl zwischen der Skylla einer bewusstlosen und objektiv wertneutralen physikalisch-funktionalen Weltstruktur und der Charybdis radikaler Skepsis bezüglich der Außenwelt und je anderer Subjekte. Beide Theorien sind offenbar weder angemessen noch als geistige Heimat der Menschheit geeignet.

15

Im begrifflichen (intuitiven und expliziten) Verstehen dessen, was schon offen vor unseren Augen liegt, dürfte die eigentümliche Freiheit unseres Denkens gegenüber unserer biologischen Natur begründet liegen – eine Freiheit freilich, welche die formale Urteilsfreiheit impliziert und fordert. Ohne Gebrauch dieser Freiheit ‚*funktionieren'* wir gewissermaßen nur, wären wir ansonsten auch noch so intelligent, ja machtpolitisch genial (vgl. aber oben C.XVII).

16

Das Konzept der Wahrnehmung von In-sich-Werthaften (wie Schönheit) führt uns auf unser wesentlich *geistiges Interesse* daran. Unter derartiges Interesse fallen spezifische Gefühle, wie Liebe, Mitgefühl, Trauer (Melancholie). Es gibt demnach eine wesentliche Beziehung menschlichen Geistes zu solchen Gefühlen: Es sind *seine* Gefühle. Die Dichotomie von Intellekt und Gefühl ist folglich aufzugeben.

Auch die Mathematik basiert auf *Interesse,* und schon Pythagoras war fasziniert von der Beziehung zwischen Tonhöhe und Saitenlänge (Musik). Nicht zuletzt bietet die moderne Unterscheidung zwischen den beiden Großhirnhemisphären ein äquivokes Konzept für die Unterscheidung und Zusammengehörigkeit der beiden Aspekte.

Feindselige Aggression wird geschichtlich u.a. in Abhängigkeit vom Kontext verschiedener Sprachen und Kulturen und ihrer Wahrnehmung beurteilt, in den – schriftvermittelten – Hochkulturen tendenziell (intuitiv) nach ihrem ‚objektiven' Kontext im nichtfunktionalen Weltaspekt.

17

Da die menschliche Seele *theoretisch* so wenig als unabhängig von der phänomenalen Welt bzw. der Einheit der beiden Weltaspekte denkbar ist wie sonst irgendein ‚Teil' dieses Implikationszusammenhanges, ist sie *theoretisch* nicht als ursprünglicher Teil und Botschafterin eines Jenseits denkbar, sondern nur gemeinsam mit dem Leib und als Teil unserer Welt:

Die Jenseitsidee gehört in den Kontext des der phänomenalen Welt insgesamt inhärenten ‚Sinnes', nicht exklusiv in den Kontext des Begriffs der Seele. Plausibel explizierbar freilich ist sie auch in diesem Kontext so wenig, wie sie *theoretisch* explizierbar ist, und gerade auch dies fügt sich in den Kontext und ‚Sinn'zusammenhang des ethischen Motivs.

18

Trifft die hier explizierte These zweier unlösbar verknüpfter Weltaspekte zu und ist sie weitgehend mitteilbar, dann dürfte ein Art Staunen über die Welt und das Leben eine Grundeinstellung der Menschheit werden. Die alltägliche *Natur* etwa ist ein großartiges Schauspiel, in dem (potentiell) jeder Mensch ‚in der ersten Reihe sitzt'. Gerade die Moderne hat die Chance, dieser Großartigkeit in neuer Weise und intensiv gewahr zu werden

Jenes Staunen wäre nach all den vorstehenden Ausführungen nur *eine* mögliche Beschreibung menschlichen Lebensgefühls: sozusagen eine von mehreren Facetten bewusst gelebter mensch(heit)licher Identität.

Ein derartiges Selbstbewusstsein würde die Reihe natürlicher und geschichtlich gewachsener Identitäten von Sozialverbänden (Familie, Volk / Nation, Religion) abschließen und zugleich umfassen – und damit deren mögliche Defizite sinnvoll ausgleichen helfen.

19

Descartes' Zwei-Substanzen-Modell trägt, ungeachtet seiner inneren Problematik, in der Betonung des physikalischen Raumes und seiner Einheit erstmals dem genuin physikalischen Theorietyp Rechnung, und historisch knüpft es an die philosophische Situation des ausgehenden Hellenismus an. Kants transzendentalphilosophischer Rekurs auf das Bewusstsein relativiert den physikalischen Raum zur Form sinnlicher Anschauung. Mit der (impliziten) Unterscheidung zweier Weltaspekte sucht er auch jenes Problem – im Konzept des „empirischen Dualismus" – zu lösen. Eine moderne philosophische Strömung wendet das grenztheoretisch-erkenntniskritische Anliegen auf jene dem Bewusstsein zugewiesene Konstitution von Welt und Erkenntnis selbst an. In Verbindung damit sieht sie die Aufgabe der Philosophie in einer angemessenen Beschreibung der menschlichen Existenz und Erfahrung bzw. der Welt insgesamt.

Auch diese ‚moderne' Verschiebung knüpft in neuer Weise an Descartes an: Schon er weist im speziellen Fall seiner methodologischen Kommentierung des schroff-dualistischen Modells auf die *im Le-*

ben selbstverständliche „(sinnliche) Erfahrung" der Interaktion und innigen Einheit von Leib und Seele. Nur haben wir jetzt diesen Hinweis auf unsere alltägliche Erfahrung der *Welt* auszudehnen: Sogar *trotz* unserer genuin physikalischen Schulbildung (die zu Descartes' Zeit noch gar nicht möglich war), also mitnichten naiv, halten wir im Alltag an der Objektzugehörigkeit phänomenaler Qualitäten wie der Farben des Frühlings oder Herbstes fest.

Eben diese Überzeugung gehörte zum Ausgangspunkt der vorliegenden Theorie-Skizze zur phänomenalen Welt (C.I). An die Stelle des schroffen Zwei-Substanzen-Modells tritt jetzt das Konzept zweier Weltaspekte, das sowohl unseren alltäglichen Realismus als auch einen relativierten physikalischen Realismus impliziert. Wittgenstein Sprachspiel-Konzept meidet Übertragungen des genuin physikalischen Denktyps oder Dingbegriffs auf genuin philosophische Unterscheidungen und hebt so tendenziell auf eine genuin philosophische Artikulation alltagssprachlicher Verknüpfung beider Weltaspekte ab.

All diese Konzepte sind Momente des hier explizierten, nicht in isolierte Teile zerlegbaren Implikationszusammenhanges der Welt. Mit dem Begriff des Implikationszusammenhanges soll die phänomenale Welt nicht erklärt, sondern ‚angemessen', d. h. unserer alltäglichen Welt- und Selbsterfahrung gemäß, beschrieben werden. (Unter den Aspekt der ‚Beschreibung' ist übrigens auch ein Aspekt des genuin physikalischen Theorietyps subsumierbar; C.X.1). Dazu gehört auch eine *beschreibend- ‚theoretische'* Sicht der Leib-Seele-Beziehung (C.VII, XII).

20

Was heißt ‚*beschreiben*' im philosophischen Sinne? Auch und gerade *nach* den vorangegangenen Untersuchungen scheint diese Frage reizvoll: im Sinne einer Zuspitzung auf genuin philosophische *Methodologie*.

1. Der erste methodologische Grundsatz lautet: *Beschreibung braucht sich nur an die ‚Vorlage der phänomenalen Welt' zu halten.*

Daran fällt eine merkwürdige Paradoxie auf: ‚Beschreibung' scheint *einerseits* denkbar einfach; an jenes methodologische Grundprinzip hält sich implizit schon und von Beginn an die vorsokratische Denkbewegung. *Andererseits* und zum Teil ebenfalls schon seit der vorsokratischen Denkbewegung spielen wesentlich komplexere – wenn auch lange Zeit implizite oder intuitive – methodologische Einsichten eine grundlegende Rolle:

2. Der genuin physikalische, auf der alltäglichen mechanischen Leib-Umwelt-Interaktion basierende Denktyp (Handwerk!) drängt aus sich heraus zu innerer Abgeschlossenheit (erstmals erreicht von Demokrit). Als ursprüngliches Abgreifen oder Erfassen von Körpergestalten ist auch er *buchstäblich beschreibend*. Übertragen auf eine alltäglich nicht wahrnehmbare (zunächst hypothetische) Makro- und Mikrostruktur der Welt verlässt er die Ebene buchstäblicher Beschreibung zugunsten (im eigentlichen Sinne:) theoretischer *Erklärung*.

3. In der genannten tendenziellen inneren Abgeschlossenheit ist der genuin physikalische Theorietyp zugleich a) ein Hindernis (das ‚prinzipiell' zu meiden ist) und b) eine indirekte, konzeptuell negativ-kontrastive Hilfe, das von ihm nicht (hinreichend) Erfasste der phänomenalen Welt zu artikulieren.

All diese methodologischen Faktoren *explizit* zu durchschauen und systematisch zu nutzen, lässt sich als Aufgabe der Philosophie seit der Neuzeit charakterisieren:

4. Anders als im genuin physikalischen zeigen sich im genuin philosophischen Denktyp seit der Neuzeit anschauliche *Modelle* zunehmend als inadäquat, als illegitime Anlehnungen an den genuin physikalischen (in der Wurzel alltäglichen) Denktypus. Das neuzeitliche Kardinalbeispiel dafür ist die aporetische Zuspitzung des Geistbegriffs. Es wird die Forderung spürbar, das *irreduzibel* Anschauliche,

Offene und irgendwie Selbstverständliche der phänomenalen *Welt* – u.a. eben auch die Interaktion von Leib und Seele – ‚theoretisch' zu artikulieren, d.h. im strikten Sinne zu beschreiben.

4.a) Zunächst noch im Kontext jenes Modell-Denkens entsteht das betont erkenntniskritische Konzept eines Implikationszusammenhanges der *Welt*, d.h. noch im Rahmen des – nun erkenntniskritisch gewendeten – Cartesischen Bewusstseinsbegriffs und in Verknüpfung mit einer transzendentalen Methodologie der Naturwissenschaft (Kant).

4.b) Sodann tritt das Konzept des Implikationszusammenhanges *an die Stelle* anschaulichen Modell-Denkens; jegliche Analogien zum genuin physikalischen Theorietypus und seinem Ding-Funktion-Schema werden jetzt *bewusst* gemieden. Dabei übernimmt die methodologische Neuzuwendung zur *phänomenalen Welt* die Funktion der Kritik traditioneller Philosophie. In einem ersten Ansatz finden wir diese Entwicklung schon bei Descartes (Briefe an Elisabeth), zuletzt in betont methodischer Entfaltung, freilich auch extrem minimalistisch und angewiesen auf den Hintergrund der genuin philosophischen Tradition, in Wittgensteins Konzept der Alltagssprache, die als solche die solipsistische Schlagseite des Kerns neuzeitlichen Philosophie ausschließt.

4.c) Diese Entwicklung ergänzt tendenziell, explizit auch beim späten Husserl und bei Heidegger, den philosophischen Subjektbegriff durch einen originären genuin philosophischen Objektbegriff. Die vorliegende Arbeit geht von dem *im Kern* notwendig zirkulär, *konnotativ* relational definierten Begriff der Objektqualia aus; diese lassen sich als systematischer Kern des Implikationszusammenhanges der Welt (re)konstruieren.

21

A) Die Objektqualia haben in der hier gebotenen begrifflichen und ‚theoretischen' Explikation genau die Art von ontologischem Gepräge, das man braucht, um den irreduzibel objektiven Charakter der phänomenal-qualitativen Objektwelt umfassend zu begründen:

1. Sie sind untauglich für jegliche (physikanaloge) Verdinglichungen.
2. Sie sind der kognitiven Beziehung des biologischen Organismus zu seiner Umwelt korreliert, also gewissermaßen einem in genuin physikalischer Sicht ontologischen ‚Niemandsland'.
3. Sie sind Kern eines zum physikalischen Weltaspekt komplementären Aspektes.
4. Sie bzw. jener Weltaspekt sind nur grenztheoretisch formulierbar.
5. Sie sind Inbegriff eines Typs von Anschaulichkeit, der dem geometrischen Modell-Typ des Anschaulichen sowie dem (anschaulichen) genuin physikalischen Funktionsbegriff geradezu entgegengesetzt ist.
6. Ihr Zusammenhang mit der Welt ist stattdessen nur als eigentümlicher, theoretisch unlösbarer Implikationszusammenhang ‚beschreibbar'.
7. In diesem Kontext (1.-6.) verbietet sich auch die – verdinglichende – Rede, etwa das Blau des Himmels erscheine verschiedenen Menschen in verschiedenen ‚Exemplaren'.

B) Anhand der Objektqualia lässt sich der *unanschauliche* Charakter der auf sie bezogenen *Begriffe* und damit der Begriffe insgesamt (bzw. ihrer kognitiven ‚Funktionen', vgl. o. Abschnitte 7, 8) verdeutlichen.

22

Unser Hang zu physikanalogen Modellbildungen auch im Bereich genuin philosophischen Denkens fördert die Neigung zu Verdinglichungen auch der (intuitiv oder genuin philosophisch erfassten) eigentümlichen Natur der Objektqualia. Eine – auf Grund ihrer erkenntnistheoretischen Ausrichtung bis heute weitgehend undurchschaute – Form solcher Verdinglichung ist ihre auf Descartes und Locke zurückgehende Interpretation als Sinnesempfindungen, zumal in Kombination mit Husserls transzendentaltheoretischer Konstruktionslehre: In diesem ‚Modell' (s.o. 20.4) fungieren sie als theoretisch isolierte Entitäten *sui generis*, tauglich mithin als ‚Rohmaterial' kognitiven Konstruierens.

In metaphysikalischer Sicht sind z.B. Farben und Helligkeit gewissermaßen die Art und Weise des Erscheinens von Objekten. Sie sind theoretisch unhintergehbar, verkörpern den – durchaus ‚empirischen' – Grenzbereich der Welt insgesamt.

Es sind über das im engeren Sinne Phänomenale nur Letztaussagen ohne (herkömmlich-theoretischen) Begründungs- oder Erklärungscharakter möglich, also nur Beschreibungen im strikten Sinne: Sie begründen nichts, noch kann das so Beschriebene selbst erklärt werden. „*Konsequent* grenztheoretisch und erkenntniskritisch" heißt demnach: Meidung von Letztbegründungsmodellen, weil sie den Phänomenen nicht gerecht werden, sondern unseren Blick auf sie verzerren: Die Phänomene selbst und ihr phänomenaler Zusammenhang erweisen sich so als das ‚Letzte', theoretisch Unhintergehbare, das ‚nur' angemessen beschrieben sein will – einschließlich seines Grenzbereichscharakters, also der Grenze selbst.

An die Stelle des herkömmlichen Erklärungs- oder, im Sinne Kants und Husserls, Konstruktionszusammenhanges tritt das Konzept der Beschreibung oder Analyse des theoretisch unauflösbaren *Implikationszusammenhanges* der phänomenalen Welt selbst, zu dem auch das Konzept der Grenze gehört. Die Grenze unserer Welt liegt nicht zwischen ihr und einem hinter oder (transzendental) vor ihr Liegendem und als solches Erschließbarem, sondern wird durch konsequente Beschreibung der phänomenalen Welt mit erfasst (C.VI).

Dass ein und dieselbe Welt zur selben Zeit und am selben Ort verschiedenen (Arten von) Lebewesen qualitativ verschieden, z.B. verschiedenfarbig, *und* zugleich irreduzibel objektiv erscheinen, ist im Sinne dieser Grenzkonzeption – und wiederum in Übereinstimmung gerade auch mit unserer modernen Alltagserfahrung – *Teil* des Implikationszusammenhanges der phänomenalen Welt.

Negativ formuliert: Das Entscheidende ist, dass (z.B.) die ontologisch eigentümlichen phänomenalen Farben in genuin philosophischer Sicht nicht einer (physikanalogen) Verdinglichung unterworfen werden. Denn sie ist die Kernursache wissenschaftlich illegitimer Grenzüberschreitungen, indirekt erkennbar an ihren Symptomen: an ihren diversen aporetischen Verwicklungen: etwa am schroffen Cartesischen Dualismus oder am solipsistischen Konzept methodologischer ‚Privatheit' (oder an der inneren logischen Widersprüchlichkeit des – denkbar umfassend definierten – psychophysischen ‚Parallelismus': Vf. 1977, 1990b).

23

Die Frage nach dem – auch praktischen – ‚Sinn' der Philosophiegeschichte erhält im geschichtlichen Prozess selbst tendenziell eine Antwort. ‚Sinn' ist aber den vorstehenden Untersuchungen zufolge in impliziter Form immer schon Teil des menschlichen Lebens sowie der verschiedenen Kulturen und Epochen der Menschheitsgeschichte. Umgekehrt ergibt sich aus einer explizit philosophischen, interkulturell verbindlichen Formulierung eine neue methodologische Einstellung zur Geschichte der Politik und der Kultur.

4. Teil

Grundstrukturen der Geschichte im Lichte der Antike und der modernen Wissenschaft

PROLOG

„*'Das ist das eigentlich Entscheidende'*, schrieb 1904 der Neuhistoriker Karl Lamprecht (...), *‚dass uns die Antike im Allgemeinen keine Ideale mehr zu bieten vermag, die über uns und unsere Entwicklungsstufe hinaus liegen. Das ist der Grund, warum auch so gewaltige Entdeckungen und neue Aufklärungen über die Antike, wie sie das letzte Menschenalter gebracht hat, keine neue Renaissance haben heraufführen können. Die normative Geltung der Antike war dahin; und die Frage trat auf, was an ihre Stelle treten könne.'*
Die Antwort des 20. Jahrhunderts zeichnet sich ab: Nichts."[57]

Nichts?

---

[57] Werner Dahlheim 1995, 733 f.

A. Die Rolle der Antike in unserem Geschichtsbewusstsein und die Aporetik des Basis-Überbau-Modells

I. Zum Ort der Antike in unserem Bildungswesen

Das Jahr 2000 liegt erst wenige Jahre zurück. In unserem Bewusstsein wird die große Zeitenwende, die bis heute für unsere Zeitrechnung steht, verdrängt durch die Wende der Auflösung des realen Sozialismus, ja sie wird nicht einmal wahrgenommen. Wie noch eingehender zu zeigen ist, hat das eine mit dem anderen zu tun: Die Wende zur Auflösung des realen Sozialismus war keine ‚theoretische' Wende.

Bemerkenswert ist gleichwohl: Kaum eine Wochenzeitschrift, kaum ein Feuilleton lenkt unser Augenmerk auf jene kulturgeschichtliche Drehscheibe und in diesem Sinne Zeitenwende, die durch das Römische Reich definiert ist: auf die europäische Antike als Gesamtphänomen und die damit verknüpfte Zählung einer neuen Zeit. Stehen wir etwa George W. Bushs – überraschend wenig konservativen – Distanzierung vom „alten Europa" unsererseits näher, als wir zugeben möchten?

Zum Paradoxen solcher Abkehr vom alten Europa gehört: Gleich drei Titel-Helden von Frühjahrsausgaben 2004 eines deutschen Wochenmagazins entstammen einer Zeit, die sich der antiken Kultur zutiefst verbunden fühlte (Kant, Alexander von Humboldt, Schiller).

Es gibt weitere *äußere* Anhaltspunkte für die Diagnose, dass die europäische Antike in Europa selbst ihre Funktion als anerkannte Quelle fruchtbarer Neuorientierungen in Gegenwart und Zukunft eingebüßt hat: Die Fächer Griechisch und Latein schwanden in den zurückliegenden Jahrzehnten mehr und mehr von den Stundenplan-Tafeln unserer Schulen. Griechisch existiert als Schulfach praktisch nicht mehr. Latein erscheint tendenziell als ein in mehrfacher Hinsicht exotisches Fach, das sich von seinem alten Ziel, der Vermittlung antiker Originalliteratur und ihrer möglichst fruchtbaren Einbringung in das moderne Denken, mehr und mehr entfernt. Teilweise sind die alten Sprachen sogar auch von den Forschungs- und Lehrprogrammen der Universitäten verschwunden. Und immer wieder wurde und wird diskutiert, ob es noch sinnvoll ist, die Fähigkeit zur Untersuchung der *originalen* literarischen Quellen der Antike auch für das Studium der neuzeitlichen und modernen Geschichte zu verlangen. Manche argumentieren, die vorhandenen Übersetzungen jener Quellen reichten aus. Aber würden dann nicht aus denselben Gründen, die jener Entwicklung zugrunde liegen, langsam auch die Übersetzungen aus den Regalen der Buchhandlungen verschwinden?

II. ‚Basis und Überbau'

Wie lauten jene Gründe? – Es gibt davon zwei Schichten. Die erste, obere Schicht ist in dem Bild gegeben, das die modernen Wissenschaften von der politischen Geschichte und von den modernen Gesellschaften zeichnen. Sie ist Gegenstand des vorliegenden Kapitels. Kapitel B wird die zweite, tiefere Schicht untersuchen, die in der Struktur unserer wissenschaftlichen Landschaft selbst gegeben ist.

In jenen Wissenschaften und dann großenteils auch im Schulunterricht wurde im zurückliegenden (halben) Jahrhundert ein Bild von der Antike leitend, das dem Machtstreben eine zentrale Rolle zuspricht, zumal römischem: dem Stiefelschritt römischer Heere nach außen, dem römischen Adel bzw. Amtsadel nach innen. Und all dies ausgesprochen oder unausgesprochen unter der politisch-ökonomischen Charakterisierung der antiken Gesellschaft als ‚Sklavenhaltergesellschaft'.

Dem skizzierten modern-wissenschaftlichen Verständnis der antiken Realität gegenüber erscheint das Bild, das die Klassik (Goethe usw.) von der Antike zeichnet, als pure Idealisierung, ja Verfälschung und Umkehrung jener Realität. In dieser Verkehrung verdecke und verstärke es den eigenen realen Bezug zur Gesellschaft: In Wahrheit sei es Ausdruck und Machtinstrument des (aufstrebenden) Bürgertums. So scheint das Bild der deutschen Klassik von der Antike jenes vermeintlich realistische Urteil gerade durch seinen unüberbrückbar anmutenden Gegensatz im Endeffekt nur zu noch weiter zu verstärken.

In der Breite geschichtlichen Bewusstseins des so genannten westlichen Kulturkreises spiegelt sich jenes realistische Urteil von der Antike – zwar verflachend, aber doch ganz konsequent – in Filmen über römische Gladiatorenkämpfe und militärische Eroberungen, über Bürgerkriege und Sklavenaufstände, über Genuss-Sucht, Wahn und Morde römischer Kaiser sowie natürlich über den sagenumwobenen Urkrieg zwischen Griechen und Trojanern. Zugleich entspricht es dem unter dem Eindruck endloser Bürgerkriege entwickelten pessimistischen Urteil des späten Sallust von der gesamten Geschichte und der Übernahme dieses Urteils in die christliche Unterscheidung ‚alter und neuer Welt'.

Man könnte demnach die europäische Antike insgesamt in dem Bild eines Vulkans beschreiben: Gleichsam auf dem durch seine Urgewalten aufgeworfenen fruchtbaren Boden, seinen Lava- und Asche-Schichten, siedeln wir heute bzw. haben darin unsere Wurzeln. So in der Demokratie Athens, in der Bautechnik und im Rechtswesen der Griechen und Römer, in der Philosophie und ‚darstellenden' (Theater-)Kultur der Griechen, in der monotheistischen Religion der Juden. Erscheint doch gerade die Demokratie Athens als ein institutionell austariertes System der Macht und Machtkontrolle des Adels und des Mittelstandes. Und überträgt sich derartige Machtfixierung nicht auch nach außen: in hier unkontrollierter

Konkurrenz um Macht und Vorherrschaft, etwa in Athens imperialer Ausnutzung des attisch-delischen Seebundes?

Haben wir jene Errungenschaften nicht täglich vor Augen, zum Teil – zumal im technischen Bereich – in ungeahnt fortentwickelten Formen? Und nicht auch ihr unverändert martialisches Umfeld? Unterstützt nicht gerade die Antike die Überzeugung, dass auch demokratische und republikanische Systeme nicht gegen Labilität und Zerstörung ihrer Institutionen – von innen wie von außen – gefeit sind?

Die gesellschaftswissenschaftliche Formulierung der skizzierten Geschichte fasst die Kultur als „Überbau" auf: als bestimmt durch die materielle (wirtschaftliche und politische) „Basis". Auch im wissenschaftlichen Bewusstsein der westlichen Demokratien spielt das Basis-Überbau-Modell eine überragende Rolle. Noch heute.

III. Das Basis-Überbau-Modell – eine methodologische, kulturelle und politische Falle?

Schon die Antike also scheint dieses bewährte Modell der treibenden politisch-geschichtlichen Energien zu bestätigen. Und umgekehrt gilt sie so selbst als ein für allemal erforscht, gleich einem Naturgeschehen. Viel lernen lässt sich aus dieser Sicht dann in der Tat nicht: ‚*Alles, was man für Fortschritt hält, insbesondere eine republikanische oder demokratische Verfassung, ist aus sozialen und militärischen Kämpfen hervorgegangen – und durch ebensolche Konflikte wieder bedroht und für lange Zeit verlierbar. Zukunft ist also effektiv nur je aus der Gegenwart heraus planbar.*' Rechtfertigt eine derart ernüchternde Einsicht nicht schließlich auch ein Absterben-Lassen von Griechisch und Latein an den Schulen und die Einsparung dieser Fächer an den meisten Universitäten?

Doch was tun wir da eigentlich? Ist so nicht die alte Gewaltproblematik an die konkrete Praxis verwiesen? Gibt es nicht nach wie vor – zurzeit latente – Strömungen, die auf Gewalt setzen, weil nur so das Elend in der Welt überwindbar sei? Die Gefahr, dass demokratische Strukturen in (ggf. stillschweigendem) wissenschaftlichem Einverständnis zum Um- bzw. Absturz in einen neuen politischen Totalitarismus *benutzt* werden, speist sich *auch* aus der Überzeugungskraft jenes Modells. Und stehen anhand des Modells die Ursachen des Umsturzes nicht von vorneherein fest?

Und wie kann es angehen, dass allein die (angebliche) Einsicht in eine derartige gesellschaftliche Grundstruktur aus ihr heraushilft? Diese Frage wirft sogleich weitere Fragen auf: Worin eigentlich sind die *Motive* zur Überwindung jener Grundstruktur begründet? Sind sie exklusiv, und warum (nicht)? Ist jene Einsicht nicht – zumal wegen ihrer erklärten Praxisorientierung und so begründeten ‚Politikfähigkeit' – ihrerseits *de facto* ein Instrument politischer Machtlegitimierung und Gruppenbildung bzw. -bindung, zumal mit klaren Feindbildern?

Für die nach wie vor bestehende wissenschaftliche Attraktivität, zuweilen sogar Selbstverständlichkeit, des Basis-Überbau-Modells sehe ich zwei Gründe: 1. Es gibt bis *dato* keine nennenswerte Alternative – erst recht keine, die zu vergleichbarer faktischer wissenschaftlicher Produktivität führen könnte. 2. In politischer Hinsicht ist das Verhältnis zwischen Theorie und Praxis so eindeutig zugunsten der Praxis geklärt, dass für die politische Praxis jede intensivere Auseinandersetzung mit philosophischen Theorien und Grundfragen des Lebens, der Gesellschaft und der Geschichte als weitgehend entbehrlich erscheint.

Fragen und Zweifel an jenem Fundamentalmodell werden von ihm selbst gleichsam eingefangen: Sie seien ihrerseits als ein politisch-ökonomisch bedingtes Modephänomen, kurz: als Überbau-Phänomen, zu interpretieren. Lieber flickt man am alten Modell mit Zusatz- und Ausnahme-Hypothesen herum. Oder man bestätigt dieses Modell indirekt, indem man in der Geschichte einschlägige politische Phänomene (wie die Sklaverei) und Entwicklungen isoliert und im Sinne des Modells interpretiert – etwa Sokrates' Denken als Reaktion auf den Peloponnesischen Krieg.

Nicht zuletzt müsste die schiere Existenz und faktische Rolle des Basis-Überbau-Modells ihren Verfechtern selbst, zumal im Rahmen unserer Demokratie, als bestes Argument für die Unabhängigkeit wissenschaftlichen und philosophischen Denkens gelten, bzw. als bestes Gegenargument gegen die These, die Philosophie sei eine Art Produkt oder Spiegel der politisch-ökonomischen – oder *mutatis mutandis* individualpsychologischen – Basis.

IV. Philosophie als historisches Feld konstruktiver Skepsis

Der Platon der mittleren Schriften, zumal des *Staates*, verband – aus den im 1. Teil (C) genannten Gründen – seine Ideenlehre mit einem monarchisch-gesellschaftspolitischen Modell und dem (vergeblichen) Versuch seiner Realisierung in Syrakus. Bedenkt man die weitere philosophische Bewegung und Skepsis des späteren Platons, dann ist die Geschichte der Philosophie zugleich eine Geschichte philosophischen Dissenses, der Skepsis und freier Überprüfung und Revision philosophischer Lehren.

Zu dieser Sicht passt, dass die Philosophie in den totalitären Systemen des 20. Jahrhunderts je gleichermaßen ihre Freiheit einbüßte. Umgekehrt ist es ihr in den demokratischen Ländern gelungen, ihre eigene traditionelle Tendenz zu dogmatischen Systemen aufzugeben. Die positive Rückwirkung dieser Entwicklung auf das politische Denken ist kaum überschätzbar. Die für die (akademische) Philosophie scheinbar konstitutive praktische Wirkungslosigkeit erscheint jetzt in einem ihr eigentlich angemessenen Licht: 1. als Ausdruck der Zurückhaltung und des Eingeständnisses, dass es im geschichtlichen Unternehmen der Philosophie nach wie vor an Übereinstimmung im freien wissenschaftlichen Urteil fehlt. 2. Die Unzufriedenheit mit dieser Situation ist demnach einfach als Teil spezifisch philosophischer Arbeit zu begreifen.

B. Naturwissenschaft als fundamentale Theorie der ‚Basis'

I. Die Mehrdeutigkeit der materiellen Basis

Im Grunde ist das Basis-Überbau-Modell schon durch die bloße Existenz einer an Darwins Auslese-Begriff anknüpfenden rassistischen Version erheblichen Zweifeln ausgesetzt. Diese Version lässt also neben ihrer Amoralität (die während der Nazi-Herrschaft freilich zu einer revolutionär-‚moralischen' Herausforderung verkehrt wurde) eine wissenschaftlich bedenkliche Mehrdeutigkeit des Modells selbst erkennen.

Hinzu kommt die Mehrdeutigkeit komplexer sozialer Phänomene und einer gewissen Beliebigkeit ihrer Deutung im Sinne spezieller Anwendungen des Basis-Überbau-Modells. Gilt dem jungen Marx Vielgestaltigkeit philosophischer Theorie einfach als von der Praxis ablenkend, erscheint im Gefolge des Basis-Überbau-Modells der Streit innerhalb der Philosophie sehr bald als Spiegel einer auf Konkurrenz und (Überlebens-)Kampf hin ausgerichteten bürgerlichen Gesellschaft und ihrer buchstäblich ‚herrschenden' Interessen.

Objektiv sind solche großen und kleinen Beliebigkeiten schwerlich vereinbar mit der jeweils behaupteten *definitiven* wissenschaftlichen Wahrheit. Im wissenschaftsgeschichtlichen Prozess selbst dagegen erscheint das Modell bis heute als wissenschaftlich produktiv und ohne ernsthafte Alternative.

Schon jene rassistische Modellversion lässt eine fundamentalwissenschaftliche Verabsolutierung der Naturwissenschaften, zumal der Biologie, als gleichsam natürliche Verbündete des Modells erkennen. Darauf, u.a. auf die damit verknüpfte ethische Problematik, ist in den folgenden Kapiteln näher einzugehen. Umgekehrt ist die ethische Problematik deswegen von besonderem Interesse, weil sie durch den Anspruch einer wissenschaftlichen Fundierung des Modells verdeckt oder unterlaufen wird. Beides wiederum legt den Gedanken einer Affinität des Modells zu totalitärem Denken nahe.

II. Das Fehlen der Wertethematik und ihrer philosophiegeschichtlichen Kontinuität

Die genannte Perspektive einer Überwindung des Elends durch (totalitäre) Gewalt impliziert die Überzeugung vom absoluten, unveräußerlichen Wert menschlichen Lebens. Diese Implikation wird nun aber im Rahmen des Basis-Überbau-Modells teils ausgeblendet, teils wird sie, bestärkt durch Kants Trennung zwischen theoretischer und praktischer Vernunft, aus der wissenschaftlich-theoretischen Diskussion ausdrücklich ausgeschlossen oder gar als Überbau-Thema ‚bürgerlicher' Philosophie diskreditiert.

Historisch verbindet sich diese Haltung, wie schon das Konzept der (materiellen) Basis im Allgemeinen, ausdrücklich mit den neuzeitlichen und modernen Naturwissenschaften bzw. mit dem genuin physikalischen Theorietyp.

Ich nenne ‚genuin physikalisch' die folgende Erklärung alltäglich sichtbarer materieller oder körperlicher Vorgänge: Alltäglich erfahrbare Beziehungen zwischen räumlichen Strukturen und ihren Funktionen (wie zwischen Kugel und Rollen, Pusten in ein Wasserglas und Anhebung des Wasserspiegels am gegenüberliegenden Becherrand) werden auf alltäglicher Wahrnehmung entzogene Makro- und Mikrobereiche der Welt übertragen. Auf diese Weise erklärte Thales (um 600 v. Chr.) die Nilschwellung, deren Erzeugung ja nicht selbst sichtbar ist, erstmals durch beständig wehende Nordostwinde, sein Mitbürger Anaximenes eine Entstehung von Erde, Wasser, Luft und Feuer aus einander durch Verdichtung und Verdünnung, Anaxagoras (5. Jh. v. Chr.) die Umwandlung der Nahrung in körpereigene Stoffe durch neue Mischungsverhältnisse der in der Nahrung bereits enthaltenen Teilchenarten. (Vgl. 1. Teil, A; 3. Teil, A.I mit Literaturhinweisen.)

Eine andere Charakterisierung des genuin physikalischen Theorietyps ist die erweiterte Fassung des antik-atomistischen Konzepts der Atome. Danach sind Atome nicht teilbar ohne Verlust ihrer ursprünglichen Funktion. Diese modifizierte Definition – ich habe dafür den Terminus „funktionaler Atomismus" vorgeschlagen – umfasst auch biologische Makromoleküle und Zellen (vgl. 3. Teil, A.I.5).

Wie schon dem antiken Atombegriff zufolge sind so verstandene Atome und ihre Komplexe objektiv wertneutral. Sie gehören ausnahmslos zum Bereich von *Sachen*. Darüber hinaus spricht die moderne Evolutionsbiologie nicht nur von instinktiver Tötungshemmung unter Artgenossen, sondern auch von genetischer Auslese der Tüchtigsten.

Was hier bereits für die Philosophiegeschichte insgesamt herausgestellt wurde, gilt speziell auch für das dem Basis-Begriff des Basis-Überbau-Modells zugrunde gelegte Materie- und Naturverständnis: Es unterscheidet nicht oder kaum explizit zwischen der aristotelisch-stoischen Naturtheorie, die das Teleologie- und das buchstäblich ‚elementare' Objektqualia-Konzept in das Verständnis der – zumal der oraganischen – Materie integriert (vgl. Aristoteles' Definition der Seele als dessen Form) einerseits und andererseits der atomistischen Theorie, welche diese Konzepte – ‚Finalursache', ‚Seele', ‚elementare Objektqualitäten' – auf Atome und zwischenatomare Relationen reduziert (vgl. 1. Teil, A.1f., B; 2. Teil, A).

Die Faszination, die im antiken Umfeld von der theoretischen Erfindung des Atombegriffs und seinen Erklärungsmöglichkeiten ausstrahlte, dürfte damals auch jene ethischen Implikationen mehr oder weniger überstrahlt haben, ja es erklärt sich so umgekehrt die Hoffnung auf positive Konsequenzen für das menschliche Handeln. So verwundert es nicht, dass wir schon bei Demokrit ethische Überlegungen von beträchtlichem Umfang finden. Entstammen sie gar umgekehrt (auch) einem intuitiven Bewusstsein ethischer Unzulänglichkeit der Theorie?

Auch die später von Epikur und seinem Schüler Lukrez mit dem Atomismus verbundenen ‚Befreiung' von Götterfurcht ist in ihrem historischen Kontext zu sehen. Spätestens seit Hesiod bildete die Koppelung von Frömmigkeit, Gerechtigkeit und Wohlergehen einen fraglos gültigen und wesentlichen Zusammenhang, aus dem aus nachträglicher Sicht nicht unbekümmert Teile herausgelöst werden dürfen; vielmehr bedarf dieser Zusammenhang einer denkbar umfassenden und zudem einfühlenden Analyse, die letztlich auf bis heute ungelöste philosophische Probleme führt. Erst als jener Zusammenhang theoretisch zweifelhaft wurde, konnte überhaupt, zumal bei sensiblen Gemütern, so etwas wie Furcht vor Göttern *im Allgemeinen* aufkommen – eben im Gefolge jenes Zweifels selbst.

(Und machen – wirkliche oder drohende – Naturkatastrophen etwa weniger Angst als solche, die als von Naturgottheiten verursacht und zudem als durch magische Rituale verhinderbar oder beeinflussbar gelten?)

Der in ethischen Motiven von historischen Verfechtern des Basis-Überbau-Modells liegende Widerspruch zeigt sich auch in ihren folgenden Haltungen: 1. Das eigene moralische Engagement wird ausdrücklich der eigenen Entscheidung zugeschrieben, mithin vom Basis-Überbau-Modell abgekoppelt. 2. Oder aber es wird auf die persönliche Einsicht in die Basis-Überbau-Struktur der Gesellschaft zurückgeführt. Doch wird dadurch verdeckt, dass darin die eigene moralische Entscheidung theoretisch gleichsam im luftleeren Raum schwebt. Entsprechend gelten die Positionen Andersdenkender als durch ihre Stellung und ihre Interessen innerhalb jener Struktur bedingt – als ob es darin keinerlei Grundlage für gerechte Urteile gäbe. Daraus resultiert eine *vermeintlich* moralisch, theoretisch und sozial (durch ‚die Partei' und die ‚Klasse', deren wahre Interessen sie zu vertreten glaubt) sanktionierte, aber *faktisch* tendenziell schrankenlose Aggression.

Und ist die Unterstellung einer besonderen moralischen Qualifikation derer, die ‚*nichts zu verlieren haben*', nicht ähnlich abwegig wie im Falle des antiken – ursprünglich auf Kriegsgefangenschaft beruhenden – Sklavenstandes?

III. Spiegelung des Dilemmas in der jüngsten Geschichte

Die bezeichneten Widersprüche oder Aporien zeigen sich auch in der historischen politischen Praxis:

Die biologisch-wissenschaftliche Fundierung jenes Modells wurzelte allerdings zunächst weniger in dem von Darwin – übrigens von ihm selbst bemerkenswert zögernd, skeptisch, von Lamarckistischen Elementen durchsetzt – eingeführten Begriff sprunghaft-zufälliger Mutationen und natürlicher Auslese, sondern stärker in dem von Lamarck übernommenen teleologischen Begriff von (zielgesteuerter) Mutation. Danach führen individuelle und kollektive, in der Tierwelt von der Umwelt und ihrem Wandel geforderte Anstrengungen auf Dauer zu entsprechend geändertem Erbgut. Ist nun die Gesellschaftspolitik strukturell ‚sozial' orientiert (wobei die Definition von ‚sozial' Probleme aufwirft), müsste mithin auf Dauer ein ausgesprochen sozial motivierter Mensch entstehen. Umgekehrt erfordert die Übergangsphase im Blick auf die Klassengesellschaft den Einsatz revolutionärer Gewalt.

Das Bewusstsein von Recht und Moral derjenigen Klasse, die es als Feind zu bekämpfen galt, wurde nicht respektiert. Es wurde weder vor einem Richterstuhl noch in unabhängigen Institutionen verhandelt. Vielmehr galt es eben als Teil des speziell ihr zugehörigen ideologischen Überbaus. Der einzige Ausweg, der ihr gestattet war, war demnach die freiwillige oder mehr oder weniger aufgenötigte Einsicht in ihre ‚wahre' gesellschaftliche Position. Große Gruppen in den Völkern wurden so als (bis ins Erbgut reichend) strukturell unsozial eingestuft. Es ist klar, dass dies auch eine revolutionierte Justiz erforderte, mit einer ganz neuen Art von Inhaftierung und Tötung, und umgekehrt die Einführung des Begriffs einer (historisch-, reaktionär-)bürgerlichen Klassenjustiz. Dass so fest umrissene Menschengruppen zu *Objekten* von Aggression werden, ist eben das Merkmal des ideologischen Totalitarismus. Im Übrigen hatten sich die Menschen ja lediglich daran zu gewöhnen, dass der wahre Feind im Innern der angeblich wildwüchsig entstandenen Gesellschaft stand.

Ein ganz neuer Begriff von Feind war so geboren: Er beruhte nicht mehr auf zufälligen Unterschieden der Zugehörigkeit zu bestimmten konkurrierenden Gruppen, auch nicht auf dem historisch gestellten komplexen menschheitlichen Problem einer Überwindung des archaisch-ethnozentrischen Begriffs von Mensch und Menschheit (s. u. Kap. C.II), sondern auf der Klassenzugehörigkeit von Menschen und ihrem so interpretierten ‚Klassen-Bewusstsein'.[58]

---

[58] 1. Wenn Menschen von so verstandener Klassenzugehörigkeit geprägt sind, kann das Konzept vom revolutionären Kampf nahezu beliebig gegen konkurrierende oder einfach missliebige ‚Genossen' eingesetzt werden. Die Ideologie verselbständigt sich. Sie ist der *eigentliche* ‚Große Bruder'.
2. Der Begriff der Klasse war übrigens in der römischen Antike alles andere als ein sozial zynischer Begriff. Er war gesellschaftlich lange Zeit allgemein akzeptiert und ist in dieser Akzeptanz auch für uns heute nachvollziehbar. Wer etwa die mehr oder weniger teure Kriegsausrüstung nicht leisten konnte, brauchte auch nicht in den Krieg ziehen. (Das wurde erst unter Marius geändert.) Und wenn die Entscheidung über Krieg und Frieden zu den elementaren politischen Angelegenheiten gehört, dann ist verständlich, dass ursprünglich die in den Krieg ziehenden Männer Sitz und Stimmrecht in den Volksversammlungen hatten, und dies gestaffelt nach ihrem materiellen Einsatz für die Ausrüstung. Hinzu kommt die Arbeitsteilung zwischen Mann (Landwirtschaft, Krieg) und Frau (Hauswirtschaft und Kindererziehung). Von daher leuchtet ein, dass erst im Zuge einer Entwicklung, in der Sklaven (ursprünglich Kriegsgefangene; vgl. u. C.III) den Frauen mehr und mehr ihre ursprüngliche (häusliche) Arbeit abnahmen, der Anspruch der Frauen auf Teilhabe an politischen Entscheidungen zum Politikum werden konnte.

C. Argumente für ein modernes Strukturmodell der Geschichte

I. Ein historiogenetisches Argument: antikes Athen als Milieu der Entstehung des *Anscheins* einer Basis-Überbau-Struktur

Die allgemeine wissenschaftliche und kulturelle Wirkung der Basis-Überbau-These ist, gerade auf dem Felde antiker Geschichtsforschung, sicherlich auch deswegen so groß und nachhaltig, weil es noch viel ältere Wurzeln hat als jene modernen, welche die Namen Darwin und Marx tragen:

Schon in der antiken griechischen Geistesgeschichte, im Athen des ausgehenden 5. Jahrhunderts v. Chr., vollzieht Thukydides, der wohl bedeutendste antike Geschichtsschreiber, eine bahnbrechende Wende; sie prägt die Geschichtsschreibung im Kern bis heute. In seiner Beschreibung des zeitgenössischen verheerenden Krieges zwischen Athen und Sparta löst er nicht nur erstmals (anders als noch Herodot) die politische Geschichtsschreibung von der traditionellen, im damaligen Griechenland insgesamt noch immer sehr lebendigen religiösen Weltinterpretation, sondern er beschreibt auch – gerade am Beispiel des demokratischen Athens – so eindrucksvoll wie überzeugend und in methodischer Bemühung um Objektivität eine bis dahin in dieser Konsequenz nie ausgesprochene und wohl auch mehr oder weniger unbewusste Unterordnung von Moral und Religion unter die Machtpolitik. Verallgemeinernd kann man diese Beschreibung durchaus als antiken Vorläufer des Basis-Überbau-Modells gelten.

In der römisch-spätrepublikanischen Geschichtsschreibung hat dieser Vorläufer sogar eine theoretische Fundierung gefunden, die der bezeichneten naturwissenschaftlichen durchaus verwandt ist: In pessimistischer Verallgemeinerung der von Poseidonios übernommenen These zusammenschweißender Furcht vor Feinden sieht der späte (anders als der frühe) Sallust die Wurzel der Moral schlechthin. –

Das antike Beispiel nun lässt das Dilemma des Basis-Überbau-Modells in relativ scharfen Konturen erscheinen:

Einerseits verdankt es seine Überzeugungskraft dem Umstand, dass es die Relationen zwischen kulturellen Phänomenen und politischem Handeln für den gewählten Zeitrahmen (2. Teil und unten C.II) in sich schlüssig darstellt. Andererseits verhindert die fehlende Reflexion des Zeitrahmens eine hinreichende kritische Absicherung jener impliziten Modell-Hypothese selbst. Ausgeblendet ist so der kulturelle – auch, wenn man so will, theoretische – Umbruch, in welchem sich das demokratische Athen des fünften vorchristlichen Jahrhunderts befindet.

Wir Heutige neigen von vornherein dazu, diesen Mangel zu unterschätzen: Offenbar suggeriert Thukydides' Wissenschaftlichkeit allgemeine Gültigkeit jenes

Modells: Geschichtsschreibung und Epochen *vor* derart wissenschaftlicher Selbsterhellung gelten uns als primitiv und dunkel...

Dabei werden jener Umbruch und die damit verbundene Gefährdung vom athenischen Volk, wie sich u.a. im Theater zeigt, durchaus als solche erlebt, wie übrigens Jahrhunderte später eine vergleichbare Situation vom römischen Volk. Entsprechend war damals an eine ähnlich objektive Beschreibung der vorangegangenen Epochen Griechenlands nicht zu denken. So spiegelt sich die Komplexität der Geschichte *indirekt* durchaus auch im Bewusstsein der damaligen Zeit.

An dem bezeichneten Mangel hat sich (wie gesagt) bis heute nichts geändert, obwohl uns ethnologische Befunde zu noch lebenden Beispielen des archaischethnozentrischen Kulturtyps vorliegen, die eine entsprechend neue Sicht auch des ‚Anfanges' der Geschichte nahe legen (s.u. C.II).

Eigentlich könnte schon der Rekurs auf jenes Athen das Basis-Überbau-Modell in das Umfeld seiner eigenen spezifischen historischen Konstellation und damit in das Licht kritischer Analyse rücken. Denn die Geschichtswissenschaft entfaltet sich ursprünglich – mit Hekataios (um 500 v. Chr.) und Herodot – im Gefolge bzw. im Kontext philosophisch-wissenschaftlicher Durchdringung der Lebenswelt, aber ohne dass diese Entfaltung und jener Kontext mitsamt seinen praktischen Implikationen in die historische Reflexion einbezogen würde. Umgekehrt nimmt die Philosophie von der aufkommenden Geschichtswissenschaft kaum Notiz. So sind beide schon im Ursprung ohne wechselseitige Berührungen; wissenschaftliches Problembewusstsein ist ausgerechnet an jener neuralgischen Stelle gespalten, wo es zentral um denkbar konkretes Handeln geht.

Ein Kontakt zur philosophisch-wissenschaftlichen Diskussion über die Struktur der Welt und des menschlichen Lebens wird von Thukydides nicht gesucht. Man kann ihm das nicht vorwerfen. Doch immerhin ließe sich wenigstens vorstellen, dass er eine diesbezügliche Leerstelle, sozusagen einen blinden Fleck wissenschaftlicher Geschichtsschreibung, markiert hätte.

In uns jedenfalls muss jenes Nebeneinander ein Bedürfnis nach Zusammenschau wecken: der Analyse politischer Geschichte einerseits und der philosophischen Analyse der Lebenswelt andererseits.

II. Archaisch-ethnozentrischer und reflektierender Kulturtyp: Ansatzpunkt für ein neues Modell der Geschichte

Der archaisch-ethnozentrischen Kulturtypus kann als Ausgangspunkt der Geschichte im engeren Sinne gelten. Er ist anhand moderner ethnologischer Forschungen und spärlicher literaturgeschichtlicher Zeugnisse rekonstruierbar. Die Sprachen der je anderen Völker werden nicht als solche wahrgenommen (vgl. das lautmalende griechische Wort ‚Bar-bar'). Daraus ergeben sich spezifische kulturelle Eigentümlichkeiten: 1. Die (Natur-)Religion gilt fraglos. 2. Der fraglos positiv wertbesetzte Begriff von Mensch und Menschheit wird nur dem eigenen Volk zugeschrieben.[59] 3. Dieser Wert ist in der Religion implizit ausgedrückt, etwa in Schutzgottheiten, ritueller Vorzeichendeutung und Naturbeeinflussung. 4. Entsprechend gilt das je eigene Volk auch geographisch als Mittelpunkt der Welt, wie bei den frühen Griechen das Heiligtum in Delphi. Späterer Rückschau könnte dieser geographisch und kulturell überschaubare Raum, zumal mit noch üppigen Jagd- und Sammlergründen, als Paradieses*garten* erschienen sein... (vgl. u. Anm. 64).

Für eine historisch realistische Vorstellung von der damit verbundenen inneren Solidarität darf man vielleicht Caesars Beschreibung der keltischen Helvetier heranziehen: Insofern hier eine ganze Völkerschaft die Strapaze einer Wanderung auf sich nimmt, nicht nur verarmte Teile oder Individuen, scheint es sich um *Züge* des archaisch-ethnozentrischen Kulturtyps zu handeln (vgl. ein halbes Jahrhundert früher den Zug der jütländischen Kimbern und Teutonen). Ähnliches dürfen wir der Völkerwanderungswelle um 1000 v. Chr. unterstellen, aus denen die Griechen und Römer hervorgehen.

Folgerichtig kann es im archaisch-ethnozentrischen Kulturtyp den Begriff fremder *Völker* und ihrer Menschen noch gar nicht geben, statt dessen den Begriff menschengestaltiger Tiere. Entsprechend fehlt auch der Begriff des Krieges in seiner (auch) moralischen Konnotation und Ambivalenz. Todesmut im gemeinsamen Kampfe, ohnehin (sozio)biologisch im Menschen verankert, ist kulturell und folglich auch individualpsychologisch hinreichend integriert.

Geht man vom archaisch-ethnozentrischen Menschheitsbegriff aus, lässt sich die Geschichte der Überwindung des Ethnozentrismus als die Geschichte des *reflektierenden Kulturtyps* bezeichnen. Dessen Beginn liegt im Erkennen der Existenz anderer Völker und ihrer Sprachen. Den entscheidenden Anstoß dazu dürfte die Erfindung der Schrift gegeben haben; denn sie macht fremde Sprachen und ihren Ausdrucksreichtum sozusagen optisch sichtbar.

Von nun an hängt die *Fraglosigkeit* der Religion und des darin implizierten (positiv) wertbesetzten Verständnisses von Mensch und Menschheit weitgehend von relativer Ungestörtheit ab, also von geographischen Barrieren (Minoisches Kreta, Altes Reich Ägyptens) oder primär politisch-kulturell bedingter Stabilität (Rom, s.u.). Erst in einem intensiveren Lernverhältnis zu überlegenen Kulturen *und* im Gebrauch der in der Buchstabenschrift liegenden Möglichkeiten methodischer Reflexion und Kommunikation *kann* es überhaupt zu einem nennenswerten Schwinden der Fraglosigkeit mythischen und religiösen Denkens kommen (Griechenland). Dieses Schwinden ist zwar ambivalent, aber für die weitere kulturelle Entwicklung und eine menschheitliche Kulturgeschichte faktisch unverzichtbar.

III. Konsequenzen für die Sicht des antiken Europas und der folgenden Geschichte

Dass die Unterscheidung zwischen fraglos-archaischem und reflektierendem Kulturtyp Konsequenzen für die *Sicht* der europäischen Antike haben muss, lässt schon die folgende Überlegung erwarten: Griechenland und Rom durchlaufen in ihrer archaischen Epoche strukturell sehr verschiedene Entwicklungen. Folglich

---

[59] S. dazu die moderne Ethnologie, z.B. schon Ruth Benedict 1934, dt. 1960: dort bes. S. 11.

müssten sie auch den Übergang zum reflektierenden Kulturtyp und schließlich zur philosophisch-wissenschaftlichen ‚Aufklärung' ganz unterschiedlich vollzogen haben. Letztere entwickelt sich bei den Griechen, katalysiert durch die Erfindung der leicht handhabbaren Buchstabenschrift. Bei den Römern setzt sie erst drei Jahrhunderte später ein, also nach weitgehender Konsolidierung ihrer Republik. Solche Differenzen lassen Aufschlüsse für das Verständnis der Menschheitsgeschichte insgesamt, auch für die Moderne, erwarten.

Bei den Griechen entwickelt sich der reflektierende Kulturtyp ganz im Rahmen ihrer eigenen Kultur, und in der ersten Phase noch ganz innerhalb des mythischen Denkens *im Allgemeinen* (Homer, Hesiod). Die Lebenswelt tritt den Griechen also nach wie vor mythisch entgegen; die Wahrnehmung ist ungebrochen mythisch.

Von Hesiod wird die Mythologie neu geordnet: 1. Systematisch führt er die Idee einer *Entwicklung* der Weltordnung durch. 2. Hatte ursprünglich die Naturerklärung gleichen Rang neben dem Interesse, den besonderen Wert menschlichen Lebens in der Weltordnung repräsentiert zu sehen (Schutzgottheiten, Vorzeichen-Deutung), tritt die Naturerklärung jetzt hinter das nunmehr dominierende Moment einer gerechten Weltordnung zurück, mit einem entsprechenden Zug zum Monotheismus: Zeus gilt nun als allmächtig in dem Sinne einer alles durchwaltenden Gerechtigkeit. Solche Gerechtigkeit muss den Griechen häufig als undurchsichtig und kaum nachvollziehbar erscheinen. Dies wiederum dürfte eine Wurzel weitertreibender Spannungen im theoretischen Denken der Griechen sein. Aber jene Undurchsichtigkeit lässt sich auch als Bedingung der Ernsthaftigkeit und Reinheit des ethischen Motivs und der mit ihr verknüpften Frömmigkeit interpretieren. – Die erste Entwicklungsphase ist demnach insgesamt die Voraussetzung für den weiteren Schritt in eine von mythischer Durchdringung der Wahrnehmung weitgehend gelöste Analyse der phänomenalen Welt und des Handelns.

Die Römer dagegen stehen ursprünglich in enger politisch-kultureller Verbindung mit den zunächst überlegenen Etruskern (städtische Kultur, Religion etc.). Offenbar üben diese, aus hier nicht näher zu erörternden Gründen, eine moderate Vorherrschaft aus.[60] Entsprechend beurteilen die Römer diesen Ursprung historisch durchweg positiv und als authentisch römisch. Daher sind ihnen der Respekt vor unterlegenen und kulturell fremden Völkern und mit ihm ein grundsätzlich – auch religiös verankertes – (implizit-)völkerrechtliches Denken sozusagen mit in die Wiege gelegt, wie übrigens ähnlich auch der Primat des Politischen gegenüber dem Militärischen. Und dank der gleichzeitigen, rund drei Jahrhunderte der Republik überdauernden Fraglosigkeit der archaischen römisch-etruskischen Religion erweist sich die Verbindung zwischen politischer Macht und moralischer Praxis, die ihrerseits an soziales Ansehen gekoppelt ist, in eben diesem Zeitraum als bemerkenswert stabil. Römische Unbestechlichkeit wird noch vom griechischen Geschichtsschreiber Polybios eindrucksvoll bezeugt.

Erschwert wird eine Zusammenschau von Geistesgeschichte und politischer Geschichte nicht zuletzt durch eine optische Verzerrung des Mittelalters aus dem rückwärtigen Blickwinkel von Neuzeit und Moderne. Umso wichtiger wird die Analyse der Antike mit ihren demokratischen und republikanischen Staatsformen. Die Analyse muss sich freilich ihrerseits von verzerrenden Einflüssen moderner Vor-Urteile freimachen, etwa vom Urteil, römische Gladiatorenspiele hätten ihre Wurzel in Lust an Grausamkeit, oder von der in B.III (Anm. 58/ 2) erwähnten Übertragung moderner Verurteilung der Klassengesellschaft auf die ursprüngliche Form der römischen ‚Klassen'-Gesellschaft.

Es zeichnen sich so die folgenden Grundthesen für das Wesen des reflektierenden Kulturtyps und der Geschichte ab:

---

[60] Vgl. Alfred Heuss 1976, Ss. 5, 8

1. Im reflektierenden Kulturtyp sind der Zweifel und die formale Freiheit des Urteilens konstruktive Wesenselemente, besonders bezüglich der Religion und auch innerhalb dieser (vgl. die Geschichte vom ‚ungläubigen Thomas').
2. Innerlich verknüpft ist dieses Positivum mit der Schwäche und den teilweise widersprüchlichen Interpretationen des ethischen Motivs.
3. *Mutatis mutandis* ist damit zugleich ein wesentlicher Teil der inneren Spannungen der Philosophiegeschichte und der Geschichte insgesamt umrissen.

Daraus ergibt sich die gesuchte Alternative zum Basis-Überbau-Modell:
a) allgemein das Leitmodell gleichberechtigter Wechselwirkungen zwischen der Geistesgeschichte und der politischen oder ‚materiellen' Geschichte.
b) Mit ins Auge zu fassen als ein spezieller Bestandteil dieser prinzipiellen Aufwertung der Geistesgeschichte sind Möglichkeiten undurchschauter Irrtümer in Selbsteinschätzungen der Beteiligten, bis hin zur Geschichtswissenschaft selbst; damit wäre zugleich eine Teilkomponente des alten Modells übernommen.[61]

A. So etwa schätzten viele antike Griechen ihre Philosophie und Demokratie[62] als im exklusiv historischen Sinne spontane und befreiende geistige Taten ein. Diese Einschätzung scheint mitverantwortlich zu sein für eine Neuauflage des archaisch-ethnozentrischen Begriffs der ‚Bar-bar-en': für eine – jetzt intern-anthropologische – Unterscheidung zwischen *Menschen*, die von Natur aus die Freiheit lieben, und solchen, die von Natur aus gern dienen. (Umgekehrt hatten sie den lan-ge Zeit kulturell überlegenen Persern als ‚Barbaren' gegolten.)

> Weitgehend undurchschaut von den *Römern* sind die Anfänge des zunächst schleichenden moralischen und politischen Niederganges ihrer Republik(seit etwa 200 v.Chr.). Der Niedergang zeigt sich, wie hier nicht näher ausgeführt werden kann, zuerst im außenpolitischen Bereich, und dies ausgerechnet am Beispiel des bei den Römern selbst als strenger Moralist geltenden älteren Cato (in seinen wohlplazierten Sätzen über das angeblich zu vernichtende Karthago). Aber noch Caesar muss seinen Gallien-Feldzug, der ersichtlich von primär persönlichen Machtinteressen geleitet war, vor dem römischen Senat vor allem nach völkerrechtlichen Gesichtspunkten rechtfertigen; nicht zuletzt gibt es im Heer politische Beobachter. Wohl auch deswegen sieht er sich veranlasst, in seiner berühmten, zur Weltliteratur gehörigen historischen Monographie seinen Feldzug gegen Gallien in jährlichen Büchern zu beschreiben und zu kommentieren. Und doch verschont ihn dies nicht vor einer – freilich vergeblichen – Anklage wegen Völkerrechtsbruchs mit dem Antrag, ihn an die Germanen auszuliefern.

B. Umgekehrt freilich darf die antike Geschichte nicht ihrerseits undurchschaut-fragwürdigen Vor-Urteilen einer modernen Sichtweise ausgesetzt werden:

So etwa ist m.E. der primär soziologisch geprägte Begriff *antiker* Sklaven kritisch zu überprüfen. Wird sein Mangel an geschichtlicher Analyse nicht durch eine Art von (weitgehend ungerechtfertigt) ‚moralischer' Aufladung verdeckt und auf eben diese Weise eine Behebung dieses Mangels erheblich behindert? Und

---

[61] Wie wir aus unserem Alltag wissen, verhält sich die Schwierigkeit des Verstehens zurückliegender biographischer Prozesse und historischer Prozesse und ihrer Bedingungen proportional zu ihrer zeitlichen Entfernung und Komplexität. Ein wichtiges und zentrales Beispiel dafür sind zwei – etwa zeit- und (im Wesentlichen) ortsgleiche – Prozesse der frühen europäischen Geschichte: die Entstehung und Entwicklung der athenischen Demokratie und die vorsokratische Denkbewegung.

[62] Zu Faktoren der Entstehung der Demokratie s. Dahlheim, Ss. 41-67. – Die Rolle der Philosophie freilich sieht Dahlheim selbst einseitig: als „A n t w o r t *des Denkens auf die Herausforderung des p o l i t i s c h e n Wandels*" (249, Hervorhebungen hinzugefügt; vgl. 269 zu Thukydides). Ganz im Sinn der „Hypothese" vom Primat „des Nutzens und des Materiellen" (ebd.) bleibt diese „Antwort" in seinen weiteren Ausführungen, wenn auch nur implizit, geschichtlich konsequenzenlos.

wäre hier der Begriff des Dieners in manchen Kontexten nicht angemessener? (So lautet auch die Übersetzung des lateinischen Wortes *servus*.)

Auch hatten die Römer im Unterschied zu den Griechen ein ausgesprochen pragmatisches Verhältnis zu ihren ‚Sklaven'. Als hauptsächlich Kriegsgefangenen genossen diese nicht das römische Bürgerrecht, waren aber schon im Zwölftafelgesetz nicht einfach rechtlos. Außerdem gehörten sie im Allgemeinen zur ‚Familie' und bezogen über Kost und Logis hinaus ein kleines Gehalt, das *peculium*. – Ähnlich verhielten sich die Römer zu den ‚Barbaren', die sie nach griechischem (von Horaz sogar übernommenem, aber auch da mitnichten als ‚naturhaft' interpretiertem) Verständnis ja selbst einmal waren. Markantester Ausdruck dieser römischen Eigenart ist die Tatsache, dass Kaiser Diokletian Sohn eines illyrischen Freigelassenen war.

Ähnlich scheint die Rede von einem römischen ‚Imperialismus' einer differenzierenden Beurteilung der römischen Antike im Wege zu stehen, zumal das lateinische Wort ‚*imperium* (Befehl, Macht, Reich)' dem Römischen Reich – *lat.: Imperium Romanum* – seinen antiken Namen gegeben hat. Laufende militärische Expansionen bzw. ‚Reiche' sind überdies (von geographisch gut geschützten Ausnahme-Regionen abgesehen) typisch für die Antike insgesamt. Insofern ist es in der späten römischen Republik lediglich zu einer stetigen Annäherung an die moralischen und politischen Standards der Antike gekommen. Und wie gesagt kommt es in der Kaiserzeit nach außen wie (von den strukturellen Nachteilen und Turbulenzen der Kaiserherrschaft abgesehen:) nach innen zu einer Konsolidierung und sogar Verwissenschaftlichung des traditionellen römischen Rechtsdenkens.

Eine entsprechend differenzierte Beurteilung verdient daher auch die Beurteilung des Verhältnisses zwischen den Juden und den Römern, zumal wenn man die Juden der Diaspora mit berücksichtigt.

IV. Schluss. ‚*Der reflektierende Kulturtyp braucht halt seine Zeit*'

Wenn die politisch-geschichtlichen Untersuchungen der bisherigen Abschnitte des Kapitels C (die aus Gründen der Übersichtlichkeit und der betont systematisch-philosophischen Thematik des Buches bewusst knapp gehalten sind) im Wesentlichen stimmig sind, beschreibt das Basis-Überbau-Modell das rein äußere Kräfte-Verhältnis zwischen Kultur und politisch-materiellen Interessen über beträchtliche Strecken hin annähernd richtig, wie etwa die Beispiele des antiken demokratischen Athens und der späten römischen Republik zeigen. Doch schon für diese Perioden ist seine Anwendung, wie oben besonders am Beispiel des spätrepublikanischen Roms angedeutet wurde, nicht befriedigend durchführbar.

Schon rein formal läuft solche Einordnung auf einen Widerspruch hinaus: Der Gedanke ist paradox, ganze Menschengruppen könnten einer spontan geteilten Überzeugung vom Wert des Menschen, der Menschheit und der phänomenalen Welt flagrant, purem Eigeninteresse erliegen können. Um eine solche Überzeugung geht es, wie ich meine, genuin philosophischem Denken praktisch seit seinen europäischen Anfängen – analog den vorangegangenen fraglos-archaischen Phasen mythisch-religiösen Denkens und rituellen Tuns.

Diesen Überlegungen zu entsprechen scheint die hier in knappen Umrissen vorgelegte Analyse der antiken politisch-kulturellen Geschichte, besonders der Europas: Dem bezeichneten Strukturfehler des Basis-Überbau-Modells korrespondiert eine Verengung des Zeitrahmens, auf welchen es angewandt wird. Mit dieser Verengung verknüpft ist eine Verkennung der Philosophie: 1. ihrer inneren Ambivalenz (ganz besonders in ihren historischen Anfängen). 2. So grotesk wie tragisch ist m.E. die – teils auch intern-philosophische – Verkennung a) ihrer besonderen methodologischen und theoretischen Struktur (1. Teil, A) sowie b) ihrer konstruktiven praktischen und im besten Wortsinne politischen Aufgabe.

Wird der Zeitrahmen genügend ausgeweitet, tritt mit dem fraglos wertbesetzten Verständnis von Mensch und Menschheit auch die Eigentümlichkeit des – schriftvermittelten – reflektierenden Kulturtyps als solcher in den Horizont des Blickfeldes. Es wird jetzt deutlich: Der Verlust ursprünglicher Fraglosigkeit des archaischen Kulturtyps in der schriftvermittelten Begegnung verschiedener Kulturen, braucht halt seine Zeit, auch schon innerhalb des archaisch-mythischen Denktyps selbst. Im – für den weiteren Geschichtsverlauf günstigen – Falle Roms (C. III) verzögert sich dieser Verlust sogar um mehrere Jahrhunderte, und eben diese Verzögerung erweist sich als geschichtlich überaus fruchtbar, indem die ursprünglich auf mehrere Dörfer verstreuten Römer eine politisch-kulturelle Verbindung mit den überlegenen Etruskern eingehen.

Sieht man in der vorsokratischen Denkbewegung das Urmuster indirekter methodologischer Verwiesenheit des genuin philosophischen Denktyps auf den genuin physikalischen Denktyp, dann braucht eben auch die erste theoretische Entfaltung dieser beiden Denktypen ihre Zeit, eben rund zweihundert Jahre. Und wie viel mehr Zeit muss dann die Explikation der Methoden dieser beiden Denktypen selbst in Anspruch nehmen, von der theoretischen Deutung solcher Einsichten ganz zu schweigen.[63] – Und was bedeuten schon rund 3.000 Jahre für die mit dem Trauma des Verlusts des ethnozentrischen Kulturtyps verbundene mächtige kulturelle Umwälzung, zumal wenn wir sie in nur 50 Menschenalter von je 60 Jahren umrechnen?[64]

So erscheint eine ausdrücklich vom Basis-Überbau-Modell geleitete oder auch nur faktisch darunter subsumierbare Geschichtsschreibung schließlich selbst als ein Beispiel partieller Undurchschautheit historischer Entwicklungen. Für den Anschein der Alternativlosigkeit des Modells verantwortlich ist darüber hinaus die in Abschnitt I herausgearbeitete Unterstellung, die erste ungeschminkte wissenschaftliche Geschichtsanalyse (Thukydides) impliziere selbst schon ihre Geltung für die Geschichte insgesamt, ganz besonders für die zu wissenschaftlicher Selbsterhellung unfähige vorwissenschaftliche Zeit.

---

[63] Wie nebenher reflektiert erstmals Descartes ausdrücklich die primär vergleichend-*begriffs*analytische Methode des genuin philosophischen Denkens: „ *... die Verschiedenheit des Bewusstseins von der (physiologischen) Bewegung ... kann nur daraus erkannt werden, dass die B e g r i f f e des denkenden Dings und des ausgedehnten und beweglichen Dings vollkommen verschieden ... sind* " (*Med.,* 6. *Erw.,* S. 368, lat. Orig. 571; Klammer-Ausdruck und Sperrung hinzugefügt). Vgl. *Med.* VI, S. 74, lat. Orig. 109/110. Zwar ist hier jener Bezug auf *Begriffe* weniger explizit, dafür aber finden wir die Unterscheidung zwischen zwei verschiedenen *philosophischen* Methoden bzw. den Hinweis auf die hier hauptsächlich angewandte radikal-skeptische Methode in der Wendung: „*... wenn ich es noch nicht anderswoher zur Genüge wüsste*". – Die folgenden idealistischen Konzeptionen dürften auch von dieser methodologischen Reflexion beeinflusst sein, nicht nur von dem aporetischen Zwei-Substanzen-Modell Descartes. Letzteres ruft zudem eine neue Form radikaler Skepsis, die Skepsis bezüglich der Außenwelt auf den Plan. Auch die modern-abstrakte Referenz-Problematik sowie das bereits von Kant konstatierte, bis heute andauernde Pendeln zwischen Idealismus und Realismus sind als Folgeerscheinungen der neuen Cartesischen Problemstellung zu sehen.

[64] Von dem genannten Trauma scheinen spezielle Mythen zu zeugen, wie die biblische Geschichte vom ,*Verlorenen Paradies*' oder Hesiods Mythos vom ,*Goldenen Zeitalter*'.

D. Praktisch-organisatorische Aspekte der Geistesgeschichte

I. Schulbildungen als praktische Organisationsform philosophischen Arbeitens und Gründe moderner Verhärtungen

Die Überwindung des Dogmatismus in den modernen Wissenschaften speist sich überwiegend aus den ideologischen Erfahrungen des 20. Jahrhunderts und aus theoretischen Umbrüchen in der modernen Physik. Nur wenig berührt freilich hat diese antidogmatische Entwicklung die alte *intern*philosophische Praxis des Schuldenkens. Das gilt besonders für die Beziehung zwischen dem genuin philosophischen Denken und dem methodologisch und theoretisch primär naturwissenschaftlich orientierten Zweig der Philosophie.

(1)

Ohne Zweifel liegt einer der Gründe jener Situation in der Schwierigkeit, sich in dem komplizierten Geflecht der Geschichte philosophischer Theorien und ihrer Probleme wenigstens relativ zurechtzufinden. Die damit verbundene Unsicherheit regt dazu an, pragmatisch sozusagen Position zu beziehen und sich an irgendeine historisch orientierte oder primär systematisch (analytisch) verfahrende Strömung anzulehnen. Eben auf diese Weise wird philosophisches Schuldenken erneuert. Forschendes Verlassen dieses Bodens führt in neue Herausforderungen und Unsicherheiten, aber fruchtbar kann das im Allgemeinen erst auf jener Grundlage werden.

Andererseits ist eine Überwindung des zum Teil hochkonträren Spektrums philosophischer Theorien ein Kernziel der Philosophiegeschichte selbst:
Im Anschluss an die zweihundertjährige Epoche der vorsokratischen Denkbewegung finden wir deutliche Hinweise darauf bei den großen antiken Klassikern Platon und Aristoteles. Aber auch sie werden zu Gründern von Schulen: Akademie und Peripatos, zwei der vier großen hellenistischen Philosophen-Schulen.
Ein Bewusstsein dafür, dass auch diese Schulen einer Integration bedürfen und dies nicht nur einen langen Atem, sondern auch die Gemeinschaft der Philosophierenden erfordert, dazu einen freiheitlich-republikanischen Rahmen, befördert in zuvor so nie da gewesener Konsequenz Cicero. Den Boden dieses Ansatzes verdankt er der Schule Platons (*Akademie*): der für sie charakteristischen Verbindung des Sokratisch-Platonischen Weisheitsideals und einer konstruktiv-skeptischen Methode. Mit der römischen Republik freilich erlosch auch dieser kräftige methodisch-philosophische Impuls.

Für die Moderne wurde der Grund des Verharrens im Schuldenken bereits genannt. Der vielleicht bedeutendste systematische Grund ist gleichermaßen methodologischer und theoretischer Natur: die zunehmend experimentell fundierte, spätestens seit Mendels Kreuzungsexperimenten und Darwins Evolutionstheorie auch inhaltlich revolutionäre, zunehmend auch technisch untermauerte und in die Bereiche der traditionellen Geisteswissenschaften vordringende Entwicklung der Naturwissenschaften genuin physikalischen Typs. Sie hat in der modernen Gentechnik und Hirnphysiologie ihre jüngsten und bislang spektakulärsten Höhepunkte erreicht. In ihrem Gefolge nehmen Soziökonomie, (Sozial-)Psychologie, Biosoziologie und Informatik (Kybernetik) mehr oder weniger erfolgreichen Einfluss auf die Human- oder Geisteswissenschaften.

Mit diesem systematischen Grund verknüpfen sich eben jene Strömungen in Philosophie, Soziologie und Psychologie, die – ausgesprochen oder unausgesprochen – im Basis-Überbau-Modell die unübertroffene Deutung der Geschichte sehen. In solcher Doppelstrategie nimmt die basal naturwissenschaftlich orientierte ‚Schule' den Titel empirischer Wissenschaftlichkeit exklusiv für sich in Anspruch, macht ihn zur Verpflichtung in und zu der eigenen Schulzugehörigkeit.

Eine Verhärtung des Schulgedankens ist die verständliche reaktive Antwort des genuin philosophischen Denkens. Sie verdunkelt beiderseits das doch beiden Seiten eigentlich gemeinsame Interesse an einer integrierten, konsequent grenztheoretischen philosophischen Theorie (vgl. bes. 1. Teil, B). Als Versuche, jene Verhärtungen zu verflüssigen und das genuin philosophisch-theoretische Denken Bewegung zu halten und zu ermutigen, sehe ich in historischer Hinsicht Gadamers hermeneutische These wissenschaftlicher Unhintergehbarkeit der Geistesgeschichte, in systematischer Hinsicht Lenks methodologischen Interpretationismus.

(2)

Einen weiteren, primär historischen Grund für das scheinbar unüberwindbare Schuldenken der universitären Gegenwartsphilosophie sehe ich in einer (verkürzt-)retrospektiven Sicht des Mittelalters: Das Verständnis der politisch-geschichtlichen Rolle des Christentums prägt weitgehend ein von der Neuzeit zurück auf das Mittelalter gerichteter Blick. In dieser retrospektiven Sicht steht die Neuzeit für Emanzipation der Philosophie und der Politik aus der kulturellen Vormachtstellung der Kirche und ihrer Verquickung mit dem Kaisertum. (Dazu hier nur eine sehr knappe Anmerkung: In umgekehrter, von der Antike zum Mittelalter gerichteter Sicht ist jene kulturell-politische Struktur des Mittelalters Erbe des römischen Kaiserreichs und der politisch-kulturellen Rolle der Germanenstämme. Zudem ist gerade auch die Philosophie der Mittlerrolle des ‚Mittel'alters zu jener römischen Epoche geschuldet.

Jene einseitig retrospektive Sicht ist überdies gar nicht für die Neuzeit selbst, sondern für die Moderne charakteristisch, zumal für ihre Verknüpfung zwischen einer wesentlich genuin physikalisch geprägten Leitwissenschaft und dem Basis-Überbau-Modell. Auf diese Weise wird die Polarisierung zwischen den beiden genannten ‚Hauptschulen' der Philosophie zusätzlich verstärkt und verhärtet. Zugleich wird so die historisch vorgezeichnete relative inhaltliche Nähe genuin philosophischen Denkens zur Theologie zusätzlich befördert: Auch dies unterscheidet moderne philosophische Situation von der mittelalterlichen...

Andererseits sei hier auf eine gewisse Nähe der monotheistischen Theologie zum genuin physikalischen und (im üblichen Sinne) empirisch-wissenschaftlichen Forschungstypus in der Einschätzung des archaischen Religionstyps hingewiesen: *Sie* verurteilt ihn traditionell als Aberglauben; von Hokuspokus, Magie, falschem Zauber und bewusster Vortäuschung exklusiver Macht reden moderne Vertreter der naturwissenschaftlich orientierten ‚Schule' der Philosophie und Wissenschaft.

Auch diesbezüglich verdient Cicero Erwähnung, weil in seiner Diskussion der verschiedenen hellenistischen Philosophen-Schulen die atomistische Schule eine gleichberechtigte Rolle spielt: Ungeachtet seiner eigenen kritischen Sichtung der archaischen römischen Religion behält er sich mögliche philosophische Aufschlüsse über eine ihr eigene Weisheit vor. In diesem Geiste und im Respekt vor der Tradition versieht er selbst das Priesteramt eines Auguren.

Verbreitet und einflussreich ist das Urteil, Verbindungen der Philosophie zu religiösem Denken bedeuteten, wenn nicht ein Art Lust an Unterwerfung, so doch beträchtliche Abstriche am Autonomie-Ideal zugunsten eines heteronomen Selbstverständnisses des Menschen. Schon Sokrates und Platon sind dieser Auffassung mit beeindruckenden Argumenten begegnet. Kant, der als ein Exponent neuzeitlicher Aufklärung den Ausgang des Menschen aus „selbstverschuldeter Unmündigkeit" propagiert, reiht sich in diese geschichtliche Argumentationslinie ein.

II. Die methodologische Deutung der Schulbildung – Stütze für das Konzept eines spezifisch neuzeitlich-modernen Weges zu einer integrierten philosophischen Theorie

Achtet man auf den skizzierten methodologischen und geschichtlichen Hintergrund philosophischer Schulbildungen und der Idee ihrer Überwindung, fällt es nicht allzu schwer, an den neuzeitlich-modernen Schulbildungen eine spezifische zentrale Problemstellung und gewisse Lösungsperspektiven auszumachen:

Die Philosophie hat zu Beginn der Neuzeit eine radikale, aber zeitgemäße Zuspitzung erfahren: Sie ist der Erhebung des genuin physikalischen Denktyps zur systematischen, auf experimentellem Wege zunehmend erfolgreichen Arbeitshypothese geschuldet. Die Cartesische Formulierung des Leib-Seele-Problems und die damit verknüpften Problemaspekte prägen direkt und indirekt die neuzeitliche und moderne Philosophie. Und umgekehrt lässt sich von da aus eine allgemeine Struktur auch der früheren europäischen Philosophiegeschichte rekonstruieren: Aus historischer Sicht knüpft Descartes (implizit) an Ciceros Ansatz einer Diskussion unter den hellenistischen Philosophenschulen an, das heißt vor allem an das Programm einer systematischen Einbeziehung des ‚atomistischen' oder genuin physikalischen Forschungstyps in eine integrierte philosophische Forschung. Das für die Antike charakteristische Denken in Alternativen ist so aufgehoben.[65]

Die von den auf Descartes folgenden Jahrhunderten tendenziell erarbeitete Einsicht scheint zu sein: Wir müssen die genuin physikalische Weltstruktur auch

---

[65] Für die Vorsokratiker und die davor liegende Epoche s. Vf. 1990/1991

von den theoretisch irreduziblen Zügen der phänomenalen Welt, einschließlich des Bewusstseins, her zu begreifen suchen, nicht nur einseitig die phänomenale Welt von der genuin physikalischen Weltstruktur her. Demnach ist die Einsicht in die wechselseitige Bezogenheit der genuin physikalischen Weltstruktur einerseits und der theoretisch unhintergehbaren phänomenalen Welt – und *dann* auch der Geschichte – andererseits das philosophiegeschichtlich Neue.

Die theoretische Durchführung dieser Einsicht kann daher nicht eine einfache Renaissance der großen antiken Entwürfe sein (Sokrates-Platon, Aristoteles, Plotin; auch der Vorsokratiker Heraklit ist vielleicht als erster großer Gipfel zu nennen). Auf der einen Seite zwar sind die phänomenale Welt und die ihr inhärente Leib-Umwelt-Struktur gewissermaßen die Konstante(n) der Geschichte menschlicher Welterfahrung (die freilich ihrerseits formal-methodologisch als interpretativ aufgefasst gelten müssen). Auf der anderen Seite jedoch korrespondiert der Entfaltung des genuin physikalischen Forschungs- bzw. Schultyps eine gleichsam spiralförmige Entwicklung des – komplementären, ersteren zugleich tendenziell integrierenden – genuin philosophischen Schul- bzw. Forschungstyps.

Das notorische breite Angebot alternativer genuin philosophischer Theorieentwürfe ist demnach Teil der spezifischen genuin philosophischen Forschungsweise oder Methode. Und jene Spiralform der Entwicklung spiegelt einerseits das gleich bleibende genuin philosophisch Programm einer methodologischen und theoretischen Integration der genuin physikalischen Schule, andererseits eine zunehmende bewusste Abgrenzung des genuin philosophischen vom genuin physikalischen Typus von Methode und Theorie (= Schule); man denke nur an Kants scharfe Kritik der Cartesischen Hypostasierung des Bewusstseins zu einer Realität an sich.

Das heißt mit anderen Worten: Die traditionelle interpretative Durchsetzung genuin philosophischer Theoriebildung mit genuin physikalischen Denkmustern wird zunehmend durchschaut, und umgekehrt kommt dies dem gleich bleibenden Ziel genuin philosophischer Integration des genuin physikalischen Schultyps zugute. Dabei besinnt sich das genuin philosophische Denken zunehmend auf seine eigene *geschichtliche Struktur* und seinen inneren Zusammenhang mit der Menschheitsgeschichte insgesamt.

III. Der biologische Aspekt mensch(heit)licher Autonomie als notwendiger Teil der Sinn-Struktur unserer Welt

Der Weg politischer und geistesgeschichtlicher Entwicklungen erscheint uns im Rückblick als lang und reich an Irrungen und Wirrungen. Verbleibt so nicht doch ein unaufhebbarer Widerspruch zum Konzept eines ‚Sinnes' der Menschheitsgeschichte, welches keine Epoche, ja keinen einzelnen Menschen, bloß als Durchgangsstadium oder gar ‚Material' zu einem geschichtlichen Ziel begreift?

Lösbar scheint mir dieser Problemaspekt mit Hilfe der modernen Biologie: Jener Verlauf der Geschichte entspricht der Autonomie des Menschen. Zu ihr gehört der menschliche Geist nicht nur im engeren Sinne des nicht-funktionalen Weltaspektes, sondern auch in dem praktischen Sinne der an die Leib-Umwelt-Struktur unserer phänomenalen Welt gekoppelten Welterkundung und des darin involvierten physikalischen Weltaspektes. Zu letzterem wiederum gehört die in der Evolution entwickelte Sprachfähigkeit. (Sie entstand wohl nicht nur einmal in der fortgeschrittenen Reihe der Hominiden – und nicht in gleicher Qualität, wenn man etwa an die Neanderthaler denkt.) Doch entstanden durch zunehmende, zunächst rein geographische, Isolation auch die Unterschiede in den Sprachen und Kulturen.

Die in diesen Unterschieden gegebene Barriere auf dem Wege zu einem geschichtsübergreifenden Verständnis von Mensch und Menschheit zeigt sich so gerade als ein Bestandteil menschlicher Autonomie, die ihrerseits Bestandteil jenes denkbar umfassenden ‚Sinn'-Verständnisses ist.

Der Gedanke einer möglichen besseren Welt ist sogar auch angesichts dieses Sachverhaltes noch allzu schnell gedacht. Denn Steigerungen sind schon grammatisch für Adjektive wie ‚gut' in beliebigen Kontexten möglich, aber auch weil sich unser alltägliches Wünschen scheinbar problemlos verallgemeinern lässt. Zu den Resultaten des 3. Teiles jedoch gehört die These: Eine andere Welt als die unsere – durch (wissenschaftlich erforschbare) Leib-Umwelt-Interaktion bzw. genuin physikalische Struktur und phänomenal-qualitatives Erscheinen gleichermaßen geprägt – lässt sich *theoretisch* gar nicht denken. Es geht dabei also nicht um irgendein dem Menschen vorenthaltenes Wissen, sondern um die Struktur unserer Welt selbst, insbesondere und gerade auch um ihre ‚Sinn'-Struktur.

Dies bedeutet: Auch der Begriff von der besten aller möglichen Welten ist aus theoretischer – genuin philosophischer wie genuin physikalischer – Sicht in sich unstimmig. Treffender ist der Begriff von einer in sich werthaften und sinnvollen Welt, die Vergleich gar nicht zulässt.[66] *Diese* Art von Wertung ist umgekehrt darin begründet, dass Werte und ‚Sinn' zu unserer irreduzibel objektiven phänomenalen Welt theoretisch unlösbar dazugehören (s. bes. 3. Teil, D.7).

IV. Der biologische Aspekt des wissenschaftlichen Motivs

Das zum genuin philosophischen bzw. modern-alltäglichen Begriff des objektiven ‚Sinn'-Interesses oder Forschungsmotivs äquivoke naturwissenschaftliche Konzept ist der evolutions- und verhaltensbiologische, also ebenfalls primär praktisch definierte Begriff eines unspezifischen (nicht an Nahrung, Sexualpartner und Nachwuchs gebundenen) explorativen Triebes, der Neugier, wiederum verbunden mit dem biologisch-rekonstruktiven Verständnis sprachgebundener Objektivität.

Neugier ist in biologischer Sicht, ähnlich wie der Spieltrieb, eng mit intelligentem Verhalten verknüpft. Sie ist daher, wie die ‚Intelligenz = Problemlösen durch Probehandeln im Gehirn', vorteilhaft für das (Über-)Leben, daher von der biologi-

---

[66] Vielleicht trifft diese Formulierung sogar die eigentliche Intention jenes Leibnizschen Begriffs.

schen Auslese begünstigt und an ein internes, im limbischen System verankertes neurophysiologisch-affektives Belohnungssystem gekoppelt (‚Triebbefriedigung', ‚Aha-Erlebnis').

Durchaus auch in der biologischen Rekonstruktion der ‚subjektiven' Perspektive (3. Teil, C.VII.A) gilt Neugier als durchaus unabhängig vom Bewusstsein möglicher praktischer Vorteile. ‚Das Neue' bzw. (noch) Unentdeckte oder Unerwartete lässt sich ohne weiteres – aber auch den ausdrücklichen Bekundungen etlicher Naturwissenschaftler zufolge – als Kern oder Gegenstand auch des naturwissenschaftlichen Forschens bestimmen. Entsprechend geht das geistige Interesse der naturwissenschaftlich Forschenden an seinen Gegenständen dann weitgehend zurück, wenn sie einfach nichts ‚Neues' mehr erwarten lassen, anders formuliert: wenn er ihnen hinreichend erforscht scheint.

Demgegenüber geht aus dem 3. Teil des vorliegenden Buches hervor, dass im Unterschied zu jenem naturwissenschaftlichen Forschen das Interesse an der Eigentümlichkeit der phänomenalen Welt, *a fortiori* an ‚Sinn', auch im Falle wissenschaftlich überzeugender und mitteilbarer theoretischer Verortungen oder Beschreibungen mitnichten erschöpft ist.

Dennoch scheint es mir verfehlt, beide Aspekte oder Momente menschlichen Interesses einem wertenden Vergleich auszusetzen. Vielmehr besteht auch hier, wie schon im Falle des Autonomie-Begriffs, ein wechselseitiges Ergänzungsverhältnis. Die rekonstruktiven Konzepte der Biologie zur phänomenalenWelt sind ja generell als dasjenige definierbar, was der nicht- oder metaphysikalische Weltaspekt im Hinblick auf die ihm selbst theoretisch unlösbar inhärente Leib-Umwelt-Struktur erwarten lässt.

Darüber hinaus lässt sich auch schon innerhalb des Feldes der (im herkömmlichen Sinne:) empirischen Wissenschaften in gewissen Teilbereichen – zumindest zeitweise – eine Einheit beider Aspekte oder Momente wissenschaftlichen Interesses problemlos unterstellen. Das gilt besonders da, wo es in irgendeinem Sinne um den Ursprung des Menschen und der Menschheit geht und ging: etwa in der Archäologie, Paläontologie, Evolutionsbiologie, Embryologie sowie eben in der Geschichtswissenschaft.[67]

Nicht gering zu veranschlagen ist schließlich und nicht zuletzt die Rolle, die auch eine zunächst dominant *naturwissenschaftlich orientierte Neugier* der These einer möglichen und unerwarteten wissenschaftlichen Eigennatur der ‚Sinn'-Frage bzw. einer wissenschaftlichen – methodologischen und theoretischen – Eigendynamik der Geschichte des genuin philosophischen Denkens zubilligen muss…

---

[67] Besonders die Archäologie und die Geschichtswissenschaft leben bis heute in nicht unerheblichem Maße aus solch ursprünglicher Einheit des Interesses und der Forschungsmotivation, zumal in der Öffentlichkeitsarbeit. Und in dem Maße, in dem sich eine Art ‚Desillusionierung' (wie sie Dahlheim konstatiert und etwa auch für Theodor Mommsen bezeugt: 1995, 733) breit macht, lässt sich ein partielles Aufflammen der motivatorischen ‚Sinn'-Komponente da verzeichnen, wo der Zeithorizont wissenschaftlicher Erforschung menschlicher Kultur beträchtlich weiter zurück in die Vergangenheit ausgedehnt wird (wie im Falle des ‚Ötzi'). Ähnlich lässt sich die verbreitete Faszination deuten, die von uns fremden Kulturkreisen ausgeht, wie etwa vom Buddhismus.

E. Epilog. „N i c h t s an der Stelle früherer normativer Geltung der Antike"?

(1)

Vorstehenden Untersuchungen zufolge führt eine epochenmäßig variierende Idealisierung des antiken Europa über deren Auflösung und Ablösung durch die Basis-Überbau-Leithypothese (die freilich in der Sache großenteils schon die antike politische Geschichtswissenschaft prägt) hin zu einer undogmatischen Zielkonzeption der Geschichte und einer diesbezüglich besonderen Rolle der Antike.

In dieser Zielperspektive mutiert jene Leithypothese selbst zum oberflächlichen Ausdruck einer bloßen, wenngleich relativ langen Geschichts*epoche*: einer hochdynamischen Entwicklungsphase innerhalb des reflektierenden Kulturtyps. Eingebettet ist jene Entwicklungsphase zwischen die Anfänge der Geschichte = den archaisch-ethnozentrischen Kulturtyps (mit seinem wahrnehmungsbedingt engen Verständnis von Mensch und Menschheit) und die vor allem von der Neuzeit auf die Bahn gebrachte Zielkonzeption einer integrierten philosophischen Theorie.

Zum einen ist das Basis-Überbau-Modell also weniger eine Frage von Wahrheit und Falschheit, sondern eine Frage der Definition von Geschichte und des in den Blick genommenen rein zeitlichen Horizontes. Zum anderen müssen wir darauf achten, dass sich das Modell nicht von einem kritisch-analytischen Instrument zu einer unkritischen Brille der Geschichtssicht wandelt.

Das Zielkonzept einer integrierten philosophischen Theorie nun führt aus sich heraus zur genannten undogmatischen Zielkonzeption der Geschichte. Um dies zu erkennen, müssen wir nur gewisse Tendenzen ins Auge fassen, welche die Philosophie und Wissenschaft in ihrer geschichtlichen Entwicklung kennzeichnen:

1. Der geschichtlichen Entwicklung des genuin physikalischen Forschungstyps und seinem faktischen Ziel der Naturbeherrschung muss irgendwie eine entsprechende Entwicklung des genuin philosophischen Forschungstyps korrespondieren.
2. Genuin philosophische Theorie überwindet tendenziell den je herkömmlichen Schulbetrieb (mit seiner Fixierung auf den alternativen Charakter theoretischer Grundpositionen), wie es erstmals der skeptischen Akademie der Antike (besonders Cicero), in der Neuzeit Descartes und Kant vorschwebt. 3. *In puncto* wissenschaftlicher Verbindlichkeit sucht sie seit der Neuzeit mit dem physikalischen Forschungstyp gleichzuziehen, indem sie zunehmend die interpretative Durchsetztheit ihrer eigenen Tradition mit physikalischen Denkmustern erkennt. 4. Sie ergänzt den genuin physikalischen Forschungstyp tendenziell durch eine praxisrelevante motivierende Wert- und ‚Sinn'-Theorie. 5. Zur spezifischen Methode des genuin philosophischen Forschungsstranges gehört nach der vorsokratischen Anlaufphase zunehmend die Reflexion der eigenen Geschichte (systematisch erstmals Aristoteles). 6. Diese eigentümliche *methodologische* Präsenz der eigenen Geschichte und die genannte spezifische Praxisrelevanz befördern dann ihrerseits eine Einbeziehung der politischen Geschichte (Hegel). Und eben darin gründet das

Programm eines entsprechenden undogmatischen Zielkonzeptes der *politischen Geschichte des reflektierenden Kulturtyps*. Dabei spielen dann auch die Wissenschaften von der Antike ihre unverzichtbare zentrale Rolle.

(2)

Die genannte Rolle des geschichtswissenschaftlich in den Blick genommenen rein zeitlichen Horizonts wird von der modernen Entwicklung der Wissenschaft *insgesamt* befördert. Wie hier ausgeführt wurde, besteht ganz allgemein ein wechselseitiges Ergänzungsverhältnisses innerhalb der modernen Wissenschaften – vor allem zwischen zwei Wissenschaftsgruppen:
Die eine besteht in *modernen* Arbeitsfeldern (1), Methoden (2) und Begriffen (3). Zu ihnen gehören: 1. spezifisch moderne Forschungszweige, wie Ethnologie, Chemie, Wirtschaftswissenschaften, Soziologie, Politologie, Biosoziologie und interdisziplinäre Forschung; 2. spezifisch moderne Forschungsmethoden, wie das analytische Basis-Überbau-Modell und auf philosophischem Felde diverse sprachanalytische und phänomenologische Methoden sowie der strikt methodologische Interpretationismus. 3. spezifisch moderne Begriffe, wie insbesondere der aus der Sinn-Frage resultierende ‚Sinn'-Begriff, dessen explizite Artikulation an den genuin physikalischen Theorietypus geknüpft und gerade deswegen unabhängig von fachphilosophischen Kenntnissen zu sein scheint.
Der *Antike* ist die zweite Wissenschaftsgruppe gewidmet. Sie kann von den modernen Wissenschaften profitieren: als Archäologie, als Geschichtswissenschaft im Dialog mit moderner Ethnologie sowie als Wissenschaften der antiken Literatur, darunter insbesondere eine nun auch betont methodologisch reflektierte Analyse und Rekonstruktion der antiken Philosophie- und Wissenschaftsgeschichte, die dann ihrerseits in einen Kontext mit der analytischen Rekonstruktion der antiken (und mittelalterlichen) Geschichte insgesamt zu rücken ist.

(3)

Tiefer als die – selbst geschichtlich bedingte und nur als sehr grobes Schema gültige – Basis-Überbau-Struktur liegt – in der Konsequenz der in den vorigen Abschnitten skizzierten philosophiegeschichtlichen (zumal modernen) Entwicklung einerseits und der im 3. Teil umrissenen Theorie andererseits – die Orientierung der Menschheit an einem wahrgenommenen und konzeptuell und praktisch immer auch gestalteten Wert und ‚Sinn' des Lebens und der Welt.

In der *europäischen* Philosophie wird sie erstmals von Sokrates / Platon im Konzept des (intuitiven Strebens nach dem) ‚Guten' als solche artikuliert und mit einer normativen ‚Politologie' verknüpft. Die ihr von Sokrates und dem jungen Platon gegebene theoretische Form ist die Ideenlehre. Wie es für viele genuin philosophische Theorien typisch ist, artikuliert auch sie zugleich ein Konzept der zu ihr führenden Methode: das Konzept der „Anamnesis / Wiedererinnerung" der Seele an ihre ursprüngliche Ideenschau, darüber hinaus – dieser Methode untergeordnet – die „Maieutik / Hebammenkunst" als Methode der Vermittlung der Ideenlehre an Schüler. – In der Neuzeit transformiert Kant diese ‚Sinn'-Orientierung im Rahmen seines genuin physikalisch dominierten Objektbegriffs in ein von der Theorie isoliertes „Vermögen der Vernunft"; wichtig jedoch ist hier, dass überhaupt eine einschlägige philosophiegeschichtliche Kontinuität besteht.

Mit der Position von Sokrates und Platon wird eine Wendung vom Primat der Natur zum Primat der menschlichen Lebenswelt und Politik vollzogen. Das ist kein Zufall, sondern nahezu unzweifelhaft eine – auch inhaltliche (zumal aus den Lehren Heraklits und Parmenides' folgende) – Konsequenz der vorsokratischen Denkbewegung.[68] – Der, wie ich meine, heute zu *erwartende* diesbezügliche Fortschritt der angestrebten integrierten genuin philosophischen Theorie besteht hauptsächlich in den folgenden Punkten: 1. wie schon erwähnt: in wissenschaftlicher Verbindlichkeit und (zumal schulischer!) Mitteilbarkeit ohne Dogmatismus, 2. in einer definitiven Ausweitung des politischen Gesichtskreises auf die objektive, weltumspannende Menschheit.

3. Erinnern wir uns nun an den spezifisch neuzeitlich-modernen Primat von Methodologie und Erkenntnistheorie (1. Teil, A), dann scheint die moderne wissenschaftliche Entwicklung (etwa Kant, Husserl, Heidegger, Wittgenstein einerseits, Naturwissenschaften andererseits) ‚zurück' zu neuer Betonung der – jetzt theoretisch irreduziblen – phänomenalen *Welt* oder *Realität* zu führen, in Fortsetzung Kants kombiniert mit einer Explikation des modernen ‚Sinn'-Begriffs. Freilich geschieht das auf der hier wiederholt und in verschiedener Formulierung betonten neuen methodologischen Ebene:

(a) Die traditionelle Durchdringung genuin philosophischen Denkens durch genuin physikalische Denkmuster ist jetzt systematisch, sozusagen negativ-methodologisch, durchschaut und überwunden.

(b) Positiv-methodologisch ist jetzt die genuin philosophische Methode *vor* aller theoretischen Interpretation der Befunde bestimmt; diese Idee konzipiert erstmals der spätere Descartes, indem er gerade auch sein dualistisches Modell nicht mit dem Konzept eines unmittelbar auf sich selbst zurückgebeugten Bewusstseins begründet, sonder durch eine spezielle Anwendung seines methodischen Zweifels (s. zuletzt Anm. 63).

(4)

Anhand der oben skizzierten Struktur der Philosophiegeschichte nun lässt sich die oben begonnene neue Einschätzung der positiven Rolle der europäischen Antike für die Gegenwart und Zukunft weiter differenzieren:

1. Die europäische Antike verliert in der Moderne ihre frühere einseitige Vorbild- oder Idealstellung. Doch tritt an deren Stelle (tendenziell) das – mit einer Revision des Basis-Überbau-Modells verknüpfte – Konzept des ‚Sinnes', den nicht nur die Antike – als Vorbild oder gar nie wieder erreichbares Ideal – verkörpert, sondern der allen Epochen zu eigen ist und *zugleich* das Ziel der Menschheit bedeutet. Das ursprüngliche Ideal wird also im Zuge der neuzeitlichen und modernen Entwicklung der Philosophie entscheidend modifiziert: zu einem theoretisch explizierbaren, praktisch *realisierten und zugleich weiter gestaltbarem* Konzept von Wert und ‚Sinn'. Danach haben Wert und ‚Sinn' im Leben und in der Welt selbst ihren Boden; so wird verständlich, dass das, was wir für andere tun, immer *auch* für uns selbst tun, und umgekehrt.

---

[68] Das gegenwärtig aktuelle ‚Ideal' einer Kombination von Realismus, Besonnenheit und Optimismus scheint mir übrigens nicht zuletzt ein intuitiver Ausdruck dieses inhaltlichen Anliegens zu sein. Auch das Schwanken zwischen Pessimismus und machtfixiertem Denken einerseits und Propagierung von Optimismus und Vertrauen andererseits, nicht selten sogar in ein und derselben Person oder Zeitschriften-Redaktion, scheint mir in diesen Kontext zu gehören, ebenso die beeindruckende Solidarität von Betroffenen und Nichtbetroffenen in großen Katastrophen. Auch die ermutigende und ‚ansteckende' soziale Ausstrahlung von Menschen, die eine Kombination von Urvertrauen und Intelligenz oder (und) Tatkraft an den Tag legen, ist m.E. in diesem Kontext zu sehen. – Vgl. u. 4.2.

Praktisch funktionieren kann ein derart modifiziertes Ideal bzw. das ‚theoretisch' beschriebene und bekräftigte ethische Motiv freilich zunächst nur auf der Ebene individuellen Dienstes an Kranken und Schwachen. In der Gesellschaft insgesamt, besonders im (demokratischen) politischen und wirtschaftlichen Leben funktionieren kann es nur, wenn es analog dem genuin physikalischen Theorietyp zum allgemeinen Bildungsgut gehört (– analog wie umgekehrt die soziologische Ausweitung der Theorie Darwins das ethische Motiv in scheinbar wissenschaftlicher Fundierung zu modernem Rassismus pervertieren oder doch einschlägig verunsichern konnte).

Die einseitige Ideal- und Leitbildfunktion der Antike wäre so plausibel und angemessen ersetzt durch die Idee einer undogmatischen menschheitsorientierten Zielperspektive, welche wertende Unterschiede nur im konkreten menschlichen Denken und Handeln kennt, nicht aber im Wesen des Menschen – des ‚Menschen im Menschen', wie Platon einmal formuliert. Die Antike behält dabei insofern eine Leitrolle, als sie für die wissenschaftliche, durch moderne Instrumentarien und Erkenntnisse verbesserte Analyse des Verhältnisses zwischen der Geistesgeschichte und der politischen Geschichte und damit für das Selbstverständnis der Moderne unentbehrlich ist. Nur die Antike bietet historisch hinreichend belegbare Aufschlüsse für den Übergang des archaisch-ethnozentrischen Kulturtyps zum reflektierenden Kulturtyp, und nur sie bietet das faszinierende Abenteuer einer methodologischen Analyse der ehemals (fraglos) mythisch wahrgenommenen phänomenalen Welt, einschließlich einer methodisch-spekulativen Vorwegnahme des genuin physikalischen Theorietyps und seiner indirekten Beziehung zum genuin philosophischen Forschungstyp.

Obwohl jene Zielkonzeption den Begriff spontanen sozialen Verantwortungsbewusstseins bekräftigt, lässt sie moralisch wertende Vergleiche zwischen ganzen Geschichtsepochen als so wenig sinnvoll erscheinen wie das Konzept möglicher ‚besserer' (bewusstseinsbegabter) Welten.[69] Mit wachsender zeitlicher Breite eines geschichtlichen Zeitalters scheint die Verantwortlichkeit seiner Menschen für die es prägenden – *eo ipso* allgemeinen – Strukturen abzunehmen und gegen Null zu gehen.

Entsprechend ist es unmöglich und schwerlich moralisch, dem Menschen die Freiheit eigenen Urteilens, Zweifelns und Argumentierens gerade in dem Bereich einer Theorie der Ethik zu verwehren, sobald sie zu unmoralisch scheinenden Sätzen gelangt. Umgekehrt ist das, was aus freiem, gar wissenschaftlichem, Urteil an möglichen negativen Folgen für das menschliche Zusammenleben erwächst, von jenem freiem Denken nicht eigentlich zu verantworten (wie übrigens auch nicht mögliche positive Folgen). Denn das Urteilen folgt eigenen Regeln und Gründen, nicht (primär) moralischen. Die einzige moral*analoge* Norm ist hier die intellektuelle Redlichkeit; doch ihr Dilemma ist, wie das 20. Jahrhundert zur Genüge gezeigt hat, dass objektiv redliches genuin philosophisches Denken politischen Führungseliten oder ‚Parteien' gar nicht als wissenschaftlich galt, sondern im Gegenteil als wissenschaftlich und praktisch verachtungswürdig. – Im Übrigen sind Zweifel bezüglich des Wesens von Moral (und Religion) eigentlich unteilbar; einzelne Individuen können deren moralische Relevanz allenfalls mehr oder weniger ignorieren – mit fragwürdigen praktischen Folgen...

Ein Ausweg aus dem Dilemma ist ein methodologisches und pädagogisches Verständnis der Urteilsfreiheit wie des Zweifelns; aber dazu gehört eine gewisse philosophische Vorbildung, wie schon in der antiken Akademie. Ein anderer Ausweg ist eine moralische Erziehung im Sinne des ethischen Motivs, einschließlich der erzieherischen Implikationen eines Rechtsstaates, der sich im Ursprung einer demokratischen oder republikanischen Verfassung sowie einer damit verknüpften unabhängigen juristischen Tradition verdankt. (Letztere funktionierte sogar noch im römischen Kaiserreich). Aber auch diese Auswege implizieren ein Eingeständnis der Grenzen des *intuitiven* ethischen Motivs.

2. Die frühere Idealfunktion der Antike *und* ihre Ablösung durch die wissenschaftlich explizierte Basis-Überbau-These werden jetzt ihrerseits als ein Zusammenhang verständlich, als Teil der Struktur der Philosophie- und Wissenschafts-

---

[69] Vgl. 3. Teil, C; zuletzt 4. Teil, D.III, letzter Absatz.

geschichte insgesamt: Diese schwankt nämlich, wiederum bereits seit der Antike, zwischen (politisch-)philosophischem Optimismus (Sokrates, junger Platon; Stoiker; Leibniz) und Pessimismus (Thukydides, Epikur bezüglich der politischen Praxis; Schopenhauer; Spengler; Marx bezüglich der Philosophiegeschichte), sogar auch innerhalb des Werkes einzelner Philosophen (der Platon des ‚Staates'; Augustinus; Nietzsche; Marx bezüglich der politischen Geschichte; Freud – sofern seine psychodynamische Konzeption auf den gesellschaftspsychologischen und kulturgeschichtlichen Bereich mehr oder weniger exklusiv ausgedehnt wird).

3. In der Antike konnte eine innere Verknüpfung der Demokratie oder Republik mit dem geschichtlich gewachsenen philosophischen Denken und einer entsprechenden Bildung der Jugend nur in einem ersten praktischen Anlauf entstehen: in Athen durch Sokrates und den jungen Platon. Der Ansatz scheiterte aus den hier anderweitig genannten Gründen. Auf neuer politischer und philosophischer Ebene wurde eine institutionelle Breitenwirkung erstmals von Cicero in Rom angedacht und zugleich als praktisch unrealisierbares Ideal verworfen. Mit dem Untergang der römischen Republik geriet auch dieses Ideal in Vergessenheit. In der Moderne könnte eine solche Verknüpfung Wirklichkeit werden und die ganze Welt umspannen. Doch ist diese Zukunftsperspektive abhängig von der Überwindung einschlägiger Vorurteile, die ihrerseits wissenschaftlich und bildungspolitisch unablösbar ist von einem neuen Verstehen des Kontextes der Moderne und der Antike.

(5)

Schon am Namen als eine Kompromissformel in der spannungsreichen wissenschaftsgeschichtlichen Struktur erkennbar ist der von William James begründete philosophische Pragmatismus. Er hat seine Wurzeln bezeichnenderweise im demokratischen Nordamerika, das sich von Europa nicht nur politisch, sondern auch kulturell zu lösen und abzugrenzen suchte. Nach den beiden Weltkriegen und angesichts des politischen Totalitarismus wurde er auch in Europa einflussreich und fruchtbar. Man könnte ihn zuspitzend als eine betont demokratische Philosophie charakterisieren.

Sein eher verdeckter und doch relativ scharfer Schnitt zur europäischen Philosophiegeschichte ist – von einigen selektiv rezipierten Philosophen, wie Duns Scotus, der den Willen vor dem theoretischen Verstand betont, und Kant abgesehen – allerdings nicht sehr konsequent: Rückt man ihn in Zusammenhang mit der amerikanischen Demokratie ist das antike Vorbild nicht zu verkennen: der – historisch gewachsene – Primat der Praxis gegenüber der ‚griechischen Theorie' in Roms später Republik. Vom Vorbild Roms zeugen schon Name und Architektur des Kapitols in Washington.

Nur in oberflächlicher Sicht der Philosophiegeschichte lässt sich der philosophische Pragmatismus als eine moderne Wiederholung der griechischen Wendung vom Primat der Naturtheorie zum Primat der Ethik deuten. Bei näherem Hinsehen ist er weniger eine innere Konsequenz der Philosophiegeschichte als ein sanft-‚revolutionärer' Bruch mit ihr. (Im Übrigen unterscheidet ihn sein demokratischer und pragmatischer Tenor von den totalitär-revolutionären Ideologien des 20. Jahrhunderts und ihrer Reduzierung der traditionellen Philosophie auf soziologische und biologische Kategorien).

Der philosophische Pragmatismus kann aus dieser Sicht nicht mehr, aber auch nicht weniger als ein Provisorium sein, sozusagen eine pragmatische Vereinfachung und Abkürzung einer zumal seit der Neuzeit allzu kompliziert erscheinenden Philosophiegeschichte. Er ist die philosophische Formel einer freiheitlich-demokratischen *Betonung* der Praxis, in deren Dienst er das Denken gestellt sieht.

Er ist ein kluger Verzicht darauf, die Praxis und den Begriff des Guten durch fixe theoretische Systeme leiten zu lassen. Kurz, das Handeln bzw. der Wille selbst ist das leitende ‚theoretische' Konzept, wird zur – auch ethisch gemeinten – Norm (etwa nach den Mottos: *Es gibt nichts Gutes, außer man tut es. Lasst Theorien sterben, nicht Menschen!*). Diese Grundhaltung erklärt übrigens zum Teil seine im Vergleich mit Europa relativ hohe intellektuelle Akzeptanz und Toleranz (auch fundamentalistisch-)religiöser Strömungen.

Die relative Distanz des Pragmatismus zur Philosophiegschichte zieht jedoch auch gewisse intellektuelle Schwächen nach sich. Sie zeigen sich als eine relative intellektuelle Schwäche gegenüber der wachsenden Dominanz des genuin physikalischen Theorietyps in der Moderne einerseits und als ein gewisser Mangel an intellektueller Vermittlung zwischen religiösem und wissenschaftlichem Denken andererseits. Zwar ist ‚der amerikanische' Pragmatismus relativ immun gegen (vitalitäts)hemmende Tendenzen des Zweifels, aber er ignoriert so auch die zur Grundstruktur des reflektierenden Kulturtyps gehörige Natur des Zweifels und seine daher faktisch in jedem Falle latente Präsenz, die durch Lässigkeit und Coolness lediglich überspielt werden kann. Entsprechend wenig entwickelt ist das für das alte Europa charakteristische, wenngleich seit etlichen Jahrzehnten auch dort zunehmend schwindende und verflachende Interesse an der Geschichte.

Funktioniert hat diese politisch-kulturelle Struktur nicht zuletzt deswegen relativ gut, weil sich in Nordamerika (Vereinigte Staaten, Kanada) mehrere Vorzüge verbinden: seine einen ganzen Kontinent umspannende Weite, seine relative geographische Isolation und Distanz zu Europa, seine demokratische Struktur, die überwiegend europäische Herkunft seiner Bevölkerung (Transfer an *know-how*) sowie in Verknüpfung mit alledem ein historisch kontinuierlicher, bis in die Gegenwart reichender wirtschaftlicher Aufstieg. – Andererseits ist die primär kommerziell betriebene neuzeitliche Verschleppung und Versklavung von Afrikanern nach Nordamerika durchaus einzigartig in der Geschichte, in Europa umgekehrt mitverantwortlich für die moderne übersteigert-negative Bewertung der antiken Sklaverei und damit tendenziell der europäischen Antike insgesamt.

(6)

Die hier skizzierte geschichtswissenschaftliche Rahmenanalyse führte uns sowohl im Falle des Basis-Überbaumodells als auch im Falle des amerikanischen philosophischen Pragmatismus auf deutliche Bruchlinien im Verhältnis zur Philosophiegeschichte zurück. In derselben gesamtgeschichtlichen Sicht jedoch wurde ebenso deutlich: Der innere Zusammenhanges gerade der Geschichte der Demokratie mit der Geschichte der europäischen Philosophie ist schon rein äußerlich am Beispiel der europäischen Antike erkennbar:

Deren erste Epoche, die vorsokratische, verläuft zeitgleich mit der Entstehung und Entwicklung der athenischen Demokratie, so dass zwar keine ursächliche Beziehung zwischen beiden, wohl aber ein gemeinsamer Geist anzunehmen ist.

In der späten römischen Republik wird die hellenistische Philosophie – in partieller Opposition zur genannten traditionell-römischen Praxisorientierung sowie in relativem Gegensatz zur folgenden Kaiserzeit – von einigen prominenten römischen Politikern begeistert rezipiert; auf diese Weise speist sie eine erstaunlich vitale und tatkräftige Hoffnung auf geistig-kulturelle Erneuerung der zutiefst korrupten Republik sogar in der hochturbulenten Phase ihres Unterganges.

Diese frühe Parallelität von politischer und philosophischer Entwicklung und das moderne Faktum der naturwissenschaftlichen = ‚*auch*-philosophischen' Schulbildung scheinen mir die besten *Ad-hoc*-Argumente gegen den Einwand zu sein, der genuin philosophische Forschungstyp sei substantiell elitär bzw. ein wesentlich charakter- oder schichtengebundenes Kultur- oder Bildungsphänomen.

5. Teil

Abschließende Überlegungen
—
Werbung für künftige Philosophie als Leitwissenschaft und Lebensweisheit*

---

*) 1. „Leitwissenschaft" besonders für die Soziologie und politische Geschichtswissenschaft: weil das menschliche Handeln in ihrem Zentrum steht. Für die moderne Naturwissenschaft, vor allem für die Biologie und Medizin, hätte sie nur als Rahmen oder ‚zum Geleit' zu dienen und ist umgekehrt selbst methodologisch und theoretisch auf sie bezogen.
2. Ohne Kenntnis der Teile 1 – 4 (bes. 3. Teil = Hauptteil und 1. Teil, A) ist von der Lektüre dieses 5. Teiles abzuraten. Denn jene Teile begründen die These, dass die genuin philosophische Forschungsgeschichte eine besondere, von der genuin physikalischen Forschungsgeschichte verschiedene methodische und inhaltliche Struktur hat, einen systematischen Zusammenhang. M.a.W., die Eigentümlichkeit der genuin philosophischen Forschungsgeschichte bringt es mit sich, dass man nicht gut gleichsam aus dem Stande heraus philosophieren kann, sondern nur in Kenntnis jener Geschichte. Zwar ist allen Menschen das philosophische Motiv eigen, doch gerade auch deswegen ist Philosophie ein menschheitsgeschichtliches Gemeinschaftswerk, kann daher nicht auf Anhieb jedermanns Eigentum sein. Vielmehr muss man sich um eine Analyse der Geschichte eigens bemühen. Diese Mühe nun wird m.E. belohnt: durch die Aussicht, dass Philosophie zu einer *wissenschaftlich verbindlichen* Ergänzung und Bereicherung unserer heute naturwissenschaftlich dominierten Weltsicht führt – mit Konsequenzen auch für unser Handeln.

I

Was zeichnet die vorgeschlagene ‚Theorie'-Skizze der Welt und der Geschichte vor konkurrierenden philosophischen Theorien wissenschaftlich aus? – Als einzige von den bisherigen genuin philosophischen Theorien erbringt sie ihrem Anspruch nach folgende (sich teilweise überlappende) Leistungen:

A. Sie integriert den genuin physikalischen Theorietyp und – auf der Ebene der Leib-Seele-Beziehung – mit ihm das an ihn gekoppelte Konzept des *nicht* physikalisch-räumlich und -funktional definierbaren Bewusstseins.

   1. Sie weist keine inneren logischen Widersprüche auf, anders als implizit der ‚Parallelismus' im umfassendsten: den Epiphänomenalismus und metaphysische Identitätstheorien wie die von Feigl und W. Sellars einschließenden Sinne.
   2. Sie hat keine aporetische Struktur, wie explizit und auf der exklusiven Ebene der philosophischen Leib-Seele-Problematik der Cartesische Dualismus (und implizit in mehrfacher Hinsicht auch noch Kants transzendentales Modell, s. u. B).
   3. Sie enthält (folglich) ein stark modifiziertes *Element* von ‚dualistischem' Interaktionismus, und dies zugleich im Rahmen einer modifizierten Theorie der Identität oder Zwei-Aspekte-Lehre von Leib und Seele.

B. Sie folgt dem Grundsatz: *„Descartes' (implizites) Unternehmen, den genuin physikalischen Theorietyp einzubinden, und die daran geknüpfte Neuformulierung des Geist-Begriffs haben umgekehrt Konsequenzen für das Konzept der genuin physikalischen Weltstruktur."*

C. Über Kant hinaus genügt sie dem weiteren Grundsatz: *„Der Subjekt- und der physikalische Objektbegriff dürfen einander nicht theoretisch dominieren"*:
Im Unterschied zum – nicht zuletzt auch ethisch bedenklichen – Konzept einer (transzendental-)*bewusstseinsinternen genuin physikalischen* Objektwelt führt sie anhand des Begriffs der alltäglich wahrnehmbaren Objektqualia (Beispiel ‚phänomenale Farben') und seiner Definition den genuin philosophischen Begriff der *theoretisch unhintergehbaren phänomenalen* Objektwelt ein, die theoretisch nicht vom Subjekt ablösbar und doch verschieden von ihm ist.

D. An das so ermöglichte Konzept zweier grundverschiedener, aber einander ergänzender Aspekte der Welt, einschließlich des menschlichen Selbst, knüpft sich der weitere – nicht zuletzt auch ethisch relevante – Grundsatz: *„Keiner der beiden Aspekte der Welt und des menschlichen Selbst darf den je anderen ontologisch bzw. theoretisch dominieren"*. Dieser Grundsatz ist wie folgt erfüllt:

   1. Die genuin physikalische Weltstruktur weist in ihren mikro- und makrokosmischen Rand- oder Grenzbereichen eine Selbstrelativierung auf: eine Relativierung der klassischen oder genuin physikalischen Prinzipien (z.B. des Raumprinzips).

2. Der genuin physikalische und der metaphysikalische Weltaspekt sind einander durch äquivoke Konzepte zugeordnet.
3. Der Begriff des ‚nichtfunktionalen' Weltaspektes macht diese Zuordnung oder Korrelation plausibel.
4. Dem theoretisch irreduziblen ‚nichtfunktionalen' Aspekt der phänomenal-qualitativen Objektwelt ist die Leib-Umwelt-Struktur inhärent, der ihrerseits die (involvierte) physikalische Weltstruktur unterlagert ist.
5. Die phänomenale Objektwelt ist theoretisch irreduzibel (a). Sie teilt zugleich die Perspektive des Leibes (b). Aus a und b resultiert das phänomenal-qualitativ verschiedenartige Erscheinen der Welt für verschiedene Arten von Lebewesen etc. Dieses wird als ein theoretisch unhintergehbares Faktum verständlich gemacht: Die Objektqualia sind, quasi-physikalischer Verdinglichung entzogen, dem Grenz*bereich* der Welt zugeordnet. Sie sind damit nicht nur nicht hinterfragbar, vielmehr sind derartige Fragen *theoretisch* unsinnig. M.a.W., eine *modellartig erklärende* Gesamtdarstellung des unlösbaren Implikationszusammenhanges der phänomenalen Welt ist unsinnig (auch ethisch).

E. Die vorgeschlagene Theorie integriert die drei Wenden der Geschichte der Philosophie:
1. Sie rekapituliert auf neuer Ebene der erstmals von Sokrates / Platon vollzogenen Wende vom (theoretischen) Primat der Natur zum Primat der Lebenswelt oder phänomenalen Welt bzw. der Ethik und Ästhetik.
2. Sie schreibt die neuzeitliche Wende des aristotelisch-stoischen „Physik"-Typs zu genuin physikalischem Theorietyp und Bewusstseinstheorie fort.
3. a) Sie genügt Wittgensteins sprachkritischer Wende: seiner Sprachgebrauchs- oder Sprachspiel-Konzeption, die zudem auf dieser neuen Ebene eine Rückwendung vom neuzeitlichen Primat der Erkenntnistheorie und Methodologie zum Realismus impliziert. Das heißt u. a., zeitgemäße genuin philosophische Theorien dürfen nicht nach dem Muster des genuin physikalischen Theorietyps gebildet werden. b) Umgekehrt ist sie eine realistische (statt konstruktivistische) ‚theoretische' Explikation der minimalistischen Konzeption Wittgensteins.

F. Sie genügt dem spezifisch modernen *alltäglichen* Weltverständnis und Weltverhältnis:
1. dem modernen *intuitiven Festhalten* an der (mithin theoretisch irreduziblen) Objektzugehörigkeit von phänomenalen Objektqualia bzw. dem – heute so nicht mehr angemessen benennbaren – ‚naiven' Realismus,
2. dem modernen ‚Sinn'-Begriff, dessen Artikulation in der Sinn-Frage ihrerseits an den genuin physikalischen Teorietypus gekoppelt scheint,
3. unseren ethischen Intuitionen.

G. Durch die Gleichstellung der beiden Weltaspekte ermöglicht sie eine dem modernen Sinn-Begriff entsprechende Theorie-Skizze der *Geschichte*. Denn auf die Weise lässt sich die alltägliche Wahrnehmung verschiedener Epochen theoretisch auf ein und denselben, historisch unwandelbaren, ethisch relevanten Gegenstand – eben auf die irreduzible phänomenale Welt oder Lebenswelt – beziehen.

Allerdings bedarf es gewisser Ergänzungen: a) der Erinnerung an ursprüngliche kindliche Wahrnehmung, etwa von Blut, b) entsprechender Einfühlung in die Riten des archaisch-ethnozentrischen Kulturtyps und dessen Wahrnehmung fremder Sprachen, c) entsprechender Analyse antiker Geschichte.

H. Naturwissenschaftlicher Theorie ist die vorgeschlagene ‚Theorie' insofern analog, dass sich ihre *wissenschaftliche Qualität* an der Einlösung gewisser, hier teilweise schon anderweitig formulierter Forderungen messen lässt:

1. Sie muss ausnahmslos alle intuitiv oder explizit erfassten genuin philosophischen (auch ethischen) Grundbegriffe bzw. Grundunterscheidungen (wie den Begriff zeitübergreifender numerischer Identität des Bewusstseins) interpretieren.
2. Sie muss das *Zustandekommen* traditioneller genuin philosophischer Unterscheidungen, Theorien und Aporien plausibel machen: (auch) in *diesem* Sinne integrieren. Plausibel als – ggf. undurchschaute bzw. unexplizierte – Einflüsse des genuin physikalischen Denktyps auf genuin philosophisches Denken macht sie z.B.: das Cartesische, das klassisch-parallelistische, das epiphänomenalistische Leib-Seele-Modell, Lockes Begriffspaar „secondary / sensible qualities", radikale Skepsis bezüglich der Umwelt, Kants Wendung zum Primat der Erkenntnistheorie, die vorsokratische Wendung zum Primat der Ethik.
3. Ist sie wissenschaftlich mitteilbar, sollte sie, wie ähnlich schon von antiken Philosophen gesehen wurde, *praktische Folgen* haben (Verbesserung der Lebensqualität, besonders der zwischenmenschlichen Beziehungen).

II

Worauf es ankommt:

1

Die phänomenale Welt, alltägliche Grundintuitionen (wie das ethische Motiv) und der moderne ‚Sinn'-Begriff, dürfen nicht verstellt werden durch *erklärende* Theorie, Religion und Erziehungskonzepte. Vielmehr sind sie mit dem erklärenden genuin physikalischen Theorietyp zu *verbinden*, aber wiederum nicht erklärend-, sondern *beschreibend*-‚theoretisch'. Möglich ist dies nur in konzeptuellem Gegenzug zum physikalischen Theorietyp bzw. nur mit seiner nur *indirekt*-methodologischen Hilfe. Äquivoke intern-biologische Konzepte zu jenen Intuitionen und Begriffen können als solche nur *Teil* der anzustrebenden ‚Theorie' sein.

2

Das Wesentliche an den ‚theoretischen' Begriffen der Grenze und des Grenz*bereichs* der Welt ist: Sie dienen der ‚Beschreibung' der phänomenalen Welt. Über sie theoretisch-erklärend hinauszudenken, ist nicht nur nicht möglich, sondern auch unsinnig. ‚Aufklärung' bedeutet daher Aufhellung auch des nichtphysikalischen Aspektes der Welt.

Traditionell ist der Begriff der Aufklärung naturwissenschaftlich geprägt, partiell auch bei Kant. *Hier* wurde er ausgeweitet: einerseits auf das Konzept eines metaphysikalischen Weltaspektes, andererseits auf den durch die Leib-Umwelt-Struktur geprägten (evolutionsbiologischen) Aspekt der Autonomie.

3

Man stelle sich vor, es gäbe Philosophie an allen Universitäten *und* allgemeinbildenden Schulen als ein Fach, welches einerseits von der Naturwissenschaft methodologisch und theoretisch-inhaltlich verschieden ist, andererseits eine gleichermaßen anerkannte Methodologie und realistische Theorie bietet. Schon aus rein formalen Gründen würde sie auf die Praxis und die Geistes- und Sozialwissenschaften ausstrahlen. Eine ähnliche Hoffnung begleitet die Philosophie *weltweit* seit ihren Anfängen, in Europa freilich partiell verdeckt durch die frühe systematische Relevanz des genuin physikalischen Theorietyps (vgl. u. 15).

„*Wer Unverhofftes nicht erhofft, wird es nicht finden, da es dann (als Nichterhofftes) unauffindbar ist und unzugänglich*". Das Wort Heraklits (Fragment 18) gilt auch und besonders für die Moderne.

4

Ganz im Gegensatz zu Kants Programm ist die Naturwissenschaft, insbesondere der genuin physikalische Denktyp, seit einigen Jahrzehnten weithin nicht mehr Anreiz und Forderung an ein genuin philosophisches Forschen, es ihr an wissenschaftlich verbindlicher Methode und Theorie gleichzutun. Vielmehr verstärkt zumal die biologische = „*lebens(welt)wissenschaftliche*" Definitionskompetenz die moderne Tendenz, die genuin philosophische Tradition als eine rein historische Angelegenheit bzw. als Gegenstand rein persönlich motivierter Entscheidungen einzuschätzen. Wie immer sich die einzelnen Forschenden explizit dazu verhalten mögen, der objektive Niederschlag dieser Tendenz in den Geistes- und Sozialwissenschaften ist die verbreitete Akzeptanz und allgemeine Unwidersprochenheit des Basis-Überbau-Modells.

Und doch ist diese Tendenz offenbar nicht stark genug, den intuitiven Eindruck zu verdrängen, die Naturwissenschaft verfehle partiell die phänomenale Welt oder Lebenswelt und die damit verknüpften ‚wichtigsten Fragen des Lebens'. Der Mangel zeigt sich besonders in der sich seit einigen Jahrzehnten bemerkenswert hartnäckig wiederholenden, sich weitgehend im Kreise bewegenden Diskussion des Problems der Objektqualia (1. Teil, B).

Dass das Gros der Fachbiologen genuin philosophischen Teilströmungen der Diskussion widerspricht, ist nicht etwa Indiz besonderer wissenschaftlicher Qualifikation ihres Urteils, sondern Symptom der besonderen Natur des philosophischen Problems und hat mehrere Gründe:

1. Ein Grund gibt jenen Biologen partiell Recht: Das Konzept einer wesentlich physikalisch-räumlichen Struktur materieller Prozesse kann nicht Ausgangspunkt des Überstiegs zu einem ganz anderen Aspekt des Erkennens und der Welt insgesamt sein; vielmehr ist vom letzteren auszugehen. Dies gehört zu den weiterführenden Einsichten der neuzeitlichen Philosophie.
2. Von den Biologen wird daher nicht weniger verlangt als gegen den Strich der von ihnen seit jeher geübten und so erfolgreichen Denkweise zu denken.
3. Die innere Geschlossenheit der modernen Biologie erweckt den Eindruck einer empirischen Widerlegung und Überflüssigkeit des genuin philosophischen Theorietyps schlechthin, zumal diese Geschlossenheit historisch gegen alternative Modelle (Descartes, Locke, Aristoteles) erreicht wurde. Doch impliziert dieser Eindruck eben auch eine strikte, exklusive Ausdehnung der Cartesischen Auffassung

des Tieres als einer Art Maschine auf den Menschen, bzw. eine simple Ausweitung just des *Cartesischen* Konzepts der Gehirnorgane von der Sinneswahrnehmung und Phantasie auf das Denken.

Dringlich ist es mithin, die genuin philosophische *Arbeit* schlicht fortzusetzen und sich zuvor ihrer eigentümlichen Natur voll bewusst zu sein (1. Teil, A; 3. Teil A). Den wissenschaftlich zwingenden Charakter dieser Forderung einsichtig gemacht zu haben, ist der mindeste Anspruch des vorliegenden Buches.

5

Der Witz der Sprachspiel-Argumentation Wittgensteins lässt sich kurz, wenn auch nur grob und annähernd, so umschreiben und illustrieren:

Die moderne Biologie vertritt (intern) die These, der Mensch sei ein hochkomplizierter und zugleich hochflexibler: handwerklich und ‚sprachlich' begabter Biocomputer. Ganz offenkundig aber ist der in diesem Sinne gebildete Mensch im Alltag in wichtigen Hinsichten, die zugleich „die wichtigsten Fragen des Lebens" berühren, weit davon entfernt, dieser Theorie gemäß sich zu verhalten. Intuitiv verhält er sich sogar – ohne auch nur den Anflug einer Irritation – entgegen derartiger Theorie, sowohl im Handeln als auch in seiner Wahrnehmung (etwa der Farben und ihrer Schönheit!). Nicht einmal die faschistischen Rassisten der Nazi-Diktatur befolgten ihre ‚wissenschaftliche' Theorie konsequent: Auch für sie war es (i.d.R.) undenkbar, ihre gerade verstorbenen – oder zuvor schon sehr betreuungs- und pflegeintensiven – Verwandten einfach und dazu höchst kostengünstig zu entsorgen, *a fortiori* im Falle tiefer innerfamiliärer Konflikte oder gar Gleichgültigkeiten. Und doch ist der unbestreitbare Teilzusammenhang mit dem für *exklusiv* wissenschaftlich gehaltenen naturwissenschaftlichen Sprachspiel besorgniserregend, seine politisch-totalitäre Instrumentalisierung erschreckend.

Ein verbreitetes Missverständnis ist die These, Wittgenstein deute jenes relativ stabile Handeln und Wahrnehmen als kulturell oder sozial bedingt.

6

Die beiden Weltaspekte sind *wechselseitig* theoretisch irreduzibel. Zumal aus der Sicht des nicht- oder metaphysikalischen Weltaspektes hängt alles mit allem unlösbar zusammen: phänomenale Welt, physikalische Weltstruktur, Ökonomie, ethisches Motiv, Bewusstsein verantwortlicher Freiheit, Religion, kulturelle und politische Institutionen, Politik, wissenschaftliche Theorien, intuitives Sinnverstehen bzw. der – aus der Sicht Europas – moderne explizite ‚Sinn'-Begriff.

Dies gilt auch für die Geschichte: Auch im archaisch-ethnozentrischen Kulturtypus und in den durch die Schrift ausgelösten geschichtlichen Wandlungen – zumal der Wahrnehmung – hängt alles mit allem unlösbar zusammen.

7

Der nichtphysikalische Weltapekt ist immer schon bekannt, ohne dass auch nur der bloße Begriff eines Wissens darum, wie er funktioniert, sinnvoll wäre. Eine weitere Konstante der Geschichte ist: Es gibt ein alltägliches intuitives Wissen um den genuin physikalischen Weltaspekt, gespeist aus alltäglichem Umgang mit Umweltgegenständen. Doch angesichts seines bloß intuitiven Charakters und jenes nichtphysikalischen Weltaspektes gilt zugleich der Satz: Grundlegende Änderungen im wissenschaftlichen Grundverständnis der phänomenalen Welt ändern auch die *Wahrnehmung* der Welt, mithin auch das Handeln.

8

Die große Betonung und der besondere Schutz, welche die Freiheit des persönlichen Urteils (sofern sie die Freiheit der je anders Denkenden einschließt) in den modernen Demokratien und ihren Institutionen genießt, sind nicht nur Resultat primär politisch-geschichtlicher Entwicklungen und der Erfahrung totalitärer Ideologien, sondern auch Ausdruck von Einsicht in die kulturelle und politische Kraft der Freiheit. Und schließlich ist jene Betonung Teil der Intuition einer unveräußerlichen Wert- und Sinn-Struktur des menschlichen Lebens und der Welt.

9

Naturwissenschaft und Mathematik beziehen ihre gesellschaftliche Wertschätzung vor allem aus ihrer – im ursprünglichen Wortsinne – technischen Macht.

‚Wissenschaftlich' begründete totalitäre Ideologien setzen primär auf politische Macht: auf durch (undurchschaut pseudo-),moralische' Feindbilder gespeiste Einschüchterung nach außen, nach innen auf Solidarität. Auch ihr ‚moralisch'-revolutionäres Eifern ist ein Kriterium mangelnder politischer Qualifikation.

Wie religiöser Fanatismus und religiöses Sektierertum beziehen sie Macht auch aus dem wissenschaftlichen Vakuum, welches der tendenzielle Rückzug undogmatischer genuin philosophischer Forschung aus dem ihr systematisch und historisch zukommenden Bereich erzeugt hat. Dieser Rückzug ist, zumal im universitären Bereich, mit Kant gesprochen, weitgehend „selbstverschuldet".

10

Welchen anderen Sinn sollte die Philosophiegeschichte Europas und anderer Kulturkreise haben, wenn nicht den, die mit dem physikalischen Theorietyp verbundenen – in Europa: neuzeitlichen – genuin philosophischen Probleme zur phänomenalen Welt mit dem – aus der Sicht Europas modernen –‚Sinn'-Begriff zusammenzuführen und in das Ziel einer allgemein überzeugenden philosophisch-wissenschaftlichen Theorie einzubringen?

Eine solche Entwicklung würde die alte, in der Sache auf Thukydides zurückgehende Basis-Überbau-Hypothese und ihre Gegenpole (wie die verschiedenen historischen Idealisierungen der Antike) revidieren und integrieren, sie ihrerseits der von tiefgreifenden Unsicherheiten um das Selbstverständnis der Menschheit geprägten Groß- und zugleich Teilepoche des reflektierenden Kulturtyps zuordnen. Und wäre dieses Ziel nicht ein dem Zeitalter der Wissenschaften gemäßes Ziel?

11

Von der normativen Geltung der Antike in früheren Geschichtsepochen ist demnach einzig das ‚Ideal' skeptischen genuin philosophischen Forschens als wissenschaftlich rechtfertigungsfähig verblieben. Es impliziert eine kulturell, sozial und politisch integrationsfähige Zielvorstellung. Doch wurde dieser Forschungstyp historisch häufig verurteilt, zuerst im ‚Fall Sokrates', zuletzt aus der Sicht des Basis-Überbau-Modells: etwa als elitär und praxisfremd.

Vom (gedachten) Beginn seines Erfolges an bis zur vollen Etablierung in den Schulen muss sein idealer Charakter naturgemäß schwinden; denn parallel dazu realisiert sich jene Zielvorstellung mitsamt ihren praktischen Implikationen.

Solche Realisierung kann sich schon in der bloßen Ahnung ankündigen, die zunächst zufällig scheinende Gleichzeitigkeit der Entstehung der Demokratie und der Entstehung des methodisch-philosophischen Denkens in der griechischen Antike deute womöglich auf eine wesentliche Zusammengehörigkeit und wechselseitige Verwiesenheit beider. Doch schon um jene Gleichzeitigkeit festzustellen, bedarf es eines Interesses an der Antike, welches vergangene Epochen regelmäßig beförderte.

Der (skeptische) genuin philosophische Forschungstyp ist demnach im weiten Spektrum der Wissenschaften zur Antike zwar nicht alles, aber ohne ihn ist alles, d.h. jenes gesamte Wissenschaftsspektrum, im Hinblick auf die politische – auch die schulpolitische – Gestaltung unserer Zeit und unserer Zukunft nichts.

12

Man muss sich über das äußere wissenschaftliche Erscheinungsbild des genuin philosophischen Forschungstyps der Antike wie der Neuzeit klar werden: Es äußert sich gerade in einer weitgefächerten Vielfalt von Theorien und Schulen.

Sie allesamt gelten dem scheinbar so einfachen, scheinbar paradoxerweise immer schon bekannten, naturwissenschaftlich irreduziblen Aspekt der phänomenalen Welt. Dies entspricht übrigens im Kern Wittgensteins Position: Im *Tractatus* dienen sie ihm als „Leiter" zur „richtigen" Weltsicht, in den *Philosophischen Untersuchungen* als Hintergrund des „Sprachspiel"-Konzepts.

13

In Verkennung seiner wissenschaftlichen Eigenheit wird das weite Spektrum genuin philosophischer Theorien missdeutet als Gegenstand philosophischer Freiheit oder des Glaubens einerseits, andererseits als Symptom von Unwissenschaftlichkeit: von Beliebigkeit, Unverbindlichkeit. Solche Missdeutung verleitet zu einer weiteren ‚Freiheit': Man beurteilt jene Theorien und Schulen primär nach *praktischen*: psychologischen, soziologischen, politischen und religiösen Gesichtspunkten. Man trifft in diesem Sinne die eigene philosophische Entscheidung und / oder be- bzw. verurteilt – vermeintlich kritisch – die Entscheidungen *anderer*.

Solche intern-philosophische Betonung der Praxis ist demokratisch-pragmatischer Natur, oder sie ist tendenziell totalitärer Art, angereichert und legitimiert mit verabsolutierten natur- und empirisch-wissenschaftlichen Versatzstücken (Biologismus, Psychologismus, Soziologismus, Ökonomismus). Als Überbetonung der Praxis – die demokratisch-pragmatische (USA) seit ihrem Verbund mit dem genuin physikalischen Theorietyp (4. Teil, E.5) – behindern sie auf ihre Weise eine sachgerechte Beurteilung der Philosophiegeschichte. Insbesondere behindern sie eine konsequente Analyse der *strukturellen* Kontinuitäten und Wendungen europäischer Philosophiegeschichte: der Sokratisch-Platonischen Wende, der skeptisch-akademischen Wende, der Cartesischen Wende, der Wende Kants und der am Konzept der Alltagssprache und ihrer Ausdrucksfähigkeit orientierten Wende oder Abkehr von Letztbegründungstheorien.

14

Sind „philosophische Schulstreitigkeiten" (Kant) Symptom einer sozioökonomischen Ellenbogen-Gesellschaft? Sind sie Ausdruck ‚der' menschlichen biologischen Natur: des auf Konkurrenz um Wohnraum, Nahrung, Sexual- und Familien-Partner und Einfluss-Sphäre (Revier) hin angelegten Aggressionstriebes, dessen ursprüngliche rituelle und jahreszyklisch-hormonelle Eingrenzungen im Laufe der Hominiden-Evolution weitgehend durchbrochen wurden: zugunsten der durch Sprachfähigkeit katalysierten individuellen und sozialen Intelligenz? Und ist dieser Aggressionstrieb *dann* zugleich *Teil* der Gestaltung und Kultivierung des so gewonnenen Flutbettes ursprünglicher Triebenergien?

Ja, wenn man darin die *eine*, in der Leib-Umwelt-Struktur der phänomenalen Welt begründete Seite wissenschaftlicher Theorie der Kulturgeschichte sieht. *Moderne Biologie macht verständlich, warum es Aggression überhaupt gibt: Aggression gehört qua Leib-Umwelt-Struktur zur Autonomie des Menschen.*

Doch der allgemeinen Einheit beider Weltaspekte entsprechend zielt die andere, komplementäre Seite der Beschreibung auf das eigentlich Wesentliche der Geschichte und der Autonomie: auf Wert und ‚Sinn'.

Diese Orientierung an Wert und ‚Sinn' nun lässt auch jene Schulstreitigkeiten in anderem Licht erscheinen: Gerade nach dem Vorbild der Naturwissenschaften scheint es ausgemacht, dass es nur *eine* wahre – undogmatische – genuin philosophische Theorie geben kann. Daher sind Frustrationen im engagierten philosophischen Studium während der ersten Orientierungen oft kaum vermeidlich, gerade auch weil es dabei um die wesentlichen Fragen des Lebens geht. Auch als eine Bewältigung dieser Situation lässt sich die Bildung philosophischer Schulen verstehen (ebenso übrigens auch die philosophische Favorisierung des ohnehin schon unbestrittenen genuin physikalischen Theorietyps): Als Gemeinschaften nehmen sie dem Streit seine verletzende Schärfe, können ihn dabei sogar forcieren...

Eine *ausschließlich* ‚soziale' Betrachtung des philosophischen Streits wiederum droht ihrerseits zur Verschleierung der besonderen wissenschaftlichen Natur des genuin philosophischen Denkens beizutragen: Philosophischer Streit würde dann der Streit*kultur* dienen: einem primär praktischen und erzieherischen Ziel also, wie es ähnlich schon den Sophisten im antiken Athen vorschwebte.

15

Umso wichtiger wird der Umstand, dass bereits die europäische Antike einen Ausweg aus dem skizzierten Dilemma fand: in der skeptischen Ausrichtung der akademischen Schule. Wie die Schule selbst wurde sie im Kern ebenfalls von Platon begründet. Auch Cicero verdankt ihr viel: zu seiner philosophischen Begeisterung gesellte sich ein gerade auch dadurch motivierter langer Atem zu geduldiger und nüchterner philosophischer Diskussion, mit konstruktiver Ausstrahlung auch auf die politische Praxis.

In der Moderne hat sich jenes Dilemmas zum Anschein einer *exklusiv* wissenschaftlichen Natur der biologischen Seite der Geschichtsbeschreibung und ihrem Verbunde mit der Basis-Überbau-Hypothese zugespitzt. Umso weniger verzichtbar für eine spezifisch moderne Lösung ist eine zeitgemäße, durch moderne Methoden und Einsichten vertiefte (4. Teil, E.2) Besinnung auf die antike Philosophiegeschichte. Erst dieser, auf Kontinuität und Integration aller Wendungen (s.o. 13) setzende Weg könnte schließlich das alte Versprechen der – auch außereuropäischen – Philosophie einlösen: nachhaltigen Einfluss auf die Praxis zu nehmen.

Die antithetische Stellungsumkehr der Philosophie – ‚vom Kopf auf die Füße' im Sinne von Basis-Überbau-Modell und Naturwissenschaft – weicht so der Aufgabe, die beiden alternativen *antiken* Theorien der Natur insgesamt zu integrieren; nur *Teil* davon ist die Beschreibung der anderen Hemisphäre des Geistes und äquivok des Gehirns, und die heißt je nach kulturellem Kontext: *Karma, Seele, Geist, Brahman, Tao, Ma'at, Vernunft, ‚Sinn', rechte Großhirnhemisphäre.*

Europa und die von ihm (mit)geprägten Weltteile durchlaufen dabei einen speziellen Weg: den Weg über den physikalischen Theorietyp und das Basis-Überbau-Modell einerseits und die Demokratie andererseits, einschließlich ihrer ethischen Schattenseiten und Ambivalenzen. Wie schon das antike Athen...

Ohne Frage prägen auch heute (trotz der großen Katastrophen des 20. Jahrhunderts) der genuin physikalische Theorietyp und seine praktisch exklusive wissenschaftliche Geltung – mehr oder weniger, ausgesprochen oder nicht – das Denken und Handeln der Völker. Analog dürften der europäische Weg genuin philosophisch-wissenschaftlichen Forschens und seine vereinzelt schon in der Antike privat und politisch konstruktive Kraft der künftigen Menschheit dienen – schon *vor* Erreichung des Ziels einer integrierten, kulturell und sozial integrationsfähigen, identitätsstiftenden und zudem undogmatischen, die Forderung der Freiheit des persönlichen Urteils implizierenden ‚Theorie'.

16

Das Kampfgetümmel der europäischen Antike (auch griechischer Mythologie) ist nicht einmal für sie selbst charakteristisch, geschweige denn für die Antike insgesamt. Hinter ihm verbergen sich kulturelle und politische Entwicklungen, die an Spannungsreichtum und komplex ineinander greifender Dynamik bis heute unübertroffen sind – aber eben auch partiell undurchschaut. Auch in solcher Undurchschautheit wirken sie bis heute fort.

Daraus ergibt sich die folgende pragmatische Perspektive interdisziplinärer Geschichtsforschung: Ein betont am archaisch-ethnozentrischen Kulturtyp ansetzender Zweig sieht in der Antike das Paradigma gesellschaftlicher Strukturen, geschichtlichen Wandels und geschichtlicher Konstanten. Der andere Zweig, die analytisch-philosophische Forschung, nimmt ihre eigene genuin philosophische Geschichte wissenschaftlich ernst, indem sie in ihr den komplementären Zweig zur genuin physikalischen Forschungsgeschichte erkennt. Beide Zweige der Forschung bestärken und ergänzen einander, aus beiden dürfte sich Gewinn auch für die Gestaltung unserer Gegenwart und Zukunft ziehen lassen.

Zu allererst ließe sich so der Verfall jenes tieferen Interesses an der Antike stoppen und umkehren, welches für frühere Epochen Europas charakteristisch war.

Dazu sowie zu einer neuen Sicht der Beziehungen zwischen Theorie und ethischer Praxis einen Beitrag zu leisten, ist der maximale Anspruch des Buches.

17

A. Die Aktualität und Dringlichkeit genuin philosophischer Forschung lässt sich zudem auch ohne geschichtswissenschaftliche und philosophische Fachkenntnisse plausibel machen, und zwar gerade aus der Sicht der modernen Naturwissenschaft: Der genuin physikalische Forschungstyp beschäftigt sich – und damit kommen wir zum Eingang des Buches zurück – ausschließlich mit *Sachen*; kann, ja müsste folglich nicht auch der Mensch als eine bloße Sache gelten?

Wir müssen also keineswegs gleich fachphilosophisch durchstarten, wenn wir ordentlich philosophieren wollen: Schon früh im Leben liefern uns Schulen und Medien die nötige Vorbildung als naturwissenschaftliches Allgemeinwissen sozusagen frei Haus. Zwar dürfen wir nicht dabei stehen bleiben, doch ist es zunächst einmal ausreichend, dass wir uns ganz allgemein – aber jetzt explizit – sensibilisieren für unseren ohnehin schon vorhandenen intuitiven Sinn für Differenzen zwischen alltäglicher Erfahrung und naturwissenschaftlicher Rekonstruktion.

Dann zeigt sich, dass jene Resistenz keineswegs auf den Bereich des je eigenen Subjekts beschränkt ist. Man phantasiere z. B. folgende Situationen: 1. *Zwei Personen schauen einander vertraut in die Augen. Da spricht die eine zur anderen:* ‚*Hinter deiner Pupille w e i ß   ich die Glaskörper, die gut durchbluteten Netzhäute deiner Augen und die daran anschließenden Sehnerven'...* 2. *Die Farben und Schönheiten des Frühlings, die mich gerade begeistern, existieren gar nicht objektiv...* 3. *Die Liebe zu einer Frau bzw. zu einem Mann, die ich gerade erlebe, ist in Wirklichkeit die höherstufige: verhaltenssteuernde Funktion eines im Blut kreisender Cocktail von Hormonen...*

B. Erst jetzt bekommt die Aufgabe der Bildung eigener philosophischer Modelle wissenschaftliche Konturen. Erst jetzt tritt das eigentliche philosophische Problem überhaupt als ein solches in unseren Gesichtskreis: die Einbindung naturwissenschaftlichen Kenntnisse in eine integrierte Theorie. Doch bevor man die Philosophiegeschichte als ein zusätzliches Hemmnis neben der genannten fundamentalwissenschaftlichen Dominanz der Naturwissenschaft empfindet, sollte man primär die in ihr liegende Unterstützung wahrnehmen:

1. Schon der rein zeitliche Blick auf Jahrtausende genuin philosophischen Forschens lässt sich zunächst dazu nutzen, sich der wissenschafts*historischen* Qualität jenes Problems zu vergewissern: Wir sehen jetzt, dass die oben genannte ‚theoretische Sensibilisierung' unserer alltäglichen Wahrnehmung, die ja eine primär systematische Kritik an dem Anspruch wissenschaftlicher Exklusivität der Naturwissenschaft impliziert, auch einen geschichtlichen Aspekt hat.

2. Um angesichts der Wucht des Materials der modernen Biologie nicht zu verstummen, müssen wir *eine*, zudem relativ leicht zu akzeptierende Grundeinsicht der neuzeitlichen Philosophie vorab zu Hilfe nehmen (vgl. o. 4): Vom genuin physikalischen Theorietyp her ist die Verbindung zum (irgendwie) komplementären Aspekt der phänomenalen Welt und des menschlichen Selbst theoretisch grundsätzlich nicht nachvollziehbar.

3. Primär um einer angemessenen theoretischen Spiegelung unseres Wahrnehmens und Denkens willen nahm Descartes die offenkundige Aporetik und Angreifbarkeit seines Leib-Seele-Modells mutig in Kauf.

4.a. Bedeutende Philosophen der Antike haben die alltägliche Erfahrung analog wie wir gesehen. Mit ihren Theorien fanden sie damals deswegen große Resonanz, weil der genuin physikalische Theorietyp im Allgemeinen selbst nur als eine theoretische *Alternative* eingeschätzt wurde. Dieser hatte sich gegen den Widerstand von konkurrierenden Alternativen behauptet, aber umgekehrt haben sich diese – aus heutiger Sicht ‚*genuin* philosophischen' – Alternativen gegen ihn und seine Argumentation mit guten Gründen behauptet. Und das hat auch tiefere methodologische Gründe:

4.b. Gerade dem genuin physikalischen Theorietyp ist der genuin philosophische Strang der antiken Philosophiegeschichte von Anfang an indirekt verpflichtet. Eben auch deswegen ist die erste große Wendung der Philosophiegeschichte, nämlich die Sokratisch-Platonische (Primat der Ethik, konstruktive Skepsis), auch für uns heute kaum zu überschätzen.

C. Zu den Konsequenzen der oben umrissenen expliziten Sensibilisierung für alltägliche Wahrnehmung und die darin implizierte Irreduzibilität gehört:

1. Wir treffen uns dabei, sozusagen auf halbem Wege, mit der antiken Wahrnehmung – sofern, wir mit den meisten Philosophen der damaligen Zeit, ihre ursprüngliche Verquickung mit mythischem Denken abstreifen.

2. Im Gefolge eines exklusiven naturwissenschaftlichen Grundverständnisses der Natur – und durch es verdeckt – vollzieht die Moderne, radikaler als das klassische Athen und das spätrepublikanische Rom, eine zwar nur partielle, aber darum nicht minder tiefgreifende Entfremdung von der alltäglichen Lebenswelt.

3. Nur deswegen konnte die Entfremdung so radikal ausfallen, weil jener exklusive Wissenschaftsanspruch und damit jene Entfremdung selbst mehr oder weniger auch die Geistesgeschichte erfasste, insbesondere die Geschichte des genuin philosophischen Forschens.

Dieses selbst ist nicht unbeteiligt an diesem Prozess: etwa in der Form, sich als Begründer ausgerechnet der *naturwissenschaftlichen* Methode zu verstehen (Hume, Kant), oder als Dogmatismus, der *mutatis mutandis* auch da beibehalten wurde, wo *traditioneller* Dogmatismus kritisiert wurde.

Nur im unverkürzten Durchgang durch den genuin physikalischen Theorietyp, mithin durch die europäische Philosophiegeschichte, lässt sich jene Entfremdung überwinden; und wie schon die antike akademische Skepsis erkannte und beherzigte, ist Philosophie ihrem Wesen nach undogmatisch.

Erst von diesem Durchgang her lassen sich sowohl Parallelen zu außereuropäischen Philosophien als auch deren Anspruch auf Weisheit und impliziter Wissenschaftlichkeit würdigen (vgl.o. 15). Auch diese Philosophien – wie auch die diversen Religionen – hören dann auf, als ideelle Vehikel von Selbstbehauptung und machtpolitischer Durchsetzung zu fungieren bzw. zu gelten.

18

Man muss die beiden Weltaspekte sorgfältig *unterscheiden*, will man die *Einheit* der Welt richtig, d.h. unserem wissenschaftlichen Zeitalter gemäß, verstehen.

19

Im Rahmen des genuin physikalischen Theorietyps kommt man nicht und kam auch der antike Atomismus nie auf die Idee zu fragen, warum die Welt überhaupt existiere. (Für die Randbereiche moderner Physik mag vielleicht anderes gelten).

Im Rahmen der ‚Theorie' des nichtphysikalischen Weltaspektes, welche die genuin physikalische Weltstruktur ontologisch relativiert, stellt sich uns zwar eine solche Frage, zumal in der Denkweise des genuin physikalischen Forschungstyps, doch kommen wir zu einer ähnlichen Antwort: Eine *theoretische* Antwort ist nicht nur nicht möglich, sondern auch unsinnig.

Unser Blick wird so zurück auf die Welt gelenkt. Er selbst wandelt sich dabei und in eins damit ‚die (erfasste) Welt': Sie erscheint uns jetzt als – unter wertendem Maßstab – unvergleichlich. Nur so auch lässt sich ihr ‚Sinn' angemessen erfassen (aus dem sich ein ideeller Aspekt, wie die Unsterblichkeitsidee, ganz von selbst ergibt). Und nur so können wir uns in ihr allmählich auch praktisch neu orientieren.

20

A. Der vorliegenden Arbeit zufolge müssen wir aufhören, durch ungleiche Verteilungen der Prädikate *moralisch* und *unmoralisch* den Polarisierungen der Geschichte und ihrer Menschen in Reiche und Arme, Herren und Sklaven eine neue, künstliche hinzuzufügen. Ganz allgemein verhält sich moralisches und soziales (oder auch religiöses) *Eifern* häufig auffallend umgekehrt proportional zum Vertrauen in die moralische und soziale (religiöse) Qualifikation anders denkender Gruppen. Gleichwohl verdeckt der moralische (soziale, religiöse) Tenor solchen Eiferns seine innere Fragwürdigkeit, wenn nicht Widersprüchlichkeit.

Als einzige konsequent oder echt moralische Emotionen gegenüber wirklicher allgemeiner Korruption scheinen mir im Falle des Fehlens einer angemessenen ethischen Theorie nur Resignation und Verzweiflung in Frage zu kommen, ggf. gedämpft durch Lehren, welche z.B. die Eigentümlichkeit des ethischen Motivs auf andere Motive – oder ethische Teilaspekte, wie die Freiheit – reduzieren; ein prominentes antikes Beispiel für die Reduktion auf nichtethische Motive ist die Geschichtsschreibung des späten Sallust. Alle derartigen Reduktionen sind indirekte Eingeständnisse fehlender bzw. unzureichender theoretischer Erfassbarkeit und damit Kommunizierbarkeit des ethischen Motivs selbst.

B. Jenes Moralisieren beruht m.E. auf unreflektierten Vermengungen der beiden Weltaspekte: Man projiziert die aus dem nichtphysikalischen Aspekt entspringenden ethischen *Intuitionen* auf das je aktuelle: naturwissenschaftlich dominierte oder reaktiv religiös interpretierte (vgl. 4. Teil, E.5), aber sonst undifferenzierte Weltverständnis, wie umgekehrt, oft dieselbe Person, aus naturwissenschaftlicher Sicht die ethischen Intuitionen als – unvermeidliche – Illusionen beurteilt.

Eine andere Form unreflektierter Vermengung beider Weltaspekte ist: Der je persönliche Standpunkt pendelt zwischen den beiden Aspekten der Geschichte und der menschlichen Autonomie. Er hängt weitgehend davon ab, was in gewissem Sinne auch ‚Zufälligkeiten' der je persönlichen Geschichte sind: von der Nationalität (ihrer politischen Verfassung und Geschichte), von der sozialen Position, von der Erziehung, vom Charakter, von politischen Bewegungen und von der jeweiligen gruppendynamischen Stellung. Er ist in dem Maße solcher Abhängigkeit unfrei. Umso mehr wiegen gerade in dieser Situation: Freiheit des persönlichen Urteils, ein entsprechendes soziopolitisches Umfeld – und, nicht zu vergessen, das konkret gelebte Leben und die Personen selbst.

C. Ursache der genannten Vermengungen wiederum ist m.E. nicht etwa nur mangelnde theoretische Kenntnis des nichtphysikalischen Weltaspektes, sondern auch eine – z.T. auch die Moderne betreffende – unzureichende gedankliche Durchdringung des genuin physikalischen Weltaspektes: der darin liegenden Implikationen geschichtlicher Art. Eine dieser Implikationen ist: Verschiedene Kulturen und Sprachen entstehen durch räumliche und sprachliche Trennung, wie umgekehrt anfängliche Unvereinbarkeit verschiedener Kulturen im Zuge direkter Begegnungen tendenziell überwunden werden kann (vgl. Rom und die Etrusker).

Eine weitere Implikation ist die Verkennung des in der Leib-Umwelt-Struktur der phänomenalen Welt begründeten Charakters von Autonomie und Identität: Diese betreffen primär nicht das Individuum, sondern letztlich die Menschheit insgesamt. Es gibt zwei unmittelbare, einander antithetisch zugeordnete Folgen solcher Verkennung: 1. Es kommt zu einer reaktiven Überidentifikation mit der je eigenen Kultur, wie im Nationalismus; sie wird im Grunde keiner der betroffenen Kulturen gerecht. 2. Nationalität, Kultur, soziale Position, Erziehung, persönlicher Charakter und nicht zuletzt genuin philosophisches Interesse werden in einer fundamentalen These zu ‚Zufälligkeiten' veräußerlicht oder mental-psychologisch abgespalten. – Die Synthese aus diesen beiden Oppositionen ist die Einsicht in den wechselseitigen Zusammenhang der je eigenen und der je anderen Kultur. Sowohl jene vermeintlichen ‚Zufälligkeiten' als auch unsere *Welt*zugehörigkeit sind *Teil* unserer menschlichen Autonomie und Identität.

Doch das innere Leben aller Kulturen ist theoretisch schwerlich erfassbar ohne das Konzept des nichtphysikalischen Weltaspektes. Und eben deswegen ist die Geschichte des genuin philosophischen Forschens gerade dasjenige an einer Kultur, auf welches der Begriff des bloß Zufälligen am allerwenigsten zutrifft.

D. Heraklit bemerkt schon früh (um 500 v. Chr.), was den auf Grund ihrer Geschichte pragmatischen Römern selbstverständlich schien (und was ehemalige Sklaven in der Kaiserzeit in hohe Ämter beförderte): Krieg *mache* die einen Menschen zu Sklaven, die anderen zu Freien (Fragment 53); die Rollen sind demnach geschichtlich entstanden, nicht natürlich. In der Antike waren Kriege in geographisch ungeschützten Regionen (mithin in der Regel) schon allein auf Grund der Wanderungsbewegungen von Völkern und Stämmen kaum vermeidbar. Auch deswegen waren Sklaven in der Antike keine moralisch ausgezeichnete und zu gesellschaftlichen Korrekturen qualifizierte Gruppe; mit einigem Recht kritisiert Nietzsche einschlägige (Auto-)Suggestionen als „Sklavenmoral".

Andererseits gehört die Analyse des realen Ursprungs der *antiken* – römischen und griechischen – Sklaverei (für die politisch initiierte Menschenjagden m.W. nicht bezeugt sind) zu den wichtigsten Bedingungen sachgerechter Auseinandersetzung mit dieser Institution sowie zu Formen ihrer Überwindung, sei sie partiell, wie im Falle römischer Freilassungspraxis, oder radikal: durch Überwindung der zu Kriegen führenden Ursachen. Die wichtigsten, wenn auch verdeckten Ursachen von Kriegen sind vielleicht die genannten geistigen.

E. Allgemein mitteilbare Klarheit über unsere ethischen Intuitionen durch Erforschung *beider* Aspekte der Welt, der Geschichte und der menschlichen Autonomie zu gewinnen, ist mithin selbst Teil der Geschichte und der Autonomie des Menschen. In diesem Sinne, also nicht ‚zufällig', haben die antiken Griechen die doppelte, zeitlich auffallend parallel verlaufenden Entwicklungen der Demokratie und der systematischen Philosophie hervorgebracht und in letzterer die eigentümliche Parallelität genuin physikalischen und genuin philosophischen Forschens. In dem Maße, in dem genuin philosophische Forschung ihre ethische *und geschichtliche* Orientierung erkennt und ihr schließlich eine allgemein überzeugende Theorie gelingt, verliert Wissenschaft ihre praktischen Ambivalenzen, wird speziell die Philosophie zu einer im besten Wortsinne ‚politischen' Kraft.

Wenn es mithin eine Form kultureller Arbeit gibt, in deren Gefolge auf lange Sicht *alle* Menschen ihre *Wahrnehmung* der Welt und insofern die Welt, sich selbst und ihr eigenes Handeln – aus spontaner Einsicht – ändern können, dann ist es philosophische Arbeit. (Wohl in dieser Denklinie bemerkt Heraklit dem Sinne nach: Geschichte oder die jeweilige Epoche und Tradition hätten zwar beträchtliche und legitime Macht (Heraklit vergleicht sie mit der eines Königs); doch zugleich appelliert er an die Selbständigkeit des philosophischen Denkweges: im Bilde eines Kindes, welches zum Manne wird: Fragmente 52, 74, 70.)[70]

---

[70] Fatal ist die These eines elitären, gar primär sozial *bedingten* Selbstbewusstseins von Philosophen. Für Platon wurde hier dieser Vorwurf bereits eingehend zurückgewiesen. Auch Heraklit hat ihn m. E. nicht verdient: Offenbar gelang es ihm zu Lebzeiten nicht, seine philosophische Konzeption einem Publikum zu vermitteln. *Dies* hat ihn offenbar bitter gemacht. Und wie es für ihn auch sonst

21

A. Das Interesse an genuin philosophischer Geschichtsanalyse verdankt sich genuin philosophischer Thematisierung der Wert- und ‚Sinn'-Thematik.

Die darin praktizierte Verbindung aus distanzierender Beobachtung und Teilnahme ist vergleichbar mit dem Sehen guter Filme oder Theaterstücke, mit der Lektüre guter Gedichte, Romane oder Reisebeschreibungen, wie Heines *Harzreise*, mit dem Reisen in fernen Ländern oder in solchen europäischen Ländern, die eindrucksvolle Zeugnisse verschiedener Kulturschichten präsentieren (wie Griechenland, Italien, das südlichere Frankreich, Spanien).

Doch im Unterschied zu diesen Analogien ist genuin philosophische Geschichtsforschung und Welterkundung auf Grund ihrer Eigenart tendenziell auch zukunftsorientiert und, sofern sie gelingt, auch zukunftsrelevant. Der diesbezüglich treffendste Vergleich wäre dann der mit dem Leben selbst und seinem Gelingen.

B. Umgekehrt besteht gelingendes menschliches Leben – auch des behinderten – schon allein darin, das, worauf es im menschlichen Leben ankommt, *intuitiv* zu erfassen und mehr oder weniger in diesem Sinne zu leben und Leben zu gestalten. (Aber: *Miss*lungen oder sinnlos ist *kein* menschliches Leben.) – Dazu, dass solche Einsichten nicht im Intuitiven verbleiben und sich auf Dauer behaupten können, bedurfte es in der Geschichte und, sobald die fraglos mythische Phase überwunden war, der Philosophie, des Strebens nach ‚Weisheit'. Darum haben die verschiedenen Weltkulturen in ihrer Geschichte Philosophie – und die ihr verwandten Hochreligionen – weitgehend unabhängig voneinander hervorgebracht.

22

Gerade die *europäische* Philosophie ist eine Gemeinschaftsleistung. Auch Sokrates ist ohne die vorangegangenen rund zweihundert Jahre Philosophie undenkbar. Aber zu ‚Kultur' wird Philosophie eigentlich erst dann, wenn sie und ihre Anliegen in der Gesellschaft lebendig sind (bis dahin gilt sie hier und da als elitär). Aus verschiedenen hier erörterten Gründen laufen wir in der Moderne Gefahr, den genuin philosophischen Strang der europäischen Wissenschaftsgeschichte zu verkennen und die in ihm liegenden Chancen zu verspielen.

23

Dass die Kindheit auf das Erwachsenenalter zustrebe, ist eine zumindest einseitige Vorstellung. Man gewöhnt sie sich spätestens dann ab, wenn man auf das (hohe) Alter[71] und das natürliche Sterben zusteuert.

Umgekehrt darf sich das hohe Alter nicht auf die Jugend oder die – angeblich verlorenen – ‚besten Jahre' hin definieren. Es hat seine eigenen Vorzüge in seiner Chance, seine natürliche Distanz zum Leben zu leben und zu kultivieren. Selbst wenn die Kräfte des Geistes und des Körpers zunehmend schwinden – in der Besinnung auf den Tod, den eigentlich allgegenwärtigen Teil *menschlichen*

---

charakteristisch ist, gibt es zu Sätzen wie Fragment 1 auch ‚Gegen-Sätze' (Fragmente 116, 115, 113, 102, 45; 18, 86). Zudem zeigt er sich darin, dass er sein Buch im Tempel der Artemis hinterlegte, der traditionellen Religion *aller* Griechen verbunden.

[71] Der Begriff ‚Greisenalter' ist bei uns durch den Ausdruck ‚Vergreisung' entstellt und entwertet.

Lebens, kann es einen Teil seiner spezifischen Qualität, Würde und Heiterkeit *leben* und auf diese Weise auch der Jugend Authentisches von *dem* menschlichen Leben vermitteln.

24

Nach gegenwärtigem geschichtswissenschaftlichem Verständnis scheint sich die Geschichte der Menschheit von der ‚Geschichte' des einzelnen Menschen darin wesentlich zu unterscheiden, dass ihre je früheren nicht an den je folgenden Phasen teilhaben (können). Dem steht im nichtphysikalischen Geschichtsaspekt gegenüber die ‚Idee' eines Jenseits. Diese ist weder *wissenschaftlich-theoretisch* explizierbar, noch fügt sich eine Explikation in den Rahmen des hier entwickelten ‚Sinn'-Begriffs. (Vor allem letzterer Sachverhalt steht im Einklang mit dem Geist der Hochreligionen, zumal der christlichen.)

Der archaische Kulturtypus kennt (zumindest ursprünglich) eine äquivalente Vorstellung. So hielten etwa die Römer eine Art Präsenz der Ahnengeister für selbstverständlich (von Ausnahmen in der späten Republik abgesehen). Entsprechend war für sie die Vorstellung eines möglichen Endes der römischen Geschichte praktisch undenkbar, sie wurde faktisch nie gedacht.

25

A. Hochintelligente, hochlernfähige *Homunculus*-Computer mit Greifhänden, aufrechtem Gang, und Sprechfähigkeit können *eo ipso* nicht sozusagen ‚Teilnehmer' unserer phänomenalen Welt und Geschichte sein. Gesetzt nämlich, sie erwiesen sich als Teilnehmer, mithin als kulturfähig, könnte es sich nicht mehr um Computer handeln. Denn wären sie Computer und zugleich aus irgendwelchen Gründen juristisch als Mitmenschen anerkannt, könnte jemand, der einen oder mehrere von ihnen – wie ihm jetzt vorgeworfen würde: – ‚tötete', mit Recht auf seine Überzeugung berufen, es handele sich doch nur um Computer.

Natürlich ist dieses Szenario rein fiktiv und wird es wahrscheinlich immer bleiben. Bis zum Erweis des Gegenteils werden wir jegliche Computer stets als solche behandeln, zumal sie – nicht anders als z.B. Autos – Produkte eines technischen Herstellungsprozesses sind. (Auch können wir *Homunculus*-Computern nicht in ihre optischen Sensoren schauen, wie wir Menschen in die Augen schauen.)

B. Das Gedankenexperiment macht aber deutlich, wie stark und ausschließlich der im modern-naturwissenschaftlichen Sinne ‚objektive' Ausdruck des nichtphysikalischen Weltaspektes an Sprache, Handeln, Kultur und ihre Geschichte gebunden ist – im Gegensatz zum genuin physikalischen Weltaspekt, der sozusagen den konkreten Rahmen unseres Handelns *ausmacht* (im Sinne der Leib-Umwelt-Interaktion), mithin eines Ausdruckes gar nicht bedarf. Jenes Computer-Beispiel stößt uns förmlich auf die diesbezügliche Wichtigkeit unserer kulturellen Geschichte und Tradition: insofern diese dem nichtphysikalischen Aspekt der phänomenalen Welt, einschließlich des menschlichen Selbst, Ausdruck verleiht.

C. Das Computer-Beispiel stößt uns mithin auch auf die Klärungsbedürftigkeit jener Geschichte: Klärung der jeweiligen kulturgeschichtlichen Epoche wird ansatzweise schon in der Antike zunehmend als eine Aufgabe des genuin philosophischen Forschens erkannt (etwa in Heraklits Urteilen über Sklaven und Gerechtigkeit, Xenophanes' Urteil über religiösen Anthropomorphismus) und ist selbst ein wichtiger Teil der Kulturgeschichte. Hinzu kommen in der Neuzeit Klärungsversuche zum Verhältnis zwischen dem genuin physikalischen und dem genuin philosophischen Forschungstyp und zu einem entsprechenden Gesamtverständnis der Geschichte.

In unserer Zeit spitzt sich diese Aufgabe zu. Gesucht ist jetzt eine genuin philosophisch-theoretisches Komplement zum nunmehr unzweifelhaft methodologisch-theoretisch in sich geschlossenen genuin physikalischen Theorietyp: eine analytische Erfassung und integriert-theoretische Interpretation dessen, was die phänomenale Welt, einschließlich der Menschen und ihrer Geschichte, unterscheidet von einer Verabsolutierung der genuin physikalischen Weltstruktur und ihrer Evolution zu „Dingen an sich" (Kant) bzw. zu bloßen Sachen.[72]

26

Genuin philosophische Forschung kann, wie es den vorangegangenen Ausführungen zufolge scheint, sowohl ihre Stellung unter den Wissenschaften als auch ihre freiheitlich-gesellschaftliche Rolle nur dann behaupten bzw. neu erringen, wenn sie in ihre systematischen Projekte auch einen spezifischen Beitrag zur Analyse der politischen Geschichte aufnimmt. Dieser Weg ist gerade auch darin begründet, dass sich in der europäischen Philosophie schon früh die Polarität und Zusammengehörigkeit des genuin physikalischen und des genuin philosophischen Forschungstyps einerseits und die dadurch enorm erhöhten theoretischen Schwierigkeiten sowie die damit verbundene politische Ambivalenz solcher Philosophie andererseits abzeichnen.

27

Wenn es richtig ist, dass Philosophie, zumal genuin philosophische Forschung, ihrerseits wesentlich *geschichtlich* ist, dann impliziert das umgekehrt die Aufgabe, zur wissenschaftlichen Analyse auch der politischen Geschichte einen bedeutenden Beitrag zu leisten.

Anders formuliert, die innere Koppelung der Philosophie an das Handeln bzw. an das ethische Motiv muss zu allererst in der Geschichtswissenschaft – als denkbar praxisnaher ‚Theorie' des Handelns – ausweisbar sein.

28

A. Die europäische Geschichte weist vordergründig stets nur Konkurrenzen verschiedener sozial und politisch konstruktiver geistesgeschichtlicher Entwicklungen und Strömungen aus. Zu ihnen gehört vor allem die Konkurrenz zwischen dem Christentum und solchen politischen Entwicklungen (Staat, Demokratie), die sich zu emanzipieren suchen von der mittelalterlichen kulturellen und politischen Stellung des Christentums (die sich ihrerseits vom römischen Kaisertum und dem politischen Einfluss des nichtromanisierten Nordeuropas herleitet) und – scheinbar folgerichtig – vom Christentum selbst.

In diese Konkurrenz- und Konfliktsituation ist auch die Philosophie geschichtlich – nicht zuletzt auf Grund ihrer oben genannten Schwierigkeiten – mehr ver-

---

[72] Auch dafür steht implizit das Sprachspiel-Konzept Wittgensteins: insofern er für es selbst ausdrücklich die traditionellen genuin philosophischen Theorien als unverzichtbaren Hintergrund fordert. Vgl. auch das Motto zum 2. Teil.

wickelt, als dass sie sich als eine objektiv unabhängige, auf Freiheit des Urteils setzende Kraft auf Dauer behauptet hätte. Das gilt freilich weniger für die Neuzeit als – etwa seit Darwin – für die Moderne: Auf der einen Seite wird genuin philosophisches Forschen tendenziell als romantische Parteinahme für die mittelalterliche politisch-kulturelle Machtkonstellation bzw. (zumal gegenwärtig) als unpolitisches Denken verdächtigt, und umgekehrt wird die Naturwissenschaft mitsamt den ihr verpflichteten empirischen Wissenschaften zum wahren Träger von Emanzipation, Aufklärung und Glück stilisiert. Auf der anderen (zumal theologischen) Seite werden modern-biologische und atheistische Überzeugungen pauschal als gottlos und unmoralisch abgewiesen.

Kurz: Alle *drei* genannten geistesgeschichtlichen Strömungen wären konstruktiv für die menschliche Existenz, wenn sie einander ergänzten, nicht bekämpften.

B. Der eigentliche Grund dieser partiell destruktiven Entwicklung ist, zugespitzt formuliert, nicht jene Konkurrenz selbst noch gar das ökonomische Konkurrenzmodell als ihre angebliche ‚Basis', sondern Mangel an Analyse der Struktur der Philosophie- und Wissenschaftsgeschichte.

Dieser Mangel führt schließlich, in der Moderne, dazu, dass die Philosophie von außen, aber auch intern, wahrgenommen wird als ein unübersichtliches Spektrum disparater theoretischer Alternativen, die darüber hinaus vielfach auf basale persönliche bzw. sozioökonomisch bedingte Entscheidungen und Grundannahmen zurückgeführt werden. Der negative Eindruck theoretischer Zersplitterung verbindet sich zudem – etwa seit der zweiten Hälfte des 19. Jahrhunderts – mit der Tendenz zu fundamentalwissenschaftlicher Dominanz der Naturwissenschaft.

Auf all diesen internen Faktoren beruht der ambivalente, in seinen indirekten politischen Konsequenzen kaum zu überschätzende Charakter der Philosophie.

C. In der vorsokratischen Denkbewegung ist solche Ambivalenz noch unvermeidlich – Teil geschichtlichen Entwicklung bzw. menschlicher Autonomie. Das ändert sich spätestens in der Neuzeit: Bewusst-methodische Arbeit verbindet sich mit einer Aufbruchstimmung, die positive praktische und politische (auch religionspolitische) Ausstrahlung hat.

Doch auch jetzt noch wird die Philosophie*geschichte* von der neuen methodischen Orientierung ausgenommen: Nach Descartes fixiert sie sich auf den – selbst ungeschichtlichen – genuin physikalischen Forschungstyp: auf *dessen* methodologische Begründung. Gleichwohl führt diese Engführung zu Fortschritten, ist so *Beispiel* der geschichtlichen Struktur des genuin philosophischen Forschungstyps. Dieser selbst ist – als Gemeinschaftsleistung der Menschheitsgeschichte – ein geschichtliches Movens, nicht ein primär theoretisch unterstellter ‚Weltgeist'.

D. Obwohl die Philosophiegeschichte selbst eigentlich eines Besseren belehrt, unterschätzt so schon die Neuzeit den langen Atem, die Geduld und vor allem die konstruktive Rolle der skeptischen Grundhaltung, die jenes Programm der genuin philosophischen Arbeit abverlangt. Stattdessen sieht man einerseits in jedem neuen großen, d.h. alte Probleme lösenden (aber, wenn auch zunächst noch weitgehend verdeckt, neue Probleme schaffenden) philosophischen System – etwa in Kants oder Hegels Philosophie – das philosophische Ziel erreicht, andererseits eine Unübertreffbarkeit der antiken Klassiker. Entsprechend nimmt die zu konstruktiver Sachlichkeit verpflichtete Diskussion Züge eines primär psychologischen, politischen oder gruppendynamischen Streites an – auch schon der Antike bekannt und von Cicero kritisiert als – auch je schul*interne* – Schulstreitigkeiten.

Durch solche innerphilosophische Ungeduld wird das vermeintliche Emanzipationsmonopol primär praktisch orientierter Einzelwissenschaften vorbereitet: der Naturwissenschaft wie einer ihr methodologisch assoziierten Psychologie, Soziologie, Ökonomie und Politologie. Ungeduld wird gerade im Rahmen so verstandener Wissenschaften und ihres inneren Verbundes tendenziell zu geistiger und politischer, im schlimmsten Falle totalitärer Unduldsamkeit (Intoleranz). Und haben nicht alle jene Einzeldisziplinen ihren Ursprung in der antiken Philosophie? Sollten sie sich nicht schon deswegen dem genuin philosophischen Forschungstyp und seiner Zielperspektive verbunden fühlen?

E. Die Entwicklung der Biologie seit Darwin ist in dieser geschichtlich großräumigen Entwicklung von eher nachgeordneter Bedeutung. Als Teil einer durch Experiment und Forschungsreisen gestützten Ausweitung und inneren Abrundung des genuin physikalischen Theorietyps *bekräftigt* sie aber den Mangel an analytischer Erfassung der genuin philosophischen Forschungsgeschichte und seiner praktischen Folgen erheblich: Vor allem werden unter dem Eindruck kontinuierlichen Fortschreitens der Naturwissenschaft die ursprüngliche Rolle und die eigentümlich-geschichtliche Struktur genuin philosophischer Forschung verdeckt – und mit ihr zugleich die ursprüngliche Ambivalenz der (beide Forschungstypen noch fraglos umfassenden) Philosophie insgesamt.

F. Eben deswegen kommt der europäischen Antike für eine umfassende Analyse eine Schlüsselrolle zu. Denn da nimmt die Wissenschafts- oder Philosophiegeschichte selbst ihren Anfang. Ihr Verhältnis zu religiösem Denken, dieses Denken selbst sowie *beider* Verhältnis zur politischen Geschichte müssen damals noch ganz anders geartet sein als in der späteren Geschichte. Daher sollte ihre Gesamtanalyse aufschlussreiche Differenzierungen und Revisionen eintragen in unser traditionelles wissenschaftliches Verständnis nicht nur des religiösen Phänomens, sondern auch der politischen Geschichte.

29

Ethisches Handeln ist, soweit in den Folgen absehbar, zugleich nützlich für einzelne Gruppen und in geschichtlicher Perspektive für die Gesellschaft und die Menschheit – je insgesamt und ohne Ausgrenzungen. Aber umgekehrt ist Nützlichkeitsdenken nicht auch schon ethischer Natur. Denn in seiner eigenen inneren Konsequenz liegt, m.E. unabweislich, das Kalkül des Nicht-entdeckt-Werdens von Unrecht, der Bestechung, der Schadenstoleranz einer Gesellschaft (ohne Minderung der Lebensqualität). Zu nennen sind in diesem Kontext auch Eroberungskriege und Feindbilder. M.a.W., was etwa kann Nützlichkeitsdenken im Kontext von kol-lektiver Beutegier und Abenteuerlust überhaupt bedeuten?

30

Kaum zu überschätzen für das Verständnis der Moderne ist die unausgesprochene, aber partiell und un- oder halbbewusst wirksame Vorstellung, alle Menschen seien im Grunde eine hochkomplexe Spielart von Sachen. Umgekehrt und polar dazu *können* sich – ihrerseits moralisch (ggf. auch religiös) destruktive – Feindbilder gegen Vertreter einer theoretisch exklusiven (verabsolutierten) Biologie richten, welche jener Vorstellung zu Grunde liegt. Voraussetzung dieser *Möglichkeit* ist, dass man die komplexe Struktur des reflektierenden Kulturtyps und seiner Geschichte nicht durchschaut (s. dazu 1. Teil, C.II.2).

Nicht nur wegen ihrer undurchschauten Mechanik und unmoralischen Konsequenzen zu verwerfen, sondern auch schon angesichts des (damit zusammenhängenden) Faktums, dass das (im üblichen Sinne) intakte Verantwortungs- und Rechtsbewusstsein der so inkriminierten Personen ignoriert wird. Es gibt bedeutende Beispiele der europäischen Geschichte für derartige ungerechtfertigte Inkriminierungen, von der Anklage gegen Sokrates bis hin zu den modernen totalitären Systemen und fundamentalistischen Strömungen.

31

Wer Kriege beginnt, auch Präventivkriege, die diesen Namen objektiv verdienen, wirft nicht zuletzt die Entwicklungen und Chancen unserer (Geistes-)Geschichte um Jahrzehnte, Jahrhunderte oder, wie im Falle der Bürgerkriege Roms, um Jahrtausende zurück. Oder er nimmt, wie im Falle der Kreuzzüge, bezüglich dieser Chancen gleichsam Hypotheken zu Lasten einer ferneren Zukunft auf. Umgekehrt gehören zu den besten Mitteln gegen Kriege und Unrecht Kultivierungen der Philosophiegeschichte und des ethischen Motivs – ganz im Geiste der antiken akademischen Skepsis.

Auch deswegen ist z.B. das biologische Modell nützlicher Aggression, etwa im Konzept des Rangordnungsinstinktes, meistens (Ausnahme Notwehr) nicht auf menschliche Verhältnisse übertragbar. Der Umgang etwa mit *tragischen* Situationen (wie Hungersnot, Schiffsuntergängen) sollte, sofern ‚Geistesgegenwart' und Besonnenheit überhaupt möglich sind, nicht auf Aggression, sondern auf dem ethischen Motiv basieren.[73]

32

Philosophie, erst recht genuin philosophisches Forschen, sollte sich konsequent davor hüten, sich durch aktuelle politische, in die Sozialwissenschaften ausstrahlende Parteiungen und ‚Bewegungen' (noch ggf. durch Schulbildungen) vereinnahmen lassen – auch dies ganz im Geiste antiker ‚akademischer' Skepsis.

Wittgenstein übrigens teilte und lebte diese Forderung. Sie scheint mir charakteristisch für die fortgeschrittene Moderne zu sein: In Europa bedarf genuin philosophisches Forschen seit Beginn der Moderne (ca. zweite Hälfte des 19. Jahrhunderts) des konstitutionellen demokratischen Rahmens wie der Luft zum Atmen. Umgekehrt sind politisch-programmatische Unterdrückung und Verachtung dieses Forschens ein Indiz totalitärer Tendenzen, zumal derjenigen des 20. Jahrhunderts.

---

[73] Die biologische Rangordnung, wie unter Wölfen, vermeidet nicht nur blutige Kämpfe, sondern stellt auch in Hungersnöten sicher, dass wenigstens Wenige überleben, statt dass alle an einem für alle völlig unzureichenden Nahrungsangebot zugrunde gehen. Nur von sekundärer Bedeutung ist folglich die Auslese der ‚Stärksten'. (Ähnlich ist wohl auch tierischer Kannibalismus begründet.)
Menschen treffen in ähnlichen – bezeichnenderweise als tragisch *begreifbaren* – Situationen *inhaltlich* ähnliche Entscheidungen. Aber es sind *Entscheidungen*. Und es können große – nicht nur ‚abstrakt' ethische – Unterschiede darin bestehen, *wie* diese Entscheidungen zustande kommen: ob durch militante Aggression oder aber durch Einsicht. Rangordnungen im primär psychologischen Sinne sind folglich nicht nur überflüssig, sondern auch kontraproduktiv. Es kann nur qualifizierte und legitimierte Abtretung (Delegation) von Zuständigkeiten, Kompetenzen und Entscheidungsbefugnissen geben, etwa in der Rechtsprechung.

33

A. Seit der Neuzeit treffen und verbinden sich im genuin philosophischen Forschen tendenziell (a) der genuin physikalische Theorietyp, (b) unser alltägliches Welt- und Selbstverständnis, (c) die Geschichtswissenschaft; der programmatische Eintrag letzterer in die Philosophie ist das hauptsächliche Verdienst Hegels.

B. Die Moderne ist charakterisierbar als zunehmender Verlust der Idee *konstruktiven* Lernens aus der – nun quellen- und methodenkritisch analysierten – Geschichte, zumal der antiken. An die Stelle dieser Idee tritt das besonders von Darwin geprägte bioevolutionäre Leitkonzept, in der Philosophie wirksam etwa bei Nietzsche, Dilthey und Marx. Es verbindet sich mit einer zunehmenden Favorisierung des genuin physikalischen Naturkonzeptes und des ihm assoziierten Verständnisses der im üblichen Sinne ‚empirischen' Wissenschaft. Ausdruck und Kulminationspunkt dieser Tendenz und ihrer politischen Niederschläge sind die großen totalitären Systeme des 20. Jahrhunderts. (Vgl. auch oben 28, A-F.)

C. Im Gegenzug zu wachsender Einsicht in die Abwegigkeiten der großen totalitären Bewegungen des 20. Jahrhunderts wächst die *Wertschätzung* der Demokratie (auch in Großbritannien), ungeachtet gewisser fortbestehender Gefährdungen. In gefestigten Demokratien wiederum liegen Chancen weiterer, von ihren Menschen gestützter, primär qualitativer Entwicklungen menschlichen Zusammenlebens. Dazu gehört im wissenschaftlichen Bereich die Überwindung der genannten modernen Geschichtsferne – eben auf dem Wege analytischer Würdigung der Geschichte der genuin philosophischen Forschung.

34

A. Die skizzierte Entwicklung der Moderne fand statt, obwohl das bioevolutionäre Leitkonzept und das genuin physikalische Naturverständnis von der neuzeitlichen, in innerem Kontext mit der Antike stehenden Philosophie – sofern man deren Gesamtstruktur betrachtet (1. Teil, A): – ontologisch und inhaltlich ziemlich einvernehmlich *relativiert* worden waren, auch im Englischen Empirismus.

B. Die objektive Bedeutung solch *struktureller* Einhelligkeit wurde freilich verdeckt und verkannt. Verantwortlich dafür sind *auch* strukturelle Mängel der ersten Phase neuzeitlicher Philosophie selbst (bis Kant) und korrespondierender Stärken des genuin physikalischen Forschungstyps:
1.) die Verkennung der konstruktiven methodischen Funktion (gemäßigter) philosophischer Skepsis, nicht zuletzt auch unter dem Einfluss der Zielvorgabe, die neuzeitliche, auf die ‚Außenwelt' bezogene Form radikaler Skepsis zu überwinden (Descartes - Hume - Kant); 2.a) Mangel an konsequenter methodologischer Selbstreflexion in der genuin philosophischen Forschung zugunsten von Grundlegungen des genuin physikalischen Forschungstyps. Zwar sind diese in Bezug auf den Cartesischen Bewusstseinsbegriff und seine theoretische Aporetik (partiell) konsequent, jedoch ihrerseits problematisch. 2.b) Im Gegensatz dazu entwickelt sich der genuin physikalische Theorietyp zu innerer methodischer – experimenteller, instrumenteller, mathematischer – und theoretischer Geschlossenheit.

C. Indem die neuzeitliche Philosophie vor allem in Kant die allgemeinen Strukturmomente des genuin physikalischen Theorietyps in den philosophischen Bewusstseinsbegriff aufnahm, passte sie sich bzw. den Bewusstseinsbegriff teils explizit, teils undurchschaut dem genuin physikalischen Forschungstyp an. Bildlich gesprochen: Die erste Phase der neuzeitlichen Philosophie hat sich in dem Versuch, den genuin physikalischen Theorietypus *methodologisch* zu ‚schlucken', übernommen.

Die zweite Phase der Neuzeit, die zur Moderne überleitet, vermeidet zwar jenes Dilemma, verkennt jedoch weitgehend die philosophiegeschichtliche Kontinuität und richtungweisenden Bedeutung der Cartesischen Position. Im Gegensatz zur ersten Phase favorisiert sie eher traditionell orientierte, wenn auch explizit an Kants Konzept der prinzipiell unerkennbaren Realität-an-sich anknüpfende Alternativen zum genuin physikalischen Typus der Naturtheorie (in Hegel allerdings erstmals unter systematischer Einbeziehung der politischen Geschichte, wenn auch wiederum unter Vernachlässigung der philosophisch-theoretisch und praktisch konstruktiven Bedeutung der methodischen Skepsis).

D. In der Konsequenz der skizzierten partiellen Fehlentwicklungen wird im 20. Jahrhundert – im Ansatz bereits vor und dann parallel zu den beiden Weltkriegen und den totalitären Entwicklungen – die Aufgabe genuin philosophischen Forschens dahingehend neu bestimmbar, den theoretisch irreduziblen Aspekt der phänomenalen Welt zu analysieren und mit dem genuin physikalischen Theorietyp zu einer primär beschreibenden statt erklärenden ‚Theorie' zu verbinden (Wittgenstein, Heidegger, später Husserl).

E. Fassbar ist dieser Aspekt nicht (bio)evolutionär noch – nach dem bioevolutionären Muster: – genetisch (im Sinne der Individualentwicklung). Gerade darin liegen die Eigentümlichkeit der Geschichte und der genuin philosophische Aspekt der Geschichtswissenschaft begründet.

So verstandene Geschichte will als Wandel im Rahmen von theoretisch irreduzibel Konstantem begriffen sein: Dazu gehören z.B. die Objektqualia, die Freiheit (3. Teil, C.XVII), das In-sich-Werthafte, das ethische Motiv, die Begriffe und die zeitübergreifende numerische Identität des Bewusstseins.

Zu diesen Konstanten gibt es – und *muss* es geben – korrespondierende äquivoke genuin physikalische, insbesondere erbbiologische oder angeborene Konstanten. Letztere sind Gegenstand biologischer Rekonstruktion der phänomenalen Welt bzw. der Wahrnehmung; sie sind allesamt bioevolutionär entstanden. (Die physikalisch-biologische Evolution ist eine Art Extrapolation der inhärenten Leib-Umwelt-Struktur der phänomenalen Welt.)

35

Es ist kein Zufall: Naturwissenschaft (in ihrer Ausweitung auf die Randbereiche der physikalischen Weltstruktur) einerseits und – seit Kant – die neuzeitlich-moderne genuin philosophische Forschung andererseits leisten je ihren Beitrag zur (interpretativen) Erfassung der Grenze bzw. des Grenzbereiches unserer Welt. Vor allem jene philosophische Arbeit macht – wie schon analoge ‚Theorien' der Antike (Heraklit, Sokrates/Platon) – zugleich das eigentlich Wesentliche menschlichen Lebens und der Menschheitsgeschichte tendenziell ‚theoretisch' fassbar.

‚Das eigentlich Wesentliche' – dieser Ausdruck darf nicht missverstanden werden als Abwertung des biologischen Organismus und seiner Evolution. Vielmehr bezieht auch dieser seinen theoretisch irreduziblen Wert aus jenem Grenzbereich. Umgekehrt ist er gewissermaßen dessen untrennbare funktionale Bedingung. Anders formuliert: Jene herausgehobene Wertung ist Teil der theoretisch unlösbaren Einheit oder des Implikationszusammenhanges der phänomenalen Welt und teilt sich so der Welt insgesamt mit.[74] In diesem Sinne enthält einschlägige genuin philosophische ‚Theorie' Hinweise darauf, was unsere Welt erlebenswert und unser Leben und Zusammenleben zu einem *gelingenden* macht, kurz: Lebensweisheit; vgl. o. 15, Abs. 3.

36

Man kann die Rede von zwei sehr verschiedenen und doch komplementären und zu einander passenden Aspekten der Welt und der Menschheitsgeschichte stark abkürzend auch so verstehen:

Die genuin physikalische Weltstruktur ist durch den theoretisch irreduziblen, nur beschreibend-, nicht erklärend-‚theoretisch' erfassbaren Aspekt der phänomenalen Welt ontologisch relativiert und ihm gleichsam unter- oder hinterlagert – im Sinne einer unlösbaren *Einheit* der Welt. Die Frage, wie das näher zu verstehen sei, lässt sich nicht nach Analogie genuin physikalischen Denkens klären.

Dies reicht aus, um uns – sozusagen für den Alltagsgebrauch – für unsere (sporadisch immer schon vorhandenen) diesbezüglichen Intuitionen bewusst zu sensibilisieren. Auf diesem Wege sehen wir die alltägliche Welt schließlich neu und, wie Wittgenstein formuliert, „richtig"; vgl. o. 17.A. (Lenks Grundsatz, Wahrnehmen und Welt oder Realität seien stets interpretativ vermittelt, wird so nicht etwa widersprochen; vielmehr wird er bestätigt).

Zu jener Sensibilisierung kann auch Dichtung beitragen, wie sie dann umgekehrt Ausdruck jenes ‚theoretisch' angestrebten richtigens Sehens sein kann:

Wenn am Tag Zenit und Ferne
Blau ins Ungemessne fließt,
Nachts die Überwucht der Sterne
Himmlische Gewölbe schließt,
So am Grünen, so am Bunten
Kräftigt sich ein reiner Sinn,
Und das Oben wie das Unten
Bringt dem edlen Geist Gewinn.[75]

Dem Geiste derartiger Wahrnehmung: dem daraus sich nährenden *uns wesentlichen* Interesse (und so verstandener ‚Selbsterkenntnis') folgt spontanes, je persönliches Handeln. Geschichte wäre dann im Hinblick auf so verstandenes Handeln unter den Bedingungen mensch(heit)licher Autonomie, zumal ihres leiblichen bzw. genuin physikalischen Aspektes, wissenschaftlich zu untersuchen.

---

[74] Analoges gilt übrigens auch innerhalb der genuin physikalischen Weltstruktur: Wenn man sagt, das Wichtigste oder Entscheidende (für unseren Nutzen, unsere Freude) an einem Auto sei, dass es fahren und gesteuert werden könne, dann soll damit nicht gesagt sein, die Batterie, das Kühlmittel oder der Reifenzustand seien nebensächlich oder gar unwichtig.

[75] Goethe 1982, 1058 f. (Weimar zwischen 1823 und 1828).

37

Manche Tierarten, etwa Bienen, nehmen im Vergleich mit Menschen – bezogen auf das äquivoke physikalische Spektrum verschiedener Wellenlängen-Bereiche – ein anderes, nach Ultraviolett verschobenes Farbenspektrum wahr. Sind daher die im Gedicht Goethes gefeierten Farben (ggf. ‚bloß') subjektive Phänomene?

Aus der Sicht der notwendig zirkulären *Kern*definition der Objektqualia und der von da aus entwickelten konsequent grenztheoretischen Sicht (3. Teil, C), aber auch in Übereinstimmung mit unserer alltäglichen Überzeugung (die trotz moderner biologischer Schulkenntnisse keine Schwierigkeiten mit dem zitierten Gedicht Goethes hat), lautet die Antwort: Jener Sachverhalt besagt gar nichts gegen die (von uns erfahrene) Objektzugehörigkeit phänomenaler Farben, etwa des Blau.

‚Konsequent grenztheoretisch' heißt: Wir können nicht sinnvoll hinter das wahrgenommene Blau *theoretisch* zurückdenken: es etwa gleichsam von seinen phänomenalen Gegenständen loslösen, in den ‚Geist' verfrachten und dabei zu Empfindungsqualitäten mutieren lassen. Das Verfahren Husserls, von unserer Wahrnehmung die angeblich hypothetische Zutat einer *äußeren* Gegenstandswelt ‚einzuklammern', um zu ‚reinen' Gegebenheiten des transzendentalen oder phänomenalen Geistes zu gelangen (wie irreduziblen ‚Sinnesdaten'), ist selbst reich an unreflektierten Voraussetzungen. Die theoretische Unhintergehbarkeit der phänomenalen Welt wird dadurch indirekt nicht weniger bestätigt wie durch die partielle Phänomen-Ferne genuin physikalischer Rekonstruktion der Farbwahrnehmung.

Dass wir Farbwahrnehmungen auch träumen können, ist selbst Teil des unlösbaren (Implikations-)Zusammenhanges der phänomenalen Welt mit der genuin physikalischen Weltstruktur (3. Teil, C.VII). Es besagt nichts über einen Ursprung der phänomenalen Farben – hier im Geiste.

38

Der genuin physikalische Forschungstyp hat unserem Raumschiff Erde wie dem Mikrobereich unserer Welt gleichsam Fenster verliehen, und wir nutzen die neuen Blicke auch praktisch nach Kräften (Technik).

Aber in merkwürdigem Gegenzug zu dieser Entwicklung haben wir mit unserem großartigen naturwissenschaftlichen Gebäude, auch darin den Schildbürgern nicht unähnlich (s. *Einleitung*), andere Fenster verbaut: sozusagen unsere ‚natürlichen' Fenster zum nichtphysikalischen Weltaspekt und damit zum Wesentlichen unserer Welt und unseres Lebens (was nicht als Abwertung des Leibes etc. missverstanden werden darf: s.o. 35, Abs. 2 f.).[76]

Es wäre aber ungerechtfertigt, Menschen für derartige ‚Baumängel' *persönlich*

---

[76] Bzw. wir haben gleichsam an der Südseite des neuen soliden Gebäudes die Fenster weggelassen, in der Annahme, dass dort die Sonne, zumal im Sommer, kräftig genug scheine...
In der Tat können wir ja analog annehmen, dass sich in der Philosophie- oder Wissenschaftsgeschichte an dem, *„was schon offen vor unseren Augen liegt"* (Wittgenstein PU 89) in einem gewissen Sinne ‚objektiv' nichts geändert hat. *„Was schon offen vor unseren Augen liegt"*, ist einerseits geschichtlich unwandelbar, und doch ist dessen Wahrnehmung stets *auch* theorieabhängig oder (mit Hans Lenk gesprochen:) theorie*imprägniert*.
Der Kontext der zitierten Stelle lässt es übrigens als nicht *hinreichend* sicher erscheinen, ob es sich dabei um Wittgensteins eigene Ansicht handelt. Das ist vielleicht ein Grund, warum dieser Stelle erstaunlich wenig Aufmerksamkeit zuteil wird. Aber der Gesamtkontext *beider* Schaffensphasen Wittgensteins, wie ich sie im 3. Teil / B zu rekonstruieren suchte, lässt daran m.E. keine Zweifel mehr.

verantwortlich zu machen. Verantwortlich dafür sind vielmehr bestimmte – Descartes formuliert, wenn auch nur marginal: „natürliche" – Denkweisen: die Übertragung des genuin physikalischen Denktyps auf das theoretische Verständnis des nichtphysikalischen Weltaspektes: entweder in *ausdrücklicher* Übertragung, wie im physikalistischen Funktionalismus, oder in mehr oder weniger *undurchschauter* Übertragung, wie noch bei Kant und Husserl (vgl. auch Leibniz' explizites Konzept von den „fensterlosen" Seelen-Monaden).

39

In der Geschichte genuin philosophischen Forschens gibt es wichtige – zum großen Teil unausgesprochene, intuitive – Kontinuitäten (vermutlich beruht darauf auch der innere Zusammenhang mit den Philosophien anderer Kulturkreise):

1. Als Beispiel für eine unausgesprochene oder intuitive Kontinuität wurde hier wiederholt hervorgehoben: Schon das genuin philosophische Forschen der Vorsokratiker ist indirekt-methodisch angewiesen auf den genuin physikalischen, schon im Handwerklichen beginnenden Denktyp (als kontrastivem konzeptuellem Hintergrund). Auf dieser impliziten methodischen Kontinuität basieren die beiden folgenden Beispiele intuitiver inhaltlicher oder theoretischer Kontinuität der Philosophiegeschichte.

2. Das in praktischer Hinsicht wichtigste Beispiel von Kontinuität ist die Annahnahme, dass ethische Grundbegriffe – wie ‚Werte', ‚ethisches Motiv' und ‚Freiheit' – eine zentrale, theoretisch irreduzible Rolle für den genuin philosophischen Theorietypus spielen. In der europäischen Philosophiegeschichte finden wir diese Annahme schon bei den Vorsokratikern, in intuitiver Form besonders bei Heraklit, explizit dann erstmals in der von Sokrates und dem frühen Platon vollzogenen Wendung.

3. Auch der notwendig zirkulären Definition des *Kernes* der Objektqualia (1. Teil, B; 3. Teil, C.I) korrespondiert in der antiken Philosophie – wiederum schon seit den Vorsokratikern: wie Anaximander, Heraklit und Anaxagoras – ein implizit oder intuitiv angewandtes Verfahren: Eigenschaften oder polare Eigenschaftspaare, wie *feucht / trocken* und *warm / kalt*, werden als im strikten Sinne einfache oder elementare, nicht weiter zerlegbare Eigenschaften aus der Eigenschaftsvielfalt der phänomenalen Welt begrifflich herausanalysiert und theoretisch interpretiert: als Grundlage weniger Grundstoffe oder Elemente, wie Wasser und Feuer. Anaxagoras, zugleich Vertreter eines tendenziell genuin physikalischen Konzeptes von Teilchen-Arten und ihren Mischungsmöglichkeiten, lässt neben Gestalten (!) und den genannten elementaren (polaren) Eigenschaften auch Farben und Geschmäcke als Grundeigenschaften von Teilchen zu (Fragment 4). Diese Konzeption ist ein erster Versuch, die in der antiken Philosophie später, seit Demokrit, als alternativ gedachten Grundverständnisse von ‚*Natur*wissenschaft' zusammenzuführen: in einen Rahmen, der zwar dominant genuin physikalisch geprägt ist, aber auf Grund seiner konzeptuellen Spannungen sowie seines entsprechenden „Geist"-Begriffs auch von genuin philosophischem Interesse ist (Vf. 1990, 74 ff.).

40

A. Die notwendig zirkuläre Kerndefinition der Objektqualia ist vergleichend-begriffsanalytisch begründet. Im Sinne des Grundanliegens der modernen analytischen Philosophie gewährleistet sie so konzeptuelle Trennschärfe vom genuin physikalischen Forschungstypus. Schon dessen Methoden – Leib-Umwelt-Interaktion, damit innerlich verknüpfte Beobachtung, Experiment, Messen, mathmatische Formeln – sind *ausschließlich relational* (im positiven Sinne) definiert, folglich auch ihre möglichen Gegenstände: Insoweit sind diese also schon vorweg definiert, vor aller konkreten Forschung (sozusagen *a priori*).

Anders als im Falle des Konzeptes theoretischer Irreduzibilität kann man nicht sagen: Künftige naturwissenschaftliche Forschung könne vielleicht einmal als unhaltbar erweisen, was jetzt notwendig zirkulär definiert scheine. Denn in ihrem notwendig zirkulären Charakter betont diese Definition gerade ihren Kontrast zu jener *ausschließlich relational* definierten Methode und ihren Gegenständen, setzt diese also im abgrenzenden (negativ-relationalen) Sinne voraus; positive Relationen gehören zu den *Konnotationen* der Objektqualia-Begriffe.

B. Die Kerndefinition etwa der Grundfarben und ihrer positiv-relationalen Konnotationen ergänzt und bekräftigt alle jene traditionellen genuin philosophischen Begriffe von Entitäten, für deren Definition der Rekurs auf das je Bezeichnete oder Zu-Definierende unverzichtbar ist. Sie ergänzt und bekräftigt insbesondere den Begriff der zeitübergreifenden numerischen Identität des Bewusstseins sowie den Begriff theoretisch irreduzibler, um ihrer selbst willen erstrebenswerter Werte (die den Status einer notwendigen Bedingung möglicher Realität haben: 3. Teil, D.7). Anhand dieser Beispiele wiederum ist ersichtlich, dass auch unsere *Begriffe* als solche ein notwendig zirkulär definiertes Element haben müssen. Umgekehrt könnten wir den nichtphysikalischen Aspekt der phänomenale Welt und folglich die Welt insgesamt gar nicht im eigentlichen Sinne *denken*, wenn darin *und im Denken selbst* nicht Konstantes in allen Wandlungen und Beziehungen gäbe.

In der genuin physikalischen Rekonstruktion gibt es dafür *äquivoke* Rekonstruktionen: etwa im Begriff der funktionalen Identität des Leibes, im Konzept verschiedener ‚angeborener' Typen von Zäpfchen- oder ‚Farb'sinneszellen, welche die rezipierten elektromagnetischen Wellenlängen der ‚Licht'-Strahlung analysieren, und nicht zuletzt im Konzept gesetzmäßiger Beziehungen in der Natur.

C. Der innere Zusammenhang von allem notwendig zirkulär Definierten und seinen relationalen Konnotationen untereinander und dann auch mit der genuin physikalischen Weltstruktur ist nicht einmal *analog* dem Zusammenhang von Funktionen, wie wir sie vom genuin physikalischen Theorietyp her kennen. Vielmehr steht alles in einem theoretisch unlösbaren Implikationszusammenhang; es sind nicht einzelne Teile davon konkret herauslösbar oder isolierbar. Eben deswegen können wir das notwendig zirkulär Definierte nicht *ohne weiteres* ontologisch interpretieren. Wenn wir es doch – und mit gutem Grund – tun, müssen wir jegliche Analogien zum genuin physikalischen Denkmuster meiden.

D. In der philosophischen Rekonstruktion dieses Zusammenhanges freilich kommt den Objektqualia eine zentrale Rolle zu:
1. Weil diese von uns im Alltag, wie übrigens auch in der äquivok-physikalischen Rekonstruktion, ohnehin schon Objekten zugeordnet werden, lässt sich ihre ontologische Eigentümlichkeit von Anfang an angemessen beschreiben, d.h. ohne etwas an jener Zuordnung zu ändern. Ohne diesen Kontext, also besonders, wie in der Neuzeit geschehen, im Ausgang von der numerischen Identität des Bewusstseins, ist es eigentlich – trotz des wichtigen kritischen Schrittes Kants – unver-

meidbar, dass man primär begriffsanalytische Unterscheidungen mehr oder weniger nach Analogie des genuin physikalischen Denkmusters interpretiert.
2.1. Der Begriff der Objektqualia ist auf der Objektseite mit konstitutiv für ein angemessenes Verständnis des Bewusstseins (3. Teil, C.V).
2.2. Gleichzeitig ist er der Angelpunkt für die Wert- und ‚Sinn'-Struktur der phänomenalen Welt, mithin auch Angelpunkt für ein philosophisches Verständnis der Menschheitsgeschichte insgesamt.

41

A. Bewusstsein, das auch Tieren eignet, ist wie gesagt (40.D.2.1) das unverzichtbare erkenntnis'theoretische' Gegenstück zu den im Kern notwendig zirkulär definierten Objektqualia. Seine Steigerung ist das begriffliche Denken.

Tiere leben die Wert- und ‚Sinn'-Struktur der Welt sozusagen ganz eins mit ihren Instinkten (ggf. einschließlich Neugier und Spieltrieb), die ihre spezifische tätige Freiheit ausmachen (vgl. Teil 3, C.XVII). Das Spezifische des menschlichen Lebens und vor allem seiner Geschichte dagegen besteht – jenem gesteigerten Bewusstsein entsprechend – darin, sich jener Wert- und ‚Sinn'-Struktur mehr oder weniger intuitiv oder explizit bewusst zu werden und ihr in gesteigert-bewusster und *bewusst*-freier, zu Verantwortung befähigter Gestaltung der Praxis, der Religion und der Wissenschaft Ausdruck zu geben.

B. Diese – ihrerseits gesteigerte – Freiheit ist selbst Teil des Implikationszusammenhanges der phänomenalen Welt (s.o. 40.C). Auch und besonders im Blick auf diese Freiheit ist es abwegig, nach letzten Erklärungen oder Begründungen zu suchen. Denn das widerspricht ihrem Wesen, wie es dem Wesen des nichtphysikalischen Weltaspektes insgesamt widerspricht, ihn theoretisch erklären zu wollen (etwa in der Erklärung der Welt aus absolut existierenden Ideen bzw. aus Transzendentalien des Subjekts). In diesem Sinne hat menschliches Handeln Spontaneität in einem denkbar starken Sinne: Es ist genuin physikalisch nicht erklärbar – selbst wenn es, sofern man den mikrophysikalischen Randbereich der genuin physikalischen Weltstruktur berücksichtigt, den Erhaltungssätzen nicht widerspricht.

Wir können jedoch menschliche Freiheit und Verantwortung *verstehen*: als Teil des theoretisch unlösbaren Implikationszusammenhanges der phänomenalen Welt im Allgemeinen und des ‚Sinnes' der Welt im Besonderen: Der ‚Sinn' gibt dem nichtphysikalischen Weltaspekt seine spezifische inhaltliche Einheit – und somit auch der Welt insgesamt. Dem mehr oder weniger intuitiven bzw. expliziten Bewusstsein davon verdanken die Menschen ihre grundlegende psychologische Identität *als Menschen*: im Sinne jener Freiheit, ihres Interesses an ‚Sinn' sowie ihrer Fähigkeit zur Nächstenliebe (wie auch immer letztere vermittelt sein mag, ob primär praktisch oder – bzw. und zugleich – primär geistig).

42

A. Der hier entwickelte Begriff des ethischen Motivs ist unvereinbar mit dem (ausgesprochenen oder unausgesprochenen) Gedanken oder Bewusstsein moralischer Überlegenheit oder gar Verachtung. Denn dem ethischen Motiv selbst geht es doch, recht besehen, um den zuvor schon existierenden Wert der Welt und des menschlichen Lebens. *Er* – und dann auch das ethische Motiv selbst – verbinden *alle* Menschen, mental und emotional.

Und doch impliziert das ethische Motiv Bemühung und Übung, in fordernden Situationen besonnen zu reagieren und zu persönlichen Opfern entschlossen zu sein. Aber solche Arbeit ist ihrerseits so spontan wie das ethische Motiv selbst.

B. In dem Maße, in dem Menschen sich des ethischen Motivs nicht bewusst werden, leiden sie in gewisser Weise: am menschlichen Zusammenleben, an der Welt. Solches Leiden ist charakteristisch für die Geschichte des reflektierenden Kulturtyps: Für die Geschichte des reflektierenden Kulturtyps insgesamt ist Unsicherheit bezüglich der wesentlichen Fragen menschlichen Lebens typisch. Unsicher sind das Verständnis der Werte und das ethische Motiv. Die von schwerstem Unrecht Betroffenen sind diejenigen, die dieses Unrecht als solches am stärksten empfinden und beklagen. Aber an jener Unsicherheit leiden sie nicht minder als die von ihnen des Unrechts Bezichtigten; daher auch neigen sie selbst zu Unrecht, falls sie sich der dadurch erlangten Vorteile, wie Macht und Ansehen, sicher sind.

C. Anerkennung und Tadel tragen zur moralischen Erziehung bei, aber nur in dem Maße, in dem sie Teil von Wertbewusstsein in konkret gelebten Beziehungen zu Mensch, Tier und Natur sind: bei Kindern etwa in einigermaßen intakten Beziehungen zu ihrer sozialen Umwelt. So verstandene Erziehung ist konsequentes Hinweisen auf das, worauf es im Leben entscheidend ankommt, ist nur Hilfsmittel auf der Grundlage von Werterfahrungen. – So auch unterscheidet sich moralische Erziehung von Moralisieren und moralisierender Aggression.

Es ist dann freilich immer noch ein großer Schritt zur Verallgemeinerung solcher Werterfahrung und Erziehung auf die Menschheit oder Welt insgesamt, zur *Einsicht* in das Wesen des ethischen Motivs. Umgekehrt aber kann Einsicht Defizite der Erziehung in moralischer Hinsicht korrigieren.

D. Es wird dabei auch deutlich, dass jene Anerkennung und jener Tadel nicht in dem Sinne moralischer Natur sein können, dass sie auf moralische Aufwertung oder Abwertung und Verachtung der betreffenden Menschen zielen. Entsprechend sind die Menschen nicht nur vor dem Gesetz, sondern auch als moralische Wesen und in ihrem Wert gleich. Kurz: Alle Menschen verdienen grundsätzlich als ‚Menschen' im wertbesetzten Sinne behandelt zu werden.

Und all dies hätte keinen – zumal keinen theoretisch denkbaren – Sinn ohne den leiblichen Aspekt menschlicher Autonomie und die damit verknüpften Herausforderungen und Fehlentwicklungen der Menschheitsgeschichte: Auch mit ihnen müssen wir uns sozusagen ‚identifizieren': als *unseren* Herausforderungen und *unserer* Geschichte, denen wir uns pragmatisch zu stellen haben. Einteilungen der Menschen in Gute und Böse sind geschichtsferne Abstraktionen; umgekehrt ist die Unterscheidung guten und schlechten *Handelns* unverzichtbar.

E. Etwas anderes sind zum Beispiel handwerkliche oder politische Leistungen. Mit ihnen verbundene Anerkennung und Kritik betreffen mehr oder weniger auch Personen. Doch auch dabei ist auf die richtigen Relationen zu achten: Durch Anerkennung ausgezeichnete Personen beziehen ihre Anerkennung einerseits aus ihrem Dienst an Menschen, andererseits von eben diesen Menschen, insofern sie sich anerkennend und dankbar zeigen. Ein diesen Relationen angemessenes Selbstbewusstsein von Personen ist ziemlich entfernt vom Genuss politischer Macht und eigentlich unvereinbar damit.

43

Der moralische Imperativ (oder das „erste Gesetz" im Sinne Ciceros) ist zunächst ein schlichtes Regulativ des Handelns. Er bzw. es reguliert unser Handeln, insofern davon andere Menschen mitbetroffen sind, in moralischer Hinsicht. Er befördert moralische Orientierung vor allem in der für den reflektierenden Kulturtypus charakteristischen Unsicherheit bezüglich der wesentlichen Fragen des spezifisch menschlichen Lebens.

Sein moralischer Einfluss besteht nicht nur in seinem regulativen Charakter, sondern auch darin, dass er implizit an das mehr oder weniger entwickelte intuitive Wertbewusstsein der Menschen appelliert. Dies ist aber umgekehrt auch ein Hinweis auf seine eigene Grundlage: eben auf den unveräußerlichen Wert aller Menschen. Von *ihm* ‚sollen' wir unser Handeln leiten lassen. Ist folglich das Bewusstsein von diesem Wert selbst hinreichend klar, wird der Imperativ zu einer eher nur ‚rein formalen' Angelegenheit.

Zugespitzt formuliert: In unseren ‚Neigungen' selbst wie in anderen bewussten Lebensvollzügen – und dabei stets in unlösbarem Verbunde mit der wahrgenommenen Welt – entdecken wir intuitiv oder explizit den unveräußerlichen Wert des menschlichen Lebens im Allgemeinen, also selbstverständlich auch den der je anderen Menschen. In solcher Selbsterkenntnis wiederum sind wir spontan bestrebt, sie ‚regulativ' in unsere Entscheidungen einfließen zu lassen; sie ist in diesem Sinne ein *besonderes* Motiv unseres Handelns: unser ethisches Motiv (vgl. 1. Teil, C). Beide, das Motiv und entsprechendes Handeln sind Ausdruck unseres wesenseigenen Interesses, unserer spezifisch menschlichen Identität.

Pflicht und Neigung sind diesen Überlegungen zufolge keine Gegensätze. In jedem Falle haben die Fälle, in denen es hier zu Polarisierungen kommt, nichts mit dem *Wesen* des ethischen Motivs zu tun. Doch je unklarer und unsicherer unsere diesbezügliche (intuitive) Einsicht ist, desto stärker werden, meine ich, die Polarisierung, die Tendenz zu unmoralischem Handeln und der Eindruck, moralisches Handeln sei sinnlos, zweideutig, selbst Gegenstand und Mittel von Streit.

44

Auch dann wenn eine integrierte Theorie sich als wissenschaftlich überzeugend erweisen sollte, *bliebe* sie in gewissem Sinne angewiesen auf ein Grundverständnis der Philosophiegeschichte (Europas wie der Welt insgesamt), ebenso auch der politischen Geschichte. Im Unterschied also zur (modern-)naturwissenschaftlichen Theorie hat genuin philosophische Theorie, will man sie hinreichend verstehen, immer auch einen *wesentlichen* geistesgeschichtlichen Aspekt. Dies macht einen Teil der Schwierigkeit genuin philosophischen Forschens und Verstehens aus, aber umgekehrt auch dessen Relevanz für die *politische* Geschichte.

M.a.W., anders als im Falle moderner naturwissenschaftlicher Theorie und ihrer spezifischen technischen Relevanz ist die praktische Relevanz der Philosophie, einschließlich einer ausdrücklichen Verabsolutierung des genuin physikalischen Theorietyps, sozusagen über die gesamte Geschichte des reflektierenden Kulturtyps *verstreut* (auch im Sinne von Ambivalenz).

Trifft dieser wesentliche Bezug des genuin philosophischen Forschens zur – auch zur politischen – Geschichte zu, würden entsprechende Einsicht und ihre allgemeine Vermittlung einerseits eine wichtige Form geistig-seelischer Bewältigung des unermesslichen Unrechts in der politischen Geschichte und Gegenwart bedeuten. Und davon kaum zu trennen, würden sie in Zukunft viele Hindernisse abmildern und aus dem Wege räumen, nicht zuletzt diejenigen, die mit den verschiedenen kulturellen Traditionen der heutigen Menschheit zusammenhängen.

45

Aber sind es nicht die politisch-ökonomischen Strukturen, die das politische Handeln bestimmen, zum Beispiel im neuen Kalten Krieg um die Ölreserven?

Ja und nein. Für das *Nein* steht: Es sind immer Menschen, die an den Strukturen drehen und insofern für sie mitverantwortlich sind. An der Struktur des menschlichen Welt- und Selbstverständnisses drehen bedeutet auch: an der damit verknüpften (spontanen) Praxis drehen. Und das kann im Rahmen philosophischer Skepsis (die Ideologien hemmt) auf längere Sicht nicht ohne positive politische Konsequenzen bleiben: nicht ohne neue Institutionen, vor allem aber nicht ohne einen neuen Geist, der alte und neue Institutionen beseelt, mit neuer Macht ausstattet.

46

Seit einigen Jahrzehnten wird der universitären Philosophie, zumal sofern sie sich als ein betont wissenschaftliches Unternehmen versteht, ein signifikanter lebenspraktischer und politischer Nutzen kaum noch ernsthaft zugetraut. Stattdessen scheint eine wissenschaftlich unentscheidbar anmutende Vielfalt verschiedenartiger genuin philosophischer Theorie- und Ethik-Angebote unter der allgegenwärtigen wissenschaftlichen und technischen Ausstrahlung der Naturwissenschaft praktisch folgenlos zu verdampfen. (Die Dominanz des Basis-Überbau-Modells in den Sozial- und Geschichtswissenschaften ist nur ein Ausdruck dieser Situation.)

47

Kaum zu überschätzen in der Philosophie der letzten Jahrzehnte ist eine interne Entdogmatisierung und damit ein Beitrag zur Entideologisierung und produktiven Verflüssigung auch der politischen Diskussion und Auseinandersetzung. Jedoch ist beides theoretisch neutral, keine *spezifisch* philosophische Leistung.

In geschichtlicher Sicht steht diese Leistung in einer Linie mit der von Platon begründeten konstruktiv-skeptischen Schulrichtung (mit ihrem schon beim späteren Platon differenziert erkennbaren Bestreben, den Atomismus Demokrits und seine Implikationen für das Verständnis der sinnlichen Wahrnehmung zu integrieren: s. Anhang I.-I.B.3) – aber wiederum ohne deren theoretische Betonung des Ethischen und des Politischen.

Für eine Änderung dieser Lage sind folglich alle genuin philosophischen Kräfte zu bündeln: auf die Entwicklung nur *einer*, dafür aber wissenschaftlich allgemein zustimmungsfähigen genuin philosophischen Theorie. Sie muss vor allem methodische und inhaltliche Verknüpfungen mit der modernen Naturwissenschaft plausibel ausweisen, will sie diese wissenschaftlich ergänzen und umfassen.

48

Es wurde hier mehrfach (zuletzt in 47) auf den frühen geschichtlichen Beitrag der Philosophie zur Entdogmatisierung des wissenschaftlichen Denkens hingewiesen. Im Gegensatz zu K.R. Poppers berühmter Kritik am Dogmatismus Platons, verdanken wir die methodische, theoretisch konstruktive Form der Skepsis gerade schon der Schule Platons. (Skepsis im nicht-methodischen Sinne findet sich übrigens auch schon bei Vorsokratikern).

Auch die Naturwissenschaft hat, zumal in der Entwicklung der modernen theoretischen Physik, wiederholt die Erfahrung gemacht, dass Dogmatismus das theoretische Fortschreiten hemmt. Eine gewisse, ziemlich verbreitete Übertragung dieser naturwissenschaftlich begründeten methodologischen Einsicht auf das genuin philosophische Denken muss nun aber ihrerseits sorgfältig analysiert werden:

Der genuin philosophische Forschungstyp muss, zumal wenn er sich selbst methodologisch sorgfältig reflektiert (1. Teil, A), schon als solcher auf seiner Unterscheidung vom genuin physikalischen Theorietypus bestehen. Mit Dogmatismus hat *dies* nichts zu tun; es handelt sich hier m.a.W. um eine Hypothese, die der Hypothese genuin physikalischer Entitäten ebenbürtig ist.

Anders formuliert: Genuin philosophisch-ontologische Hypothesen dürfen nicht schon als solche methodologisch kritisiert werden. Denn das käme einer Bevorzugung physikalischer Ontologie und Methodologie gleich, etwa wenn wie selbstverständlich von real existierenden Neuronen, Genen, Zellen und Organismen gesprochen wird. Das Konzept etwa vom hohen Bestätigungsgrad biologischer Ontologie und Kognitionstheorie darf nicht im stillschweigenden Umkehrschluss als entsprechender Mangel an empirischer Ausgewiesenheit genuin philosophischer Theorie interpretiert werden (1. Teil, B; 5. Teil, 12, 13).[77]

Wenn schließlich Kant Descartes' Umgang mit dem Bewusstseinsbegriff als eine Hypostasierung kritisiert, dann will diese Kritik zunächst ganz allgemein im Kontext des genuin philosophischen Theorietyps gesehen und gewürdigt sein, und speziell dann im Rahmen der Kritik des Konzepts erkennbarer an sich existierender empirischer Entitäten. Umgekehrt verdeckt der Begriff transzendentale Wendung, dass diese auf dem Boden eines *quasi*-ontologischen Bewusstseinsbegriffs steht. Eben dies macht ihren – wie ich meine, von Wittgenstein überwundenen – Letztbegründungscharakter aus.

49

Das moderne genuin philosophische Forschen wurde durch den genuin physikalischen Objektbegriff in die wissenschaftliche Defensive gedrängt. Zu neuem Leben und nunmehr zu allgemeiner Akzeptanz als Leitwissenschaft und philosophischer Lebensweisheit zurückfinden könnte es, wenn es ihm gelänge, auch dem *Objekt*begriff eine neue: genuin *philosophische* Prägung zu verleihen.

Drei Ziele gleichzeitig würde es auf diese Weise erreichen:
1. eine Überwindung der Cartesischen Subjekt-Objekt-Spaltung,

---

[77] Eine ähnliche Einsicht hat Popper in vorgerücktem Alter wohl mit dazu bewogen, seine berühmte, Drei-Welten-Theorie zu entwerfen. Freilich berücksichtigte er dabei nicht die spezifisch *neuzeitlich*-philosophische Problematik dieses Modells (1. Teil, A). Aber ist es darum angemessen, sein Modell als eine Art ‚Alterserscheinung' zu belächeln, wie es damals vielfach geschah? Vgl. ähnlich die Rede von „emotionalen Bedürfnissen" die „Richtung einer Art platonischer Ontologie" (Kanitschneider 1999, 83) oder von „älteren Naturwissenschaftlern (...), die auf unkündbaren Lehrstühlen sitzen (und) mittlerweile häufig dem inneren Verlangen nachgeben, ihrem einst weggesperrten oder neu gefundenen Glauben auch öffentlich zu vertreten" (Larson/Witham 1999, 74).

2. eine neue Verbindung zur antiken genuin philosophischen Tradition, besonders zur ethischen Wendung bei Sokrates und Platon,
3. auf neuer Ebene eine Aufwertung der uns alltäglich gegebenen phänomenalen *Welt*, deren Wahrnehmung gegenwärtig von der wissenschaftlichen Dominanz des genuin physikalischen Philosophie mitgeprägt ist (vgl. Anm. 76, Abs.2).

Willst du dich deines Wertes freuen,
So musst der Welt du Wert verleihen.[78]

50 a

A. Aber lässt sich auch der *politischen Geschichte* Wert verleihen? Kann auch Geschichte, analog Goethes Wahrnehmung der irdischen Natur und des Sternenhimmels (s.o. 36), den Menschen zum Bewusstsein ihres Wertes verhelfen? Kann man sich für Geschichte wenigstens zutiefst interessieren, wenn schon nicht (mehr) begeistern? Triumphiert dort nicht vielmehr Unrecht über Recht in drastischer Weise, sobald es nur Erfolg verspricht und das jeweilige kollektive Selbstgefühl steigert? Und ist unter den modernen Völkern spontan – also nicht ‚nur' institutionell – praktizierte Gerechtigkeit nicht bestenfalls auf Situationen beschränkt, in denen ein *kollektiv* verletztes Selbstgefühl nach Linderung und Heilung strebt?

Angesichts derartiger Fragen ist man geneigt zu resignieren, im Blick auf die Geschichte nicht minder als im Blick auf die Gegenwart. Aber vielleicht ist Resignation ausnahmsweise einmal besser als primär praktisches Weltverbesserertum Gleichgesinnter, die sich zuerst, wenn überhaupt, an der eigenen Moral und anschließend an der Macht berauschen. Besser zumindest dann, wenn wir bei der mit solcher Resignation verknüpften Nachdenklichkeit verweilen: den Verdacht aushalten, dass wir selbst im Grunde genommen auch nicht moralisch besser sind als die Menschen(gruppen) oder Epochen, von denen wir uns mit seltsamer Leichtigkeit zu distanzieren neigen. Vielleicht kommt man in solchem Verzicht auf sofortige Praxis bzw. Anwendung von Praxis-Theorien (die ja auch ablenken, betäuben und auf neuerliche Abwege führen können) auf bessere Gedanken und Lösungen als frühere Zeiten.

B. Fast spektakulär kann es für einige Zeit erscheinen, die moderne Geschichtsschichtswissenschaft dabei zu beobachten, wie sie mit frühren Idealisierungen der Antike aufräumt. Andererseits kann gerade sie dazu anregen, politischem und ideologischem Tatendrang Resignation und Nachdenken entgegenzusetzen, wenn auch zunächst nur im Sinne einer persönlich gewählten Alternative und angesichts der unvergleichbaren Komplexität der Geschichte.

In der Tat kann jene geschichtswissenschaftliche Einsicht solchem Nachdenken zu ersten Konturen und Orientierungen verhelfen:

Zunächst einmal sehen wir uns gehalten zu dem Verzicht, Helligkeit und Dunkelheit getrennt voneinander auf ganze Geschichtsepochen (Gesellschaftsgruppen, Völker oder gar – so ‚basal' wie möglich – Rassen) zu verteilen. Denn mit einer derartigen Verteilung arbeiteten geschichtlich schon die bloßen *Begriffe* der Aufklärung und zuvor schon der Neuzeit. Deren Verdienste als ‚neuer' *geistesge-*

---

[78] Goethe 1982, 694 (Weimar 1814).

schichtlicher Aufbrüche sind darum keineswegs bestritten oder geschmälert. Kritisiert wird hier nur der verdunkelnde Blick auf die je bisherige Geschichte; *er scheint im Gegenzug partiell blind zu machen für die eigene Zeit.*

Einen analogen Blick gab es zudem schon viel früher: Die spätantike Aufbruchstimmung einer ganz *bewusst* ‚neuen' Zeit, von der in Mailand der Bischof Ambrosius und in Rom Kaiser Theodosius und – etwa in seiner eindrucksvollen, ‚modern' anmutenden Autobiographie – Augustinus zeugen, verdunkeln den Blick auf das frühere heidnische Römertum (als dessen objektives *Selbstzeugnis* Augustinus aber immerhin die späteren Werke Sallusts heranzieht). Und gehen wir noch weiter zurück in die klassische Zeit Athens (5. Jh.), dann gibt es zwar kein Geschichtsbewusstsein im späteren Sinne, wohl aber in der Sache eine ‚Aufklärung', deren Selbstbewusstein tendenziell den Blick auf fremde Völker (von ‚Barbaren') und umgekehrt auf das eigene Volk trübt und vereinseitigt.

C. Unser Geschichtsbild wird durch dergleichen Überlegungen zunächst eher noch verwirrender. Offenbar reicht es nicht aus, nur den Staffelstab proklamierter neuer geschichtlicher Helligkeit und eines entsprechenden neuen, verbindenden Bewusstseins von Epoche zu Epoche zu übernehmen, sei es eines ‚synthetischen': (quasi-)religiösen und/ oder nationalen Bewusstseins oder eines analytischen: geschichts- und/ oder gesellschaftswissenschaftlichen Bewusstseins.

Auch der ‚synthetische' Charakter der jüngst forcierten Werte-Appelle erinnert ein wenig an jenen Staffellauf. Im Rahmen einer Demokratie sind sie sicher von einer gewissen konstruktiven Wirkung, solange sie nicht auf Kosten der Ideen von Demokratie und Toleranz gehen und neue fragwürdige und ungerechte Polarisierungen zwischen Guten und Bösen (Ernsthaften und Ironikern, Kinderreichen und Egoisten, Geschwistern und Einzelkindern) schaffen.

D. In dem skizzierten Dilemma trifft es sich gut, dass unsere Wissenschaftsgeschichte über eine Tradition verfügt, welche die Dialektik von Gut und Böse und in Verbindung damit den Begriff der Erkenntnis zu einem zentralen Thema gemacht hat: die Geschichte der Philosophie, spätestens seit Heraklit. Der entscheidende Begriff, um den sich diese Geschichte m.E. *implizit* dreht, ist der ‚Sinn'-Begriff (den in der Moderne, dem Zeitalter wissenschaftlicher und praktischer Dominanz des physikalischen Theorietyps, ganz spontan und ohne fachphilosophische Vorkenntnisse jeder versteht). Denn er bricht mit einer allzu schlicht, d.h. (tendenziell) exklusiv, gedachten Polarität zwischen Gut und Böse, vor allem zwischen Gut*en* und Bös*en*, ohne die Unterscheidung zwischen guten und bösen *Taten* und das Konzept moralischer Verantwortung aufzugeben.[79]

Seine Komplexität, mithin auch seine lebendige – einzelmenschliche wie geschichtliche – Dynamik und Dramatik bezieht das denkbar einfache Moment des ‚Sinnes' aus den beiden Weltaspekten und ihrer je spezifischen inneren Differenzierung und Vielheit, welchen es umgekehrt inhaltliche Einheit verleiht. Bedingt ist die Vielheit insbesondere durch die (in die phänomenale Leib-Umwelt-Interaktion involvierte) genuin physikalische Weltstruktur: Mit ihr ist ein spezifischer Aspekt der menschlichen Autonomie verknüpft, die ihrerseits ein wichtiges Element des ‚Sinnes' mensch(heit)lichen Lebens ausmacht.

---

[79] Von der damit verbundenen Faszination zeugt m.E. auch die Wirkungsgeschichte der alttestamentarischen Erzählung des Sündenfalls. Das Verlangen Adams und Evas nach Wissen um die Natur von Gut und Böse ist selbst eigentlich gar nichts Böses. Unangemessen (aber aus der im 3. Teil entwickelten Sicht nicht eigentlich vermessen) ist freilich das Verlangen, ein Wissen wie Gott zu erlangen. (Eine analoge hintersinnige Struktur hat der Mythos von Orpheus und Eurydike in der von Ovid gegebenen Fassung, die dem Geist des ‚aufgeklärten' Römers entspricht. Auch modernes Interesse an guten Krimis hat m.E. eine ähnliche, wenn auch verdeckte, Begründungsstruktur.)

E. Unter dem Titel des so verstandenen Sinn-Begriffs stellt sich die Geschichte der Menschheit als ein Drama dar, wie es für die antiken Athener schon ein Aischylos oder Sophokles fesselnder nicht hätte inszenieren können. (Die Zuschauer waren damals die im großräumigen Halbrund des Theaters versammelt, und sie alle kannten sich in ihrer mythologischen Tradition relativ gut aus.)

Zu hoffen ist, dass dieses – von der gegenwärtigen Menschheit intuitiv und partiell konkret *gelebte* – ‚Drama' eine geeignete Bühne für die Menschheit findet, vor allem in der allgemeinen Schulbildung, in neuen Fassungen, Interpretationen und Variationen der alten mythischen und künstlerischen Themen.

50 b

Ist es nicht moralisch abwegig, zum Beispiel den nationalsozialistischen Faschismus als *Teil* jenes menschheitlichen Dramas zu verstehen?

A. Vermutlich erlebten viele Deutsche ab Mitte der dreißiger Jahre die wachsende Wucht des Nazi-Faschismus zunehmend als so etwas wie ein kollektives revolutionär-abenteuerliches Brechen der ‚Fesseln' eines Daseins, das zuvor oft als ‚bürgerlich-spießig-krämerhaft' bzw. partiell (noch) ‚junkerhaft' geschmäht und infolge des Ersten Weltkrieges und der Weltwirtschaftskrise (‚Kapitalismus') zusätzlich als bedrückend empfunden worden war. Gespeist wurde solches Erleben nicht unerheblich durch gewisse partiell verzerrte, aber auch ‚verdrängte' wissenschaftliche Theoreme Darwins (bzw. Nietzsches) und ein entsprechendes Geschichtsverständnis. Dies wiederum hat einiges damit zu tun, dass das Wesen *genuin* philosophischen Forschens kulturell so gut wie gar nicht mehr präsent war.

Der politische Verschnitt aus unerwarteten wirtschaftlichen und politischen Erfolgen, dann auch militärischen Siegen Nazi-Deutschlands, aus revolutionärer Aufbruchstimmung und berechenbaren Feindbildern erzeugte weithin ein zunehmendes Bewusstsein sozialen Zusammengeschweißtseins. Dieses kann einerseits als ein primär emotionales ‚Sinn'-Erleben charakterisiert werden. Andererseits ist es unvereinbar mit der internen und nur primär geistig oder rational erfassbaren Struktur allumfassender, insbesondere menschheitsumfassender Geltung des ‚Sinn'-*Begriffs*. Beide Seiten zu sehen heißt: den oben skizzierten Sachverhalt unter dem Titel des ‚Sinn'-Begriffs *verstehen*: Die objektive Katastrophe des Zweiten Weltkrieges und der mit ihr verknüpfte Völkermord werden als Teil des (in 50a.E genannten) menschheitlich-geschichtlichen *Dramas verständlich* – aber dies jetzt mit der Perspektive, dass ähnliche katastrophale Entwicklungen, nicht zuletzt die zu ihren Anfängen gehörigen ideologischen Feindbilder, künftig von vornherein als solche durchschaubar werden. Individueller und kollektiver Mangel an Unrechtsbewusstsein sind so eigentlich kaum noch möglich.

B. Kann man zudem ernstlich annehmen, die Nazi-Zeit in ihrer heutigen Durchschautheit sei in der Phantasie sinnvoll wiederholbar und *wir* würden sie dann *moralisch besser* meistern? Und kann man sich eigentlich sinnvoll vorstellen, *alle* hätten sich aus moralischen Gründen gegen die Nazis entscheiden *können*? Umgekehrt formuliert: Kann es in Bezug auf verantwortliches, im strikten Sinne freies Handeln nochmals eine moralische Alternative oder Wahlfreiheit geben?

Lohnend scheint in diesem Rahmen nicht zuletzt eine Diskussion der pessimistischen Deutung der Moral aus der Existenz bedrohlicher Feinde und der entsprechenden *Resignation*, wie sie den späteren Sallust kennzeichnet.

51

Wissenschaftliches Interesse an der phänomenalen Welt und am menschlichen Leben im Allgemeinen einerseits und Interesse an der Geschichte andererseits bedingen einander. Sie haben je zwei Aspekte praktischer Relevanz, gemäß den beiden Aspekten von Welt, Leben und Geschichte.

Unter den verschiedenen großen Geschichtsepochen spielt den vorstehenden Untersuchungen zufolge die Antike eine Schlüsselrolle. Nur sie nämlich lässt tiefere Aufschlüsse über elementare Zusammenhänge zwischen archaischem Kulturtyp, Hochreligionen, Philosophie / Einzelwissenschaft(en), Politik und politischer Geschichte erwarten.

Unter den wissenschaftlichen Disziplinen kommt für tieferes geschichtliches Verstehen der neuzeitlich-modernen Philosophie eine Schlüsselrolle zu. Denn nur sie durchläuft – wiederum im Sinne schon des antiken skeptisch-akademischen Programms – gleichsam das Nadelöhr des genuin physikalischen Theorietyps.[80]

52

Die Eigentümlichkeit des genuin philosophischen Forschungstyps[81] spitzt sich in der wissenschaftsgeprägten Moderne wie folgt zu: Seine Wirkung auf die anderen Disziplinen kann er auf Grund der allgegenwärtigen theoretischen und technischen Überzeugungskraft des genuin physikalischen Forschungstyps erst dann entfalten, wenn er das traditionelle breite Spektrum seines Angebots alternativer Theorien und methodologischer Konzepte zugunsten einer wissenschaftlich allgemein überzeugenden integrierten Theorie überwunden hat – auch das Konzept des ‚Unsagbaren' des frühen und das Sprachspiel-Konzept des späten Wittgenstein.

Es ist daher auch aus genuin philosophischer Sicht kein Zufall, dass die Moderne wie kein anderes Zeitalter von der wissenschaftlichen Dominanz des genuin physikalischen Denktyps für lange Zeit geprägt ist, aber gerade auch dadurch ein Erreichen jenes Ziels wenigstens *möglich* wird.

53

A. Die genuin physikalische Weltstruktur – mitsamt den darin implizierten leiblichen und seelischen Krankheiten, Verletzlichkeiten, Sterblichkeiten, Katastrophen – ist theoretisch unlösbarer Teil auch der ‚Sinn'-Struktur der Welt. Insbesondere macht sie einen Aspekt der menschlichen Autonomie aus. Schon deswegen sind einschlägige geschichtliche Entwicklungen, auch Rückschläge, *‚sinnvoll' in der umfassendsten Bedeutung des Wortes*, nicht viel anders als kindliche Entwicklungen mit ihren möglichen Störungen und Traumen.[82] ‚Sinn' haftet der Welt nicht zufällig an; im Gegenteil ist er Inbegriff inhaltlicher Einheit beider Weltaspekte.

Unter Einschluss dieser Einsicht lässt sich als Ziel und Wesen menschlichen Strebens und Wollens formulieren: Freiheit *zu* sinnvoller Gestaltung eines immer schon freien und ‚sinn'vollen Lebens, darunter besonders die formale Urteilsfreiheit. Zweck unseres Handelns ist das menschliche Leben selbst. Menschen machen sich in freiem Handeln zu dem, was sie eigentlich immer schon sind: *Menschen* im positiv wertbesetzten Sinne. Sie *haben* Wert und ‚Sinn' schon in ihrem schlichten Leben sowie in ihrem wesentlichen Interesse an ‚Sinn' (bzw. darin, dass sie an diesbezüglicher Enttäuschung leiden), und zugleich suchen sie ihn – im Denken wie im Handeln – weiter zu gestalten und zu realisieren.

---

[80] Da moderne Naturwissenschaft die ursprünglich ambivalente Rolle der Philosophie ganz an sich gezogen hat und weil die insgesamt positive Rolle der modernen Technik kaum noch bezweifelt wird, sind von der genuin philosophischen Forschung nur noch positive Wirkungen zu erwarten.

[81] Vgl. 1. Teil, B; 2. Teil, A; 5. Teil, 12, 13, 44, 48.

[82] Unsere Gesellschaft hat ein nach wie vor gestörtes Verhältnis zu psychisch Kranken, ohne dass man ihr das gleich zu einem moralischen Vorwurf machen müsste. Ganz besonders zeigt sich dies in wissenschaftlich seriös daherkommenden Neigungen, philosophische Lehren auf seelische Krankheiten (im wahrsten Sinne des Wortes:) ‚praktisch' zu reduzieren. – Verbrechen, die ganz oder teilweise auf seelische Schädigungen rückführbar sind (Menschen sind *Betroffene* von ‚Schädigungen'!), machen zwar sog. Sicherungs'verwahrung' unvermeidlich; aber was spricht dagegen, ansonsten die ‚Würde' auch solcher Menschen fraglos anzuerkennen und mit ihnen in *bewusstem* Respekt umzugehen?

Sie in diesem (in doppelter Wortbedeutung:) ‚Sinne' *erkennen* heißt: alle Menschen als Mitglieder der *einen* wertbetonten Menschheit erkennen und danach streben, die Menschheit in einem geschichtlichen Prozess als solche zu realisieren.

Solche Überlegungen machen zugleich bescheiden, erzeugen Abneigung gegen die Formulierung, ‚die Menschen' oder ‚die Welt' verbessern zu wollen.

B. Das Ideal menschlichen Lebens oder der Maßstab gelingenden Lebens ist mithin gewissermaßen das menschliche Leben oder der Mensch selbst, genauer: die (im Sinne Wittgensteins) „richtig gesehene" Welt insgesamt.

Aus dem *Leben* heraus auch artikuliert sich die – theoretisch gar nicht sinnvoll explizierbare – Jenseitsidee. Und wer in besonderem Maße leidet, prinzipiell oder faktisch unvermeidlich, tut dies gewissermaßen auch stellvertretend für andere.

Solche Ideen (hier: Jenseitsidee und ‚Lebensideal') ändern zwar nicht das Leiden als solches, wohl aber dessen Verständnis und damit seine Qualität und den Umgang mit ihm. Aber es wäre missverständlich, deswegen zu sagen, der Mensch selbst werde dadurch verbessert; dadurch unterscheidet er sich von einem Werkstoff (vgl. o. Anm. 82).

Die Menschen des *reflektierenden* Kulturtyps ändern ihre Lebensweise und Lebensqualität, indem sie zur phänomenalen Welt, also auch zu sich selbst, ein angemessenes – intuitives und explizites – Verstehen entwickeln.

C. Philosophischer Ausdruck von Sinn-Streben und -Denken ist auch ein verabsolutiertes Verständnis der Freiheit: zu einer Freiheit der Wahl zwischen Gutem und Bösem (etwa bei Kierkegaard, extrem zugespitzt bei Sartre) auch wenn beide, Gut und Böse, *qua* Wahlkonstellation zum Subjekt sozusagen auf Abstand gebracht sind (bei Sartre nahezu verschwinden), ähnlich einem verabsolutierten Sollen, das zwar verinnerlicht ist, aber auf Veräußerlichung des Ethischen basiert.[83]

Und wenn der spätere Sallust *gegen* seine Resignation und *gegen* seinen expliziten *theoretischen* (pseudomoralischen) Pessimismus (s.o. 50b.B) an dem sein gesamtes Werk durchziehenden moralischen Motiv sichtlich festhält, zeugt auch das noch von jenem Sinn-Streben.

All diese Beispiele zeigen: Streben nach ‚Sinn' hat schon vor den praktischen Schwierigkeiten mit *intellektuellen* Schwierigkeiten zu tun. Aber derartige Widerstände und die damit verknüpfte Dynamik der Geschichte sind umgekehrt integrale Bestandteile des ‚Sinnes' der Welt, insbesondere der menschlichen Autonomie (s.o. A, Abs.1).

---

[83] Philosophiehistorisch verantwortlich für solche Radikalität scheint mir in der Neuzeit vor allem die Spaltung oder Dichotomie zwischen Subjekt und genuin physikalischem Objekt bzw. zwischen genuin philosophischer Theorie und praktisch-hypothetischen Vernunftideen (Kant) zu sein, in der Antike die durch Demokrit ausgelösten theoretischen Schwierigkeiten des von Sokrates und dem frühen Platon auf die Bahn gebrachten Ansatzes (s. Anhang I.-I.B.3; übrigens war Demokrit, der als ‚Vorsokratiker' gilt, rund 10 Jahre jünger als Sokrates und überlebte ihn auch um knapp drei Jahrzehnte). Mit dieser Verbindung zwischen Antike und Neuzeit ist zugleich ein weiterer zentraler Aspekt inhaltlicher Kontinuität zwischen den beiden Epochen bezeichnet.

Die christlichen Evangelien scheinen mir dem hier explizierten Verständnis von Freiheit und ‚Sinn' voll zu entsprechen, weniger dagegen die Lehre des Augustinus; doch gerade auch Augustinus unterscheidet in seinem Begriff von Fehlern zwischen dem Menschen selbst und seinem Handeln.

D. Schlecht und daher verbesserungsbedürftig können nur menschliche Gedanken und Handlungen sein. Kriege etwa sind nicht Kriege zwischen *per se* schlechten Menschen.

Zunehmend korruptes Handeln und schließlich die Bürgerkriege der späten römischen Republik (ab 200 v. Chr.) können gewissermaßen ‚nur' die äußere, auf Handlungen beschränkte ‚Schale' menschlichen Lebens sein. Am Beispiel seiner eigenen Entwicklung zeigt Sallust, wie er sich in das korrupte politische Milieu seiner Zeit *verstricken* ließ.

Kann man sinnvoll sagen, Cicero sei ‚besser' – ein besserer *Mensch* – gewesen als Sallust, Sallust ‚besser' als Caesar? – Den hier vorgelegten Untersuchungen zufolge wusste Cicero um das Wesen menschlichen Lebens besser *Bescheid* als Caesar, hatte Sallust in seinem geschichtswissenschaftlichen Erstlingswerk (‚Die Verschwörung des Catilina') bessere *Vorstellungen* von der römischen Geschichte als Caesar, war schließlich Caesar *als realpolitisch Handelnder* unübertroffen. – Sie alle sind primär *menschliche* Individuen, repräsentieren an ihrem geschichtlichen Ort mit ihren Vorstellungen und Handlungen verschiedene Facetten der römischen Geschichte. Sie ‚identifizieren' sich zwar mit der römischen Geschichte, aber ohne, wie besonders die Beziehung der römischen Republik zu den Etruskern zeigt, nationalistisch und überheblich zu sein.

54

Aus dem Stand heraus: geschichtlich unreflektiert zu philosophieren, etwa mit einem angeblich entdämonisierten oder säkularen Begriff des Bösen, hält zwar das Philosophieren lebendig, bleibt aber politisch-geschichtlichen Erfahrungen zufolge sehr wahrscheinlich schwach und unverbindlich angesichts der faktisch bis heute dominanten wissenschaftlichen Prägekraft der Naturwissenschaft.

Lässt sich sinnvoll denken, die weit überwiegende Mehrheit der Deutschen der späten Weimarer Republik oder der Kriegszeit hätte Hitler bzw. totalitäre Ideologien *moralisch entschieden* abgelehnt? Macht unreflektierte Moralität nicht eher blind gegen die realpolitische Entstehung und Entwicklung totalitärer Strukturen? Argumentierten nicht auch die DDR-Diktatur und ihre rein ideellen Vorläufer moralisch bzw. sozial? (Vgl. o. 50b.)

55

Angesichts naturwissenschaftlicher Schulbildung ist historisch verbindliches Philosophieren grundsätzlich nicht schwieriger als z.B. die moderne Biologie. Daher ist ein wissenschaftlich allgemein akzeptiertes *Verstehen* der methodischen und inhaltlichen Grundstruktur der Philosophiegeschichte anzustreben (1. Teil, A) und schließlich in die Lehrpläne der Schulen einzubringen.

Gelingt dies, können wir an der Geschichte insgesamt unser *freies*, unser moralisches und unser politisches Urteil üben und bilden. Und gelingt es, dieses Bildungs*ziel* an den Schulen von vornherein glaubwürdig als solches zu vermitteln, würde ein in den Fächern Religion und Philosophie seit jeher gehegter Traum in Erfüllung gehen: Leistungsvergleiche (auf längere Sicht vielleicht auch in anderen Fächern) wären Schülern unzweifelhaft als dem originären Fachinteresse *untergeordnet* erkennbar; denn nicht zuletzt wäre ihnen jetzt der innere Zusammenhang zwischen individuellem Leistungsstreben und sozialem Interesse einsichtig.

56

‚Sinn' ist der zentrale Gegenstand, um den es den verschiednen Religionen und Religionstypen *gemeinsam* geht. Allen Menschen geht es – auch auf der Grundlage alltäglicher Wahrnehmung – intuitiv darum. Und doch wird diese faktische zentrale Gemeinsamkeit des Interesses und seines Gegenstandes kaum für gebührend wichtig gehalten, weil menschliches Wahrnehmen und Erkennen zugleich eine geschichtliche Dimension hat. – Heraklit beschreibt diesen Sachverhalt, wenn auch (da selbst zeitgebunden) ohne jene geschichtliche Dimension, in einem Bilde: Die Menschen verhielten sich der ‚Tagwelt': jener faktischen Gemeinsamkeit gegenüber wie Träumende: *„Die Wachen haben es mit Einer und gemeinsamen Welt zu tun; sich je einer eigenen Welt zuzuwenden, ist hingegen Art von Träumenden"* (Fragment 89). *„Womit sie am engsten verkehren, dem Sinn, von dem entfernen sie sich zugleich, und worauf sie täglich stoßen, das ist zugleich undurchschaut von ihnen"* (Fragment 72).

Der dem ‚Sinn'-Interesse zugeordnete zweite, von jenem ersten Aspekt theoretisch unlösbare Aspekt des menschlichen Selbst ist die Leib-Umwelt-Struktur seines Daseins. Darin involviert sind auch Krankheiten, Unfälle, (schlimme) Irrtümer und Sterblichkeit. Diese sind *qua* theoretischer Unlösbarkeit der beiden Weltaspekte ein integraler Bestandteil der ‚Sinn'-Struktur der Welt. Aus solchem *Verstehen* und der dadurch beförderten Qualität menschlichen Zusammenlebens (vgl. o. 53.B) erwächst eine Art ‚Liebe zum Schicksal (*amor fati*)'.

57

A. *Eines* scheint den Untersuchungen des vorliegenden Buches zufolge ein definitives wissenschaftliches Ergebnis zu sein, analog wie seit längerem schon allein der Typus genuin physikalischen Grundwissens faktisch fraglos gilt (auch wenn davon – auf *übergeordneter* methodologischer Ebene – der methodologisch-interpretative Charakter beider Einsichten unberührt ist):
Die Philosophie- und Wissenschaftsgeschichte ist eine unlösbare Einheit aus genuin physikalischem und genuin philosophischem Forschungstypus, und es wäre unsinnig anzunehmen, der genuin philosophische Forschungstyp hätte nicht einen vergleichbar bedeutenden praktischen Nutzen wie der physikalische Forschungstypus.

B. Philosophen haben ihre Lehre seit Aristoteles immer wieder auch über den Kontext der vorangegangenen Philosophiegeschichte zu sehen und zu formulieren versucht. Natürlich kann dies für die Formulierung nur im Hinblick auf wichtige Züge und Teile der je vorangegangenen Philosophiegeschichte erwartet werden. Aber auch unter dieser Einschränkung wurde die vorangegangene Philosophiegeschichte bislang nur ziemlich selektiv berücksichtigt. Aristoteles berücksichtigt im Unterschied zu seinem Lehrer Platon kaum den genuin physikalischen Theorietypus; auch das hat ‚Schule' gemacht. In der neuzeitlichen Philosophiegeschichte wird zum Beispiel im Wesentlichen entweder nur diese selbst *systematisch* berücksichtigt (wie von Kant und Husserl), oder es werden, wie ich meine, die neuzeitliche und die antike bzw. mittelalterliche Philosophiegeschichte zu wenig in ihrem grundlegenden systematischen Zusammenhang gesehen.

Erst seit der wissenschaftlich geprägten – und in den Wissenschaften selbst betont methodologisch reflektierten – Moderne kann die systematische, methodologische und theoretische, Anknüpfung an die Philosophiegeschichte selbst zu einer methodologischen Forderung werden. Ihr versucht das vorliegende Buch zu genügen (1.Teil, A; 3. Teil, A; 4. Teil, E.3; 5. Teil, besonders I; Anhang, I.).

Dieses Bemühen hindert nicht daran, der modernen Philosophie besondere Bedeutung zuzumessen, analog der Naturwissenschaft, aber als *Entwicklungsschritt*. Dieser wird erst in der vorgerückten zweiten Hälfte des 20. Jahrhunderts als solcher erkennbar: Erst diese Distanz macht eine erfolgreiche Einlösung jener Forderung überhaupt möglich, aber zugleich als eine menschheits*geschichtliche* Gemeinschaftsleistung. Aus dieser Sicht ist es kein Zufall, dass die hier vorgeschlagene ‚Theorie' ein – vielleicht sogar *das* – spezifische Konzept der antiken Philosophie auf neuer Ebene aufgreift: Platons und Plotins Konzept(e) des ‚Guten'.

C. Die Entwicklungstendenz der Moderne gliedert sich in einen methodologischen und einen theoretischen Zweig:

I. Die methodologische Entwicklungstendenz ist wiederum zwiefacher Natur:
1. Zunehmend durchschaut wird die Durchsetzheit der traditionellen Philosophie mit genuin physikalischen Denkmustern. Ansatzweise schon von Descartes, aber noch Kant und Husserl unterliegen ihr.
2. Von Descartes wurden im Bereich des genuin philosophischen Forschungstyps die Trennung von Methode und Theorie entscheidend eingeleitet (dann freilich sogar von Kant zu wenig berücksichtigt, vgl. 2. Teil, A.II).

II. Die theoretische Entwicklungstendenz hat folgende Teilmomente:
1.a) Kants implizite Unterscheidung eines genuin physikalischen und eines nichtphysikalischen Aspektes der Welt, einschließlich des menschlichen Selbst;
1.b) die entscheidend von Wittgenstein formulierte Abkehr von Letztbegründungstheorien: im Sinne nicht von Bodenlosigkeit (‚*Alles ist Interpretation*'), sondern einer strikt beschreibenden ‚Theorie', die nichts nach genuin physikalischer Manier erklärt, sondern uns das bislang Unverstandene der phänomenalen Welt, einschließlich des Bewusstseins und des Handelns, verstehen lässt;
2. auf der Basis davon (Punkt 1 insgesamt) ist ein weiteres Entwicklungsmoment die Zusammenführung von ethischer ‚Theorie' und Welt-‚Theorie' sowie eine Explikation des typisch modernen, nicht primär fachphilosophischen Sinn-Begriffs, welche u.a. das Konzept zweier Aspekte menschlicher Autonomie enthält;
3. die Zusammenführung von politischer Geschichtswissenschaft (als denkbar konkreter Handlungstheorie) und Philosophiegeschichte. Diese Zusammenführung hat nach dem hier vorgelegten Vorschlag etwa die folgende Struktur: Die Philosophie analysiert auf modernem methodologischem Niveau und auf der Grundlage von Punkt II.2 ihre eigene Geschichte. Dabei gelangt sie zu einer systematischen *Verstehen* ihres eigenen Ursprungs im methodisch-mythischen Denken, also in der Anfangsphase des reflektierenden Kulturtyps, und dann noch weiter zurück im archaisch-ethnozentrischen Kulturtyp. (Analog hat ja auch der genuin physikalische Theorietyp seine Wurzel im archaischen handwerklichen Denken.)

58

A.1. Die *phänomenale Welt*, einschließlich des menschlichen Selbst, ist gleichermaßen: a) Gegenstand und b) *Teil*konstrukt des Interpretierens. 2. Wie immer wir sie interpretieren, hat die Interpretation partiellen Einfluss auf die phänomenale Welt bzw. unsere Wahrnehmung sowie auf unser entsprechendes Handeln.

Beide Sätze gelten auch für die genuin physikalische Auffassung von phänomenaler Welt, (wissenschaftlicher) Interpretation und Wahrnehmung.

Für den genuin philosophischen Forschungstypus ist Satz 2 zu erweitern und durch einen dritten Satz zu ergänzen: 2.E: Die jeweilige Interpretation, ob genuin philosophischer oder exklusiv genuin physikalischer Natur, hat partiellen Einfluss auch auf unser *intuitives* ethisches Motiv und ‚Sinn'-Verstehen, folglich auch auf unser Handeln. 3. Es kommt daher darauf an, dass die theoretische Konstruktion dem objektiven oder realen Gegenstand (= der phänomenalen Welt, einschließlich des menschlichen Selbst und seines ethischen Motivs) angemessen ist, sie im strikten (Wittgensteinschen) Sinne ‚beschreibt'.

B. Für den in Satz 1.b genannten Sachverhalt (‚Teilkonstrukt') ist im Rahmen seiner genuin philosophischen Differenzierung (Sätze 2.E und 3) der methodologische Interpretationismus zuständig. Er weist auf die unauflösbare Interpretationsgebundenheit oder „-imprägniertheit" unseres Konzeptes der Realität hin. Dies gilt auch für den in Satz 3 angestrebten Fall der Angemessenheit der genuin philosophischen ‚Beschreibung'. Denn was die phänomenale Welt *als* phänomenale Welt ‚eigentlich' ist, wissen wir – obwohl sie uns immer schon phänomenal gegeben ist – erst im Falle ihrer philosophisch-‚theoretischen' Beschreibung: 3.E: Sie ist ‚gegeben' und doch zugleich stets zugleich als solche *aufgefasst*, Interpretatum.

Für den in den Sätzen 1.a und 3 genannten Sachverhalt (‚phänomenale Welt als *Gegenstand*') ist die Entwicklung einer *konkreten* genuin philosophischen, in Fortsetzung Kants und Wittgensteins konsequent grenztheoretische (s.o. 57.B.II. 1.b) ‚Theorie' zuständig. Auch ihre sie will als solche von vorneherein methodologisch reflektiert sein. Zu dieser (spezifisch auf eine ‚Theorie' abzielenden) Methode gehören folgende Elemente: a) eine Berücksichtigung der Philosophiegeschichte (auch dies durchaus im Sinne Wittgensteins), b) die vergleichend-begriffsanalytische Methode, c) die methodische Meidung von positiven Anleihen an genuin physikalischen oder (im traditionellen Sinne:) empirisch-methodischen, auf der Leib-Umwelt-Interaktion basierenden Denkmustern.

C. *‚Die phänomenale Welt ist gegeben und doch stets auch Interpretat'* (Satz 3.E). Das heißt, sie wird erst im Falle angemessener ‚theoretischer' Beschreibung *für uns* zu dem, was sie eigentlich immer schon ist. M.a.W., zu ihrer Eigentümlichkeit gehört, dass ‚Wirklichkeit und Interpretation' einander auch im Falle angemessener Beschreibung durchdringen. Diese Eigentümlichkeit hängt mit den folgenden Sätzen 4 - 6 innerlich zusammen:

4. Die phänomenale Welt ist zwar *verschieden* vom Erkennen oder Interpretieren (als Aktus, der umgekehrt Teil von ihr ist), existiert aber nicht *an sich*, d.h. unabhängig von ihm (s. 3. Teil, C).

Man kann daher jene Verschiedenheit nicht dadurch darlegen, dass man das Gegebene der phänomenalen Welt von vornherein gleichsam auf Distanz bringt zum Anteil der Interpretation (analog dem für den genuin physikalischen Forschungstyp geltenden Distanz zwischen der Umwelt und dem Leib, der jene ‚unmittelbar' abgreift und erkundet). Vielmehr ergibt sich jene Distanz selbst erst als Resultat genuin philosophischer Analyse und ‚theoretischer' Interpretation.

5. Es gibt immer auch einen mehr oder weniger ausgeprägten intuitiven Zugang zur phänomenalen Welt.

6. Diese Sachverhalte wiederum kann man letztlich nicht hinreichend verstehen,

ohne auch die Grundstruktur der – auch der politischen – Geschichte des reflektierenden Kulturtyps zu verstehen.

59

A. Der genuin philosophische Forschungstyp ist *methodologisch* relativ auf den genuin physikalischen Forschungstyp. Umgekehrt *muss* die genuin physikalische Weltstruktur durch den genuin philosophischen Theorietyp (tendenziell) *ontologisch* relativiert werden. Die Bezeichnung der modernen Naturwissenschaft als Sprachspiel, Theorietyp oder *Interpretations*typ ist ein impliziter Ausdruck dieses Sachverhalts. – Die Rede von der Naturwissenschaft als „*härtestem*" Interpretationstyp (G. Abel) dagegen hebt diese Relativierung praktisch wieder auf.

B. Der methodologische Interpretationismus betont als solcher
a) die ontologische Relativierung des genuin physikalischen Theorietyps,
b) eine Abkehr vom Dogmatismus in der Philosophie generell, im Sinne eben des *interpretativen* Charakters jeglicher wissenschaftlichen Theorie (vgl. o. 58.C),
c) die Aufgabe, eine allgemein überzeugende integrierte genuin philosophische Theorie zu entwickeln; *innerhalb dieser Theorie muss das methodologische Konzept des Interpretierens: dass man nie aus dem Interpretieren gleichsam heraustreten kann, angemessen interpretiert oder wiedererkennbar sein.*

Alle diese Punkte *implizieren* die Aufgabe einer systematischen Analyse der Philosophiegeschichte (vgl. ebd., ‚Satz 6'). – Die philosophische Hermeneutik dagegen betont die methodologische Bedeutung der Geschichtsgebundenheit auch des systematisch-philosophischen Denkens. Auf Grund dieser Einsicht in die Natur genuin philosophischen Denkens ist sie weit mehr als ein philosophisches Provisorium (wie der philosophische Pragmatismus: 4. Teil, E.5). Andererseits hat sie, wie ich meine, ihre methodologische und theoretische Grenze darin, dass in ihr der physikalische Theorietyp ansonsten eine eher randständige Rolle spielt.

60

1. Sowohl die kleinen Dinge (wie phänomenale Farben) als auch das Ganze der Welt und des je individuellen Lebens wollen ‚richtig gesehen' sein.
1.a) Dann werden wir die Armen, die Gebrechlichen und die, die (viele) schwere – auch moralisch verwerfliche – Fehler begangen haben, anders sehen, und auch diese selbst je sich selbst: Wir alle werden uns zu hüten wissen vor dem Urteil, dieses oder jenes Menschleben sei ein (weitgehend) misslungenes oder sinnloses. Wir werden unterscheiden zwischen einzelnen Handlungen und Fehlern einerseits und *dem* Leben andererseits.
1.b) Schwere Fehler zu machen, auch moralische, liegt, ähnlich wie Krankheit und Tod, *mit*begründet in dem leiblichen Aspekt der menschlichen Natur und ihrer Autonomie, also auch interindividuelle Unterschiede in der Häufigkeit von Fehlern und Unglücken. Aber wegen des unlösbaren Implikationszusammenhanges bzw. ‚Sinn'-Zusammenhanges der phänomenalen Welt kann dies nicht bedeuten, der Leib sei als Quelle möglicher moralischer Schlechtigkeit menschlichen Handelns *quasi* isolierbar (vgl. o. 56, Abs. 2).
1.c) Solche Besinnung (Besonnenheit, Gerechtigkeit im Geiste) leistet nicht zuletzt die Jenseitsidee. Diese will allerdings ihrerseits angemessen verstanden sein:

Sie ist weder theoretisch noch religiös ‚sinn'voll explizierbar; gerade dies schützt vor (mehr oder weniger destruktiven) Missverständnissen, etwa indem wir das diesseitige Leben mit einem gedachten jenseitigen vergleichen und abwerten.
2. Der ‚Sinn' des menschlichen Lebens ist, wie ich meine, nicht durch etwas ihm Äußerliches bestimmt. Und dies so zu sehen, lässt unser Reden von einem angeblich misslungenen Leben dieser oder jener Person verstummen. – Paradoxerweise *fördert* solche Sicht zugleich Freiheit und echte Moralität unseres Denkens und Handelns.
In *einer* Hinsicht ist es demnach durchaus richtig, von ‚gelingendem Leben' zu reden: im Sinne von gelingendem Denken und gelingender Lebens*führung*; in einer anderen Hinsicht jedoch, welche auf das Leben einer Person, einer Epoche oder gar der Geschichte je insgesamt abzielt, ist solche Rede buchstäblich irreführend.

61

Im 19. und 20. Jahrhundert herrschte die Überzeugung – und sie ist in vager Form bis heute verbreitet, politische Fortschritte seien geschichtlich nur durch Militanz und Krieg erzielt worden bzw. potentiell erzielbar gewesen (römischer Sklavenaufstand, römische Bürgerkriege, französische Revolution, Überwindung deutscher Kleinstaaterei etc.). Das Erlebnis eines sozial zusammenschweißenden Feindbildes bzw. Missionsauftrags und ein entsprechendes kollektives Selbstgefühl wurden und werden dabei in ihrer entscheidenden Rolle kaum reflektiert. Geschichtswissenschaftlich ist jene Überzeugung durchaus sehr anfechtbar (2. Teil), wie übrigens auch durch moderne Biologie und Spieltheorie.

Dass ein Bewusstsein vom Wert der ‚kleinen Dinge des Lebens' (s. z.B. 60.1) und das wirklich Große, etwa echter weltweiter Frieden, zusammengehören, ist eine bislang offenbar nur in der Wahrnehmung von guter Kunst (als beiläufigem ‚Luxus') jedermann vage spürbare Ahnung. Im Alltag dagegen ist diese Intuition so wenig präsent wie die geschichtliche Natur und Rolle der Philosophie.

62

Sehr viele Menschen haben ohne Zögern sehr große Opfer gebracht und ihr Leben riskiert bzw. klaglos schwerstes individuelles Leid ertragen – in und kraft der Überzeugung, das sei sinnvoll. Warum also sollte eine die Welt, die Menschheit und ihre Geschichte umfassende ‚Sinn'-Auffassung, welche *eo ipso* undogmatisch ist und sich *nicht* wesentlich aus jener Opfer-Mentalität speist, unrealistisch sein?

63

Genuin philosophisches bzw. modern-alltägliches Interesse an Sinn (-Gestaltung) umfasst die Interessen an Wahrheit, an Freiheit und an Moralität. Macht ist aus dieser Sicht kein Selbstzweck.

64

Die aus ‚Sinn'-Erkennen und -Wissen resultierende Freude ist nachhaltig, im Unterschied zur Freude an rein naturwissenschaftlichem Entdecken und Wissen, welches aus biologischer Sicht dem mit Intelligenz und Sprache verknüpften Neugier-Trieb entspringt (vgl. 4. Teil, D.IV).

65

Wir wehren uns im Alltag gegen die These, Tiere seien eigentlich bloße Maschinen (wie Descartes annahm). In *diesem wichtigen* Sinne halten wir sie stattdessen für beseelt oder bewusstseinsbegabt bzw. für – wenn auch nicht im moralischen Sinne –‚freie' Wesen (vgl. 3. Teil, C.XVII).

66

A. Ihre Einsichten entwickelt die neuzeitlich-moderne genuin philosophische Forschung nicht quasi aus dem Stande heraus, etwa durch eine vermeintlich unmittelbare Reflexion auf Bewusstseinsakte, wie sie oft dem späteren Descartes fälschlich unterstellt wird, oder auf ‚die Phänomene' im Allgemeinen. Sie ist auch eher das Gegenteil einer rein ideengeschichtlichen – im Extremfall ideologischen – Nutzung der Philosophie- und Geistesgeschichte.

Vielmehr bezieht sie den naturwissenschaftlichen Grundtyp von Methode und Theorie in ihre eigene – zunehmend reflektierte – Methode und Theorienbildung in zunehmender Angemessenheit ein: Je besser nämlich die Differenz beider Methoden- und Theorie-Typen erkannt wird, desto klarer werden der nichtphysikalische Weltaspekt und sein komplementäres Verhältnis zum physikalischen Weltaspekt beschreibbar, desto besser werden umkehrt die methodische und wissenschaftliche Natur der antiken Philosophiegeschichte und schließlich die Menschheitsgeschichte insgesamt verständlich.

B. Dies und nur dies ist mithin der Weg, auf neuer Ebene die defizitäre Dominanz der modernen Naturwissenschaft – bzw. die theoretische Unsicherheit früherer Jahrhunderte – zu überwinden. Auf diesem Forschungsweg ändern sich in gewissem Sinne (58.C) die phänomenale Welt, der Mensch und das ethische Motiv. Aber in einem anderen Sinne bleiben sie unverändert; ‚das' ethische Motiv ist sozusagen nicht länger beteiligt an Ideologien und Sehnsuchtsphantasien einerseits, andererseits an Resignation, Pessimismus und Gewalt (vgl. 4. Teil, E.4.2).

Ohne diesen Weg ist das Denken und Handeln *aller* in irgendeiner Form Opfer jener Dominanz bzw. theoretischen Unsicherheit (reaktive Orthodoxie; Deutung der Philosophie als theoretisch beliebig, praktisch fruchtlos, Ausdruck des psychologischen Charakters und der soziopsychologischen Klassenzugehörigkeit; reaktive Betonung der Praxis). Dass die Dominanz bis heute andauert, wird verdeckt durch die belehrende Wirkung der Katastrophen des 20. Jahrhunderts, etwa durch die Wertschätzung der demokratischen Praxis.

67

Wissenschaft
Einem ist sie die hohe, die himmlische Göttin, dem andern
Eine tüchtige Kuh, die ihn mit Butter versorgt.[84]
Warum sollten nicht beide Sichtweisen miteinander vereinbar sein?
Wer Wissenschaft und Kunst besitzt,
Hat auch Religion;
Wer jene beiden nicht besitzt,
Der habe Religion.[85]

---

[84] Goethe 1982, 368 (Weimar 1794-1797).   [85] a.O., 1123 (Weimar 1823-1828).

68

Alles unrealistisch, ohne Bezug zur Politik und ihren Strukturen?
1. Erinnert sei hier an die parallel verlaufenden Entwicklungen von Demokratie und Philosophie in der Antike (6. und 5. Jh. v. Chr.). Über diesen Zusammenhang täuscht freilich hinweg die punktuelle Parallelität zwischen ersten Gipfelungen der Philosophie einerseits und Tiefpunkten der Demokratie andererseits (Sokrates, früher Platon; Cicero – Peloponnesischer Krieg; Untergang Karthagos und römische Bürgerkriege).
2. Das Politische erhält in der Menschheitsgeschichte tendenziell die positiv-wertbesetzte Bedeutung, welche menschliches Leben immer schon hat. Das gilt bereits im archaisch-ethnozentrischen Kulturtyp (2. Teil). Für den reflektierenden und demokratischen Kulturtyp haben Sokrates und der frühe Platon die entscheidende Entdeckung gemacht: Sie sehen im Politischen erstmals den Gegenstand eines besonderen Handwerks, zu welchem ein besonderes Wissen *aller* gehöre.
3. In ihrer wesentlich geschichtlichen Struktur ist die Philosophie Teil der allgemeinen mensch(heit)lichen Autonomie, die auch einen genuin physikalischen Aspekt hat. Von daher ist sogar ihre partielle historische Ambivalenz als Teil der Sinnstruktur der Geschichte verständlich.
4. Diese Sicht der Geschichte und die „richtige" (Wittgenstein) Sicht der je gegenwärtigen phänomenalen Natur und Lebenswelt bedingen einander.

69 a

1. *‚Erinnerung an den Holocaust als M a h n u n g '* : Holocaust als Mittel? *Brauch(t)en wir ihn?*
2. *‚Ein Bischof ist als solcher ein besonders guter Christ'. ‚Karl war ein moralisch wesentlich besserer Mensch als sein Bruder Max'.*
Es scheint *nicht gut* zu sein, Menschen in Bezug auf ihren religiösen Glauben oder die Moral *als Menschen* oder *Personen* positiv auszeichnen zu wollen. Das zeigt sich auch in Folgendem: Wann immer wir meinen, das Wesen des Ethischen oder des Glaubens, dem wir durch unser formell-rituelles Bekenntnis angehören, erfasst zu haben, liegt uns die *Mitteilung* durch Wort (und Tat) am Herzen – statt wertender Vergleiche von Menschen. Versteht nicht sogar Jesus das, was ihn als Sohn Gottes ausmacht, primär als das durch ihn authentisch vermittelte Wort – im Rahmen eines denkbar schlichten Lebenswandels?
Vielleicht ist die Gleichheit aller Angehörigen des christlichen (jüdischen etc.) Glaubens der eigentliche religiöse und moralische Hintersinn formell-rituell begründeter Glaubenszugehörigkeit. Die große Bedeutung des Rituellen in den Religionen ist dadurch nur bestätigt; umgekehrt könnten so formelle Kirchenaustritte vielleicht auch Anstoß zu vertiefender religiöser Meditation sein.
Beiden Punkten (1., 2.) gemeinsam ist der Hinweis, wie sehr in gelingendem ethischem, religiösem und philosophischem Denken und Reden unteilbare Mitteilungen über die Welt und die Menschen *als Menschen* im Vordergrund stehen.

69 b

Auf der Ebene der Identität von Menschen als Menschen gibt es keine Steigerung des Wertes. Daher auch haben Verdienste einzelner Menschen und ihre damit verknüpfte individuelle Identität immer auch den dialektischen Aspekt eines

Nehmens: Sie sind nicht das, was sie sind, ohne die anderen und (nicht zuletzt) die von ihnen *empfangene* Anerkennung.

69 c

Der Primat der im Sinne der Leib-Umwelt-Interaktion verstandenen Praxis, der aus einer fundamentalwissenschaftlichen Exklusivität des physikalischen Theorietyps für die Sozialwissenschaften zu folgen scheint und in der modernen Wissenschaftsgeschichte vielfältig zum Ausdruck kommt, ist *ein Stück weit* wieder aufzugeben Entsprechend ist genuin philosophischem Forschen sein alter Primat *vor* der Praxis und deren wissenschaftlicher Analyse ein Stück weit zurückzugeben.

Beide Forschungstypen schließen sich nicht aus, sondern ergänzen einander – methodologisch, motivatorisch und theoretisch. Der eine macht die ‚Tragik' von Menschen- und Völkerschicksalen verständlich und löst sie so auf (s.o. 56, Abs. 2), der andere beschreibt das Menschen und Völker ethisch Verbindende. Nur zusammen fördern sie echtes Interesse und Anteilnahme an der Geschichte sowie für die Zukunft das Motiv, das Rechte zu tun und Unrecht zu vermeiden.

70 a

Die Schwierigkeit, In-sich-Werthaftes und ‚Sinn' theoretisch zu erfassen, hat paradoxerweise ihrerseits ‚Sinn': Die konkrete Geschichte verlangt den Völkern im konkreten kulturellen (religiösen) Ausdruck von Wert und Sinn einerseits hohe Flexibilität ab (s. 2. Teil, etwa zur kulturellen Verbindung von Römern und Etruskern); andererseits müssen Wert und Sinn begrifflich offen bleiben für Einsichten in das Gemeinsame aller jener konkreten Ausdrücke (s.o. 56, Heraklit; Heraklit ist zugleich ein frühes Beispiel dafür, dass der Sinn-Begriff in einer ansonsten praktisch nichtwissenschaftliche Epoche ziemlich vage bleiben musste und daher, wie Heraklit selbst bitter vermerkt, kaum vermittelbar war).

Erst in der modernen, vom genuin physikalischen Theorietyp geprägten Epoche wird der ‚Sinn'-Begriff selbst für jedermann artikulierbar und verständlich. Er wird so grundsätzlich zum Gegenstand auch des theoretischen Interesses. Die Schwierigkeit seiner theoretischen Interpretation freilich steht in innerem Zusammenhang mit der seit der Neuzeit zunehmend erkennbaren Aufgabe des genuin philosophischen Theorietyps, sich vom physikalischen Theorietyp methodologisch und theoretisch zu emanzipieren und ihn zugleich zu integrieren.

Und wie könnte man diesen schwierigen, wesentlich geschichtlichen Prozess selbst sinnvoll nennen, wenn sich darin nicht die für den Menschen spezifische Autonomie seiner geistigen Arbeit zeigte? ‚Sinn'-Wissen als *quasi* angeborener Besitz des Menschen zu denken, ist theoretisch nicht nur nicht möglich, sondern auch unsinnig. Autonomie, darunter Urteilsfreiheit, und ‚Sinn' bedingen einander.

Die Spannung zwischen ihnen ist aus den dargelegten Gründen das wichtigste dynamische Moment der Geschichte des reflektierenden Kulturtyps. In dieser Geschichte sind ‚Sinn' und Autonomie in einer weiteren Bedeutung unteilbar: Keine Epoche und letztlich auch kein einzelner Mensch sind davon ausgeschlossen.

70 b

Die Schwierigkeit, In-sich-Werthaftes und ‚Sinn' theoretisch zu erfassen, hat mit den Schwierigkeiten des wesentlich geschichtlichen genuin philosophischen

Forschungstyps selbst zu tun. Die im Vorhergehenden verstreut genannten Faktoren dieser Schwierigkeiten verstärken einander: Man muss man sich ihre versammelte Macht also vor Augen führen, will man das nötige Maß an Geduld und Ausdauer zur Überwindung jener Schwierigkeit entwickeln. Zu diesem Zweck seien sie hier eigens aufgelistet:

1. Der genuin physikalische Denktyp a) dominiert das moderne wissenschaftliche Denken bis heute und b) durchsetzt mit seinen Denkmustern undurchschaut den genuin philosophischen Theorietyp seit seinen antiken Anfängen.[86]

2. Das notorisch weite Spektrum konkurrierender genuin philosophischer Theorien erzeugt

a) den falschen Eindruck wissenschaftlicher Unverbindlichkeit, daher auch
b) ein falsches Bild von der Struktur der Philosophiegeschichte und
c) ein entsprechend (partiell) falsches wissenschaftliches Bild oder Modell von der Geschichte insgesamt, das dem Wesen des reflektierenden Kulturtyps und seiner strukturellen Unsicherheit und moralischen Labilität nicht gerecht wird.

3.a) Es entsteht so philosophieextern ein Bild von genuin philosophischem Denken, das, anders als praktische und derartiger Praxis dienende geistige *Arbeit*, gar keine ‚richtige' Arbeit sei: unnütz sei, nichts positiv bewege (vgl. das geflügelte Wort vom ‚Elfenbeinturm'), sondern allenfalls – traditioneller Dichtung ähnlich (‚Gedankendichtung') – ein bloß schichtenspezifisches Interesse bediene, praktisch konsequenzenloses Bewegtsein errege (Erbauung, Melancholie). Der wissenschaftliche Ausdruck dafür ist das Basis-Überbau-Modell.

3.b) Dem gegenüber steht philosophie*intern*:

b.1. Vorstellungen, wie α) man könne gleichsam aus dem Stande heraus praktisch relevant philosophieren, etwa mit Kindern; β) vorhandene genuin philosophische Theorien ließen sich dem Begründungsmuster biologischer Kognitionstheorie unterziehen und die sprachanalytische Diskussion in ihrem Sinne engführen, so dass die Suche nach theoretischen Alternativen überflüssig wird: 1. Teil, B; γ) es genüge eine Favorisierung klassischer philosophischer Entwürfe;

b.2. eine *genuin* philosophische Praxis-Betonung, etwa als Überlastung der Freiheit durch ihre Radikalisierung und Identifizierung mit moralischer Verantwortung (Kierkegaard, Sartre).[87]

4. Eine Konsequenz von alledem ist eine Verkennung der folgenden Schwierigkeit: Die Realisierung des ethischen Motivs, das ein vor anderen Motiven ausgezeichnetes, spezifisch menschliches Motiv ist, kann nicht Sache von Einzelnen oder einzelnen Gruppen (etwa Parteien) sein. Vielmehr ist es – wiederum wie kein anderes Motiv – für seine Realisierung auf menschliche Selbsterkenntnis und deren allgemein überzeugende Mitteilbarkeit angewiesen.[88] S. 70c:

---

[86] – heute etwa in der suggestiven Frage: Was ist denn dem biologischen Organismus ‚hinzufügen' und *wie*, damit – angeblich – ein ‚ganzer' Mensch entsteht?

[87] Dieses Konzept ist also ein spezifisch neuzeitlich-modernes und daher eigentlich schon auf Grund dieser zeitlichen Beschränkung fragwürdig (vgl. auch den folgenden Punkt 4).

[88] Gleichsam ‚in Einsamkeit' moralisch zu handeln und doch als der Dumme oder Nicht-(genügend-) strukturell-Denkende zu *gelten*, ist auch moralisch kaum zumutbar. Außerdem ist es politisch nicht ungefährlich, weil politische Parteien moralische Intuitionen für tendenziell totalitäre, die Wichtigkeit der formalen Urteilsfreiheit unterschätzende Zwecke instrumentalisieren können.

70 c

Der Mensch muss und will auch im reflektierenden Kulturtypus geistig fraglos gespiegelt sehen, was sein ethisches Motiv (bzw. er selbst) immer schon ist. Im fraglos-archaischen Kulturtyp, der bei den Römern weit in ihre republikanische Epoche reicht (bis ca. 200 v. Chr.), ist dies *eo ipso* der Fall.[89]

In der Moderne heißt das: Das intuitive ethische Motiv muss theoretisch klar und allgemein überzeugungskräftig zum genuin physikalischen Theorietyp in Beziehung gesetzt sein, damit seine ontologische Eigenart – und folglich auch seine spezifische Wirksamkeit – vor irreführenden Vermengungen mit äquivoken Konzepten der modernen Biologie sowie vor dem falschen Eindruck unverbindlicher Beliebigkeit genuin philosophischer Theorie geschützt wird.

71

Dass man sich innerhalb unserer Demokratien einander mit je explizit moralischen bzw. sozialen Argumenten aufs Heftigste befehdet, hat mit unterschiedlichen theoretischen und sonstigen kulturellen und sozialen Hintergründen zu tun; die politisch-ideologischen Totalitarismen des 20. Jahrhunderts haben darin eine Wurzel. Auch dies lässt indirekt darauf schließen, wie brüchig, labil und theoretisch mangelhaft durchdacht die ethische Intuition und das ethische Handeln sind – und wie unentbehrlich die formal vermittelnde Rolle einer funktionierenden Demokratie ist.

Zuspitzend kann man sagen: Eine demokratische Gesellschaft (und entsprechend eine Gemeinschaft von Demokratien) ist das formale Fundament einer politisch gut organisierten Gesellschaft. Darüber hinaus kann sie nicht besser sein, wie uns bereits die antiken Beispiele zeigen, als die tradierte einschlägige Kultur und ihre Akzeptanz bzw. der Stand wissenschaftlicher Erforschung des ethischen Motivs und der Identität des Menschen *als Menschen*. Auch davon hängt ab, wie mit Differenzen materieller Interessen verschiedener Gruppen und Personen umgegangen wird (also nicht etwa nur vom Grundgesetz und den politischen Institutionen).

72

Meinen Untersuchungen zufolge ist die These historischer ‚Entdeckungen' in Sachen Moralität, etwa der Entdeckung der Gleichberechtigung aller Vernunftwesen durch die Aufklärung, eine irreführende Übersteigerung.

Die eigentliche geschichtliche Entwicklung sehe ich vielmehr zum einen in der reflektierend-kulturellen Wandlung des archaisch-ethnozentrischen wertbesetzten Verständnisses von Mensch und Menschheit zum objektiven, die gesamte Erde umfassenden Verständnis. Spezifisch an dieser Geschichte in Europa ist zum anderen die antike Entdeckung des genuin physikalischen Theorietyps und seine experimentelle Vertiefung und technisch-praktische Ausweitung in der Moderne (vgl. o. 15). In dieser – zumal in der zugespitzten europäischen – geschichtlichen Entwicklung gibt es gewissermaßen Geburtswehen und Fehlentwicklungen, und deren Bewältigung wird dann leicht zur „Entdeckung" von Moralität schlechthin übersteigert. Diesen Eindruck weckt insbesondere Kants Konzept einer „praktischen Vernunft" – formuliert gleichsam in der dünnen Luft einer Abkoppelung von der theoretischen Vernunft (vgl. o. 70b, Punkt 3b.2).

Den archaischen Kulturtyp zeichnet eine implizite Moralität aus (2. Teil). Wie

---

[89] In jener Phase der römischen Republik durchdringen religiöse, juristische, soziale, politische, militärische und moralische Praxis einander in harmonischer und fruchtbarer (heute natürlich nicht nachahmbarer) Weise. Dies unterscheidet die Römer von den Griechen. Der Unterschied verdient eine wesentlich eingehendere Untersuchung, als sie hier thematisch möglich war (2. und 4. Teil).

bedeutend diese für die Entwicklung des reflektierenden Kulturtyps war, zeigt das historiographisch relativ gut bezeugte Beispiel der römischen Republik mit ihrer noch fraglos-archaischen Religion: Noch in der Mitte des zweiten vorchristlichen Jahrhunderts rühmt der zeitgenössische griechische Geschichtsschreiber Polybios an Rom die Unbestechlichkeit seiner Beamten. Vor allem ist hier die systematische Entwicklung des römischen Rechtswesens zu nennen, das neben einer pragmatischen Entwicklungs- bzw. Traditionskomponente eine ursprüngliche religiöse (und implizit-völkerrechtliche) Fundierung hat. Erinnert sei hier nicht zuletzt auch an Roms weitgehende religiöse Toleranz, welche zum Boden der Entwicklung des Christentums wie auch des unbehelligten kulturellen Lebens der antiken jüdischen Diaspora gehört.

73

A. In die höherstufigen Funktionen hirnphysiologischer Prozesse wird in der Gegenwartsphilosophie vielerorts zu viel hineingeheimnist, u.a. weil ihre funktionelle Beziehung auf die motorische Organismus-Umwelt-Interaktion nicht hinreichend klar gesehen wird oder weil, wie ich meine, ein fragwürdiger Gebrauch vom angeblich auf Kant zurückgehenden Konzept einer nicht oder nur unzureichend erkennbaren Realität an sich gemacht wird (wie etwa von Carrier/ Mittelstraß: Vf. 1991). Auch eine pseudodualistische Interpretation der Unterscheidung zwischen der Hardware = Materie und der Software = Geist von Computern gehört in diesen Kontext (s. die Kritik Kanitschneiders 1999, 83).

B. Analoges gilt dann freilich auch für eine ausschließlich biologische Deutung des Menschen. Denn das schon im Vorwort (Abschnitt 2) genannte Kernproblem einer biologischen Ethik scheint mir die folgende Schlussformel zu sein: Wenn die funktionellen Grundeinheiten von Organismen (Elektronen, Atome, Moleküle, organische Makromoleküle aus den 6 Atomen C, H, O, N, P, S) Sachen sind, dann ist auch der menschliche Organismus eine Sache, da er ja als Summe und Summenfunktion all seiner Grundeinheiten und ihrer Komplexe samt ihrer niedrigst- und höchststufigen Funktionen gilt (vgl. 1. Teil, B.8). Was ist an diesem Organismus denn in ethischer Hinsicht grundsätzlich anders als an einem hochintelligenten, lernfähigen, mit Schmerzsensoren und dem Äquivalent eines limbischen Systems ausgerüsteten Homunculus-Computer (vgl. o. 15.A)? Daran ändert auch der Umstand nichts, dass die Biologie auf (äquivok-)ethische Konzepte verweisen kann, etwa auf die Tötungshemmung, auf einen Sinn für Geben und Nehmen (de Waal 2006) oder auf den ‚reziproken Altruismus' innerhalb von Populationen: einer durch evolutive Selektion geförderten wechselseitigen Fürsorge unter Verwandten („Verwandten-Selektion", E. Mayr 2000, 67); ganz abgesehen von Gegenbeispielen, etwa von Löwen-Männchen, die nach Vertreibung ihres Vorgängers dessen Kätzchen-Nachwuchs töten.

C. Es geht hier aber mitnichten um eine ethische Diskreditierung von Bemühungen um eine biologische Fundierung der Ethik: Gäbe es nicht die Geschichte des genuin philosophischen Forschungstyps, bliebe uns wohl gar nichts anderes übrig, als derartige Bemühungen zu begrüßen. Doch spricht nicht gerade umgekehrt ein einseitig naturwissenschaftlich orientierter Geist jenem Forschungstyp die wissenschaftliche Qualität ab – in Verkennung des Umstandes, dass sich philosophische Probleme nicht im Grundrahmen oder nach Analogie des genuin physikalischen Theorietyps lösen lassen? Besonders fatal als solch wissenschaftlicher Diskreditierung sind einfühlende Unterstellungen, dieser Forschungstyp unterliege wie die Religiosität des Menschen primär „emotionalen Bedürfnissen" (Kanitschneider) die sich im Alter dann auch bei Naturwissenschaftlern und ursprünglich naturwissenschaftlich orientierten Philosophen gehäuft einstellen (s.o. 48, Anm.77).[90]

D. Wenn soziobiologischen Argumentationen zufolge religiöser Glaube das Überleben von Völkern (oder menschlicher, biologisch und sprachsoziologisch definierter ‚Populationen') bzw. der Menschheit insgesamt fördert, müssten sich moderne Biologen – in der Konsequenz ihrer seit einigen Jahrzehnten erkennbaren Bemühungen um eine biologische Fundierung der Ethik – Gedanken darüber machen, wie man ihn seinerseits biologisch begründen könnte...

---

[90] In Bemühung um Objektivität und demokratischem Geist zitiert der in Anm. 77 genannte Artikel von Larson und Witham die Kritik eines Befragten an der engen Definition von Gebet im Sinne der Erwartung eines (quasi-)göttlichen Eingriffs („Antwort") in das Weltgeschehen (1999, 75). – Wie dif-

74 a

In den nichtphysikalischen Aspekt der phänomenalen Welt ist der genuin physikalische Weltaspekt unlösbar involviert, aber nicht umgekehrt der nichtphysikalische Weltaspekt in den genuin physikalischen. Daher darf eine integrierte genuin philosophische Theorie nicht vom Rahmen des genuin physikalischen Theorietyps her vorgehen. Diese Einsicht ist das bleibende Verdienst der neuzeitlichen Philosophie seit dem späten Descartes.

Dass auch *Analogien* zum genuin physikalischen Theorietyp zu meiden sind, zumal erkenntnistheoretische, hat m.E. am klarsten Wittgenstein gesehen. Diese Einsicht führt zum Konzept zweier ontologisch und erkenntnistheoretisch je eigentümlicher und gleichberechtigter Aspekte der phänomenalen Welt und ihres theoretisch unlösbaren Implikationszusammenhanges.

Damit ist die neuzeitliche Dichotomie zwischen einem nichtphysikalischen Bewusstsein und einer genuin physikalischer Außenwelt überwunden, folglich auch (über Kant hinaus) das Konzept des Analogieschlusses von je meinem Bewusstsein auf das Bewusstsein anderer.

74 b

Soziales Miteinander ist nur als (theoretisch und empirisch unlösbares) Miteinander von leibseelischen Menschen und Tieren wahrnehmbar. Nicht nur in unserer Beziehung zur phänomenal-qualitativen Objektwelt, sondern auch in unserer Beziehung zu anderen Menschen, zumal wenn sich zwei Personen in die Augen schauen, sind physikalisch-räumliche Distanz und Überwindung dieser Distanz gleichermaßen realisiert (letzteres gewissermaßen ohne Lichtgeschwindigkeit).

74 c

Die menschliche Geburt – das ‚Erblicken des Lichtes der Welt' – steht nach der hier entwickelten ‚Theorie' für die erstmalige bewusste Teilhabe von Individuen an der *einen* gemeinsamen, theoretisch irreduziblen phänomenalen Welt, der Tod für Erloschenheit solcher Teilhabe.

Leichname suggerieren die Vorstellung einer Trennung von Leib und Seele – fälschlich, denn der Implikationszusammenhang der phänomenalen Welt ist the-

---

ferenziert die Evangelien interpretiert werden können, wurde im vorliegenden Buch schon am Beispiel des Glaubenszweifels und der Jenseitsidee kurz erörtert. Ähnliches ließe sich vom Wunderglauben sagen. Hier nur eine Andeutung: In der Antike war die Verknüpfung von Heiligen mit Wundertätigkeit eine Selbstverständlichkeit. Aber gerade die beeindruckendsten Kernaussagen der Evangelien lassen m.E. zugleich erkennen, dass für das Verstehen der Jesus-Gestalt Wundergläubigkeit unwichtig ist (Jesus' Antwort auf den ‚ungläubigen Thomas', Jesus' letzte Worte am Kreuz). Und wenn schwer Krebskranke um Gottes ‚Beistand' beten, dürften auch Mediziner eine mögliche – ‚autosuggestive' – Wirkungen konkret gelebten Glaubens nicht ausschließen wollen.

Schließlich zitiert der genannte Artikel einen bemerkenswerten Satz Charles Darwins, freilich, wie seine Autoren fast schon erwartungsgemäß (s.o. Anm.77) meinen, einen „im hohen Alter" geschriebenen: „*Ich empfinde aufrichtig, dass dieses Thema wohl zu tief ist, um vom menschlichen Geist begriffen zu werden. Genauso könnte sich ein Hund Gedanken über den Geist Newtons machen. Der Mensch soll hoffen und glauben, was er mag*". (Der Biographie *Darwin* 1982 zufolge stammt dieser Satz aus einem Brief Darwins vom 22. Mai 1860 an Asa Gray. Darwin, geboren am 12. Februar 1809, hatte also an diesem Datum vor wenigen Monaten seinen 51. Geburtstag gefeiert; sein wichtigstes Buch *On the Origin of Species* war gerade ein Jahr alt. Darwin starb 1882 im vierundsiebzigsten Lebensjahr.)

oretisch unlösbar. Entsprechend ist eine Explikation der Jenseitsidee theoretisch unmöglich. Im *nicht*theoretischen Sinn vorstellbar ist uns eine jenseitige Existenz wiederum nur als leibseelische Einheit, bzw. die Nichtvorstellbarkeit ist als Unsichtbarkeit implizit gedacht. (Übrigens wird die Materie des biologischen Organismus zu Lebzeiten mehrfach ausgetauscht.)

74 d

Eine Explikation der Jenseitsidee ist außerdem, wie an anderer Stelle ausgeführt wurde, ‚unsinnig': mit dem ‚Sinn'-Begriff unvereinbar. Mit dem ‚Sinn'-Begriff vereinbar hingegen war die Vorstellung (beispielsweise) der Römer von einer Art *Präsenz* der Ahnengeister, die also in keiner eigenen (jenseitigen) Welt lebten. Diese wurden wiederum *körperlich* vorgestellt: Vornehme Römer verliehen den Ahnen bei Bestattungsritualen auf dem Forum eine feierlich-sinnliche Präsenz, indem sie, wie Polybios eindrucksvoll berichtet, andere Leute die Wachsmasken ihrer Ahnen tragen und auf elfenbeinernen Stühlen Platz nehmen ließen. (Sogar regelrechte Totenstädte oder Nekropolen kannten die Etrusker.)

Zwar gingen in der Antike ganze Völkerschaften unter, wie die Kimbern und Teutonen, aber für die Zeit davor bzw. in ihrer Kultur spielte der Gedanke eines möglichen Untergangs praktisch keinerlei Rolle; und die Römer fühlten sich von diesem Beispiel einfach nicht selbst betroffen. – Insgesamt betrachtet existierte so gewissermaßen auch eine *geschichtliche* Gemeinschaft der Römer.

Zum spezifischen Wissen der naturwissenschaftlich geprägten Moderne gehört: die Einsicht: Auch Völker, ja sogar die gesamt Menschheit, können jederzeit verlöschen und werden definitiv dereinst verlöschen. Diesem modernen Blick auf die Zukunft entspricht ein analoges modernes Verständnis der geschichtlichen Vergangenheit.

Im Gegenzug führt der wesentlich geschichtliche Charakter des genuin philosophischen Forschungstyps, der eine allgemein akzeptable genuin philosophische Theorie seit Platon und seiner Schule, spätestens seit Cicero, als Resultat seiner gesamten Geschichte in den Blick nimmt, zum Gedanken einer durch ihre Geistesgeschichte gestifteten Einheit der Menschheit. Philosophiegeschichtlich fasst diesen Gedanken implizit wohl erstmals Kant: in der Kombination des Programms einer integrierten, wissenschaftlich verbindlichen genuin philosophischen Theorie mit der praktischen Vernunftidee von (jenseitiger) Unsterblichkeit. (Vgl. o. 24).

75

A. Die Vorstellung vom Kampf zwischen Idealismus und Materialismus, zwischen verschiedenen Theorien, Schulen und Anhängerschaften und eine entsprechende Vorstellung von Schülerschaft ist (seit Wittgenstein) fragwürdig.

Fragwürdig ist dann auch die Vorstellung verschiedener philosophischer Zuständigkeiten und damit verknüpfter Zuständigkeitsbereiche: für *die* antike Philosophie, für *die* Religion, für *die* empirischen Phänomene, für *das* Bewusstsein, für *das* Lebendige, für *das* Seelische, für *die* empirische Realität, für *die* Freiheit, für *das* Moralische, für *die* Methodologie und Theorie *der* Wissenschaften, für *die* Theorie der gesellschaftlichen Praxis und *der* politischen Geschichte. Diese Zersplitterung ist nur ein Ausdruck wachsender Dominanz des genuin physikalischen Theorietyps: *seiner* internen Gliederung in wissenschaftliche Forschungsfelder und Zuständigkeiten. Im Zuge des geschichtlichen genuin physikalischen und des philosophiegeschichtlichen Forschungsprozess müssen sich die einzelnen Verständnisse jener Einzelbereiche *allesamt* ändern: indem sie sich in *eine* übergeordnete genuin philosophische Theorie integrieren.

B. Die neuzeitlichen und modernen Dogmatisierungstendenzen des philosophischen Forschungsprozesses sind im Rückblick nicht zuletzt verständlich als eine Reaktion auf die zunehmende methodische Fundierung und wissenschaftliche Verbindlichkeit des genuin physikalischen Forschungstyps einerseits und als dessen innere Neigung zur Selbstverabsolutierung andererseits. Der Grund dieser innerwissenschaftlichen Neigung wurde zuletzt in 74a (Abs. 1) bezeichnet.

C. Dieser intern-wissenschaftliche Mechanismus zeigt zugleich die politische Macht des ‚wissenschaftlichen' – d.h. für ‚rein' wissenschaftlich *vermeinten* – Denkens. Wie das 20. Jahrhundert gezeigt hat, usurpierte sie auf dem Wege politischer Parteien und ihre sich betont auch wissenschaftlich verstehenden Ideologien, sogar auch die politischen und und wirtschaftlichen Prozesse selbst.

Dabei spielt das ethische Motiv – bzw. seine erheblichen Verzerrungen – eine erhebliche indirekte und zugleich fatale Rolle, die ihrerseits einen wissenschaftsgeschichtlichen Aspekt hat:

Die revolutionäre Machtergreifungen bzw. -erschleichungen (Ermächtigungsgesetz) des 20. Jahrhunderts waren (u.a.) selbst Symptom einer Elimination der genuin philosophischen Forschungsgeschichte aus dem Wissenschaftsverständnis. Nachdem das ethische Motiv aus dem (ohnehin nie hinreichend deutlichen) Programm einer angemessenen theoretischen Spiegelung in wissenschaftlicher Theorie zugunsten einer Dominanz der Naturwissenschaft (vollends) gestrichen war, vereinnahmten es einzelne totalitäre Parteien, wenn auch nur implizit (unter dem Titel ‚sozial'), exklusiv für sich selbst und verbanden sich obendrein mit der Autorität von Wissenschaften (Biologie, Sozioökonomie), in welcher das ethische Motiv ebenfalls nicht eigens erfasst oder pervertiert war (vgl. o. 71).

Als Lehre aus den Katastrophen des 20. Jahrhundert muss daher in den Demokratien die Freiheit des persönlichen Urteils noch über konkrete theoretische Inhalte gestellt sein. Insbesondere ist jeglicher wissenschaftlicher Dissens zu respektieren, anstatt ihn durch psychologische und soziologische Unterstellungen (‚bürgerliche' Philosophie etc.) zu verdächtigen.

III.

Statt einer Zusammenfassung des Buches

76 a

A. Weil die verschiedenen informationellen Funktionen der äußeren Membran von Neuronen (Empfang, Verrechnung und Output von Information), den Funktionen ganzer Organsysteme des menschlichen Organismus analog sind (Sinnesorgane, Nervensystem, Muskelsystem), fügen sie sich einerseits nahtlos in die basale Methode der Naturwissenschaften: in die äußerlich wahrnehmbare mechanische Leib-Umwelt-Interaktion (und deren Verlängerungen durch Experimente, technische Instrumentarien und Mathematik). Andererseits können die äußere Körpergestalt mit ihre diversen Funktionen als ‚Supersinnesorgan' bezeichnet werden: Sie greift die Struktur der körperlichen Umwelt – soweit es die Größenrelationen zulassen (also unter Ausschluss des Mikro- und des Makrobereichs) – vom Säuglingsalter an buchstäblich ab, auch dank jener Binnenstrukturen. Wahrnehmen und begriffliches Denken, also auch die subjektive Perspektive, sind demnach nichts anderes als – objektive – Summenfunktionen all jener materiellen Strukturen.

Diese allgemeine genuin physikalische oder biologische Beschreibung gilt definitiv, ist nicht hypothetischer Natur (wie ja nicht zuletzt auch die damit verknüpften vielfältigen technischen Anwendungen zeigen, z.B. die Gentechnik). Definitiv und nichthypothetischer Natur ist daher im naturwissenschaftlichen Rahmen auch der in jener Beschreibung implizierte methodologische und theoretische Realismus: Der grundlegende Satz, materielle Strukturen, einschließlich ihrer genannten objektiven (Summen-)Funktionen, existierten unabhängig vom spezifisch naturwissenschaftlichen Forschungsprozess (welcher das Subjekt als höherstufige Funktionen des Gehirns interpretiert) kann im naturwissenschaftlichen Rahmen nicht selbst nochmals hypothetischen Charakter haben. Es besteht m.a.W. ein in diesem Rahmen fragloser innerer Zusammenhang zwischen Methode, ontologischer Theorie, Erkenntnistheorie und Realismus. (Implizit erfasst hat ihn schon Demokrits atomistische Wahrnehmungstheorie.) Auch die makrokosmischen und elementarteilchentheoretischen Randbereiche der modernen Physik ändern nichts an diesem grundlegenden Sachverhalt.

B. Relativierungen dieses Realismus sind nur im Rahmen genuin philosophischer Theorien möglich (z.B. im Rahmen des Kantischen Subjektbegriffs). Umgekehrt ist es nicht legitim, aus naturwissenschaftlicher Sicht die Rede vom hypothetischen Charakter naturwissenschaftlicher Konzepte – scheinbar großzügig – auch auf jenen grundlegenden Sachverhalt auszuweiten. Nicht minder illegitim ist es auf der anderen Seite, aus naturwissenschaftlicher Sicht vom *bloß* hypothetischen oder im pejorativen Sinne (hoch)spekulativen – da praktisch nicht verifizierbaren – Charakter genuin philosophischer Begriffe zu sprechen: Diese Begriffe liegen einfach nicht im methodologischen und theoretischen Kompetenzbereich der Naturwissenschaft (1. Teil, A; 3. Teil, A; vgl. 5. Teil, 48, auch 40.A).

Derartige illegitime Redeweisen sind verbreitet. Den genuin philosophischen Forschungsprozess hemmen sie nicht unbeträchtlich.

76 b

Wittgensteins Konzeption von Sprachgebrauch und Sprachspiel setzt die Einsicht voraus, dass der genuin philosophische Forschungstyp (bzw. die traditionelle Philosophie) *relativ* zur Naturwissenschaft wissenschaftlich berechtigt ist. Nur so ist Wittgensteins in verschiedenen Formulierungen wiederholter Hinweis verständlich, seine eigene Sprachphilosophie beziehe ihr „Licht" (d.h. ihre genuin philosophische Qualität) aus jener Philosophiegeschichte.

Wittgensteins Sprachtheorie ist demnach gerade der *Hinweis* auf ein vom genuin physikalischen Theorietyp nicht Ausdrückbares der phänomenalen Welt (einschließlich des menschlichen Selbst). Weder diese Sprachtheorie noch jenes durch sie nur indirekt Ausgedrückte sind mithin im Rahmen biologischer Kognitionstheorie darstellbar oder interpretierbar. Vielmehr implizieren sie sowohl eine ontologische Relativierung der genuin physikalischen Weltstruktur als auch ein interaktionistisch-dualistisches *Element* (in demselben modifizierten Sinne von Dualismus, in dem schon Kant einen „*empirischen* Dualismus" vertritt; Vf. 1977).

76 c

A. Genuin philosophische Konzeptionen, die *konkret*-theoretisch (3. Teil, D) an Wittgenstein oder Kant anknüpfen, wie der Interpretationismus Abels, müssen ihren genuin philosophischen Schlüsselbegriff, den Begriff der ‚Interpretation' oder des Bewusstseins, von der äquivoken biologischen Rekonstruktion dieses Begriffs abgrenzen können. Andernfalls ist er ununterscheidbar und lässt sich damit selbst dem Rahmen biologischer Theorie zuschreiben. Der kantische Bewusstseinsbegriff erfüllt diese Forderung: im Konzept der zeitübergreifenden numerischen Identität und seiner unlösbaren Rolle für die transzendentale Synthesis, und umgekehrt ist der Bewusstseinsbegriff in Kants Konzept des „empirischen (Leib-Seele-)Dualismus" auch – im *genuin philosophischen* Sinne: – ‚empirisch'-theoretisch interpretiert. Betont relational definierte Begriffe – wie eben der Begriff der Interpretation, aber auch der Begriff der subjektiven Perspektive oder sogar der Intentionalität – sind diesbezüglich nicht hinreichend trennscharf (zumal auch grundlegende naturwissenschaftliche Begriffe, wie ‚Materie' und ‚Energie', ausschließlich relational definiert sind).

Zumindest aber sprengen jene Konzeptionen den Rahmen der biologischen Kognitionstheorie ontologisch wie erkenntnistheoretisch: Wenn es eine höherstufige oder transzendentale Bewusstseins- oder Interpretationsebene gibt, die diesen Namen verdient, dann kann unser (physisches) *Sprechen* über sie nicht im genuin physikalischen Begriffsrahmen erklärbar sein. M.a.W., im Rahmen moderner Biologie ist nicht ohne Widerspruch denkbar, dass wir zum Beispiel dem Begriff der Interpretation einen spezifisch philosophischen Sinn zuschreiben, der sich von der biologischen Rekonstruktion des Interpretationsbegriffs unterscheidet. Dies bedeutet zweierlei: 1. die Anerkennung eines *quasi* interaktionistisch-dualistischen Elementes: angesichts der inneren Geschlossenheit der biologischen Kognitionstheorie ist auch die Annahme einer zu strikt parallelen alltäglichen *Interpretations*ebene nicht ohne Widerspruch möglich. 2. Die Abelsche These vom genuin physikalischen Theorietyp als „härtestem" Interpretationstyp ist unhaltbar; denn eine Relativierung der biologischen Kognitionstheorie, die diesen Namen verdient, setzt eine Position voraus, die ebenso hart ist oder noch härter.

Anders formuliert: Sofern ein transzendentalphilosophisches Konzept von Bewusstsein oder Interpretation irgendeinen Gehalt hat, der über die mögliche Bandbreite der im Rahmen biologischer Kognitionstheorie rekonstruierbaren Begriffe von Bewusstsein oder Interpretation hinausgeht, ist er unvereinbar mit einer *exklusiv* verstandenen biologischen Kognitionstheorie. Zu erklären, auch die Leib-Umwelt-Interaktion sei eine Art von Interpretieren, ein gewissermaßen ‚pragmatisches' Interpretieren, ist in dem oben (A) umrissenen (exklusiv-)biologischen Grundrahmen entweder eine theoretisch belanglose Formel oder als unverträglich mit diesem Rahmen zurückzuweisen. (Auch das Konzept einer unerkennbaren Realität an sich ist innerhalb dieses Rahmens unhaltbar; vgl. o. 73.A).

B. Der *methodologische* Interpretationismus ist von dieser Argumentation m.E. nicht berührt: 1. Interpretieren (= Konstituieren im methodologisch-transzendentalen Sinn) ist die nicht transzendierbare Grenze allen empirisch-wissenschaftlichen Erkennens. 2. Ein Realismus ist innerhalb konkreter Theorie *und* methodologisch gefordert. 3. Wir sind dazu ermuntert, eine *realistische* konkrete Theorie zu entwickeln, die a) den – für den genuin physikalischen Theorietyp sowie daran angelehnte genuin philosophische Theorien, wie den Epiphänomenalismus, charakteristischen – Eindruck einer Außenansicht meidet, b) den seit Kant angestrebten Grenzcharakter einer *konkreten* integrierten Theorie deutlich macht, c) den methodologischen Interpretationsbegriff angemessen spiegelt (s.o. 59).

77

Erst wenn wir verschiedene Vogelmelodien unterscheiden gelernt haben, *hören* wir *sie*, nicht mehr nur (relativ undifferenziertes) ‚Vogelgezwitscher'. Entsprechend lässt uns die Unterscheidung von Blütenarten nicht mehr nur ‚*Blumen*wiesen' etc. wahrnehmen. Ähnlich verhält es sich mit der Farbwahrnehmung (‚bunt'). Wir nehmen, grob gesprochen, wahr, was wir kennen: zu benennen gelernt haben; ansonsten nehmen wir nur Auffälliges wahr: z.B. die Stacheln von Disteln, das Rot gereifter Tomaten, den abendlichen lauten und stimmungsvollen Gesang einer Amsel auf einem Dachgiebel usw.

Farben lernen wir weitgehend beim Erlernen sprachlicher Farbausdrücke zu unterscheiden; andererseits wäre es übertrieben zu sagen, Farben seien zuvor nicht wahrnehmbar. Lernen ist eine Erklärung oder Begründung dafür, wie wir zu *differenzierter* Farbwahrnehmung gelangen. Weiter dringt die Erklärung unserer Farbwahrnehmung nicht vor: „Mein Spaten" stößt auf „harten Felsen" (Wittgenstein, PU 217); es gibt kein für eine Erklärung interessantes ‚Dahinter'.

Die gesehenen Farben sind also (1.) nicht *weiter* – nicht ihrem (notwendig zirkulär definierten) qualitativen Kern nach – erklärbar. Und (2.) sie ihrerseits erklären nichts im Sinne des genuin physikalischen Theorietyps; man kann nicht sagen, der qualitative Kern von Gelb ‚funktioniere' so und so; eben auch dies ist m. E. mit dem Konzept der notwendig zirkulären Definition deutlich gemacht. – *Beides* (1., 2.) bedeutet die Überwindung des traditionellen Letztbegründungsdenkens bzw. die Wendung vom Erklären zum (reinen) ‚Beschreiben'.

Erklären können wir allerdings, wie die Farbe Orange durch Mischung der beiden – je nicht ihrerseits erklärbaren – Grundfarben Rot und Gelb zustande kommt; ganz ähnlich können wir erklären oder nachvollziehen, dass die Waliser das – an nebliger, regnerischer oder diesiger Atlantikküste bzw. in ihrem ursprünglichen Alltagsleben oder ländlichen Berufsleben dominierende? – Ineinanderfließen von Grün, Blau und Grau mit dem Ausdruck ‚glas' benannten. Aber wir merken auch, dass es über die Grundfarben selbst bzw. das Farbliche im Allgemeinen, also einschließlich jener Mischfarben, keine weiteren Aufschlüsse geben kann. Wir sind auf der Ebene der reinen Beschreibung angekommen; wir können mit Wittgenstein nur noch sagen: „So handle ich eben" (ebd.)

Analog verhält es sich mit dem biologischen Konzept der Farbunterscheidung. Wir können *besten*falls sagen, unsere *Fähigkeit*, Farben zu unterscheiden, sei teils angeboren, teils erlernt. Aber der Kern der Farbqualität(en) kann nicht angeboren sein – zumal wir sie ja der Umwelt zuschreiben.

Entsprechend passt es zum naturwissenschaftlichen Sprachspiel zu sagen, Farbwahrnehmung habe eine subjektive und selektive Komponente (bezogen auf das Wellenlängenspektrum). Aber im Falle alltäglicher Wahrnehmung ist es unsinnig, etwa für das Blau auch nur die *Möglichkeit* der Unterscheidung zwischen einer subjektiven und einer objektiven Komponente zu unterstellen, oder zu sagen, wir nähmen es ‚selektiv' wahr oder gar: das Blau *des Himmels* sei ‚angeboren'.

78

Was Leib und Seele zusammenhält, ist nicht etwa eine Art Kittsubstanz oder sonst etwas physikanalog Gedachtes, sondern das, was die Einheit der beiden Weltaspekte *insgesamt* ausmacht und nicht einmal nach Analogie des genuin physikalischen Theorietyps fassbar ist, sondern in der Natur des nichtphysikalischen Weltaspekts begründet liegt: der theoretisch unlösbare Implikationszusammenhang der phänomenalen Welt. Er macht die strukturelle oder formale Einheit der phänomenalen Welt bzw. von Leib und Seele aus.

Der ‚Sinn' ist demgegenüber Inbegriff a) der *inhaltlichen* Einheit der phänomenalen Welt, b) der inhaltlichen allgemeinmenschlichen Identität, die Leib und Seele übergreift: Der Mensch ist seinem Wesen nach zutiefst interessiert an ‚Sinn', *nicht* primär an materiellen Vorteilen, mithin auch an der Welt und darin besonders an Seinesgleichen und an der Menschheitsgeschichte.

79

Im nichtphysikalischen Weltaspekt konstituiert sich Zeit aus den ständig neu entstehenden und vergehenden je gegenwärtigen Augenblicken (s. u.a. 3. Teil, C.VI). In exklusiv genuin physikalischer Sicht verliert der je gegenwärtige Augenblick seine ausgezeichnete Rolle: er ist jederzeit Resultat der je vorangegangenen Momente – im Sinne eines in sich plausiblen mechanischen Ablaufs; daher haben weder die Zeit noch die reale Existenz aus dieser Sicht etwas in existenzieller bzw. philosophischer (oder auch religiöser) Hinsicht Bemerkenswertes. Nur der Mensch wird dieses Unterschiedes inne, für ihn wird Zeit als ständiges *Neu*entstehen und Vergehen zu einer besonderen Erfahrung, und kann sie oder das entsprechende intuitive oder explizite ‚Wissen' gleichsam in die aus genuin physikalischer Sicht gleichförmige Zeitreihe einbringen.

All dies *zusammen* macht das Wesen der menschlichen Lebenszeit und Geschichte aus. Auch der genuin physikalische Weltaspekt bezieht daraus seine Bedeutung für das Leben und die Geschichte der Menschen: Er ist Inbegriff der Berechenbarkeit und Messbarkeit von Zeit, ihrer Einteilbarkeit und Ausdehnung in oberhalb und unterhalb jeglicher Wahrnehmungsschwelle liegenden Dimensionen. Letztere haben aber nur durch die theoretisch irreduzible Eigentümlichkeit der phänomenalen Welt Bedeutung: etwa als ‚riesig' oder ‚unermesslich', mehr noch: als ‚wirklich' (3. Teil, D.7).

80

Warum waren und sind die antiken Theorieansätze der phänomenalen Welt (‚*Maße*': Heraklit, *Ideen*: Sokrates-Platon/Plotin, *Potenzen*: Aristoteles) nicht hinreichend überzeugend durchführbar? Die hier gegebene Antwort lautet:

1. aus theoretischer Sicht: Jene Ansätze implizieren im Blick auf die konsequent oder durchgängig mechanische oder genuin physikalische Erklärung der äußerlich wahrnehmbaren mechanischen Leib-Umwelt-Interaktion – in der mikroskopischen Tiefe der Organe – einen inkonsequenten Bruch.[91] Beide Erklärungstypen antiker Naturphilosophie, die mechanistische und die idealistische, über- und durchkreuzen einander gewissermaßen. Die vorsokratische Denkbewegung *drängt* daher geradezu auf eine in sich abgerundete mechanische Theorie. Sie wird erstmals in Demokrits Atomismus gedacht. Definitiv widerlegt wurde jener Bruch durch die moderne Biologie. Seit der Neuzeit strebt die Philosophie eine Synthese zwischen den beiden theoretischen Grundalternativen an – wie im Ansatz schon der spätere Platon (Anhang I.I.B.3: zu Aristoteles-Platon) und die ihm folgende akademischskeptische Schule bis hin zu Cicero.

2. Aus der Sicht des ‚Sinn'-Begriffs lautet die Antwort: a) Der Organismus als unlösbarer Teil des *ganzen* Menschen wird durch den physikalischen Theorietyp als ein wesentlicher Teil menschlicher Autonomie und Geschichte verständlich. b) Dieser Sachverhalt wiederum trägt Wichtiges zum Verstehen des ethischen Motivs und der ‚Sinn'-Struktur der Welt und der Menschheitsgeschichte bei.

81 a

Philosophie und Aufklärung gab es bereits in der Antike, und nicht nur in der europäischen. Daraus lässt sich einiges lernen über die Beziehungen zwischen der Geistesgeschichte und der politischen Geschichte.

In Europa haben Philosophie und Aufklärung Besonderheiten: die Schwierigkeit und die Chance einer genuin philosophischen Integration des genuin physikalischen Forschungstyps (vgl. o. 72 und 15) sowie die Neigung des letzteren, die Titel ‚Wissenschaft' und ‚Aufklärung' allein für sich zu vereinnahmen.

In der Moderne hat diese Angelegenheit zudem eine Verbindung zum allgemeinen Bewusstsein: in unser aller naturwissenschaftlichen Allgemeinbildung und ih-

---

[91] Die alltägliche Leib-Umwelt-Interaktion – mit dem Handwerk – zwingt den forschenden Geist dazu, die alltäglich wahrnehmbaren Mechanismen *konsequent* immer weiter in den – alltäglich nicht direkt als mechanisch erkennbaren – Makro- (A) und Mikrobereich (B) der Welt *hinein* zu denken. Beispiel für A: In diesem Sinne erklärte Thales die Nilschwelle. Beispiel für B: Irgendwie *trifft* das Sonnenlicht auf unsere Augen (ganz deutlich, wenn es uns blendet), auf Pflanzen (ohne Licht kein Wachstum, bzw. bei zu starker Sonneneinstrahlung Vertrocknung).

rer intuitiven Reibung an unserem alltäglichen Welt- und Selbstverständnis. Ein Ausdruck dieser Reibung ist die (typisch moderne) ‚Sinn'-Frage. – Versteht man den genuin philosophischen Forschungstyp *auch* auf diese Weise als wesentlich geschichtlich, dann ist er umgekehrt schon als solcher ein indirekter Ausdruck des ‚Sinnes' eben der Geschichte.

81 b

Es kann keine Aufklärung unter Ausschluss des genuin philosophischen Forschungstyps geben (vgl. o. 76a.B). Der erfolgreichen Aufhellung des genuin physikalischen Weltaspektes ist – zum Besten des Menschen – eine Aufhellung des nichtphysikalischen Weltaspektes hinzuzufügen: systematisch, wissenschaftsgeschichtlich und geschichtswissenschaftlich. Sie erst *spiegelt* das Wesen der Freiheit und des ethischen Motivs.

Zur Dialektik dieses zweiten Aspektes der Aufklärung gehört die Anregung, auch schon am archaischen Kulturtyp nach Indizien des *Humanum* zu forschen: des wertbesetzten Verständnisses von Mensch und Menschheit zu forschen.

82

A. Der menschliche Geist kommt in der Geschichte des reflektierenden Kulturtyps auf neuer, genuin philosophischer Ebene (und ihren verschiedenen Wendungen: 5. Teil, I) zu einer zunehmenden theoretischen Spiegelung seiner selbst und der Welt insgesamt, die einerseits theoretisch unlösbar von ihm ist: nicht an sich existiert, zu der er aber andererseits als ihr Teil dazugehört.

Am Ende dieses geschichtlichen Prozesses steht also – anders als es Heraklit, Sokrates/Platon und Cicero in der Antike, Descartes und Kant in der Neuzeit möglich war – die allgemein überzeugende Mitteilbarkeit einer ‚Theorie' des nichtphysikalischen Weltaspektes. Erst angesichts solcher Mitteilbarkeit darf man sagen: ‚Der menschliche Geist begreift sich selbst'.

B. Dem im 3. Teil entwickelten – die traditionellen Dichotomien überwindenden – Vorschlag zufolge ist der menschliche Geist in dreierlei Hinsicht eine Einheit: Den Cartesischen Dualismus ersetzt er durch das Konzept der theoretisch unlösbaren Einheit zweier Weltaspekte: eines genuin physikalischen und eines nichtphysikalischen Weltaspektes (vgl. o. 78). Er begründet das Konzept der Einheit von begrifflichem Erfassen und emotionalem Interesse an Wert, Sinn und Wahrheit sowie schließlich auch – dank des erstgenannten, konsequent grenztheoretischen Konzeptes – das Konzept der Einheit von Naturtheorie und ethischer Theorie. Mit dem letzteren Konzept knüpft er auf neuer, neuzeitlich-moderner Ebene an die Sokratisch-Platonische Wendung der vorsokratischen Naturtheorie an.

83 a

Die so angestrebte bzw. hier vorgeschlagene integrierte ‚Theorie' oder konsequente Grenztheorie ist zwar keine Letztbegründungstheorie im traditionellen natur- und erkenntnistheoretischen Sinne. Wohl aber gibt sie, als strikt beschreibende Theorie, eine ‚letzte' Begründung des *ethischen Handelns* (und der wesentlich geschichtlichen Rolle des genuin philosophischen Forschungstyps: s.o. 70a). Diese Art von *ethischer* Letztbegründung, hat als solche praktische Folgen: für unsere Lebensqualität, unser Interesse an der Welt und unser moralisches Handeln.

83 b

A. Kants transzendentale und methodologische Bewusstseinskonzeption (*Wie ist empirisches Erkennen im Ausgang vom Cartesischen Dilemma möglich?*) spiegelt das so verstandene Bewusstsein auch in ihrem revidierten, gewissermaßen ‚phänomenologischen' Grundsatz empirischer Theorie: im „*empirischen* Dualismus" von bloßen (Arten von) „Erscheinungen" oder Vorstellungen.

Diese Phänomene *können* gar nicht unabhängig voneinander = *an sich* existieren: Die Cartesische Aporetik, wie sich jene beiden „Substanzen" *zusammen*denken lassen, erledigt sich in der Konsequenz der transzendentalphilosophischen und erkenntniskritischen Wendung des Bewusstseinsbegriffs von selbst. M.a.W. das transzendentale Bewusstsein *erkennt* sich (empirisch) im Produkt seiner transzendental-rezeptiven und -konstituierenden („synthetischen") Leistungen: als theoretisch unlösbare *phänomenale Einheit* eines bewusstseinsbegabten Leibes bzw. leibbegabten Bewusstseins. Zwischen beiden Seiten des „empirischen Dualismus", dem Dualismus bloßer „Vorstellungen" oder „Erscheinungen" ist eine mechanische Kausalbeziehung undenkbar. Die Untersuchung der Beziehungen oder Korrespondenzen ist jetzt Sache allein der empirischen Wissenschaft (KrV, u.a. A 386). Aber sehr wohl *behält* das Bewusstsein seine – von Kant rein kognitiv gedachte – Eigentümlichkeit auch im empirischen Weltkonstrukt, hat sich freilich auch der raumzeitlichen Natur der substruierten genuin physikalischen Weltstruktur assimiliert: unterliegt deren lückenlosem (mechanischem) Kausalnexus.

Kant vertritt eine ontologische Letztbegründung, allerdings unter Ausschluss einer *als ganze* denkbaren Welt. Darin entspricht er durchaus der Naturwissenschaft (in ‚Kern' *und* Randbereichen).

B. Im Unterschied zu Kant versucht schon der *spätere* Descartes (anders als ihm häufig, zumal in Anknüpfung an Husserl, im Konzept einer gleichsam auf sich selbst zurückgebeugten Bewusstseinsaktivität unterstellt wird) seinen Dualismus methodologisch ganz bewusst unabhängig von theoretischen Vorfestlegungen zu begründen. Dazu bedient er sich gleich zweier voneinander unabhängiger Methoden (Vf. 1990): 1. des radikalen methodischen Zweifels, 2. der (primär) vergleichend-begriffsanalytischen Methode, wenn auch nur beiläufig (3. Teil, A).

Letztere Methode ist, wie ich meine, die vom europäischen genuin philosophischen Forschungstyp seit seinen vorsokratischen Anfängen (Vf. 1990/1991) implizit angewandte Methode (1. Teil, A.4). In ihr spielt der genuin physikalische Typ von Methode und Theorie eine zwar nur indirekte, aber unverzichtbare Rolle.

Es ist wichtig zu sehen, dass es für diese Methode, die in unserem begrifflichen Denken wurzelt, gar kein vorgefasstes Modell geben *kann*, weder ein anschauliches noch ein theoretisches. Schon dadurch steht sie in Gegensatz zu Methode und Theorie des genuin physikalischen Forschungstyps wie auch zu Kants Ansatz. Entsprechend kann die schließlich resultierende Theorie keine Letztbegründungstheorie klassischen Zuschnitts sein. Umgekehrt kann erst in der *resultierenden* Theorie die angewandte Methode auch theoretisch verständlich werden.

Diese Theorie muss dann auch das methodologische Konzept des Interpretierens spiegeln. Demzufolge stehen wissenschaftliches Interpretieren und Realität in unlösbarem Zusammenhang, und die Realität selbst ändert sich partiell im Zuge fortschreitenden Interpretierens (vgl. o. 58 f.).

C.1. Im Rahmen des methodologischen Interpretationismus hat auch schon die (primär) vergleichend-begriffsanalytische Methode interpretativen Charakter; das gilt mithin auch für ihre (primären) Resultate, wie das Konzept der notwendig zirkulären Definition. Umgekehrt beginnt aus der Sicht jener Methode das *theoretische* Interpretieren erst in Anknüpfung an ihre Resultate.

2. Die Verwandtschaft der vergleichend-begriffsanalytischen Methode mit bzw.

ihre Zugehörigkeit zu dem methodologischen Interpretationismus zeigt sich zudem in dem Verhältnis beider zum Realismus:

Das primär begriffsanalytische Verfahren muss schon als geistige Aktivität in einem gewissen, theoretisch unexplizierten Sinne real sein. Außerdem setzt es wie gesagt den genuin physikalischen Forschungstypus (indirekt) voraus, mithin auch dessen internen Realismus, relativiert ihn aber zugleich und trifft sich gerade in diesem Punkte mit der Grundaussage des methodologischen Interpretationismus. Das methodologische Konzept des Interpretierens impliziert ebenfalls einen theoretisch unexplizierten Realismus: Das konkrete (aktive) wissenschaftliche Interpretieren kann nicht sich selbst Konstrukt sein. Es ist zudem Teil des phänomenalen Weltkontextes, zu dem nicht zuletzt auch Bücher und Bibliotheken gehören. Andererseits gilt gerade für die phänomenale Welt: a) Sie hat immer schon unbewusst-interpretativen Charakter, oder sie ist explizit theoretisch interpretiert; b) sie ist theoretisch unlösbar von jenem Interpretieren selbst.[92]

84

A. Man kann nicht sagen, aus dem ‚Sinn'-Begriff lasse sich die funktionale biologische Ebene unmittelbar ableiten. Aber *zusammen* mit ihr impliziert er den Begriff des – für beseelte oder bewusstseinsbegabte Lebewesen – Nützlichen und in diesem mittelbaren Sinne das *gute* Funktionieren der Organismen dieser Lebewesen. Umgekehrt ist der Begriff des Nützlichen ein in beiden Weltaspekten wurzelnder ‚Mischbegriff': Er impliziert (a) den Begriff biologischer Organismen und ihres guten Funktionierens, (b) den Wert- und den ‚Sinn'-Begriff und (c) den Be-

---

[92] Der methodologische Interpretationismus Lenks ist daher sozusagen die *methodologische* Wendung jener traditionell bis heute verbreiteten Überzeugung, die das genuin philosophische Denken und sein Spektrum konkurrierender Theorien als systematisch zusammenhanglos und daher als wissenschaftlich unentscheidbar und unverbindlich interpretiert: als ein „*Nur*"-Interpretieren etwa im Sinne der Marxschen 11. These an Feuerbach. Die methodologische Wendung lautet daher:

a) In jenem Spektrum alternativer Theorien ist gerade umgekehrt das spezifische Verfahren des genuin philosophischen Forschens zu sehen, in der *grundlegenden* Erforschung unserer *alltäglich erfahrenen* Welt voranzukommen.

Diese phänomenale Welt kann, anders als in der genuin physikalischen Welterforschung, nicht Stück für Stück erforscht werden, sondern immer nur in Gesamtentwürfen. Diese müssen sodann in einen wechselseitigen Dialog eintreten, wie ihn erstmals Cicero am Beispiel der hellenistischen Philosophenschulen vorführt: Sie sind auf ausgesprochene und unausgesprochene Gemeinsamkeiten und Unterschiede in Methode und Inhalt sowie auf mögliche wechselseitige Ergänzungen hin zu analysieren.

b) Positiv formuliert: Die methodologische Wendung kommt der Aufforderung gleich, jenes Spektrum im Hegelschen Sinne ‚aufzuheben': durch eine integrierte Theorie auf einer entsprechend neuen Ebene: Sie muss im Sinne Kants grenztheoretisch und erkenntniskritisch sein; über Kant hinaus sowie im Gegensatz zum genuin physikalischen Theorietyp muss sie der fehlenden Unabhängigkeit von Realität und Interpretation Rechnung tragen. Eine solche Theorie kann nicht letztbegründend im klassischen Sinne sein. Gerade dies könnte bedeuten, dass die Geschichte genuin philosophischen Interpretierens ersichtlich an einem Ende angelangt ist, hinter welches weiterzufragen unsinnig ist.

Ausgeschlossen ist demnach: 1. einfach nur eine der alternativen Theorien nach charakterpsychologischen oder -soziologischen Kriterien zu ‚wählen' bzw. die je anderen auszuschließen, 2. den genuin physikalischen Theorietyp unter Berufung auf seinen höchsten empirisch-wissenschaftlichen Bestätigungsgrad auszuwählen. Denn den hier vorgelegten Untersuchungen (bes. 1. Teil, B) zufolge ist solche Berufung ein Missverständnis in methodologischer Hinsicht, in intern-theoretischer Hinsicht eine zwar implizite und unbeabsichtigte, aber faktische Betrachtung der Menschen als *Sachen* – in dem starken Sinne, in dem auch einzelne Atome und Moleküle Sachen sind.

Begriff eines Bewusstseins, welches sich des Nützlichen bewusst ist und sich im Falle des Menschen sogar einen *Begriff* davon machen kann.
Negativ lässt sich dieser Zusammenhang anhand folgender Beispiele klar machen: 1. Vom Meer, das einer Insel in Sturmfluten Stücke wegreißt, lässt sich nicht sagen, dies *nütze* ihm. 2. Das Öl im Motor eines Autos ‚nützt' dem Motor eigentlich nur in einem mittelbaren Sinne: in Bezug auf den Nutzen, den der *Mensch* vom Auto insgesamt hat und dessen er sich bewusst ist. 3. Analog hat ein exklusiv genuin physikalisches Naturverständnis folgende Implikationen: a) Für die so verstandene Natur sind intakte ökologische Systeme und Artenvielfalt irrelevant. Sie sind ihr sozusagen gleichgültig, sie ‚braucht' sie nicht. b) Menschen sind *Sachen* in dem starken Sinne, in dem Atome und Moleküle Sachen sind; unter Sachen gibt es keine Nützlichkeitsbeziehungen im eigentlichen Sinne.

B. ‚Wert' und ‚Sinn' sind unlösbarer *Teil* der hier analysierten phänomenalen Welt und ihres Implikationszusammenhanges (und konstitutiv für ‚empirische Realität' schlechthin: 3. Teil, D.7). Darin hat der ‚Sinn'-Begriff den Vorzug, dass er wie kein anderer theorieinterner Begriff, die phänomenale Welt übergreift: ihre beiden Aspekte und folglich auch die Geistesgeschichte sowie die Menschheitsgeschichte insgesamt. Ableiten lässt sich aus dem ‚Sinn' die Struktur der phänomenalen Welt mithin so wenig wie aus dem hirnphysiologisch interpretierten ‚Bewusstsein' oder anderen höherstufigen Funktionen die Struktur der sie fundierenden neuronalen Aktivitätsmuster, Moleküle und Atome.

85

Für das biologische Verständnis des Lernens und der Kreativität mag das Bild eines sprießenden Neurons: seiner Verzweigungen, synaptischen Veränderungen, interneuronalen Vernetzungen und deren höherstufiger Funktionen sehr eingängig sein. Dennoch bzw. gerade deswegen ist es als methodischer Ausgangspunkt und theoretisches ‚Vorbild' für das Verständnis des nichtphysikalischen Weltaspektes und seiner Einheit mit dem physikalischen Weltaspekt völlig untauglich:

Dieses Bild suggeriert nämlich auf mikrotheoretischer Ebene die These, *alles* in der Welt sei ausnahmslos Gegenstand möglicher physischer und technischer – zumal medizinischer – Aktivität (oder jedenfalls davon abhängig). Gegen diesen Eindruck lässt sich eine plausible Beschreibung des nichtphysikalischen Weltaspektes nur dann erreichen, wenn man die genuin physikalische Beschreibungsebene auf vergleichend-begriffsanalytischem Wege verlässt, dabei gleichsam gegen den Strich des physikalischen Theorietyps denkt und schließlich umgekehrt von der so gewonnenen nichtphysikalischen Beschreibungsebene her die genuin physikalische Ebene begreift (vgl. o. 74a und 3. Teil).

Diese Arbeit leistet die genuin philosophische Forschungsgeschichte. (Deren scheinbar lange Dauer ist ihrerseits durchaus vereinbar mit ‚Sinn'; s.o. 70a.)

86 a

‚Man kann nicht *nicht kommunizieren*'. – Diesen intuitiv so einleuchtenden wie einfachen und hintergründig-friedvollen Satz, welcher die Rolle der Kommunikation (im weitesten Sinne) für das menschliche Leben betont, expliziert gewissermaßen die genuin philosophische Forschungsgeschichte – mitsamt den von jenem Satz eher verdeckten theoretischen und praktischen Komplikationen.

86 b

Es scheint freilich ziemlich weltfremd, in Regionen wie der europäischen oder vorderasiatischen, aus deren Geschichte aus geopolitischen und kulturgeschichtlichen Gründen Kriege und Siegesruhm kaum wegzudenken sind,[93] die Vorstellung eines künftigen verlässlichen Weltfriedens glaubwürdig vermitteln oder gar wissenschaftlich begründen zu wollen.

87

Es gibt Kriterien dafür, dass die vorgeschlagene Theorie dem Endpunkt der genuin philosophischen Forschungsgeschichte bzw. dem „richtigen Sehen" (Wittgenstein) der phänomenalen Welt und der Weltgeschichte nahe ist (vgl. auch 5. Teil, I; Anhang I):
1. Auch der genuin physikalische Theorietyp im Allgemeinen hat in seiner modernen biologischen Formulierung einen definitiven Endpunkt erreicht (s.o. 76a).
2. Dieser Theorietyp ist in die vorgeschlagene Theorie m.E. widerspruchsfrei und – empirisch und ethisch – kohärent integriert.
3. Integriert sind ferner die Konzepte a) der theoretischen Unhintergehbarkeit der phänomenalen Welt (= Abkehr vom Letztbegründungsanspruch traditioneller Theorie), b) der theoretisch unlösbaren Verbindung von Interpretation und Realität.
4. Dem Anliegen der Aufklärung ist in der Ethik wie in der Naturtheorie Rechnung getragen: Die Ethik ist weltimmanent und autonom. Auch die Jenseitsidee entspricht, da theoretisch unexplizierbar, dieser Charakterisierung; in diesem Sinne könnte man sogar von einer ‚Ethik ohne Metaphysik' sprechen.
5. Die vorgeschlagene Theorie gibt Antworten a) auf die – nicht zufällig moderne – Frage nach dem Sinn des Lebens, b) auf die Frage, welchen Sinn es eigentlich hat, dass die moderne Naturwissenschaft eine einseitige Theorie der Natur ist, bzw. welchen Sinn die genuin philosophische Forschungsgeschichte hat.

88

Die ontologische (auch nomologische) *und* erkenntnistheoretische Fundamentalkonstante oder Grundbedingung des genuin physikalischen Aspektes der phänomenalen Welt ist die mechanische Leib-Umwelt-Interaktion (s.o. 76a.A). Ohne dergleichen Konstanten ist weder Sein noch Erkennen denkbar.

Zu den spezifischen ontologischen Konstanten des nichtphysikalischen Weltaspektes gehören die einfachen Objektqualia, insofern deren qualitative ‚Kerne' je notwendig zirkulär definiert sind.[94] Ein Beispiel sind die phänomenalen Grundfarben sowie Schwarz und Weiß bzw. Helligkeit und Dunkelheit. Wie die Bezeichnung ‚*Objekt*qualia' sagt, sind sie *in Übereinstimmung mit unserem (mitnichten naiven) Alltagsverständnis theoretisch irreduzibel o b j e k t gebunden*. Die Leib-Umwelt-Struktur ist ihnen gleichsam eingelassen (inhärent) und durch sie ontologisch relativiert; sie und die in sie involvierte physikalische Weltstruktur gehören so zu den *relationalen Konnotationen* der Objektqualia (3.Teil; s. auch 39, 40).

Das Verständnis der einfachen Objektqualia wiederum ist die Grundlage für das

---

[93] Vgl. dagegen die (schon erwähnten) Beispiele der altindischen Kultur oder des minoischen Kreta.
[94] Bezeichnenderweise kennt die biologische Wahrnehmungstheorie *äquivoke* Konstanzleistungen des Wahrnehmungsapparates: etwa als (angeborene) Spektralanalyse elektromagnetischer Lichtwellen.

Verständnis des In-sich-Werthaften und des ‚Sinnes' der Welt. Beide Weltaspekte sind mithin ontologisch gleichwertig; nicht ist der metaphysikalische dem physikalischen Weltaspekt (epiphänomenalistisch oder interpretativ) untergeordnet.

Die Mitteilbarkeit des meta- oder nichtphysikalischen Weltaspektes basiert auf dem theoretisch unlösbaren Implikationszusammenhang der Welt. Diesem ist die für den genuin physikalischen Theorietyp gültige Unabhängigkeit von ‚Subjekt' und Objekt fremd, mithin auch dessen erkenntnistheoretische Denkweise.

89 a

Das Element der freien Marktwirtschaft ist Voraussetzung für eine funktionierende Meinungsfreiheit (und der Geistes- und Sozialwissenschaften, zumal der Philosophie), mithin auch der Demokratie. Wie gut oder schlecht, zumal in sozialer Hinsicht, ein demokratisch verfasstes politisches Gebilde (Staat, Weltgemeinschaft) ist, hängt von seinen Mitgliedern ab, von den Institutionen wie von den Individuen, von der Qualität wie von der Vielfalt des Engagements. Gerade die Philosophie könnte dabei in Zukunft, wie ich meine, eine nicht unwichtige und von allen anerkannte Rolle spielen.

89 b

Vorbei scheint die Zeit vereinfachender, generalisierend an Einzelwissenschaften (Biologie, Ökonomie) orientierter – und im Gegenzug reaktiv-relativistischer – Gesellschafts- und Geschichtsideologien mit ihren heute verdächtig anmutenden monopolistisch-starren ‚-ismus'-Suffixen. Stattdessen wird das Attribut ‚modern' zunehmend zum Inbegriff spontaner, stets grundsätzlich revisionsbereiter Einsichten, die ‚-ismen' allenfalls im Plural kennen und dann im Dienste pluralistischer Denkentwürfe sehen (wie: ‚Interpretationismus - Realismus - Pluralismus - Pragmatismus').

Auf dem Wege zu einer integrierten Theorie bevorzugt die im neuen Sinne ‚moderne' Philosophie schon seit längerem, zumal in Wittgenstein, ein eher kleinschrittiges Vorgehen sowie ein reserviertes Analysieren, Kritisieren und Abwägen traditioneller Großmodelle: Sie zieht diese Methode dem tradierten Konzept der Erstellung von Totalentwürfen bzw. der *Gigantomachie* (Platon) vor. Praktiziert wird Philosophie so weniger als Werk Einzelner denn als (auch geschichtliche) Gemeinschaftsleistung. Inhaltlich wird zunehmend die besondere ontologische Rolle der phänomenalen Welt erkannt.

Sogar in der modernen Technik deutet sich seit geraumer Zeit eine gewisse Wende an. Erschienen Technik und Industrialisierung ursprünglich als ‚moderne' Entsprechungen zu antiken Titanen- und Giganten-Mythen (vgl. ‚Titanic' als Name des wohl berühmtesten Passagierschiffes der Welt), erinnert die moderne Computertechnik an die rein größenmäßig eher bescheiden daherkommende Rolle der Intelligenz im kulturellen und sozialen Bereich wie auch in der Geschichte. Als ein sinnfälliges Indiz dieser Entwicklung von gigantomanischer zu intelligent-bescheidener Modernität lassen sich die immer kleiner werdenden Computer und ihre Chips deuten... (Wirtschaftswissenschaftlich entspricht dem die alte Einsicht in die wirtschaftlich entscheidende Rolle des Mittelstands.)

‚Modern(es)' wird so zum Synonym für spontane intelligente, dabei sich eher bescheiden gebende Beweglichkeit, Phantasie, Erinnerungs-, Erneuerungs- und Integrationsfähigkeit in allen Bereichen menschlichen Daseins. In geschichtswissenschaftlicher Hinsicht bedeutet diese Einstellung die Bereitschaft, den verschiedenen Epochen historische Einfühlung und Gerechtigkeit widerfahren zu lassen und gerade auf diese Weise von ihnen zu lernen. Vielleicht lässt sich daher an der Moderne eine naturwissenschaftsgeprägte (tendenziell gigantomanische) und eine integrative Epoche unterscheiden.

90 a

Es kommt m. E. darauf an, das sozusagen „Unverhoffte" (s. o. 3, Heraklit; vgl. auch 56, 70a) – sprich: das In-sich-Wert- und Sinnhafte mitsamt der damit verknüpften Forderung nach formaler Freiheit des persönlichen Urteils – wissenschaftlich verbindlich zu begreifen, und von daher dann auch die Dramatik der Menschheitsgeschichte, zumal der antiken. Darin liegt m.E. der Schlüssel zu einer verlässlichen sozialen und demokratischen Zukunft. Ein Grundverständnis dieses Zusammenhanges könnte ein Schulfach Philosophie von jener Klassenstufe an leisten, in der naturwissenschaftliche Fächer die nötige konzeptuelle Hintergrund-Voraussetzung geschaffen haben.

Jenes Unverhoffte besteht nicht zuletzt darin, dass es zugleich denkbar einfach ist: Es ist in unserer alltäglichen phänomenalen Welt begründet. Aber das könnte nicht so sein, wenn es nicht zugleich auch das schwierigste, zeitlich aufwendigste: wesentlich geschichtliche Unterfangen wäre, dieses Einfache angemessen zu interpretieren. Jene Schwierigkeit wiederum ist nicht Selbstzweck, sondern wird hier mit dem Wesen der spezifisch menschlichen Autonomie und dem Konzepteiner Welt in Verbindung gebracht, zu welcher eine bessere Alternative theoretisch nicht sinnvoll denkbar ist.

91 a

A. In der modernen Wissenschaftslandschaft ist das Fehlen einer angemessenen theoretischen Spiegelung des ethischen Motivs bis heute theoretisch verdeckt. Ich sehe dafür zwei Hauptgründe:
1. Man beschäftigt sich gleichsam nur mit den äquivoken Schattenkonzepten zu unserer alltäglichen bewusst-mentalen, emotionalen und ethischen Begrifflichkeit: mit ihrer äquivoken evolutionsbiologischen und populationsgenetischen – Rekonstruktionen (s.o. 73.B). Von der zeitlichen Tiefe der biologischen Evolution und der räumlichen Tiefe der Populationsgenetik schließt man auf empirisch-wissenschaftliche Konkurrenzlosigkeit und Exklusivität.
2. Beständiges Interesse an einem genuin philosophischen Denken, das nicht dominant naturwissenschaftlich geprägt ist, wird in der Moderne häufig als ein Phänomen gedeutet, das ‚tiefer' begründet ist: gesellschaftlich, charakterlich, tiefenpsychologisch oder auch nur altersmäßig (s.o. 73.C).[95]

B. Solange das intuitive ethische Motiv theoretisch verdeckt bleibt, wird ‚Moral' in schroffem Widerstreit zu Egoismus verharren. Stets aufs Neue produziert werden so Doppelmoral bzw. enttäuschte, pessimistische, zynische oder nach dem Urbeispiel Caesars primär machtpolitisch orientierte und umgekehrt politikfremde Menschen – in jedem Falle irgendwie gespaltene Menschen und Gesellschaften.

Das vielleicht wichtigste Gegenmittel heutiger eingespielter Demokratien sind institutionell gesicherte Urteilsfreiheit und Kritik. Nur so auch ist Wettstreit von Ideen zur Lösung politischer Probleme möglich. Aber ohne Wertschätzung des genuin philosophischen Forschungstyps kann er freilich aus genannten Gründen jene Spannungssituation selbst nicht ohne weiteres beheben, ist eher von ihr mitgeprägt. Andererseits sind politischer Humor und der Konsens über die Alternativlosigkeit der parlamentarischen Demokratie in den letzten Jahrzehnten gewachsen.[96]

91 b

A. Genuin philosophischer Forschung geht es nicht primär um jene Tiefe, in welche die im üblichen Sinne emirischen Wissenschaften (wie Kant formulierte) ‚immer weiter vordringen' (s.o. 90b.A.1, 2). Vielmehr geht es ihr, so paradox das angesichts überkommener Rede von philosophischem Tiefsinn scheinen mag, geradezu um die ‚Oberfläche' der phänomenalen Welt. Ausgerechnet diese Oberflä-

---

[95] Eine Variante dieser Grundansicht äußerte jüngst ein bekannter deutscher Philosoph in einem Interview: Die traditionellen Renaissancen der Antike seien ‚*Pläsier der Oberschichten*' gewesen, während die Moderne in den Sportarenen die antike Massenkultur wirklich zu zitieren wage.
[96] Politische Harmonie, wie sie in Deutschland in der Großen Koalition 2005 und 2006 bewusst praktiziert und genossen wurde, wurde zu Recht als ‚unecht' und politisch kontraproduktiv kritisiert.

che ist seit den Vorsokratikern alles andere als verständlich. Deswegen ist genuin philosophische Forschung das eigentliche Unternehmen der Aufklärung – sofern sie dabei dem genuin physikalischen Theorietyp methodologisch und theoretisch Rechnung zu tragen sucht. Umgekehrt ist dabei – *mit* Kant – auch die grundsätzliche Grenze des physikalischen Theorietyps selbst aufzuhellen.

B. Wenn es so verstandener Aufklärung gelingt, Moral theoretisch überzeugend nur sekundär imperativisch, primär hingegen als ein spezifisch dem Menschen ureigenes *Motiv* – und dessen besondere Qualifikation als spezifisch menschliches Grundmotiv – zu sehen, werden vielleicht auch die alten Dichotomien zwischen Moral und Macht, Pflicht und Neigung zur Struktur zweier komplementärer Aspekte modifiziert werden können (vgl. o. 41 ff, 53, 60, 69-72).

92

Ein einfacher, wenn auch unhistorisch anmutender Leitsatz für eine integrierte philosophische Theorie könnte lauten: ‚Nichts dürfen wir in die Welt hineinlegen, was uns nicht schon, wenn auch unexpliziert (intuitiv), von unserer Alltagserfahrung her vertraut ist, und nichts aus ihr streichen.'

Der ‚konservative' Zug dieses Satzes[97] gilt übrigens auch für den genuin physikalischen Weltaspekt, insofern er in unsere alltäglich wahrnehmbare Leib-Umwelt-Interaktion involviert ist und schon in der vorsokratischen Denkbewegung expliziert wurde. Und doch hat gerade auch seine Explikation sowohl die Wahrnehmung als auch die Praxis des Menschen verändert – nicht nur in technischer, sondern teilweise auch in ethischer Hinsicht. Erklären lässt sich dieses scheinbare Paradox offenbar nur dadurch, dass unsere Welt zwei – gleichermaßen konträre und komplementäre – Aspekte hat.

93 a

Die für den reflektierenden Kulturtypus charakteristische Autonomie und geschichtliche Natur des menschlichen Geistes in der Interpretation der phänomenalen Welt ist zugleich das Bewegendste, was dieser Kulturtyp zu bieten hat.

93 b

Für die Betrachtung der Großartigkeit der phänomenalen Welt sitzen wir alle ‚in der ersten Reihe'. Nur haben wir das offenbar noch nicht realisiert, nicht nur weil unser Vorzugsplatz nichts kostet, sondern auch und vor allem, weil wir die Welt nicht „richtig sehen" – theoretisch *und* optisch (vgl. o. 36).[98]

Weit mehr nämlich als durch bloße Ideen ist die Moderne bislang[99] bestimmt durch genuin physikalische Theorie einerseits und das *Fehlen* allgemein überzeugender genuin philosophischer Theorien und Grundeinsichten andererseits. Bloße religiöse, philosophische sowie (freiheitlich-, ethisch-) politische *Ideen* verbinden

---

[97] Ein konservativer Zug wird in der Literatur an ähnlichen Formulierungen Wittgensteins bemängelt.
[98] Natürlich gehören zum *richtigen Sehen* auch die richtige Einstellung zur Sterblichkeit und der damit verknüpfte soziale Aspekt (vgl. o. 56). – Ferner schließt ‚*richtig sehen*' nach all dem Gesagten jeglichen Appell an neue Ideologie aus. Und sehen wir den physikalischen Weltaspekt nicht längst ‚richtig'? Entsprechend impliziert jener Ausdruck (‚richtig sehen') u.a. die Forderung, auch den genuin philosophischen Strang der Philosophiegeschichte in seiner (besonderen) wissenschaftlichen – methodologischen und ‚theoretischen' – Natur zu erkennen und so die moderne Tradition zu verabschieden, welche eine philosophische Position für die Frage des Charakters, der sozialen Stellung, der gesellschaftlicher Interessen, der ‚Erbauung (Gedankendichtung)' usw. hält.
[99] Zum Begriff der Moderne und ihrer möglichen Unterscheidung in zwei Epochen s..o. 89b, Abs. 4.

sich gern, wie die Geschichte vielfältig lehrt, mit Druck und Gewalt, Verdrängung von Zweifeln bzw. Unterdrückung der Urteilsfreiheit, Missbrauch und Pervertierung der Ideen, Bestechlichkeit und Doppelmoral.

94 a

Die ersten zwei Drittel des 20. Jahrhunderts haben die antike griechische Philosophie quellenkritisch hervorragend aufgearbeitet. Sie haben ferner den physikalischen Theorietyp als im Kern zutreffend erwiesen und ihn darüber hinaus um ganz anders geartete makro- und mikroskopische Randbereiche ergänzt.

Doch der Eindruck der beiden Weltkriege und des Holocausts hat diese Leistungen überblendet und den alten und, wie hier gezeigt werden sollte, falschen Eindruck von Unübersichtlichkeit bzw. Unwissenschaftlichkeit und daraus resultierender Praxisferne der Philosophiegeschichte eher noch verstärkt.

Ein Konzept aus dem vorgerückten 19. Jahrhundert gewann so maßgeblichen, zum Teil indirekt wirksamen Einfluss. Danach habe die *Praxis* Richtschnur in der Auswahl genuin philosophischer Positionen zu sein (Fichte, Marx).[100] Internphilosophische Qualitätskriterien gerieten so praktisch auf nachgeordnete Plätze. Ein Beispiel ist die Interpretation der Cartesischen Skepsis als Ausdruck des geistigen Umbruchs vom Mittelalter zur Neuzeit, des Cartesischen Dualismus als Ausdruck kulturgeschichtlicher Abwertung des Leibes. Der genuin philosophische Anteil der Forschungsgeschichte der Neuzeit bis hin zu Hegel wurde entsprechend der Unwissenschaftlichkeit geziehen, als ob es eine *partielle* Epochen- und Interpretationsabhängigkeit der Kriterien für Wissenschaftlichkeit selbst nicht geben könne.

94 b

Warum eigentlich ist, so möchte man im Gegenzug zu solch pessimistischem Verständnis von Philosophiegeschichte und ihrer praktischen Perspektive fragen, Völkermord (Juden, Armenier) für das 18. und noch bis gegen Ende des 19. Jahrhunderts in Europa so gut wie nicht vorstellbar? Warum haben wir kaum ein Problem damit, im Wirken Alexander von Humboldts und seinem Auftreten in Südamerika den Ausdruck des Geistes seiner Zeit zu sehen? Und warum *können* sich Menschen (unabhängig von ihrem beruflichen Status) für humanes Denken und Handeln überhaupt begeistern?

94 c

Geistige Veränderungen vollziehen sich gleichsam geräuschlos, ohne *quasi* materiell dokumentierbare Spuren. Umgekehrt ist materielle und politische Veränderung spurfähig in der Praxis wie auch im cerebralen und gedruckten (medialen) Gedächtnis. Daher auch dürfte ihre historiographische Dominanz rühren.

In der Moderne scheinen mir jener Unterschied mitverantwortlich zu sein dafür, dass sich der genuin philosophische Forschungstyp auch intern in den Spurrillen des modernen (charakterologischen, psychologischen, soziologischen) Basis-Überbau-Modells verheddert hat (94a). Dabei gehört es, wie hier dargelegt wurde (4. Teil), zur Ironie dieses Modells, dass sein relativer Wahrheitsgehalt an

---

[100] Ihre älteste Wurzel dürfte diese Auffassung in der resignativen Wendung Platons haben (1. Teil, C): Nur wenige seien zu philosophischem Denken des – auch praktisch – Guten geeignet.

die Struktur des reflektierenden Kulturtyps gekoppelt scheint. – Eben deswegen ist die Analyse der europäischen Antike unentbehrlich für das Verständnis der Moderne. In dieser Epoche nämlich entstehen der reflektierende Kulturtyp, republikanische und demokratische Verfassungen und die Philosophie mit ihren beiden Strängen der Forschung: Am ehesten versprechen die antiken Entstehungsbedingungen Aufschlüsse über das Wesen und komplexe Zusammenwirken von kultureller und politischer Geschichte. Nur so scheint mir eine Erneuerung der seit langem abhanden gekommenen allgemeinen wissenschaftlichen und bildungspolitischen Wertschätzung der philosophischen Forschung möglich und damit die Einsicht, dass ein angemessenes Verständnis der Philosophie und der Antike, basierend auf der Urteilsfreiheit, nahezu lebensnotwendig ist für die Moderne.[101]

95 a

Ohne Konstantes sind Veränderungen in der Welt und deren Erkenntnis gar nicht denkbar. Zum Konstanten des nichtfunktionalen Weltaspektes gehören z.B. die notwendig zirkulär definierten qualitativen Kerne der Grundfarben; ohne sie wären Mischungen unter Farben weder möglich noch erkennbar. Auch aus diesem Grunde ist die notwendig zirkuläre Definition wissenschaftlich aussagekräftig. Jedoch wegen der definitiven Geltung des genuin physikalischen Wissenschaftstyps gehört zu einer hinreichenden wissenschaftlichen Akzeptanz jener Definition auch eine überzeugende integrierte genuin philosophische Theorie – mitsamt ihrer spezifischen praktischen Relevanz: Denn das entscheidende praktische Defizit eines exklusiv naturwissenschaftlichen Weltbildes liegt nicht in der oft zitierten ‚Entzauberung' der Welt (im Sinne einer Elimination des Magischen), sondern, kurz gesagt, in der Entwertung der Welt (75; 3. Teil, C.II, D.7; 5. Teil, I).

Der hier entwickelte theorieinterne Ausdruck wissenschaftlicher Aussagekraft jener Definition ist 1. die Methode strikter – vergleichend-begriffsanalytischer und sprachgebrauchsanalytischer – *Beschreibung*, im Gegensatz zu theoretischer *Erklärung*; 2. das damit verknüpfte Konzept eines theoretisch unlösbaren Implikationszusammenhanges der phänomenalen Welt, der neben der Intersubjektivität sogar auch die genuin physikalische Weltstruktur umfasst: insofern sie in die – dem nichtfunktionalen Weltaspekt, zumal den Farben, inhärente – Leib-Umwelt-Struktur involviert ist. – Dieses ‚theoretische' Konzept (3. Teil, C) ist zugleich eine Explikation des Wittgensteinschen Sprachspiel-Konzepts (3. Teil, B).

95 b

Den Farben kommt – ähnlich wie den ‚Atomen' – auch historisch eine Schlüsselrolle zu für das Verständnis der Objektwelt und des Geistes, zumal wenn man sie im Kontext mit anderen Objektqualia, wie Warm und Kalt, betrachtet.

Der genuin physikalische (spätestens seit dem Vorsokratiker Anaximenes auf die Bahn gebrachte) Theorietyp verdrängt historisch vorübergehend die Farben aus ihrer Rolle für das Verständnis der Objektwelt; das lässt sich besonders gut an der Antike beobachten (Platon: Anhang I.I.B, Anm. 119). In der Neuzeit führt dieser Theorietyp, bekräftigt durch anatomisch begründete mechanische Auffassun-

---

[101] Den inneren Zusammenhang zwischen freiheitlich-politischer Verfassung, Moral, Philosophie (ihrer geschichtlichen Forschungsstruktur!) und schulischer Bildung hat nach Sokrates und dem jungen Platon erst Cicero wieder deutlich gesehen. – Schon weil *echte* Anerkennung der Urteilsfreiheit den Respekt vor Andersdenkenden einschließt, fördert sie soziale Gesinnung. Umgekehrt ist ohne Freiheit des Urteils ein echtes soziales Gemeinwesen nicht möglich.

gen von Herz und Nervensystem (Descartes), erstmals auch den Geist-Begriff in folgenreiche Komplikationen (1. Teil, A). Diese ziehen das philosophische Interesse so sehr in ihren Bann, dass die Farben bzw. Objektqualia kaum noch in ihrer ursprünglichen Funktion für einen Beitrag zu einer theoretischen Alternative wahrgenommen werden.

Interessant ist, wie Descartes mit dem Thema ‚Farben' umgeht (3. Teil, A). – Infolge physikalischer Rekonstruktion der Farben sieht der *frühe* Descartes in einer Neuverortung ihres qualitativen Kernes im rezeptiven Bereich eine Verletzung des wissenschaftslogischen Grundsatzes, Verdopplungen von Entitäten zu meiden (damit spricht er den Farben indirekt einen spezifischen, nicht wegkürzbaren ontologischen Status *sui generis* zu. In den *Meditationen* vollzieht er jenen Schritt dann doch: im eigentümlich zwittrigen – ontologischen *und* kognitionstheoretischen – Begriff sinnlicher Empfindungen (vgl. Lockes' Konzept der *sensible qualities*, 1. Teil B).

Einen zentralen Aspekt der Leistung Wittgensteins sehe ich darin, dass er das philosophische Interesse auf eine theoretische Reinstallierung der Objektqualia in der phänomenalen *Objekt*welt fokussiert, indem er deren Verdinglichung nach Analogie des genuin physikalischen Denktyps meidet.

95 c

Die wechselseitige Verwiesenheit von Konstantem und Veränderung ist nicht nur ein dem Sein und dem Erkennen gemeinsames Prinzip: Es gilt auch für beide Weltaspekte. Aber ansonsten unterscheiden sich diese voneinander:
Für den genuin physikalischen Weltaspekt ist es zugleich Grundlage des Erklärens, auch im Sinne von Vorhersagen: als Struktur-Funktion-Prinzip und daran gekoppeltes nomologisches Prinzip.[102] Der metaphysikalische Weltaspekt dagegen kann nur (im Sinne Wittgensteins:) beschrieben werden. Er ist Grundlage eines eigentümlichen, im Wert- und ‚Sinn'-Begriff gegründeten Verstehenstyps.[103]

96

A. Der Begriff des Selbstzwecks basiert in der Physik (!) des Aristoteles auf dem teleologischen, zweckursächlich *erklärenden* Konzept der Organismen. Dieses wiederum ist auf das Passkonzept von wenigen Grundelementen gestützt, die ihrerseits durch – der alltäglich wahrgenommenen Welt entliehene – einfach-qualitative Eigenschaften definiert sind (3. Teil, A). Die im weitesten Sinne zu verstehende Tätigkeit so definierter Organismen dient in einem denkbar ursprünglichen Sinne *ihnen selbst*: vegetativ (1. pflanzlich, 2. im Sinne des medizinischen Terminus), animalisch (tierisch) und noetisch (verstandesmäßig). Die Tätigkeiten von Wirbeltieren etwa dienen der *eigenen* Ernährung und Fortpflanzung – so weit in Übereinstimmung mit den Aktivitäten von Pflanzen; darüber hinaus dienen sie der *eigenen* Wahrnehmung und Ortsbewegung.

Erst die neuzeitlich-moderne Forschung führt zunehmend zur Unterscheidung zwischen einem (im Sinne der *causa efficiens*) kausal-mechanischen, ggf. teleono-

---

[102] 3. Teil, A; 1. Teil, A; ausf. Vf. 1994, 50-115 (bes. 64, 70 zur ‚negativ-selbstbegründenden Geltung' dieser *Prinzipien a priori*: Ihr Gegenteil oder Alternativen zu ihnen sind undenkbar).

[103] Im Alltag zeigt sich die Differenz zwischen dem Begriff des Glückes und dem ‚Sinn'-Begriff darin, dass wir sogar schwerste persönliche Opfer – also das Gegenteil von Glück (im engeren Sinne) – auf uns zu nehmen bereit sind oder nachträglich akzeptieren, wenn sie objektiven ‚Sinn' haben. Aber darin liegt auch eine Gefahr, die Gefahr großer privater und politischer Irrtümer: wenn nämlich der ‚Sinn'-Begriff selbst unreflektiert ist und sich löst vom Boden des In-sich-Werthaften der Lebenswelt und des *allen* Menschen gemeinsamen ‚Sinn'- Interesses. Wollen wir diese Irrtümer durch wissenschaftliche Einsicht vermeiden, müssen wir beide Weltaspekte und ihre Einheit begreifen, und dies ist offenbar ein menschheitsgeschichtlicher Prozess. (Ein weiteres Beispiel für die im Vergleich mit dem Glücksbegriff größere Komplexität des ‚Sinn'-Begriffs ist, dass letzterer Freiheit, Verantwortung und eine Integration von Sterblichkeit und Leid in das individuelle und soziale Leben impliziert.)

mischen (Vf. 1997) Weltaspekt und einem irreduzibel phänomenalen Weltaspekt, der nur durch strikte phänomenanalytische Beschreibung erfassbar ist. An letzterem Weltaspekt werden auf dem Hintergrund jenes genuin physikalischen Weltaspektes tendenziell theoretisch irreduzible Objektqualia und *in sich* werthafte Phänomene als solche begrifflich artikulierbar. Sie können so zur Grundlage eines ganz neuen: nicht erklärenden, sondern strikt phänomenanalytischen Selbstzweck-Begriffs werden, der zugleich ethischer Grundbegriff ist (3. Teil).

Dieser neue, betont ethische Selbstzweck-Begriff steht der Position des Sokrates und des frühen (und nur teilweise auch noch des mittleren)[104] Platon insofern nahe, als deren Position, an den genuin philosophischen Strang der vorsokratischen Denkbewegung (Heraklit,[105] Parmenides) anknüpfend, das Augenmerk weg von einer explizierten Naturtheorie (im Sinne der einfach-qualitativen Elemente-Lehre Heraklits oder der Teilchen-Lehre des Anaxagoras) hin auf die phänomenale Welt und ihre ästhetischen (auch erotischen!) und ethischen Aspekte lenkt und diese mit Hilfe der Ideen-Lehre zu erfassen sucht. Nicht zufällig spielt noch in Platons *Staat* die Beziehung zwischen der Sonne und den Farben die Rolle eines Gleichnisses für die Ideenlehre. Entsprechend scheinen mir Sokrates' Bemühungen um das Wesen von Tapferkeit, Frömmigkeit und Gerechtigkeit Wittgensteins Konzept des Sprachspiels und seiner ethischen Aspekte näher zu stehen als einer formalwissenschaftlichen Entdeckung der Definition.

Weil jedoch Platons Ideenlehre zugleich theoretisch erklären soll, muss das Reich der Ideen im Vergleich mit der Welt zum ontologisch Höherwertigen werden. Auch der Begriff des moralisch Guten *muss* in diesem Sinne sein ontologisch und normativ primäres Wesen im Ideenreich haben und nur sekundär im Leben. Und doch ist die phänomenale Welt beim frühen Platon die methodische Basis zur Erkenntnis des Wesens des moralisch Guten. Kant hat demgegenüber die höchste Idee des Guten in die menschliche Vernunft geholt, dabei aber den Bezug zur phänomenalen Welt aufgegeben.[106] Andererseits hat gerade Kant Entscheiden-

---

[104] – aus den im 1. Teil, C genannten Gründen.
[105] „*Es heißt, Euripides habe Sokrates die Schrift des Heraklit übergeben und gefragt: ‚Was hältst du davon?' Da habe der geantwortet: ‚Was ich verstanden habe, ist vortrefflich, – ich bin überzeugt, auch, was ich nicht verstanden habe...'.*" (Heraklit, *Fragmente*, A 4).
[106] Kants theoretisches Konzept ist in der Folge Descartes' ganz auf eine genuin physikalische Struktur der Welt (*res extensa*) und die kognitive Beziehung des Geistes zu ihr zugeschnitten. Der gesamte nichtphysikalische Weltaspekt verschwindet gleichsam im „rezeptiven Stamm" empirischer Erkenntnis: in der Sinnlichkeit. Physische Schmerzen sind gar nicht mehr phänomenal-*physischer* Natur, sondern *kognitive* Ereignisse in der Sinnlichkeit. Auch Gefühle sind hier implizit nach ihrem kognitiven oder interpretativen Gehalt definiert, scheinen daher wenig relevant für eine ethische Theorie. Entsprechend hat Kants Theorie primär den Charakter einer Analyse und Rechtfertigung möglicher empirischer Erkenntnis und ihrer *genuin physikalischen* Gegenstände. In umgekehrter Sicht verbleiben für seine Ethik oder „praktische Philosophie" nur solche Begriffe, die auch schon in jener ‚theoretischen Philosophie' eine zentrale Rolle spielen: der Begriff der Freiheit (Spontaneität) sowie ein *allein mit ihr* verknüpfter Begriff des Selbstzwecks; und weil das „*empirisch-dualistische*" Bewusstsein selbst als partielles Produkt eines von den Formen des transzendentalen Bewusstseins geprägten Konstruktionsprozesses gilt (vgl. o. 83b), lässt sich in seelischen Regungen ein weiteres Mal keine Relevanz für die so verstandene ethische Freiheit sehen.
Diese Abspaltung seelischer Ereignisse vom Begriff des Moralischen bestätigt und verstärkt die traditionelle stark polarisierende Sicht des Verhältnisses zwischen Natur- und Vernunftwesen des Menschen, obwohl doch die Annahme eines wechselseitigen Einflusses schon rein formal plausibler wäre (wie es implizit, zumindest teilweise, noch der frühe Platon – im ‚*Symposion*' – annimmt).

des geleistet für das neuzeitlich-modernes Konzept der Phänomene und für die damit verknüpfte Relativierung der genuin physikalischen Weltstruktur.

B. Die vorstehenden Überlegungen (A) sollen nicht zuletzt eine in der vorliegenden Arbeit entwickelte These bekräftigen: Es ist ein Irrweg, die Geistesgeschichte von abstrakt-moralischer oder / und moderner empirisch-wissenschaftlicher (evolutionsbiologischer oder entwicklungspsychologischer) Warte aus rein ideengeschichtlich zu sortieren und zu meinen, man brauche daraus nur die ‚richtigen' normativen Ideen (wie Toleranz[107] oder das dialogische Prinzip) auszusuchen. Denn dieser Weg verkennt: Das ethische Motiv ist zu einem erheblichen Teil beeinflusst vom wissenschaftsgeschichtlichen Prozess, von der mentalen und moralischen Unsicherheit des reflektierenden Kulturtyps.

Daher steht die Philosophiegeschichte *insgesamt* für die Tradition kritischer, schon bei den Vorsokratikern implizit dialogischer Prüfung traditioneller Überzeugungen und die Konstitution neuer. Wie gerade das Beispiel Kants zeigt (Anm. 106), kann man die moralphilosophische Diskussion nicht aus der theoretischen Diskussion ausklinken; in moralischen Grundlagenfragen kann es gar keine Instanz geben, die der Philosophiegeschichte und ihrer internen Struktur übergeordnet wäre. Dazu passt, dass sich in Europas Geschichte die systematische Philosophie (Wissenschaft) und die Demokratie am selben Ort und zeitgleich entwickelt haben. Die Grundthese, Philosophie sei in Motiv und Inhalt abhängig vom sozialen Status, ist auch sonst unhaltbar (vgl. 1. Teil / C zu Platon, 4. Teil).

Wer diesen Sachverhalt ignoriert, läuft Gefahr, an die Stelle ‚religiöser' Intoleranz eine *vermeintliche* oder *pseudo*moralische Intoleranz zu setzen. Mit ihr verschwistert ist eine wissenschaft(sgeschicht)lich selektive Verfahrensweise, welche die Analyse der inneren Struktur der Philosohiegeschichte zugunsten einer primär praktisch-‚moralisch' orientierten, implizit dogmatischen Analyse der gesellschaftspolitischen Strukturen sowie einer Dominanz des genuin physikalischen Theorietyps vernachlässigt. Die dadurch ausgelöste Polarisierung innerhalb der Philosophie wird dann leicht als eine Bestätigung dieses Verfahrens bzw. des Basis-Überbau-Modells gedeutet, ist aber dessen Produkt.

97

Man darf nicht übersehen: Wittgensteins Devise, alles (d.h. die phänomenale Welt) zu lassen, wie es ist, wurde hier gerade auch als für den genuin physikalischen Weltaspekt gültig aufgezeigt: insofern sie in die wahrnehmbare Leib-Umwelt-Interaktion *involviert* ist (was zudem eine Begründung möglicher genuin physikalischer Erkenntnis ist; vgl. o. 95c mit Anm. 102). Auch der Bruch der modernen – aber nach wie vor mathematischen – Physik mit genuin oder klassisch phyphysikalischem Denken ist von unserem alltäglichen Weltverständnis her gefordert: Er ist als Teil einer Theorie der Einheit beider Weltaspekte unentbehrlich.

Kants Beschränkung der „Freiheit", des „Selbstzwecks" (als „Selbstgesetzgebung") und des „höchsten Gutes" auf Vernunft und das damit verknüpfte „Gefühl" im Sinne einer „Achtung fürs moralische Gesetz" rückt die Vernunft in einen denkbar schroffen Gegensatz zum als bloß natürlicher Mechanismus verstandenen seelischen Leben. Damit wird, zumindest implizit, ein Einfluss der Theorie auf das ethische Motiv eingeräumt (s. Kants einschlägige ‚Anstrengungen' in der Kritik der reinen Vernunft; man denke hier auch an das Extrem überzeugter Rassisten).

Nicht das normative Vermögen der Vernunft steht hier zur Debatte, sondern dass Vernunft oder „guter Wille" als *einzig In-sich*-Gutes der Natur und dem Naturwesen Mensch entgegengesetzt werden.

Das bleibende *moral*philosophische Verdienst Kants sehe ich darin, dass er das alte Programm eines Beitrags der Philosophie zum moralischen Motiv für die Neuzeit und Moderne aktualisiert hat.

[107] War nicht schon die römische Religion ‚tolerant'?

98 a

Zwar ist der spezifische Gegenstand genuin philosophischer Forschung die immer schon bekannte phänomenale Welt, doch bedarf gerade sie besonderer Arbeit: Die geschichtliche Struktur dieses Forschens und seines praktischen Aspekts *muss* folglich ein ganz anderes Bild bieten als die des genuin physikalischen Forschens, *muss* aus dessen Sicht sogar in hohem Maße irritierend sein: Irritierend ist die genuin philosophische Forschung besonders in ihrem notorisch breiten Spektrum alternativer philosophischer Theorien (1. Teil, A) sowie in der Angewiesenheit ihrer besonderen praktischen – ethischen – Relevanz auf breite wissenschaftliche Akzeptanz der Forschung im Allgemeinen und der angestrebten integrierten Theorie im Besonderen. So entsteht der falsche Eindruck, genuin philosophisches Denken bewege sich im *bloß* Hypothetischen: ohne praktische Bestätigung oder Beweisführung (wie in Naturwissenschaft und Mathematik). Es folgt der Verdacht, solches Denken reihe bloße Artefakte oder Kunstprodukte aneinander, die als Verwirrungen des Gebrauchs der – vorab stillschweigend *exklusiv* genuin physikalisch oder philosophie*fremd* definierten! (1. Teil, B) – Sprache oder / und *außer*philosophisch – soziologisch, psychologisch – erklärbar seien (s. zuletzt 94a, Abs.3).

Objektiv gerechtfertigt wäre demgegenüber eine allgemein verbreitete wissenschaftliche, weit in die Schulbildung und ihre Didaktik reichende und sie verändernde Faszination vom skizzierten besonderen Charakter jenes Forschens; auch sie schon wäre praktisch relevant (Anm. 101). – Die Polarisierungen in die technisch (auch sozialtechnisch) relevanten Wissenschaften des 19. und 20. Jahrhunderts und ihre praktischen Implikationen (vgl. 94b), die sich bis heute im polarisierenden Gebrauch der Begriffe *naiv* und *primitiv(istisch)* bzw. *aufgeklärt, rational, kritisch* und *fortschrittlich* fortsetzen, sind in der Rückschau verständlich (4. Teil). Unvermeidlich waren sie nicht. (S. schon Kants theoretisch vermittelnde Rede von einem „empirischen Dualismus" im Rahmen eines „empirischen Realismus"; darin wird die Unterstellung von – zumal materiellen – Dingen an sich modifiziert zum Konzept von empirischen „Phänomenen", die nicht unabhängig von Bewusstsein *überhaupt* existieren.)

98 b

Sofern man den reflektierenden Kulturtyp und die für dessen Beginn und das Ende des archaisch-ethnozentrischen Kulturtyps charakteristische Entdeckung anderer Völker und Kulturen (2. Teil) ins Auge fasst,[108] teilt die vorliegende Arbeit mit Sokrates und dem frühen Platon den Grundsatz: *Moralisches Handeln ist zu einem bedeutenden Teil allgemein lehrbar; umgekehrt ist es von Theorie (Interpretation) abhängig.* – Die Entwicklung einer solchen Theorie ist offenbar ein geschichtlicher Prozess. Auch Kant ist Teil dieses Prozesses (Anm. 106). Der Baum der ‚Erkenntnis', von dem Adam und Eva im Sinne der Menschheitsgeschichte zu essen beschlossen, ist von Anfang an auch ein Baum der *Interpretation von Gut und Böse* gewesen; zu ihr gehört auch dieser Mythos selbst.

Modern formuliert: Wie die ‚phänomenale Realität' – und die (Auffassung von) ‚empirische(r) Wissenschaft'! – ist auch das ethische Motiv stets interpretativ „imprägniert" (Lenk), partiell abhängig von Interpretation.[109]

---

[108] Es scheint mir das Missverständnis verbreitet zu sein, der Übergang vom archaisch-ethnozentrischen zum reflektierenden Kulturtyp sei ein Akt menschlicher Freiheit gewesen (vgl. 2. Teil).

[109] Das bedeutet also nicht, dass ‚alles Interpretation' wäre, sondern dass das, was immer schon Realität ist, erst im Zuge des geschichtlichen Forschungsprozesses gerade auch in seiner *wesentlichen* Struktur oder Natur intersubjektiv erkennbar wird; schließlich kann ja auch das konkrete Interpretieren nicht sich selbst Konstrukt sein. Der methodologische Interpretationismus Lenks (im Unterschied zum ‚theoretischen' Interpretationismus Abels) greift der konkreten philosophischen Theorienbildung nicht vor, sondern stimuliert sie; er ist eine methodologisch explizite Verflüssigung jeglicher Form von Dogmatismus, auch des Skeptizismus und jenes relativistischen Interpretationismus. (Das schließt den Versuch ein, das Konzept der Interpretation auch auf der Ebene konkreter philosophischer Theorie zur Lösung traditioneller philosophischer Probleme einzusetzen: Lenk 2004; s. 3. Teil, D.) Gerade deswegen steht er *im Dienste* der Erkenntnis und der Freiheit des persönlichen (wissenschaftlichen) Urteils. M.a.W., das Konzept der Interpretations*imprägniertheit* ist eine moderate Alternative zum Konzept vom theorieinternen Charakter wissenschaftlicher Rede von Realität, Subjekt, Moral (!) usw.; es regt

98 c

Philosophiehistorisch zeigt sich die Theorieabhängigkeit der Moral nicht zuletzt in der Koppelung der Moraltheorie an die Theorie des Verhältnisses zwischen der Vernunft- und der Triebnatur des Menschen (s.o. 96 mit Anm. 106).[110]

99

Die skizzierte philosophiehistorische Sicht noch einmal – in (thesenhafter) Kürze:
Der Fehler in Kants moralphilosophischem Modell ist, dass im Begriff der „Neigung" die Empfindungen und Gefühle als moralisch neutral oder natürliche Widersacher des *vernünftigen* Willens aufgefasst werden anstatt als Teil einer Grundlage, aus welcher menschlicher Geist intuitiv und explizit Inhalt und Kraft seines ethischen Motivs und Interesses an ‚Sinn' zieht.[111] Jene Auffassung folgt aus Kants durchgängig (kausal)mechanischem oder genuin physikalischem Verständnis der Natur: aus der damit verknüpften Beschränkung der teleologischen bzw. ethischen Begriffe *Freiheit* und *Selbstzweck* auf die Vernunft.

Die weltimmanenten Ideen haben bei Aristoteles teleologisch-kausale Funktionen, bzw. mit dem Ideen-Konzept wird die Welt *erklärt* (s.o. 96). Daher hat seine Ethik die Form einer Lebenskunst oder Glückslehre, mit einer der kosmischen Ordnung entsprechenden Wertehierarchie (Mensch = Mikrokosmos).

In Platons Ethik dagegen spielt darüber hinaus der folgende Gedanke eine zumindest implizite Rolle: Die Ideen und die von ihnen bewirkten Entitäten der Welt – im Falle der Menschen auch das ihnen Nützliche (*Staat* 379b) – hätten kraft *unmittelbarer* Teilhabe an der höchsten, ihrerseits in sich gegründeten ‚Idee' des Guten (jenseits des Seins der sozusagen regulären Ideen) auch den Charakter des Insich-Guten. Besonders ausgeprägt sei dies im Falle des phänomenal Schönen. Allgemeiner formuliert: Noch schöner ist es, wenn in bzw. auf Grund der Erfahrung des Schönen dessen eigentümlich unmittelbarer (nicht alltäglich-mechanisch vermittelter) Ursprung bewusst wird. Platon deutet diesen Sachverhalt durch das Konzept einer von der Welt unabhängigen, sie hervorbringenden und an Schönheit buchstäblich in den Schatten stellenden höchsten Idee des Guten. Alle Menschen seien sich dessen ahnungsweise bewusst; ein entfaltetes Bewusstsein impliziere, so dürften zumindest Sokrates und der *frühe* Platon gedacht haben, die höchste Form von Gerechtigkeitsinteresse und – im Falle seiner allgemeinen Mitteilbarkeit – Lebensqualität, kurz: das höchste *dem Menschen gemäße* Gut.

---

das genuin philosophische Forschen zu ständiger Revision an, im Gegensatz zum genuin physikalischen Forschungstyp, innerhalb dessen heute von *definitiven* Erkenntnissen gesprochen werden kann. Auch von einer gelungenen integrierten philsophischen Theorie kann man nur sagen, sie überzeuge aus guten Gründen mehr als alle anderen bekannten Theorien. Zu diesen Gründen gehört: Die Theorie*imprägnierung* des Begriffs der Natur muss, wie methodologische Grundkonzepte generell, auf der Ebene konkreter Theorie spiegelbar sein (vgl. o. 59.B.c, 76c.B, 77, 83b).

[110] Wie schon das Beispiel Platons zeigt, ist diese Entwicklung mitnichten linear fortschreitend: Noch der frühe Platon glaubt, Tugend sei *jedermann* lehrbar und die erotische Liebe stehe in konstruktiver, also nicht additiver oder gar reduktionistischer Beziehung zum Guten bzw. zur Vernunft (1. Teil, C); additiv ist erst im *Staat* die Ontologie, das Verhältnis zwischen den drei Seelenteilen und ihren politischen Entsprechungen in dem gemeinen Volk, den Wächtern und dem Philosophenkönig.

[111] Insofern Kant den Begriff des ‚guten Willens' nicht starr an dessen Realisierung koppelt, kann man ihm Rigorismus schwerlich vorwerfen. Entsprechend hat er wohl auf eine allgemeine Verbreitung des guten Willens als Voraussetzung für dessen erfolgreiche Praktizierung (Weltfrieden) gesetzt.

100

A. Wenn moralisches Denken und Handeln (partiell) theoretisch lehrbar ist, dann ist es geradezu ein – heuristisch mit in Betracht zu ziehendes – ethisches Gebot, dass die angestrebte integrierte Theorie jedermann mitteilbar sei. Solcher Erwartung entspricht die Philosophiegeschichte insofern, als es ihr im Kern um eine theoretische Explikation der alltäglichen phänomenalen Welt geht.

B. Der geschichtliche Aspekt des ethischen Motivs kann den Anschein einer Abwertung bisheriger Geschichte zugunsten des Künftigen erzeugen. Diesen Anschein löst der hier explizierte Begriff von ‚Sinn' auf, an dem die gesamte Geschichte teilhat. ‚Sinn' lässt sich daher als die umfassende inhaltliche Einheit der Welt im Allgemeinen und des ethischen Motivs im Besonderen bezeichnen.

101 a

A. Der philosophische Mainstream ist *nach* Kant insofern vom Weg abgekommen, als sie die von Descartes bis Kant leitende Frage zunehmend aus dem Blick verlor: *Wie ist der genuin physikalische Forschungstyp (als Ablösung des aristotelisch-stoischen Physiktyps) in die methodologische und theoretische Reflexion des genuin philosophischen Forschungstyps einzubinden und wie kann dieser dabei selbst neue wissenschaftliche Kontur und Richtung gewinnen (und seine geschichtlich ausgewiesene moraltheoretische Aufgabe erfüllen)?* Gerade der sehr ausstrahlungskräftige Höhepunkt der Zeit des Idealimus (Hegel; in Deutschland auch A. v. Humboldt, Goethe) trägt in sich den Verlust dieses Problems und damit den Keim einer Krise, die infolge ihrer Undurchschautheit auch praktisch folgenschwer ist:

Prompte Folgen jenes Problemverlustes nämlich sind die seit Mitte des 19. Jahrhunderts zunehmende wissenschaftliche Dominanz des genuin physikalischen Forschungstyps (der zudem transzendental selbstbegründungsfähig ist: s. zuletzt Anm. 102) und korrespondierende Konstatierungen einer kulturellen Krise (ohne strukturanalytische Aufarbeitung der Philosophiegeschichte). All dies befördert eine Umkehrung Hegelscher Betonung der *politischen* Geschichte zu primär praktisch motivierter Kritik am *genuin philosophischen* Denken insgesamt.

Übersehen wird in den dabei gebildeten Richtungen und ihrem Streit, dass alle ausnahmslos *Beteiligte* der philosophischen Orientierungskrise sind: Ein theoretisch exklusiver genuin physikalischer Theorietyp nämlich ist aus dem hier wiederholt genannten einfachen Grunde moralisch destruktiv (wie auch explizit ethische Theorien moralisch kritisierbar sind). Doch weil seine wissenschaftliche Dominanz, das ethische Motiv und dessen theoretische Verunsicherung ungeteilte Merkmale der Kultur insgesamt sind, ist auch jene Krise ein kulturell unteilbares Phänomen: *Persönliche* Schuldzuweisungen, etwa an konsequente Physikalisten oder Cartesianer, haben daher selbst etwas ‚Unmoralisches' an sich. Sie sind *Teil* der Krise: des darin verbreiteten Hanges zur Doppelmoral und der tendenziellen Behinderung der genuin philosophischen Diskussion.

Demnach ist jene krisenhafte Entwicklung der Philosophie eine wichtige, vielleicht entscheidende Wurzel der politischen Katastrophen des 20. Jahrhunderts.

B. Die Krise der Philosophie und ihre Undurchschautheit wurden durch die politischen Fehlentwicklungen verschlimmert. Was sollte es angesichts jener Katastrophen, zumal des Holocausts, und der Folgeprobleme überhaupt heißen: es gebe genuin philosophische Probleme, und diese seien mit ungemindertem Ernst und arbeitsmäßigem Aufwand, auch im Hinblick auf die Praxis, zu lösen? Bzw.

sind auf der anderen Seite die nicht endende Philosophiegeschichte und die politischen, moralischen und totalitären Katastrophen des 20. Jahrhunderts nicht neue Belege für theoretische Überheblichkeit und moralische Schlechtigkeit?

Die Philosophiegeschichte wurde in der Folge tendenziell ideengeschichtlich verlesen und verhandelt: nach ihrer (a) *primär* moralisch-praktisch-politischen, (b) naturwissenschaftlichen, (c) psychologischen, aber auch traditionell nach ihrer (d) theologisch-kulturellen Relevanz; es entstanden entsprechende Schultypen. Die alte Polarität zwischen Idealismus und Materialismus geriet erst jetzt zu Unversöhnlichkeit – vor allem im Sinne weitgehenden Desinteresses an einer theoretischen Integration beider. Hinzu kam, gemessen an Descartes, eine wachsende Besetzung auch von Begriffen hoch- und höchststufiger Bewusstseinsleistungen durch äquivoke biologische Terminologie.

Die Philosophie insgesamt wurde im Zuge dieser Entwicklung konkret-politisch aufgeladen: Auch die philosophische Forschung ließ sich tendenziell hineinziehen in den Erwartungs- und Entscheidungsdruck konkret-politischer und (sozial-)psychologischer Positionen und Parteien; das zeigte sich schon zwischen den beiden Weltkriegen, und doch kam es zu neuer Blüte. Besonders Wittgenstein hat jenen politischen Druck als solchen empfunden und ihm standgehalten. Er war es auch, der zur inhaltlichen und methodischen Struktur der Philosophiegeschichte neue Wege beschritt (und von ihrem Zusammenhang mit der politischen Geschichte überzeugt war; s. Vorwort PU, drittletzter Absatz).

C. Gegen Ende des 20. Jahrhunderts haben sich die neu begründeten Schulbildungen zu einem mehr oder weniger bewusst akzeptierten philosophischen Pluralismus gemäßigt (wie etwa beim späten Popper: s.o. 48, Anm. 77; vgl. aber 73c). Sie erscheinen jetzt selbst als demokratische Übungen und als (Selbst-)Schutz der Demokratie gegen Totalitarismus. Das hat auch erzieherischen, sozialen und sogar philosophischen Nutzen. Und doch verdeckt auch dies noch die skizzierte philosophische Krise, hier speziell eine stillschweigende Herabstufung der Philosophie zu bloß formaler Affirmation demokratischer Verhältnisse.

Wie in keiner anderen Wissenschaft gehört im philosophischen Forschen die formale Urteilsfreiheit zum methodologischen Boden. Schon seine vorsokratische Anlaufphase setzte implizit darauf. Aber so wenig wie das darin implizierte dialogische Prinzip kann dies Selbstzweck sein, sondern umgekehrt können thematische Wendungen zur Lebenswelt nur zu den *Konsequenzen* von Forschung gehören, zumal genuin philosophischer. Diese ist bis heute weder abgeschlossen noch durch spezialistische Verkürzungen der Philosophiegeschichte abkürzbar.[112]

101 b

Der Gedanke scheint uns im Alltag *intuitiv* abwegig, unser alltägliches Weltbewusstsein, insbesondere unser ethisches Motiv, könnte in bedeutendem Maße interpretations- oder theoriedurchsetzt, mithin geschichtsabhängig sein. Als Musterbeispiel wurde hier immer wieder unser intuitives alltägliches, gegen einschlägige naturwissenschaftliche Theorie resistentes Festhalten an der irreduziblen Objektzugehörigkeit der phänomenalen Farben angeführt.

Und doch zeigt sich die Dominanz des genuin physikalischen Forschungstyps bis heute darin, dass dieser im explizit theoretischen Bereich konkurrenzlos gilt. Gleichsam die Resultierende aus beiden eigentlich unvereinbaren Haltungen ist, dass wir jenes implizite Festhalten nicht bis in unser explizit theoretisches Weltverständnis vordringen lassen: Phänomenale Farben haben für uns keine *explizite* objektive Geltung, die in Konkurrenz zum genuin physikalischen Weltverständnis

---

[112] Schon die Antike zeigt, dass die Entwicklung der Philosophie und die Entstehung der Demokratie gleichermaßen verwandt *und* unabhängig voneinander waren. Sie waren sogar so unabhängig, dass die Philosophie zu einem zusätzlichen Konfliktherd in der bereits fortentwickelten athenischen Demokratie wurde; noch die späte römische Republik bekam die Ambivalenz der griechischen Philosophie und ‚Aufklärung' zu spüren. Die konstruktive Rolle der Philosophie für die moralische und freiheitlich-politische Praxis erfasste erst Sokrates, doch wie sollte er dies erfolgreich vermitteln, ohne zugleich die Struktur der bereits knapp zweihundertjährigen Philosophiegeschichte zu vermitteln? Cicero sah in den Philosophen-Schulen seiner Zeit erstmals eine Herausforderung an das systematische Denken *und darin* zugleich eine Bestätigung jenes sokratisch-frühplatonischen Geistes.

treten könnte. Eben darin zeigen sich die Theorie- und die Geschichtsabhängigkeit gerade unseres alltäglichen Welt- und Selbstverständnisses.

Was für die phänomenalen Farben gilt, gilt auch für das Subjekt und die Intersubjektivität, einschließlich der Ich-Du-Beziehung: Auch hier reicht der Appell an die alltägliche (theoretisch irreduzible) Erfahrung nicht aus, ihre faktische *exklusiv-theoretische* Durchdringung durch den genuin physikalischen Theorietyp abzuwehren. Nur eine überzeugende integrierte Theorie kann das leisten: Nur sie lässt den Ort der genuin physikalischen Weltstruktur und der biologischen Evolution in der phänomenalen Welt erkennen, und nur durch sie lässt sich das theoretisch Irreduzible der phänomenalen Welt *verstehen*.

101 c

A. Wie müsste ein *bloß gedachter* nichtphysikalischer Weltaspekt beschaffen sein, um erkennbar zu sein und unser Handeln beeinflussen zu können?

1. Er könnte nicht wie physikalische Strukturen (körperlich, handwerklich, technisch) umgänglich und distanzierbar sein (fehlende Außenansicht); 2. und doch müsste er unmittelbar gegeben sein. 3. Er müsste gleichsam Passform haben zur umgänglichen Welt bzw. zur genuin physikalischen Rekonstruktion der phänomenen Welt (Korrespondenz-Prinzip; äquivoke genuin physikalische und genuin philosophische Terminologien); 4. und doch darf er theoretisch nicht nach Analogie des genuin physikalischen Weltaspekts interpretiert werden.

5. Physikalischen Niederschlag kann er nur im menschlichen Sprechen und Handeln finden. So verstanden wären die Sprache(n) und die Kultur(en) der Menschheit *auch* Niederschläge des nichtphysikalischen Weltaspektes (2. Teil); den *Quasi*-Umgang mit dem nichtphysikalischen Weltaspekt erlernen die Menschen mithin nur mit der Muttersprache in den jeweiligen phänomenalen Situationen.

Ist damit nicht ein wichtiger Aspekt der faktischen Welt adäquat eingefangen? Es scheint auch dem Kern der Konzeption Wittgensteins zu treffen. Entsprechend ist das in Punkt 5 umrissene Verständnis von Sprache – ganz im Sinne Wittgensteins und anders als ihm vielfach (etwa Habermas 2005/2004, 185), unterstellt wird – kein konstruktivistisches: Von der philosophischen Tradition erarbeitete Begriffe, wie der Begriff des ‚Ich (im Sinne zeitübergreifender numerischer Identität des Bewusstsein)', sind gerade *nicht* als Konstrukte der grammatischen Personalpronomina interpretierbar. Ein solcher theoretischer Konstruktivismus gehört vielmehr in „erklärende" (Wittgenstein) Kontexte, also gerade in den naturwissenschaftlichen (3. Teil, C.VII). Wittgenstein dagegen weist der Alltagssprache und ihrem Handlungskontext neben der Erfassung des genuin physikalischen Aspektes der phänomenalen Welt die Funktion einer indirekten Miterfassung des naturwissenschaftlich gerade nicht erklärbaren, theoretisch unhintergehbaren Weltaspektes zu (3. Teil, B; in der Reflexion dieses Sachverhaltes liegt nach Wittgenstein die einzige Möglichkeit einer adäquaten „Beschreibung"). Wäre jener Aspekt ein sprachliches Konstrukt, wäre mit so verstandenem Entstehen (Konstruiertwerden) natürlich auch er selbst „erklärt". Das wäre so, als wollte man die von Habermas (179) bejahte Kausalität aus Freiheit (bei Kant in zugespitzter Form Grundlage der theoretischen wie der praktischen Vernunft) erklären.

B. Ein weiteres Theorem fügt sich jetzt nahtlos an: *6. Auch ein nichtphysikalischer Weltaspekt muss als solcher, auf der Objekt- wie auf der Subjekt- oder Er-*

kenntnisseite, Konstanzen haben. In der vorliegenden Arbeit geht es vor allem um ‚materiale' Konstanzen auf der Objektseite (analog der Leib-Umwelt-Interaktion bzw. dem Struktur-Funktion-Prinzip des physikalischen Weltaspektes: 3. Teil, A. I.1). Grundlage dafür ist die notwendig zirkuläre *Kern*definition der Objektqualia.

101 d

A. Die spezifische Schwierigkeit der Moderne, genauer: ihrer ersten Etappe, ist die Asymmetrie zwischen den beiden Forschungstypen: eine genuin physikalische Prägung auf Kosten des genuin philosophischen Theorietyps (101a).

Die Asymmetrie im öffentlichen und wissenschaftlichen Bewusstsein verdeckt, dass sie ihre Wurzel in der seit Beginn der Neuzeit erreichten Problemstruktur der *genuin philosophischen* Forschungssituation hat. Mehr noch, diese Problemstruktur ist der genuin philosophischen Forschung weitgehend entglitten, so weit, dass das Neue des Wittgensteinschen Ansatzes unzureichend gesehen wird (und Wittgenstein selbst sich für unverstanden hielt).

Als Ursachen dieser Problemverschüttung und damit jener Asymmetrie sehe ich: 1. eine rein negative Geringschätzung und Abwehrhaltung gegenüber der Aporetik traditioneller neuzeitlicher, besonders Cartesischer Theorie. Anders als Kant und Wittgenstein, die ihre Vorgänger als Hintergrund ihrer eigenen Überlegungen nutzen, übergeht man das konstruktive Element der Aporetik. (Sicherlich speist sich diese Tendenz auch aus Kants und Wittgensteins scharfer Kritik an Descartes' physikanaloger Verdinglichung des Bewusstseins.)
2. Entsprechend berücksichtigt man nicht den Gesamtkontext der Theorie Kants, die nur insgesamt sinnvoll änderbar ist. Vielmehr löst man bestimmte Konzepte heraus und macht sie zur Grundlage einer neuen Theorie, etwa (wie Hegel) den Begriff der unerkennbaren Realität an sich oder den Begriff der Konstruktion (der nach Kant auch für den empirischen Bereich gilt, KrV, B 117). Diese Tendenz trifft sich mit der weiteren Neigung, die Differenz zwischen dem aristotelisch-stoischen und dem genuin physikalischen Physiktypus zu verwischen.[113]

---

[113] Als Teil jener breiten Strömung ist auch Habermas' Konzeption zu sehen (vgl. 101c.A): Sein von Kant entliehenes und modifiziertes Konzept der Freiheit verbleibt praktisch als die einzige theoretische Reibungsfläche mit genuin physikalischem Naturverständnis. Doch auch diese stutzt Habermas zurück: 1. im Konzept einer an sich existierenden genuin physikalischen Weltstruktur, das Descartes und Kant zufolge entweder in die Cartesische Aporetik treibt oder die Tiere (wie zu Recht auch Descartes vorgeworfen wurde) *und* die Menschen zu Maschinen erklären muss; 2. im Eingeständnis einer diesbezüglichen „Verlegenheit" (2005 /2004, 179), einer Restaporetik sozusagen. 3. Indem alle sonstigen Konzepte der genuin philosophischen Tradition, besonders das Bewusstseins- und das Ich-Konzept, der pauschalierenden Kritik einer nicht weiter spezifizierten Verdinglichung oder „Reifizierung" (185) unterzogen und durch das (auch biologisch interpretierbare!) Konzept einer im trivialen Sinne ‚grammatischen' Konstruktion redefiniert werden (vgl. 101c.A), wird die Dominanz des physikalischen Theorietyps (101b) bestätigt. Ein derartiges Freiheitskonzept erinnert eher an einen modernisierten Epikur als an Kant oder Wittgenstein (wie sonst könnte „Kausalität aus Freiheit" kein *ontologisch*-dualistisches Konzept sein?); Habermas selbst bezeichnet seine Position als einen „nicht-szientistischen oder ‚weichen' Naturalismus" (157; nicht-szientistisch = „*epistemisch*-dualistisch").
Von einer Restaporetik, die Habermas „*beiden* Seiten" zuspricht (179), lässt die gegenwärtige biologische bzw. entsprechend orientierte philosophische ‚Seite' wenig erkennen (vgl. Bieri 2001, 2005). Das hat wohl mit dem hier wiederholt betonten Umstand zu tun, dass vom genuin physikalischen Theorietyp her eine Verbindung zu genuin philosophischer Begrifflichkeit theoretisch gar nicht plausibel herstellbar ist, vielmehr nur die umgekehrte Verfahrensweise möglich ist. Diesen Weg aber beschreitet Habermas nicht und scheint dies mit jener Symmetrie der „Verlegenheit" rechtfertigen zu wollen.

Wundert es also, dass am Ende der genuin physikalische Physiktypus dank seiner Klarheit und technischen Präsenz wissenschaftlich dominiert (101b)?

B. Noch die zweite Etappe moderner genuin philosophischer Forschung hat Berührungsängste im Umgang mit dem physikalischen Forschungstyp.

1. Der frühe Wittgenstein überlässt im Konzept des Unsagbaren das Feld der Wissenschaft ganz den „Sätzen der Naturwissenschaft" – und macht den ihr fundamental verpflichteten Wissenschaftlern jenes Konzept gleichwohl zum Stein des Anstoßes. Erst im späteren Konzept der „Sprachspiele" oder (in diesem Sinne:) der „Grammatik" vollzieht er den entscheidenden Schritt zur Überwindung jener Asymmetrie auf neuer Ebene: Wie im Ansatz schon Descartes und konsequenter als Kant, sieht er den aporetischen Zwei-Substanzen-Dualismus als Produkt falscher, vom physikalischen Theorietyp inspirierter Denkgewohnheiten. Daher kehrt er zurück zum Ausgangspunkt genuin philosophischer Theorie, zur phänomenalen Welt und der ihr entsprechenden Alltagssprache. Letztere macht er zum Maßstab legitimer Rede über einen theoretisch irreduziblen Aspekt der phänomenalen Welt und weist so die *Richtung* eines primär ontologischen Zwei-Aspekte-Monismus (3. Teil, B).

2. Dieses Verfahren allein kann freilich die Dominanz des physikalischen Theorietyps (101b) nicht hinreichend brechen. – Das zeigt sich nicht zuletzt in der Rezeption Wittgensteins, und zwar in allen – je irgendwie konstruktivistischen – Haupttypen: 1. im rein *epistemisch*-konstruktivistisch-dualistischen Naturalismus, der einen neurologischen Determinismus ausschließt (z.B. Habermas, s.o. A mit Anm. 113), 2. im konstruktivistisch-theoretischen Interpretationismus, der dem genuin physikalischen Theorietyp den höchsten Härtegrad zuschreibt, 3. im strikten Naturalismus mitsamt seinen empirisch-konstruktivistischen Implikationen (Erlernen der Muttersprache etc.). Alle diese Rezeptionstypen nämlich bedienen sich einerseits wie selbstverständlich der Rede von *realen* Neuronen-Netzen und Genen. Andererseits steht solcher Rede ein wiederum asymmetrisches ‚Verbot' gegenüber: Danach dürfen Züge der phänomenalen Welt, die durch deren genuin physikalische Rekonstruktion nicht angemessen erfassbar sind, unter keinen Umständen – bei ‚Strafe' des Vorwurfs unwissenschaftlicher Naivität (Primitivität) und Hypostasierung (der bei Kant freilich einen ganz anderen Sinn hat) – ontologisch interpretiert werden.

Die genannten Missverständnisse Wittgensteins verstärken die primäre Praxisorientierung der Moderne, zumal Wittgenstein selbst den Sprach*gebrauch* und das Handeln betont. Beide Strömungen, diese Praxisorientierung wie jene Missverständnisse Wittgensteins, sind demnach Ausdruck der *Krise* der modernen genuin philosophischen Forschung: im Sinne der bezeichneten impliziten ontologischen Asymmetrie zugunsten des genuin physikalischen Theorietyps.[114]

101 e

Charakterisieren lässt sie sich die von Wittgenstein eingeleitete Entwicklung als eine sich auf neuer Ebene vollziehende Rückkehr genuin philosophischen Forschens zu einem in einem neuen – nichtfunktionalen – Sinne ‚*empirisch*'-wissen-

---

[114] Die Verbindung beider Strömungen zeigt sich indirekt in Habermas' oben diskutiertem Aufsatz: Die „*reduktionistische Forschungsstrategie hat sich gegenüber dem Commonsense immer wieder mit kontraintuitiven Erkenntnissen durchgesetzt. Ein subjektiv empfundenes Phänomen wie Hitze ist auf die Bewegung von Molekülen zurückgeführt worden, und n i e m a n d stößt sich an den physikalischen Begriffen, in denen wir Farbdifferenzen und Tonhöhen analysieren*" (167, Sperrung hinzugefügt). Ähnlich schreibt Bieri 2005: „*Nichts an unserer Erfahrung geschieht ohne physiologischen Hintergrund: nicht die Wahrnehmung, nicht das Denken, nicht das Fühlen. Doch n i e m a n d kommt auf die Idee, dass dieser physiologische Hintergrund den Gegenstand all dieser Erfahrungen zu bloßen Illusionen macht*" (125 linke Spalte, Sperrung hinzugefügt).

Beide Autoren scheinen das Wort „niemand" mit dem Commonsense zu begründen; d.h. Philosophen, die in der neueren fachphilosophischen Diskussion seit Husserl bzw. Feigl und Sellars anderer Überzeugung sind, scheinen irgendwie als primär theologisch geleitete oder ‚naive' Außenseiter zu gelten (vgl. den Ausdruck „primitivistisch" bei Ralph Schumacher, 1. Teil, B). Erinnert sei daher an die an unserem Alltagsbewusstsein aufzeigbare Spaltung, sofern es dem Einfluss der Naturwissenschaft einerseits standhält, andererseits nicht: Das zitierte Wort „niemand" bzw. der Commonsense, auf den es sich offenbar beruft, bezieht sich auf jenen Einfluss der Naturwissenschaft; doch übersieht diese Art

schaftlichen Unternehmen: Dem physikalischen, „erklärenden" Verständnis von Objekt, Welt und Objektivität wird ein die phänomenale Welt strikt „beschreibendes" und von da aus auch die genuin physikalische Weltstruktur erfassendes Verständnis ergänzend zur Seite gestellt: im Konzept zweier theoretisch voneinander unlösbarer und wechselseitig irreduzibler Weltaspekte. Erzielt wird jene strikte Beschreibung durch eine konsequente, nicht nur über Descartes, sondern auch über Kant entscheidend hinausgehende Meidung des genuin physikalischen Denkmusters und des von ihm inspirierten verdinglichenden Denkens.

Insoweit von der phänomenalen Welt her auch der genuin physikalische Weltaspekt erfassbar ist, nämlich als involviert in die phänomenale Leib-Umwelt-Interaktion, lässt sich die Welt insgesamt als Implikationszusammenhang beschreiben: Kein ‚Teil' lässt sich aus ihm konkret herauslösen und als an sich oder absolut existierend denken, also auch nicht die genuin physikalische Weltstruktur als unabhängig vom nichtfunktionalen *Welt*aspekt. Konsequenter als bei Kant gehören zum Implikationszusammenhang nicht nur intersubjektive Beziehungen, sondern auch das Konzept von einer theoretisch nicht sinnvoll hintergehbaren Grenze der Welt, welches die – noch von Kant nicht hinreichend überwundene – Vorstellung einer gleichsam von außen her theoretisch erfassbaren Welt ausschließt. Entsprechend entsteht – aus unserer Sicht jederzeit – die Welt insgesamt quer zu Raum und Zeit, und mit ihr natürlich auch Raum und Zeit selbst. Weltintern dagegen gilt die *raumzeitliche* Einheit beider Weltaspekte. Verbindung zum Alltagsbewusstsein hat dieses Konzept darin, dass Menschen seit jeher im Tod eine Grenze

---

von Statistik die andere Seite in jener Spaltung (s. zuletzt 101b).
Nur auf Grund unseres Freiheitsbewusstseins macht sich Habermas für einen epistemischen Dualismus stark. Bieri dagegen argumentiert, das für seinen Begriff von Freiheit entscheidende Kriterium, „ob jemand denkend Kontrolle über seinen Willen auszuüben vermöchte oder nicht", sei vereinbar mit einem hirnphysiologischen Determinismus, und *„diejenige Freiheit, die durch keine Hirnforschung widerlegt werden kann, reicht für Verantwortung"*; eine „Revolution" im Sinne einer Ablösung von Schuld, Sühne und Empörung durch Therapie und Mitleid sei gar nicht nötig (2005, 125 r. Sp.). Mehr als die anderswo erörterte Frage, ob sich mit unserer intuitiven Überzeugung, keine – selbstprogrammierungsfähigen – Automaten zu sein, analog verfahren lässt, interessiert hier:
Beide Argumentationsweisen teilen zur Beurteilung der wissenschaftlichen Qualität philosophischer Theorien das Kriterium praktischen Nutzens. Es ist von daher klar: Die „kontraintuitive" naturwissenschaftliche Reduktion der phänomenalen Farben lässt einen dem Freiheitsbewusstsein vergleichbaren Praxisbezug nicht erkennen, scheidet daher als Gegenstand genuin philosophischer Theoriebildung aus. Dagegen scheint die Gemeinsamkeit beider Forschungstypen gerade darin zu bestehen, dass ihre praktischen Folgen *ursprünglich* außerhalb jeglicher Denkbarkeit standen. Umgekehrt gehört es zur Krise moderner Philosophie, dass sie die praktische Perspektive, die seit Heraklit und Sokrates aus genuin philosophischem Forschen resultierte, mit dessen wissenschaftlichem Anspruch zerstört.
Wohl kaum hätte ein primär praktisches Interesse die Wissenschafts- und Philosophiegeschichte auf die Bahn gebracht; und ein Ausschluss des genuin philosophischen Denkens insgesamt aus dem Begriff von (Natur-)Wissenschaft hätte schon die vorsokratische Denkbewegung auf die Linie *Thales – Anaximenes – Demokrit* verkürzt. Zeigt nicht umgekehrt die vorsokratische Denkbewegung, dass gerade der genuin physikalische Theorietyp methodologisch unverzichtbar am genuin philosophischen Theorietyp beteiligt ist (1. Teil, A), mithin auch daran, dass erst am Ende die ethische Thematik als ein zentraler Gegenstand auch *wissenschaftlichen* Interesses entdeckt wird?
Wäre das nicht so, wäre seit den Vorsokratikern die Überzeugung fraglos gültig: ‚*Sofern Menschen einander Wert zuerkennen, ist dies ein Wert, den sie objektiv gar nicht haben; folglich ist jenes Zuerkennen jederzeit anstandslos widerrufbar.Entsprechend sind wir – selbstprogrammierungsfähige – Automaten und sollten uns gegen unsere intuitive Überzeugung als solche sehen und behandeln.*'

ihrer Lebenswelt sehen, zumindest ein Problem, auf dessen angebliche Auflösung Philosophen wie Epikur viel intellektuellen Scharfsinn aufbieten müssen.

Das hier vorgestellte Konzept eines Implikationszusammenhanges tritt an die Stelle von Kants bewusstseinsphilosophisch-konstruktivistischer Analyse und Theorie möglicher empirischer Erkenntnis und Erkenntnisgegenstände.

Entsprechend erweist das Konzept des nichtfunktionalen Weltaspektes seinen Sinn *am Ende* nicht nur als Konsequenz kritischer Beurteilung unseres Erkenntnisvermögens, sondern auch darin, den Kern der Ethik auf neuer Ebene in den Bereich der – jetzt weltimmanenten – Ontologie zurückzuholen (und in ihr gar eine *conditio sine qua non* möglicher empirischer Realität zu sehen: 3. Teil, D.7).

102

A. Methodisches (1. Teil, A), daher faktisch von Anfang an von formaler Urteilsfreiheit lebendes genuin philosophisches Forschen hat spätestens seit Sokrates eine *spezifische* praktische Perspektive und ein entsprechendes Motiv. Aber gerade das Beispiel Platons und der ihm folgenden Schule der skeptischen Akademie zeigen (von der Existenz konkurrierender Philosophenschulen ganz zu schweigen), dass diese praktische Perspektive nicht Teil der *Methode* sein kann oder eine Art ‚Vorschrift', der genuin philosophisches Forschen zu folgen habe.

B. Jene primäre Wahrheits- und Forschungsverpflichtung der antiken Philosophie wird in den der Antike folgenden Geschichtsepochen gleich zweimal verletzt:
1. Im späten Mittelalter und in der Neuzeit zeigte sich ein kulturell und philosophisch etabliertes und einflussreiches theologisches Denken als dem genuin physikalischen Forschungstyp im Regelfall eher hinderlich.
2. In der Moderne wurde jene theologisch motivierte Hemmung des genuin physikalischen Wissenschaftsstranges durch eine gesellschaftlich-praktisch orientierte Hemmung des genuin philosophischen Forschungstyps zunehmend abgelöst. Dabei spielte freilich die ausgesprochene oder unausgesprochene, u.U, sogar undurchschaute Unterstellung eine Rolle, genuin philosophisches Denken sei schon im Grundansatz und in der Methode eben jenem religiösen Denken verwandt, das in Mittelalter und Neuzeit ‚wissenschaftliches Forschen' *generell* behindert habe. Zudem wird religiöses Denken mit musikalischer Begabung verglichen, die für wissenschaftliche Aussagen über die *objektive* Wirklichkeit nicht qualifiziert und zuständig sei; auf diese Weise wird indirekt und nebenher der genuin philosophische Wahrheitsanspruch nochmals diskreditiert. Zugeständnisse an traditionelle genuin philosophische Konzepte werden bestenfalls im Falle des Freiheitsbewusstseins gemacht. Vgl. o. Anm. 113 f.

Darauf, dass derartiges Praxisverständnis im gesellschaftswissenschaftlichen Bereich vom naturwissenschaftlichen Forschungstyp bekräftigt wird, sei hier nochmals eigens hingewiesen. Danach gilt: *‚Alles ist irgendwie praktikabel bzw. im – interaktiven – Handeln konstruierbar. Entsprechend muss sich alles philosophische Forschen, wenn es denn schon einen spezifischen wisssenschaftlich-theoretischen Rang beansprucht, von vornherein als praktisch nützlich erkennbar sein'.*

C. Dass das Europa des 20. Jahrhundert die Schule schlimmer Kriegskatastrophen und totalitärer Erfahrungen durchmachen musste, ist mithin *auch* Konsequenz der Krise der genuin philosophischen Forschung.[115] Mit einer langen Friedenszeit hat diese praktische ‚Schule' dem philosophischem Forschen die Chance

---

[115] Diese Krise war zunächst, in Hegel, zugleich als philosophiehistorischer Gipfelpunkt dahergekommen und deshalb auch philosophieintern kaum erkennbar (vgl. o. 101a.A). Ein erstes äußerliches Indiz der Krise war, dass an die Stelle des Zieles einer integrierenden Theorie und strengen Methodologie (Descartes, Hume, Kant) eine Serie von Spaltungen und ganz neuer, untereinander kaum vermittelbarer genuin philosophischer Ansätze trat, die von dem alten – auch wissenschaftlichen – Ansehen der Philosophie und ihrer (europäisch-)international verbindenden Kraft mehr zehrten als es mehrten.

beschert, die Krise zu überwinden.[116] Nicht zuletzt hat sie den Sinn für traditionell-alltägliche ethische Intuitionen sowie für geistesgeschichtliche Sedimentationen im modernen Bewusstsein befördert.

103

Bedingungen inneren und äußeren Friedens in der Geschichte der Völker:
1. Für echten Frieden und entsprechendes soziales Zusammenleben zuständig sind in der schriftvermittelten reflektierenden Geschichte: Institutionen, Kultur im engeren Sinne und Politik nach innen, nach außen Politik und, solange nötig, Militärwesen im Sinne von Verteidigungsbereitschaft.
2. Krieg und Frieden nach außen und innen hängen ursprünglich weitgehend davon ab, wie geschützt ein Volk geographisch ist (minoisches Kreta, Altes Reich Ägyptens, alte Induskultur; antikes Griechenland – gerade auch dank seiner nach außen unattraktiven Kargheit seiner Böden; dies gilt übrigens sogar noch für die Neuzeit und die Moderne: England, Spanien; Nordamerika, Australien).
3. Kulturelle, zumal religiöse, und politische Macht sind personell und institutionell ebenso voneinander zu trennen wie Politik und Militär.
4. Kern der Kultur im engeren Sinne und ihrer friedensstiftenden Macht sind Lehren von der Welt und den Menschen, welche lebensfeindliche Ereignisse – wie Krankheit, Tod, Naturkatastrophen – mit der Erfahrung von Wert und ‚Sinn' menschlichen Lebens in einen allgemein überzeugenden Zusammenhang rücken. Dazu gehört auch die Überzeugung von Möglichkeiten, Einfluss auf lebensfeindliche Ereignisse nehmen zu können (Magie im archaischen, Technik im wissenschaftsgeprägten Kulturtyp).
5. Die Erfindung der vollständigen Buchstabenschrift und die dadurch vermittelte tiefere Bekanntschaft mit fremden Kulturen bedeuten, wie später nochmals der Buchdruck (im 1450), einen enormen Schub für die systematische Reflexion der je überlieferten Lehren. Im antiken Griechenland (Homer, Hesiod) geschieht dies zunächst auf fraglos mythischem Boden, in Rom zudem im Rahmen einer auch politischen Verbindung mit den überlegenen Etruskern – was, neben dem ursprünglich politisch unspezifischen Charakter der Religion, die entscheidende Wurzel für das pragmatische und völkerrechtliche Denken der Römer sein dürfte. Auch diesem Boden verdankt sich die Einführung und Stabilität demokratischer Institutionen (wie des Volkstribuns in Rom).
6. Die Faszination der Entdeckung des genuin physikalischen Theorietyps und der durch seine innere Schlüssigkeit gebotene Schutz gegen die geistige Irritation, die das weite Spektrum alternativer philosophischer Positionen erzeugte, konnten

---

[116] Dazu passt, dass Lenks methodologischer Interpretationismus schon im Titel da ansetzt, wo die moderne Krise der Philosophie u.a. begonnen hat: mit einer *methodologischen* Korrektur des Vorurteils, ‚*die* Philosophen' hätten die Welt ‚*nur*' verschieden interpretiert: Auch Neurophysiologie, Genetik (seit Gregor Mendel 1865) und Marx' Gesellschaftsanalyse sind im *methodologischen* Sinne interpretative Konstrukte. Während der genuin physikalische Forschungstypus dem unwandelbaren Rahmen- oder Metaschema der Leib- Umwelt-Interaktion unterliegt, knüpft die genuin philosophische Forschung ihr konzeptuelles Netzwerk ständig von Grund auf neu und weiß zugleich um die ständige *dialogische* Aktualität ihrer Geschichte. Das schließt weder einen genuin physikalischen noch einen genuin philosophischen Realismus aus – als Interpretationen höchster Ebene (zumal konkretes Interpretieren, einschließlich seiner schriftlichen Codierungen, nicht sich selbst Konstrukt sein kann).

die dagegen eingetauschte *theoretische, vor allem ethische Entfremdung von der Lebenswelt* zunächst weitgehend überlagern (zumal schon Demokrit das ethische Defizit durch eine zusätzliche Ethik zu kompensieren suchte).

7. Der genuin philosophische Theorietyp ist auf den genuin physikalischen methodologisch und inhaltlich indirekt verwiesen. Schon deswegen ist jene mit dem exklusiv physikalischen Theorietyp verbundene Spannung bzw. die Krise der modernen Philosophie eine gesamtkulturelle Angelegenheit, darf daher nicht moralisch personalisiert werden. Umgekehrt will diese Krise, die spezifische kulturelle und politische Ausstrahlung hat, als solche durchschaut sein.

8. Inhaltlich geht es im genuin philosophischen Forschungstyp um a) eine Überwindung jener partiellen Entfremdung, b) ein spezifisches Staunen über unsere *alltägliche* Welt und c) eine der Naturwissenschaft vergleichbare kohärente und ‚selbstverständliche' Theorie, welche die Idee eines – gar, wie bei Kant, theoretisch explizierbaren – *Vorganges* ständiger Entstehung der Welt revidiert.

9. Es zeigt sich so die m.E. kaum zu überschätzende Rolle der genuin philosophischen Forschungsgeschichte für Frieden und Gerechtigkeit nicht nur innerhalb der Völker, sondern auch zwischen ihnen. Auf Grund der von ihr angestrebten allgemeinen Überzeugungskraft verspricht diese Forschung verlässlichen Frieden. Ihre auf die Dauer konstruktive Rolle lässt sich auch an der Geschichte ausweisen, vor allem an den Beispielen der eurpäischen Antike und der Moderne, nicht zuletzt anhand einer betont *vergleichenden* Analyse. – Eben darum *„brauchen die Moderne und die Wissenschaften von der Antike einander".*

104

A. In systematischer Hinsicht ist die zweite Phase des modernen genuin philosophischen Forschens dabei, drei seit der Neuzeit wirksame Blockaden zu überwinden:
1. die auf Grund ihrer Undurchschautheit unerbittliche Neigung, von der genuin physikalischen Weltstruktur her den Einstieg in genuin philosophische Theorie leisten zu wollen, 2. die dazu antithetische, noch von Kant als Primat des „inneren Sinnes" praktizierte Neigung, Philosophie habe ihren Ansatzpunkt im absolut oder methodologisch privaten Inneren als unseres Bewusstseins', 3. die Neigung, in genuin philosophischer Theorie nach Analogie des physikalischen Theorietyps zu verfahren, insbesondere in der Ignorierung der eigentümlichen ontologischen Natur der Objektqualia (z.B. Farben) zugunsten einer primär kognitionstheoretischen Interpretation als Sinnesempfindungen. –
Zu überwinden wäre ferner 4. eine mit der ontologischen Verabsolutierung des genuin physikalischen Theorietyps einhergehende Wendung zur theoretischen Dominanz der Praxis in der Philosophie: Man schreibt dann der modernen Naturwissenschaft und einer ihr exklusiv verpflichteten Methodologie die alleinige Kompetenz in Bezug auf die Erforschung der Natur zu, und die Aporetik des Cartesischen Geist-Begriffs hält man für ein Symptom irrationaler Konzessionen Descartes' an die Theologie; die besondere Struktur der genuin philosophischen Forschungsgeschichte und die Geduld, die sie erfordert, fällt so vorab der naturwissenschaftlich und soziologisch motivierten Art von ‚Ideologieverdacht' zum Opfer. Dabei gerät paradoxerweise aus dem Blick ausgerechnet die spätestens seit Sokrates-Platon auftretende praktische *Perspektive* des primär wissenschaftlicher Wahrheit verpflichteten (s.o. Anm. 114 und Nr. 102.B) genuin philosophischen Forschungstyps – und umgekehrt die moralische Problematik des genuin physikalischen Thorietyps, die freilich nicht personaliert werden darf.

B. Eine an sich existierende materielle: exklusiv genuin physikalische Welt, wie sie erstmals von Anaximenes und Demokrit gedacht ist, und in der Moderne von einer ‚fundamentalistischen' Naturwissenschaft, wäre ausnahmslos – also einschließlich aller biologischen Organismen – eine Welt der *Sachen*: Es wäre eine Welt ohne Belang[117] (und nicht sinnvoll als real denkbar: 3. Teil, D.7).

---

[117] Man erinnere sich: Moderne Biologie kennt ein *objekt*sprachliches, zum genuin philosophischen Subjekt-Begriff äquivokes Konzept; danach ist der Mensch ‚Subjekt' kraft höherstufiger Funktionen hirnneurophysiologischer, besonders *sprech*physiologischer Prozesse (s. bes. 3. Teil, C.VII).

105

Genuin philosophische Fortschritte genügen u.a. dem folgenden Kriterium (vgl. 5. Teil, I): Sie haben die Form von Paradigmenwechseln, indem sie aus der je vorangegangenen Philosophiegeschichte heraus den konzeptuellen Ort neu bestimmen, von dem aus die philosophischen Grundbegriffe revidiert werden.[118]
Bei Sokrates-Platon ist der neue Ort die Vor- bzw. Gleichrangigkeit der Ethik im Verhältnis zur Naturtheorie. Seit der Neuzeit sind der genuin physikalische Theorietyp und die methodologische Abgrenzung von ihm konstanter Teil der Paradigmenwechsel. Vor allem Dank dieser Konstante lässt sich nun auch ein plausibles Ziel der Philosophiegeschichte ausmachen: als überzeugende theoretische Integration aller bisherigen Paradigmenwechsel, ausstrahlend auf andere Wissen-

---

[118] Vgl. o. 96 u. 99 zur Geschichte des Selbstzweck-Begriffs, bes. zu Aristoteles u. Kant (zu letzterem s. bes. Anm. 106). – Bei Aristoteles ist der Zweck oder das Ziel der organischen Materie innerlich: als das sie *gestaltende, wachsen lassende und das Produkt erhaltende Prinzip (Entelechie, Zweckursache)*. Speziell in der Selbsterhaltung ist sich der Organismus *Selbstzweck*.
Der modernen Biologie zufolge ist der Zweck oder die höherstufige Funktion ebenfalls in gewissem Sinne der organischen Materie innerlich. Zum Beispiel erfüllen die DNS-Moleküle des Zellkernes den Zweck ‚Erbgut'. Aber diese Funktion verdankt sich zum einen der äußeren Gestalt und dem elektrischen Ladungsmuster jener Moleküle, zum anderen dem Zusammenwirken ihrer niedrigstufigen – direkt der unteren molekularen Ebene zukommenden – Funktionen oder *mechanischen Wirkungsursachen (causae efficientes)* mit den niedrigstufigen Funktionen der umgebenden Moleküle (des zellulären Milieus); folglich lassen sich auch die höherstufigen Funktionen letztlich – individualgenetisch und vor allem auch evolutionsgenetisch – auf die niedrigstufigen Funktionen oder rein mechanischen Wirkungen zurückführen, sozusagen als deren *Summen*funktionen.
Man sieht so, inwiefern manche moderne Philosophen und Altphilologen behaupten können, was die moderne Biologie lehre, habe Aristoteles eigentlich gemeint und vorweggenommen. Bei einer derartigen Deutung muss man sich freilich darüber im Klaren sein, dass man den Aristotelischen Begriff der Seele, der pflanzlichen oder vegetativen wie der tierischen oder animalischen Seele (*anima corporis forma*), seiner möglichen ethischen Konnotationen beraubt, wie es analog Descartes' Charakterisierung der Tiere als Maschinen mit Recht vorgeworfen wird. – Darüber hinaus sei hier daran erinnert, dass Aristoteles, wie später auch die Stoiker und vor ihm Heraklit, der Natur nur wenige ‚einfache' Elemente oder Grundbausteine der Natur zugrunde legt. Aus der hier entwickelten systematischen und historischen Sicht rührt das daher, dass diese Elemente ihrerseits durch jene ‚einfachen' – gewissermaßen ‚substanziellen' – Objektqualia definiert sind (z.B. Warmes und Kaltes), die im Zuge des genuin physikalischen Stranges der vorsokratischen Denkbewegung einer einschlägigen (seit Demokrit auch wahrnehmungstheoretischen) Reduktion widerstrebten und eben deswegen eines im strikten Sinne *inneren* gestaltenden Prinzips bedurften.
Andererseits zielt auch in ihrer originalen Bedeutung die Zweckursache, zumal in ihrer komplexen Form pflanzlichen und tierischen Selbstzweckseins, darauf ab, etwas im weiten Sinne ‚in *Bewegung*' zu setzen (Entwicklung, Ortsbewegung), auch wenn sie selbst durch nichts anderes mechanisch verursacht und insofern spontan ist; sie ist insofern selbst ‚mechanisch orientiert'. – Auch die praktische Philosophie (Ethik, Politik) stellt Aristoteles unter den Begriff des Zieles und Zweckes von Bewegung und Handeln. Der Ethik gibt er die Form einer gewissermaßen ‚(lebens)technischen' Glückslehre. Insgesamt kehrt Aristoteles so zum Primat der Naturtheorie zurück, stellt sie mitsamt der praktischen Philosophie unter die einseitige Leitfrage, *wie etwas (gut) funktioniert bzw. sein Ziel erreicht*.
Noch Kant ist dieser Denkweise weitgehend verhaftet. Allerdings löst er die Begriffe der Freiheit und des Selbstzweckseins jetzt nachdrücklich vom durchgängig kausalmechanischen Naturzusammenhang bzw. von der Naturtheorie ab (vgl. o. Anm. 106). Daher verliert er paradoxerweise das Interesse an dem, was doch eigentlich den Ausgangspunkt seiner eigenen Philosophie ausmacht: an der Frage, was es denn mit der Eigentümlichkeit des – im „empirischen Dualismus" wiederkehrenden und fortbestehenden – „Bewusstsein" (etwa den Gefühlen) auf sich hat. An der weiteren Verfolgung dieser Frage hindert ihn offenbar seine einseitig *erkenntnis*theoretische Interpretation des Bewusstseins, welchem er zudem die Form der genuin physikalischen Weltstruktur anverwandelt.

schaften sowie auf Schulbildung und Politik. Doch noch in dieser Zielformulierung stehen die Freiheit des Urteils und der grundsätzlich interpretative Charakter (im Sinne Lenks) einer integrierten Theorie methodologisch *über* deren allgemeiner Anerkennung.

Im Unterschied zu Hegel wird hier der mögliche Einfluss künftiger Philosophie auf die Politik also nicht primär über ein konkret-philosophisches Theorem (Dogma) behauptet, sondern primär als integrative, die traditionelle Schulstruktur der Philosophie spontan überwindende Resultate der autonomen: auch in der Leib-Umweltstruktur der phänomenalen Natur begründeten Geistesgeschichte insgesamt. In solchen theoretisch und praktisch integrativen Resultaten müssen nicht nur die phänomenale Welt, sondern auch die wichtigsten historischen Wendungen und Probleme wiedererkennbar sein. Auch die hier vorgeschlagene Theorie versteht sich in diesem übergeordneten Entwicklungsrahmen.

Inhaltlich verabschiedet die vorgeschlagene Theorie das Konzept einer Vernunft, die sich *über*, partiell sogar *gegen* das sonstige Seelenleben (Gefühle, ,Neigungen') stellt. An ihren Platz tritt jetzt eine Vernunft (wie tendenziell schon beim frühen Platon), die in der grundsätzlich-ontologischen Reflexion und Analyse des Seelischen bzw. der Welt insgesamt jenen ,Sinn' gespiegelt sieht, dem ohnehin schon seit jeher ihr intuitives, geschichtlich invariantes Interesse gilt. Aus der so verstandenen Welt bzw. Vernunft beziehen wir demnach unsere moralische Kraft.

106

Gegen Schluss sei ein – nur sehr lose an Heraklit angelehntes – *Bild* gewagt:

Die phänomenale Welt gleicht einem ,göttlichen' (= nichtphysikalischen) Feuer mit interner physikalischer Substruktur, die ihr, analog Kant und im Unterschied zu Aristoteles, Form gibt (vgl. Heraklits raumzeitliche „Maße"; Vf. 1990/1991).

Das Bild drückt aus: **a)** Die phänomenale Welt ist 1. von irreduzibler – Subjekt- und Objektseite gleichrangig umfassender – Ursprünglichkeit (mit nicht aus Vergangenem ableitbarer Gegenwart: 3. Teil, C.VI), ist 2.1. in-sich-werthaft, hat 2.2. Sinn; eine bessere Welt ist *theoretisch* undenkbar. 3.1. Ihre autonomen Subjekte durchlaufen eine Geschichte, die 3.2. u.a. durch eine stets interpretative Beziehung zur phänomenalen Welt ausgezeichnet ist. **b)** Jene Wesenszüge lassen sich nicht einmal analog dem physikalischen Theorietyp verstehen. Dennoch ist dieser unverzichtbar: 1. methodologisch als begrifflicher Kontrast, 2. theoretisch durch seine äquivoken Korrespondenzen. **c)** Die philosophische Theorie muss 1. jener Irreduzibilität durch reine Beschreibung entsprechen, 2. den physikalischen Theorietyp integrieren und dabei seinen beschreibenden Aspekt betonen: insofern er Explikation der phänomenalen Leib-Umwelt-Struktur ist.

In physikalischer *Perspektive* freilich ziehen gewisse Änderungen in der physikalischen Substruktur, zumal in der Sinnesrinde des Hirns, Änderungen der phänomenalen Welt *nach* sich: Die physikalische Weltstruktur ist dann scheinbar Erzeugerin eines ,auf kleine Flamme reduzierten' Feuers; dies ist das Modell des Epiphänomenalismus. Dessen logische Widersprüchlichkeit (Vf. 1977, 1990b) und die Aporetik des Cartesischen Modells sind indirekte Hinweise darauf, dass die physikalische der metaphysikalischen Perspektive der Welt nicht übergestülpt werden darf: Für diese gilt *Gleichursprünglichkeit* beider Weltaspekte. Sie rechtfertigt so die alltägliche Überzeugung, die phänomenale Objektwelt und die seelischen Ereignisse seien kausal relevant für unser Leben (3. Teil, C.VII). Solche Kausalität hat – darin Kants „*empirischem* Dualismus" analog (Vf. 1977) – mit Magie nichts zu tun.

107

A. Unser Begriff des Nützlichen und sogar des Realen hängt, dem Hauptteil des Buches zufolge, implizit ab von den Begriffen des *in sich* oder objektiv Werthaften, des ‚Sinnes' und des Subjektes, welches *diesen Begriffen gemäß* die Welt, sich selbst: sein Selbstzwecksein, sein Interesse und seine Ziele verstehen kann.

Und doch orientieren sich die modernen Theorien der Wirtschaft, der Gesellschaft, der Politik und der Geschichte sogar auch in ihren theoretischen Grundbegriffen im Wesentlichen am Konzept vom Primat der Macht und des politisch-institutionell zu regelnden Ausgleichs der Macht und der ‚materiellen' Interessen von Gruppen und Individuen. Der Begriff der Menschenrechte verdankt sich zwar *auch* der Geschichte von Religion und genuin philosophischer Forschung, und doch ist seine theoretische Begründung von jener wissenschaftlichen Landschaft merkwürdig abgespalten:

Weitgehend undurchschaut ist diese Abspaltung nicht zuletzt wegen der Koppelung zwischen fundamentalwissenschaftlicher Dominanz des genuin physikalischen Theorietyps und entsprechend kurzgeschlossenem Praxisbegriff, zumal im Basis-Überbau-Modell. So sind viele heutige Philosophen, Soziologen, Ökonomen, Politologen und Politiker, die sich explizit den Menschenrechten verpflichtet fühlen, in den Köpfen gleichzeitig eigentümlich gehemmt: Ihrem *Glauben* an Menschenrechte steht ein nüchtern-pessimistischer ‚Realismus' gegenüber. Letzterer ist wissenschaftlich dreifach gespeist: 1. naturwissenschaftlich, a) allgemein durch ein atomistisches Naturkonzept, b) speziell durch die von Darwin geprägte Biologie, 2. durch ein pessimistisches Politik- und Geschichtsverständnis. Dieses geht auf das antike Athen und seine verblüffend ähnliche mentale Spaltung zurück (Thukydides: 2. Teil, 6; 4. Teil, C.I), und in Rom hat es sich durch Sallust sowie Augustinus' Zwei-Staaten-Lehre tief ins abendländische Politikbewusstsein eingegraben (Machiavelli). Wie hier begründet wurde, spiegelt dieser Pessimismus weite Strecken der politischen Geschichte rein äußerlich relativ objektiv, in geistiger Hinsicht aber sind Spiegel *und* Gespiegeltes Symptome der unerledigten Aufgabe der philosophischen Forschung, der gleichaltrigen Schwester der Demokratie, sowie einer Unterschätzung des archaisch-ethnozentrischen Kulturtyps.

In Europa regen demokratischer Geist und das Scheitern des Marxismus, der jene Spaltung tief in sich trägt, nur zaghaft neue Geschichtsanalysen an. Denn die Geschichtswissenschaft selbst hat historisch schon früh dem Primat des Politischen gehuldigt, und die politische Ausstrahlung der philosophischen Forschung scheint nach Hegel bzw. durch oder mit dem Marxismus weitgehend erloschen.

B. Die genuin philosophische Forschung der Neuzeit hat den vorliegenden Analysen zufolge eine betont wissenschaftliche Programmatik. In dieser Hinsicht kulminiert sie in Kant. In der Moderne hingegen verliert sie dieses Selbstverständnis zunächst, umgekehrt proportional zum ‚Siegeszug' der Naturwissenschaft:

An die Stelle jenes Selbstverständnisses tritt innerhalb des genuin philosophischen Denkens eine betont intuitive und praktische Orientierung. Sie gilt entweder a) der jetzt als Ideengeschichte aufgefassten Geistesgeschichte insgesamt oder der menschlichen Existenz im Allgemeinen; entsprechend versteht sie sich als diagnostisch-therapeutisch (Nietzsche, Kierkegaard, Feuerbach). Oder sie sucht b) die Philosophiegeschichte philologisch kunstgerecht zu erschließen.

Dann, in der zweiten Phase der Moderne, wird der wissenschaftliche Anspruch der genuin philosophischen Forschung tendenziell erneuert. Symptomatisch dafür ist z.B. Husserls Anknüpfung an Kant, jetzt in methodologisch-phänomenologischer Orientierung. Von Heidegger und Wittgenstein wird der phänomenologische Schwerpunkt verlagert: vom Bewusstsein auf die *Welt insgesamt*, mit entsprechendem Blick auf die Alltagssprache und die Philosophiegeschichte. Symptomatisch für die Spezifität des Wissenschaftsanspruchs ist: 1. Er bewegt sich zwischen zwei Polen: a) der These, die Eigentümlichkeit der phänomenalen Welt sei mit wissenschaftlichen Maßstäben gar nicht fassbar (vgl. 101d.B, 101e), und b) einer tendenziell naturwissenschaftlichen orientierten – gleichwohl auch konstruktiven – analytischen Philosophie (1. Teil, B). 2. Es wird die geschichtliche (Gadamer) und methodologisch-interpretative Natur (Lenk) philosophischen Forschens betont.

C. Beide, die ‚theoretische' Unterscheidung zweier Aspekte der Welt bzw. des Menschen *und* deren als unlösbarer Implikationszusammenhang gedachte Einheit, sind in der phänomenalen Welt begründet. Implizit kommt dies auch in unserer Alltagssprache zum Ausdruck. Daher ist das Konzept des *Schließens* von meinem Bewusstsein auf die Existenz fremden Bewusstseins ein in physikanalogen Mustern genuin philosophisch-theoretischen Denkens begründetes Missverständnis – einschließlich der darin implizierten Möglichkeit einschlägigen Zweifels. Statt dessen beinhaltet, den vorliegenden Untersuchungen zufolge, unser Begriff des Bewusstseins *anderer* Menschen ein dem Konzept des je eigenen Bewusstseins – wie auch der je eigenen und fremden Körper – vergleichbares *Wissen*.

108

A. Was lässt Homer, der den europäischen ‚Urkrieg' zwischen den Griechen und den Trojanern besingt, den Helden Odysseus über das schönste Ziel sagen? *Odyssee 9, 5 ff: „Wüßt ich mir wahrlich doch kein schöneres, besseres Ziel / als wenn froher Sinn die ganze Gemeinde beseligt,/ wenn sie reihweis sitzen beim Festmahl im Hause und innig / lauschen dem Sänger; es stehen vor ihnen die Tische beladen / voll von Wein und Fleisch; einschöpft vom Kruge der Mundschenk / jungen Wein und trägt ihn herbei und füllt die Pokale. / Ja, das dünkt mir wohl die seligste Wonne des Herzens".* – Ähnlich hoch setzt Odysseus das Glück von Heimat, Gattin (Penelope) und Sohn (Telemach) an: Um ihretwillen widersteht er dem Versuch der Nymphe Kalypso, ihn mit dem Angebot der Unsterblichkeit an sich zu binden. (Gibt es ein schöneres Bild zur Unvergleichbarkeit unserer Lebenswelt?)

Aber warum war das oben genannte schönste Ziel des Friedens und der gemeinsamen – religiös motivierten – Festesstimmung nicht auch nach außen realisierbar? *Eine Antwort könnte lauten*: Weil jene – sei es auch höfische – Festgemeinschaft ihre Schranke in der eigenen Kultur hatte. Eine weitere Antwort gibt Homer indirekt unter: Er stellt jenem Glück Vergänglichkeit und Leid des Menschen gegenüber *(Odyssee 18, 130 ff.): „Nichts Vergänglichers nährt die Erde als gerade den Menschen / von dem allen, was weit auf Erden wandelt und atmet. / Meint er doch, er könne kein künftiges Übel erleiden, / solange Götter ihn stärken und seine Glieder sich regen. / Aber beladen ihn dann die seligen Götter mit Trübsal,/ trägt er auch das, so sehr er sich sträubt, mit standhaftem Herzen."*

Das Lob der (Tugend der) Leidensfähigkeit des „Dulders" Odysseus vermag aber nur an diesem Helden zu überzeugen. Unüberhörbar, von solchem Lobpreis nur leidlich verdeckt, klingt in dem Nebensatz *„so sehr er sich sträubt"* ein Unbewältigtes an: Das Leid wird als *verhängtes* Schicksal *interpretiert* und so verstärkt empfunden; erst durch Tugend, die Realisierung von Autonomie in dieser Situation, wird es erträglich. Die Interpretation selbst aber trägt mit dazu bei, dass es neben jener Festesstimmung, an der alle teilhaben, auch eine Art *Jagd* nach individuellem (Paris und Helena) und –

z.T. gleichzeitig – kollektivem Ruhm, Glück und Wohlstand gibt. Dabei wird oft ganz bewusst in Kauf genommen, anderen Individuen, Gruppen, Völker und Kulturen mehr oder weniger Unrecht zu tun, sie gar zu zerstören; oder der Ehrenkodex lässt, wie im Falle des Trojanischen Krieges, keine andere Wahl als die des tödlichen Duells. So mündet jene innere *Spannung* des Lebens in eine *Spaltung* der mensch(heit)lichen Existenz (die sich in anderen Kulturen bzw. Kulturepochen, nicht bei den frühantiken Griechen, in die Jenseitsvorstellung ausweiten kann).

Etwas Unbewältigt-Melancholisches verrät auch die folgende Stelle der *Ilias* (6, 146ff.): „*Ganz wie der Blätter Geschlecht, so sind die Geschlechter der Menschen, / streut doch der Wind auf den Boden die einen Blätter, die anderen / treibt der grünende Wald zur Zeit des knospenden Frühlings, / so von der Menschen Geschlecht wächst eins, das andere schwindet*". (Die Zusammenstellung der Zitate verdanke ich Harro Heuser 1992, 19f.)

Es ist übrigens derselbe Homer, der im 11. Gesang der Odyssee die (wohl unter ursprünglich wandernden Völkern verbreitete) Vorstellung von den Totenseelen – als einer Art erinnerungslos in der düster-schauerlichen Unterwelt dahinvegetierender ‚Schattenbilder' der ehemals lebendigen *leib*seelischen Menschen – behutsam zu korrigieren sucht: Er inszeniert einen Besuch des Odysseus in der Unterwelt, bei dem er dessen Mutter Erinnerung und mütterliche Sorge gleichsam zurückgibt und ihr eine Art mentaler Präsenz in der Heimat Ithaka zuspricht, so dass sie Odysseus über die dortigen Missstände unterrichten kann; der Seher Teiresias erhält sogar seine alte Sehergabe zurück.

B. Dass jene Spannung zwisch – religiös motivierter – Festesgemeinschaft und menschlichem Leiden und Sterben an die Spannung zwischen den beiden Weltaspekten bzw. Forschungstypen erinnert, dürfte kein Zufall sein. Ihre Bewältigung hätte demnach auch einen rein intellektuellen Aspekt, welcher zugleich wesentlich geschichtlicher Natur ist: Es geht um den geschichtlichen Weg der menschheitlichen Interpretationsgemeinschaft (im methodologischen Sinne Lenks).

109

A. 1. Den vorliegenden Untersuchungen zufolge lässt sich die christliche Religion, wie sie in den Evangelien dargestellt ist, als eine ausdrückliche Artikulation der in allen Menschen verwurzelten ethischen Motive und Interessen an ‚Sinn' charakterisieren:
Der Wert aller Menschen ist sowohl im Alten Testament (Gottesebenbildlichkeit, Odem Gottes) als auch im Neuen Testament (Jesus als Gottes Sohn und Mensch) ausgedrückt; so lässt sich auch die grundsätzliche Gleichheit des Wertes aller Menschen begründen. Gleichzeitig vermittelt die Bibel eine Erklärung des menschlichen Leidens und Sterbens: Es wurzele in einer ‚Urschuld' oder selbstgewählten Autonomie des Menschen: in der Entscheidung, den Weg der Erkenntnis von Gut und Böse zu gehen (vgl. o. 98b). Das Neue Testament bietet eine Überwindung jener ‚Urschuld' an: kraft des Glaubens an die Gottessohnschaft des Jesus, einschließlich seines extremen, für einen Menschen überhaupt nur denkbaren Leidens. Entsprechend verbindet sich der christliche Gottesbegriff betont mit dem Begriff der Liebe (den wir weder in Aristoteles' noch in Kants Geist-Begriff finden: s. zuletzt Anm. 118), aber im Kontext jener Autonomie, die zugleich Realitätsprinzip ist.
Dieser Kern der christlichen Botschaft klammert auch das faktisch und prinzipiell unvermeidliche extreme Leiden der Menschen nicht aus.

2. Durch eine einmalige geschichtliche Konstellation wurde diese Lehre auf ihre geschichtliche Bahn gebracht: durch die historische Jesus-Gestalt selbst, das kulturelle Milieu der hellenistischen Philosophie und des römischen Zivilrechts, die früheste Missionstätigkeit (Petrus, Paulus), die Evangelisten, die Erhebung der christlichen Religion zur römischen Staatsreligion (bei sonst durchgehaltener Trennung von Politik und Religion). Und schließlich gehört dazu die geistig und kulturell prägende Rolle der christlichen Religion in den neu missionierten nichtromanischen Völkern und Stämmen: Für sie war die christliche Religion der alles bündelnde Kern eines völlig neuen Bildungserlebnisses.

3. Wenn mit jener christlichen Kernbotschaft eine tiefere Wahrheit unserer Lebenswelt artikuliert ist, dann ist andererseits ihrer *allegorischen Einkleidung* Rechnung zu tragen. Indem etwa Augustinus die allegorische Interpretation für das Alte Testament entdeckt hatte, hatte er überhaupt erst intellektuellen Zugang gefunden zur christlichen Religion, der Religion seiner Mutter.
Darin liegt zugleich ein Zugang zu ihren historischen Missverständnissen. *Eine* Quelle von Missverständnissen liegt in der allegorischen Deutung des Monotheismus durch das Bild vom eifersüchtigen Gott, welches die Existenz „anderer Götter" zu bestätigen scheint und dann zu deren buchstäblicher Dämonisierung führt – statt der richtigen Rede von Götzen*bildern*.

4. Umgekehrt muss dem Mittelalter zugute gehalten werden, dass die Faszination jedenfalls des oben genannten Kerns der christlichen Lehre (wie wir ihn in Jesus finden und wie ihn z.B. Meister Eckhart schöpferisch artikuliert) *nicht* von Feindbildern *lebte*. (Man vergleiche dagegen die pessimistisch-resignative Theorie des späteren Sallust, praktisch wirksame Moral speise sich aus der nach innen zusammenschweißenden Furcht vor lebensbedrohlichen Feinden.) Anders als das Mittelalter *lebt* der moderne politische Totalitarismus (Fanatismus) weitgehend von Feindbildern und von der Einbildung selbsterworbener oder angeborener (ideologischer, menschlicher, moralischer) Überlegenheit.

5. Rituelle Gehalte gehören zum Wesenskern von Religionen. Deren Überzeugungskraft *lebt* buchstäblich davon, dass die sakrale Macht nur Einzelnen und bzw. nur ritueller Praxis zugesprochen wird. Im reflektierenden Kulturtyp muss man die rituelle Praxis ggf. von den Personen, die sie amtsmäßig vollziehen, trennen können.

B. Auf italischem Boden behauptet sich das Papsttum im politischen Vakuum des untergegangenen weströmischen Reiches durch wachsenden Grundbesitz, muss zeitweise sogar politische Funktionen übernehmen – gegen eingedrungene Germanen-Stämme (Langobarden) und gegen geistliche Konkurrenzansprüche des oströmischen Bischofs und dessen schließliche Personalunion mit dem oströmischen Kaiser. Papst Gregor der Große (um 600) gilt als der Begründer weltlicher Macht des Papsttums (zugleich lässt er die heidnischen Angelsachsen durch Mönche missionieren). Damit ist der Konflikt zwischen geistlicher und weltlicher Macht vorprogrammiert; er entspringt also nicht einem Kalkül, sondern den labilen politischen Verhältnissen nach dem Untergang des weströmischen Reiches. An diese Tradition schließt sich an die von den fränkischen katholischen Herrschern Pippin dem Jüngeren und Karl dem Großen begründete Verbindung zwischen einem ('deutschen') Kaisertum und dem Papsttum mit seinem politisch verbrieften Kirchenstaat ('Pippinische Schenkung').
Die programmatische personelle und institutionelle Trennung zwischen weltlicher und geistlicher Macht im Rahmen des karolingisch-römischen Kaisertums *konnte* also gar nicht eine auch nur entfernt vergleichbare Stabilität erreichen wie das antik-römische Kaiserreich. Vielmehr musste eine Dauerrivalität zwischen dem Papst und dem Kaiser (bzw. später den Königen) von den Beteiligten politisch konkret erfahren werden.

C. 1. Wir dürfen nicht vergessen, dass auch das Mittelalter dem reflektierenden Kulturtyp angehört – mit den für ihn insgesamt wesentlichen Zweifeln. Die Zweifel waren dabei nicht nur durch die Konfrontation mit fremden Kulturen und Religionen erzeugt – die waren ja für die meisten Menschen weit weg (und außerdem wohl einfach, wie die eigenen Vorfahren, als ‚Noch-nicht-Gläubige' aufgefasst), dafür umso mehr durch die Erfahrung gnadenloser, freilich auch tragischer, in ihrer historischen und strukturellen Bedingtheit undurchschauter Machtkämpfe zwischen den nicht selten hochgebildeten Großen von Gottes Gnaden: Papst und Kaiser bzw. König. Eine späte souveräne Ausnahme in diesem kompromisslos harten, bereits durch eine Tradition von Kreuzzügen zusätzlich aufgeladenen Ringen machte Kaiser Friedrich II. von Sizilien, obgleich auch er schließlich mit dem Leben bezahlte.
Der Pyrrhus-Sieg des Papsttums dürfte im Westreich (Frankreich), das seit der Teilung des Karolingerreiches ohnehin mit dem Papsttum institutionell schwächer verquickt war als das Ostreich, den vielleicht entscheidenden – über Avignon bis zur französischen Revolution wirksamen – Anstoß für eine allmähliche Rückkehr zum Primat der Politik gegeben eingeleitet haben, aber auch zur einzelstaatlichen Souveränität mit ihrem alten, schon vom klassischen Griechenland geübten, in einer politischen Katastrophe endenden Ringen um Hegemonie.

2. Vermutlich spielte die historisch bedingte unaufhebbare machtpolitische Rivalität zwischen Kaiser- und Papsttum – neben dem Fehlen von zivilisierten (im römischen Kaiserreich wenigstens halbwegs entwickelten) Schlichtungsverfahren in Glaubensstreitigkeiten – die Rolle einer empirischen Bestätigung der überdimensionalen mittelalterlichen Vorstellung von der Macht des Bösen im Menschen generell und in der metaphysischen Weltordnung (Hölle). Glaubensintern war diese Vorstellung in einer buchstäblichen Interpretation des Bildes vom ‚eifersüchtigen Gott' (A.3) begründet.

Letzte Meldungen zu den Schildbürgern

Die Bürger von Schilda versorgen ihr berühmtes Rathaus inzwischen auch ohne nachträglichen Einbau von Fenstern mit Sonnenlicht: Sie haben das ursprünglich eingesetzte Töpfe-Modell von Sonnenlichtkollektoren durch eine importierte Version ersetzt, die überdies ganz ohne ihr Zutun arbeitet.

Sie sind stolz darauf, als erster (Stadt-)Staat der Welt die stoffliche Natur des Sonnenlichtes erkannt und diese Erkenntnis einer praktischen, wenn auch nicht gleich erfolgreichen Erprobung ausgesetzt zu haben.

Der Rat von Schilda wehrt sich aber dagegen, dass gewisse phänomenologische Lehren des Lichtes und der Farben, welche ausgerechnet in den Ländern, die jene Sonnenkollektoren exportieren, in gewissen exotischen – sogenannten ‚philosophischen' – Instituten gepflegt und fortentwickelt werden, auch in den Bildungsinstitutionen Schildas Platz greifen. Gleichzeitig zeigt sich der Rat befriedigt darüber, dass solche Lehren nun zunehmend auch in jenen Ländern selbst, sogar innerhalb philosophischer Institute, als unwissenschaftlich, naiv oder gar primitivistisch gelten; es gebe also auch in dieser Hinsicht eine signifikante Annäherung der Weltmeinung an die alte wissenschaftliche Grundüberzeugung Schildas.

Darüber hinaus haben Bürger von Schilda in ihrem Rathaus spontan eine Evaluationskommission gebildet. Diese sollen die wissenschaftliche und praktische Effektivität der philosophischen Institute vor Ort quantitativ bestimmen und so die zuständigen Ministerien und Regierungen endgültig von der Nutzlosigkeit und Falschheit ‚philosophischer' Lehren überzeugen und zur Schließung noch bestehender einschlägiger Institute anregen. Um der Tradition der Philosophie in den betroffenen Ländern und ihrem noch vorhandenen Ansehen Rechnung zu tragen, brauche man nur die schon übliche Praxis von Feuilletons aufzugreifen, Biologen und andere Naturwissenschaftler als Philosophen zu bezeichnen; je strenger sich diese an ihre hauseigene mentale Terminologien hielten, desto besser: desto mehr qualifizierten sie sich als die wahren Erben der Philosophie.

Sollte die Bildungsinitiative Schildas gelingen, könnte mit einem Teil des durch Institutsschließungen eingesparten Geldes die Kommissionsarbeit honoriert werden. Die Arbeit gelte zwar in Schilda selbst als ehrenamtlich, doch stoße unter den Schildbürgern die Idee auf einhellige Sympathie, mit dem Geld die importierten Sonnenkollektoren und ihre Wartung zu finanzieren. –

Übrigens rühmte der Kaiser in den neuen Kleidern in einer flammenden Rede sowohl die große Bedeutung Schildas für die Wissenschaft der Welt als auch die in ökonomischer Hinsicht musterhafte, von Anfang an wissenschaftliche bzw. ökonomisch rationale – Denkungsart der Schildbürger. Letztere zeige sich exemplarisch und anschaulich in der weltweit einmaligen Baugeschichte des Rathauses von Schilda. Er appelliere an die Schildbürger, sich weiterhin in die bildungspolitische Situation der restlichen Welt kräftig einzumischen.

Ihr physikalisches Urwissen von der stofflichen Natur des Sonnenlichts sei ferner der beste Beweis dafür, dass es so etwas wie eine Geistesgeschichte gar nicht geben könne: Schon am Anfang der menschlichen Zeitrechnung habe das unverrückbare *Urwissen* des Handwerks gestanden. Die Schildbürger hätten dann der Welt das Urmuster theoretisch-wissenschaftlicher Nutzung jenes Urwissens geschenkt (vgl. 1. Teil, A; 3. Teil, A.I).

Allenfalls könne man von einer ‚Geschichte' selbstverschuldeter, zumal philosophischer Torheiten reden, bzw. – in politischer Hinsicht – von Herrschern und Beherrschten; oder einfach von einer ‚Geschichte' der Kleiderordnungen und ihrem Wandel. Im Investiturstreit des Mittelalters etwa sei es in ganz ausdrücklicher Weisheit darum gegangen, wer wem zu welcher Amtstracht verhelfen dürfe. Sogar in der Wissenschaft selbst gehe es um immer neu produzierte Labormäntel, Doktorhüte, Talare usw., und gerade in dieser ehrwürdigen Tradition, vor allem im Festhalten an der überkommenen unwandelbaren Kleiderordnung, bekunde sich das wahre, eben geschichtslose Wesen der Menschheit, in Sonderheit der Wissenschaft.

Schon die alten Römer hätten ursprünglich über Jahrhunderte hinweg die Zeit des politischen Geschehens ganz unspektakulär nach ihren jährlich wechselnden Konsuln benannt. Erst die auf den archaischen Religionstyp folgenden Hochreligionen und in deren Gefolge dann auch die Philosophie hätten die Vorstellung von einer ‚Geistesgeschichte' geprägt. Nach ihr hätten dann auch die Historiker ihre Wissenschaft benannt, wohl wegen des besonderen Klanges des Wortes ‚Geschichte' und der damit verbundenen Suggestion, es gebe da Wichtiges, dem Wesen nach Unbekanntes zu ‚erforschen'. Sie selbst hätten schließlich diese Bezeichnung in der Sache als einen Mythos entlarvt und nur noch aus Gründen terminologischer Abgrenzung von anderen Wissenschaften, an ihr festgehalten.

Geschichtslosigkeit bedeute aber mitnichten Uniformität. Modischen Änderungen der Kleider und Sitten etwa seien schier keine Grenzen gesetzt. Dafür gebe schließlich er, der Kaiser höchstpersönlich, durch seine Kleider ein neuerliches, alle Menschen faszinierendes Beispiel. Den Schildbürgern in dieser Vorbildfunktion verwandt, appelliere er an sie, sich weiterhin in die bildungspolitische Situation der restlichen Welt nach Kräften einzumischen.

Mit einem anfeuernden: ‚*Ich bin ein Schildbürger!*' schloss der neu gekleidete Kaiser seine Rede. ☺

ANHANG

Systematisch-historischer Überblick
nach *Personen* und *Sachthemen*

Literaturverzeichnis

Personenverzeichnis

I. Systematisch-historischer Überblick nach *Personen* und *Sachthemen*

Die hier entwickelte Theorie-Skizze
I. integriert in sich
A. komplett:
1. die modernen Naturwissenschaften:
   a) den genuin physikalischen, methodisch und theoretisch auf der Leib-Umwelt-Interaktion basierenden Theorietyp, der in <u>Demokrits</u> Atomismus seine erste in sich – auch erkenntnistheoretisch – geschlossene Formulierung findet;
   b) die ‚Randbereiche' der modernen theoretischen Physik;
2. den im alltäglichen Wahrnehmen trotz naturwissenschaftlicher Schulbildung, also mitnichten ‚naiv', festgehaltenen Realismus bezüglich der phänomenalen Welt;
3. die von <u>Thukydides</u> begründete *analytisch-geschichtswissenschaftliche* Methode;

B. wesentliche Elemente der Konzeptionen von
1. Sokrates: seine – von der vorsokratischen Denkbewegung (besonders wohl von <u>Heraklit</u> und <u>Parmenides</u>) inspirierte – Wende vom Primat der Naturtheorie zum Primat der Ethik;
2. a) Platon: sein Konzept von der höchsten Idee des – in sich (gegründet) – Guten, die „*jenseits des Seins* (der anderen ‚Ideen') und als dessen Ursache existiert";
   b) Plotin: seine Abkehr von Platons ‚ideell-intellektualistischer' Fassung des Guten; sein Konzept von Farben als Argument für ein nicht-mechanisches Entstehen empirischer Realität (3. Teil, A.II.5, Abs.4);
3. Aristoteles: seine Betonung der phänomenalen Welt. Er meidet (wie später auch Plotin: s. 1.b) Demokrits Einfluss auf den späten Platon: dessen Berücksichtigung des Atom-Begriffs und Relativierung der Farben zu einem bloß subjektiven (*Theätet*)[119] oder sinnesphysiologischen (*Timaios*)[120] Phänomen;
4. Descartes: a) seine historisch erstmalige Aufnahme des genuin physikalischen Theorietyps in eine umfassende genuin philosophische Theorie;
   b) sein – freilich marginales – Konzept der primär vergleichend-begriffsanalytischen Methode genuin philosophischen Denkens;

---

[119] *Theätet* 153d-154a (Sokrates): „... *was du weiße Farbe nennst,... das (ist) nicht selbst etwas Besonderes außerhalb deiner Augen noch in deinen Augen, und... bestimme ihm ja keinen Ort, denn sonst existierte es schon, wenn es an einer besonderen Stelle wäre... //... Schwarz und Weiß und jede andere Farbe (ist) aus dem Zusammenstoßen der Augen mit der zugehörigen Bewegung entstanden, und was wir jedesmal Farbe nennen, wird weder das Anstoßende sein noch das Angestoßene, sondern ein dazwischen für jeden besonders Entstandenes. Oder möchtest du behaupten, dass jede Farbe, eben wie sie dir erscheint, auch einem Hunde oder irgendeinem anderen Tier erscheinen werde?"*
Ähnlich wie <u>Descartes</u> und <u>Locke</u> kommt es dem <u>älteren</u> <u>Platon</u> auf Grund seiner (<u>Parmenides</u>- und) <u>Demokrit</u>-Kenntnis offenbar nicht mehr in den Sinn, Farben gehörten (selbstverständlich) den Objekten an. Anders noch <u>Anaxagoras</u> und <u>Empedokles</u>: ihnen zufolge sehen Hunde oder Bienen schlicht *andere objektive* Farben (o. ggf. *dieselben* Farben anders *getönt*) als Menschen.
Noch im (mittleren) Dialog *Staat* sieht <u>Platon</u> die Sonne als Bedingung für das Erscheinen von Farben in der *Welt* und nutzt sie als Gleichnis für die höchste Idee des Guten. Vielleicht weil <u>Demokrit</u> aus Zeitgründen nicht Kontrahent des <u>Sokrates</u> sein konnte, teilt Platon ihm keine Dialog-Rolle zu. Auch gilt Platons Hauptkritik den Relativisten und Skeptikern (die radikale Skepsis des <u>Gorgias</u> dürfte auf <u>Parmenides</u> zurückgehen).
Zudem *integriert* <u>Platons</u> Lehre das Konzept der Atome, modifiziert sie zu schönen quasi-kristallinen Formen, aber auf Kosten ihrer mechanischen Erklärungskraft und des früheren Platonischen Licht- und Farbkonzeptes. <u>Demokrits</u> Atom-Modell ist halt gerade erst entstanden (vgl. o. <u>Aristoteles</u>).
[120] *Timaios* 45c, d; 46d; 67d-68a; 68b-d.

c) sein interaktionistisches Konzept, wenn auch in stark modifizierter Form: im Rahmen des (psychophysiolog.) Korrespondenzprinzips des grenztheoretisch-erkenntniskritischen Programms (vgl.u. III 3+5);

5. Leibniz: a) seine Idee des Leib-Seele-Parallelismus, wenn auch in stark modifizierter Form: als Korrespondenzprinzip im Rahmen des Konzepts eines ‚nichtfunktionalen' Weltaspektes, also ohne *theoretisch*-theistische Einbettung und vereinbar mit 4c;

b) seine Idee von der Welt als bester aller möglichen, wiederum in modifizierter Form: im Sinne von Unvergleichbarkeit und *theoretischer* Undenkbarkeit einer in der Grundstruktur anderen Welt;

6. Kant: a) sein grenztheoretisch-erkenntniskritisches Programm; damit verknüpft:

b) seine Zwei-Aspekte-Lehre: implizit der (empirischen) Welt und explizit des menschlichen Selbst im *„empirischen Dualismus"*: Descartes' Bewusstseinsbegriff hat (im Ansatz schon bei Desacartes selbst) Konsequenzen für das Verständnis der empirischen Welt insgesamt (Kant selbst wendet den Bewusstseinsbegriff und die allgemeinen Bestimmungen der genuin physikalischen Weltstruktur ins primär Erkenntnistheoretische: zu Transzendentalien); Welt und *Bewusstsein überhaupt* existieren nicht unabhängig voneinander, Welt darf nicht als Welt von Dingen an sich verstanden werden;

7. Schelling: seine – freilich (im Sinne Kants:) ‚*unkritisch*' interpretierte – Grundidee, das Konzept der Schwerkraft zwinge auch intern-physikalisch zu Konsequenzen bezüglich des klassischen Konzepts einer (wieder im Sinne Kants:) „an sich" existierenden genuin physikalischen Weltstruktur (vgl. o. A.1b);

8. Hegel: seine Einbringung der Geschichte in die Philosophie, hier aber geschieht dies in konsequent grenztheoretischem Rahmen, unter Einbeziehung der modernen empirischen Wissenschaften und ohne dogmatischen Charakter;

9. Husserl: seine Betonung von etwas *theoretisch* unhintergehbar Phänomenalem (nicht aber dessen Interpretation im Sinne des transzendentalen, nicht-psychologischen Bewusstseins und einer konstitutionstheoretischen Letztbegründungsfunktion): „*the ' given' cannot be entirely a myth*" (H. Feigl 1958, 391);

10.1. Wittgenstein: seine Abkehr von Kants (Husserls, E. Machs) systematisch zentralem Bewusstseinsbegriff

a) zugunsten der *„Beschreibung"* der phänomenalen Realität: a1) im *Tractatus* durch Zurücklassen der – gleichwohl als „Leiter" benutzten – traditionellen philosophischen Theorien als „unsinnig", a2) in den *Philosophischen Untersuchungen* durch sein auf dem Hintergrund jener Theorien entworfenes Sprachspiel-Konzept;

b) in den *Philosophischen Untersuchungen* auch zugunsten einer definitiven Reintegration des (im *Tractatus* scheinbar noch im Sinne des Kants der reinen Vernunftkritik gegen das psychologische Subjekt als ‚philosophisch' oder ‚metaphysisch' abgegrenzten) ‚Ich' (= numerische Identität des Bewusstseins) in die Welt:

10.2. Nr. 10.1. zum Teil und tendenziell ähnlich wie Heidegger und der *späte* Husserl;

11. modernen epiphänomenalistischen Modellen = Konsequenz moderner Neurophysiologie (die freilich in sich widersprüchlich sind, Vf. 1977, 1990b): das Konzept der Abhängigkeit des nichtphysikalischen Weltaspektes vom physikalischen Weltaspekt;

12. Hans Lenk: sein strikt *methodologisch*-transzendentaler Interpretationismus wird theoretisch gespiegelt;

II. ü b e r w i n d e t (dem Anspruch nach)

A. analog Kant

Descartes' Dilemma des Verhältnisses zwischen der genuin physikalischen Welt und einem Bewusstsein, das – von ihr her – konsequent als selbst wesentlich *nicht* physikalisch-räumlich und *nicht* physikalisch-(höherstufig-)funktional bestimmt werden muss;

B. analog Wittgenstein
1. den Mentalismus (Platon, Hume, Berkeley, Leibniz, Kant, Husserl, theoret. Interpretationismus Abels): im Konzept der notwendig zirkulären Kerndefinition der Objektqualia;
2. die – durch den genuin physikalischen Theorietyp angeregte – totale Versubjektivierung des qualitativen Kernes der Objektqualia: ihre ‚Implosion' ins Bewusstsein;
3. a) die traditionelle Form philosophisch-*theoretischer* Letztbegründung zugunsten strikter Beschreibung (vgl. u. III.6) und *ethischer* Letztbegründung;
b1) Husserls Konzept eines *methodologisch* unhintergehbaren oder letztbegründenden *Bewusstseins* – im Sinne auf sich selbst zurückgebeugter Akte (zumal sich diese dann fraglos als unabhängig von Welt existierend erfassen müssten);
b2) das allgemeinere Konzept *methodologischer* Unhintergehbarkeit oder Letztgegebender *Phänomene* (H. Schmitz, E. Oldemeyer; vgl. aber oben I.B.9);
4. radikal-skeptische und solipsistische Tendenzen: überwunden durch das Konzept vom eigentümlichen Implikationszusammenhang der phänomenalen Welt (s.u. III.4ff.);

C. darüber hinaus:
1. den ‚Minimalismus' der Sprachorientierung Wittgensteins;
2. das Basis-Überbau-Modell der Geschichte (Thukydides; später Sallust; Darwin; Marx);

III. f ü h r t e i n
A. innerhalb der Theorie i.e.S.:
1.a) das genuin philosophisch-methodologische Konzept der primär vergleichend-begriffsanalytischen Methode (vgl. aber I.B.4.b, Descartes), welches der besonderen methodologischen – impliziten (Vorsokratiker, alltägl. Intuition) wie expliziten (Aristoteles, Husserl) – Teilrolle der Phänomene noch vorausliegt;
b) darin impliziert ein – weiter zu explizierendes – Minimalkonzept von Realismus auf höchster Interpretationsebene: das Analysieren muss sich selbst wie das Analysandum als irgendwie real voraussetzen, und konkretes Interpretieren (mündlich, schriftlich) kann nicht sich selbst Konstrukt sein;
c) die damit verknüpfte These, dass eine moderne konkrete genuin philosophische Theorie die in ihr angewandten Grundmethode(n) spiegeln sollte: hier jene primär begriffsanalytische Methode (s. Vf. 1994) und das methodologische Konzept vom stets interpretativen Zugang zur Realität (vgl. o. I.B.12 und Lenk 2004);
d) die These, dass **1.** in der europäischen Philosophiegeschichte der genuin physikalische sche Theorietyp von Anfang an (Thales) eine explizite Rolle spielt, und weltweit im genuin philosophischen Denken eine *implizite* und indirekte *methodologische* Rolle; dass **2.** die weltweite genuin philosophische Forschungsgeschichte a) einen unlösbaren Zusammenhang zwischen den je impliziten und expliziten Methoden und der jeweiligen Theorie aufweist und umgekehrt mit der jeweiligen Theorie oft auch eine entsprechende Methode expliziert wird (Bsp. Platon) bzw. b) die Methode in Neuzeit und Moderne die Form einer undurchschauten (partiellen) Anwendung des genuin physikalischen Denkmusters hat (während der genuin physikalische Forschungstyp eben nur *seine* Grundmethode und -theorie kennt und daher historisch weitgehend invariant ist), dass folglich
2.1. diese Geschichte und ihre Art von Fortschritt die Struktur eines dynamischen Spektrums alternativer Theorien und vor allem von Paradigmenwechseln hat, in die überdies das archaisch-mythische Denken einzubeziehen ist, und dass
2.2. eine moderne genuin philosophische Theorie diese Paradigmenwechsel – wie schon den genuin physikalischen Theorietyp – integrieren sollte;
2.a) den Begriff der *notwendig* zirkulären Kerndefinition von Objektqualia (z.B. Farben) – verbunden mit dem (selbstverständlichen) Konzept relationaler Konnotationen;

b) das darin begründete genuin philosophische Konzept (eines Inbegriffs von) ‚empirischer' Wirklichkeit, des Objekts bzw. eines nichtfunktionalen Weltaspektes;

c) beide Konzepte als Grundlage der Einführung des Begriffs von In-sich-Werthaftem, des ‚Sinn'-Begriffs und eines neuen Grundverständnisses von Gefühlen (darunter also mit McDowell, doch unabhängig von ihm und grenztheoretisch expliziert, die These einer Analogie zwischen Farben und ethischen Werten in ihrer Objektzugehörigkeit);

3. die These, dass Realität ohne In-sich-Werthaftes theoretisch undenkbar ist (3. Teil, D.7);

4. das Konzept eines theoretisch unlösbaren Implikationszusammenhanges der phänomenalen Welt; er tritt an die Stelle der Kantischen Bedingungen a priori (einschließlich transzendentaler Synthesis) möglicher empirischer Erkenntnis und Erkenntnisgegenstände; (ein Implikationszusammenhang besteht auch im genuin physikalischen Forschungstyp: zwischen seiner basalen Methode und seinem Theorietypus: 3.Teil, A.I);

5. a) die Ausdehnung des Korrespondenz- oder Korrelationsprinzips auf die phänomenale Objektwelt und b) seine Interpretation im Sinne des nichtfunktionalen Weltaspektes;

6. ein konsequent grenztheoretisches Konzept der phänomenalen Welt; der Begriff ihres metaphysikalischen Ursprungs – quasi aus dem Nichts – dient primär der ‚Beschreibung' ihrer Eigentümlichkeit, nicht ihrer theoretischen Erklärung (vgl. o. II.B.3.a bzw. Wittgenstein); der Ursprung wird nicht weiter bestimmt: weder als ‚Realität an sich' (Kant) noch sonst als Weltgrund: das Weltgrundkonzept ist *theoretisch*(-erklärend) nicht nur nicht möglich sondern auch unsinnig; und die Einheit der Welt ist formal als interner - Implikationszusammenhang der phänomenalen Welt und inhaltlich durch den ‚Sinn'-Begriff bestimmt; zum Implikationszusammenhang gehört auch der Begriff des metaphysikalischen Welt*ursprungs*: mit ihm ist gleichsam die ‚*Grenze selbst*' der Welt bezeichnet (der theoretische Begriff des Welt*grundes* dagegen lädt zu Grenzüberschreitungen ein);

7. das Konzept einer Verschiedenheit – nicht Unabhängigkeit – von phänomenal-qualitativer Objektwelt einerseits und Erkennen (Bewusstsein) andererseits;

8. im Wert- und ‚Sinn'-Konzept:

a) vor allem das ihm – neben seinen relationalen Konnotationen – zentral zugrunde liegende Element des *In-sich-selbst-*gegründet-Seins (vgl. Platon und Plotin); dieses unterscheidet ihn von seinen äquivoken *exklusiv* relational definierten biologischen Rekonstruktionen grundlegend, also von den korrelierten (individuell- und sozio)*biologisch-funktionalen* Konzepten des ‚Nutzens': des Nutzens (1.) einer der jeweiligen exklusiv-biologischen Natur gemäßen Lebensweise und (2.) der religiösen Weltinterpretationen;

dieses Wert- und Sinn-Konzept teilt mit dem Begriff der Objektqualia und des darin fundierten In-sich-Werthaften (wie des Schönen oder des Schmerzes) das Element eines notwendig zirkulär definierten Kernes, welcher **1.** den Invarianzen oder Konstanten des nichtfunktionalen Weltaspektes Rechnung trägt und **2.** ihn unterscheidet von (gegenwärtig weithin) *exklusiv* relational verstandenen Begriffen, etwa vom Begriff (a) der Zeichen und ihrer Bedeutung, (b) des Zieles oder Zweckes (der von Aristoteles bezeichnenderweise primär zur exklusiv-theoretischen, quasi-funktionalen (= ‚*Wie funktioniert das?*'-)Erklärung der verschiedenen Typen organismischer – pflanzlicher, tierischer, menschlicher – ‚Bewegung' verwendet wird: s. 5. Teil, II.96, 99), oder die Begriffe (c) der Idee, sogar auch (d) des Selbstzwecks (s. 5. Teil, II.96, Platon) sowie (e) des Bewusstseins, sofern man von dessen numerischer zeitübergreifender Identität absieht: es ausschließlich durch das Konzept der Perspektivität charakterisiert; ausschließlich relational definierte empirische Begriffe, wie ‚Materie' und ‚Energie', wurden historisch naturwissenschaftlich(-mathematisch) rekonstruiert, und so erging es auch einschlägigen mentalen Begriffen sowie dem Begriff des Zieles (zu letzterem vgl. den funktional-biologisch definierten Begriff der Teleonomie); daher ist genuin philosophisches Denken gehalten, gleichsam nach archimedischen Punkten – oder,

wie Wittgenstein, nach indirekten Ansatzstellen – einer eigenständigen *Beschreibung* der phänomenalen Welt und ihrer spezifischen Relevanz für menschliches Handeln zu suchen, die mit naturwissenschaftlicher Welt*erklärung* nicht konkurrieren noch sie kopieren, sondern sie theoretisch zu ergänzen erlauben;
b) das darin – also im Wert- und Sinn-Konzept – implizierte Konzept mensch(heit)licher Autonomie, zu welcher auch der in die Leib-Umwelt-Interaktion involvierte genuin physikalische Aspekt gehört: dieses Element unterscheidet den Sinn-Begriff von Platons Konzept des Einen-Guten, welches das In-sich-*negativ*-Werthafte als Abwesenheit des Guten deutet (und schwerwiegende Unterschiede menschlicher Einzelschicksale durch die – explizit aus philosophischer Verlegenheit benutzte – mythische These, die vorgeburtliche individuelle Seele *wähle*, je nach Charakter, ihr Schicksal);
c) die Unterscheidung zwischen einer empirisch-ontogischen Fundierung des Sinn-Begriffs und seiner Explikation durch transzendente, aber theoretisch unexplizierbare Ideen (vgl. Kants praktisch-hypothetische Vernunftideen);
d) die Rolle von ‚Sinn' als inhaltlicher Einheit (und zugleich Teil) des Implikationszusammenhanges der Welt insgesamt;
e) das Konzept einer im Sinn-Begriff implizierten Forderung formaler persönlicher Urteilsfreiheit;
9. eine entsprechende Klärung des Begriffs verantwortlicher Freiheit; sie bzw. das ethische Motiv ist Teil des theoretisch unlösbaren Implikationszusammenhanges der phänomenalen Welt oder Lebenswelt und ihrer Geschichte, z.B. theorieabhängig oder interpretativ durchsetzt („imprägniert"), daher historisch variabel und partiell pervertierbar;

B. in geschichtswissenschaftlicher Anwendung dieser Theorie:
1.a) die These, das Wert- und Sinn-Prinzip sei Prinzip auch der Menschheitsgeschichte, das Konzept dieses Prinzips mithin Leitkonzept einer modernen Geschichtswissenschaft sein solle;
b) die These einer inneren Bindung der politischen Geschichte an die Philosophiegeschichte (als menschheitlicher wissenschaftlicher Interpretationsgemeinschaft): zu ihnen beiden gehöre – auf Grund des für sie beide relevanten Wert- und Sinn-Konzepts – der archaische Kulturtypus als ein *konstitutiver Bestandteil* dazu, denn auch das archaisch-mythische Denken umfasse neben seiner erklärenden Funktion ein implizites Wert- und Sinn-Konzept;
c) entsprechend die Unterscheidung zweier Phasen der Moderne: 1. *einer kritisch-krisenhaften*, den Primat der Praxis betonenden Phase und 2. einer wieder, aber auf neuer Ebene, theoretisch *und* (ethisch-)praktisch orientierten *integrativen* Phase;
2. a) das Konzept eines an die mechanische Leib-Umwelt-Interaktion – bzw. modern sprochen: an die biologische Evolutionstheorie – gekoppelten Aspektes mensch(heit)licher Autonomie;
b) umgekehrt das Konzept von der biologischen (molekularen, zellulären) Evolution als einer Art Extrapolation der phänomenalen Zeit (Lebenszeit, menschheitsgeschichtlichen Zeit) in den (in die phänomenale mechanische Leib-Umwelt-Interaktion involvierte) genuin physikalisch-kosmischen Weltaspekt, der als solcher nicht unabhängig von der alltäglichen phänomenalen Welt existiert;
c) daran gekoppelt: die Unterscheidung zweier Aspekte des wissenschaftlichen Motivs: der Neugier und des Interesses an ‚Sinn' (4. Teil, D.IV).

IV. A. Resümierende Thesen in einer speziellen Anknüpfung an die neuzeitlich-moderne Philosophie:

1. Innerhalb des ‚Bewusstseins', das auf dem erreichten Stand neuzeitlicher Philosophie *irgendwie* Inbegriff eines theoretisch unhintergehbaren alltäglichen Wissens sein muss, bringt Kant auf dem Wege transzendentalphilosophischer Analyse und philosophisch-*theo-*

retischen Schließens eine formale Konstruktion der Welt gleichsam unter. Husserl nimmt Anstoß daran: an dem Ansinnen, dem Bewusstsein als Inbegriff theoretisch unhintergehbarer kognitiver Helligkeit etwas (quasi-)*theoretisch* unterschieben zu wollen. Daher unternimmt er den Versuch einer ausschließlich phänomenologischen Deutung der Kantischen Weltkonstruktionsthese: Er sucht die eigentümlich originale, im doppelten Sinn ursprüngliche Wissenshelligkeit des Bewusstseins gleichsam zu reinigen und benutzt dazu über Kant hinaus ein analytisches Verfahren, das im Kern bereits von Descartes angewandt wird: die (von Kant allerdings indirekt – auf transzendentalphilosophischem Wege – konzeptuell geschärfte) Methode der Streichung oder „Einklammerung" alltäglicher unbewiesener Unterstellungen: etwa einer erkennbaren Realität(-an-sich) und einer *theoretisch unhintergehbaren* Verquickung des Bewusstseins mit dem Leibe.

Man vergleiche dazu Descartes' Rede von gewissen durch die Gemeinschaft mit dem Leibe bedingten „verworrenen Bewusstseinszuständen / *confusi quidam cogitandi modi*", die wir übrigens ähnlich auch schon bei Anaxagoras finden: Eben diese Verworrenheit will Husserl auflösen, indem er unser alltägliches Bewusstsein auf dem bezeichneten analytischen Weg zu seiner vollen (welt-),ursprünglichen' Helligkeit zurückführt.

2. Husserls phänomenologisches Verfahren kann – von der im 1. Teil kritisierten Hypostasierung des qualitativen Kernes der Objektqualia zu sinnlichen Empfindungen hier einmal ganz abgesehen – kaum darüber hinweggehen, dass das Konzept jener Weltkonstruktion seinerseits mit dem Konzept von Bewusstsein als Inbegriff theoretisch unhintergehbarer Wissenshelligkeit schwerlich vereinbar ist. Überdies trifft sich der Einwand mit unserem alltäglichen Weltverständnis, welches eine derartige Unterstellung als extrem kontraintuitiv zurückweist: Eine solche Zurückweisung scheint gerade dem – Descartes, Kant und Husserl gemeinsamen – Ausgang von einer eigentümlichen kognitven Helligkeit des Bewusstseins, die es – wie schon Descartes sah – von seiner genuin physikalischen Rekonstruktion radikal unterscheidet, zu widerstreiten. (Husserl selbst begegnet in seinen späteren Jahren dem allgemeiner gehaltenen Einwand der Kontraintuitivität seiner Lehre, indem er die Unterscheidung zwischen der alltäglich-realistischen und der transzendental-konstruktivistischen Perspektive oder Ebene geradezu unermüdlich betont.)

3. Auf Grund derartiger neuer – und gewisser unbewältigter alter (etwa theoretisch- und methodologisch-solipsistischer) – Aporien treten in neuerer Zeit an die Stelle des von Descartes, Kant und Husserl thematisierten Bewusstseins:
1. die phänomenale *Welt* (zunächst im engeren alltäglichen Sinne) als primärer Gegenstand philosophisch-*theoretischer* Bemühung; so ist gewissermaßen der Gegenstand des Bewusstseins, die phänomenale Objektwelt, von vorneherein mit einbezogen in das Konzept von (wohlgemerkt: auf dem Hintergrund des genuin physikalischen Theorietyps:) ,eigentümlicher', theoretisch unhintergehbarer kognitiver Helligkeit (Wittgenstein und Heidegger, beide nicht ganz zufällig gleichen Jahrgangs; tendenziell auch der *späte* Husserl);
2. im *methodologischen* Bereich tendenziell a) die Betonung der Theorieimprägniertheit oder (im strikt methodologischen Sinne) Konstituiertheit aller Konzepte oder Auffassungen von Realität und Subjekt sowie, komplementär dazu, b) eine – allerdings jetzt sehr weit gefasste, genuin philosophischen Theorien und Problemen Rechnung tragende Betonung der methodologischen Rolle der Realität, wie auch immer diese interpretiert werden mag. Dieses Realitätskonzept ist aber selbst noch – zumal angesichts des faktischen Verlaufs der Philosophiegeschichte – ein (strikt methodologisch zu verstehendes) Interpretationskonstrukt oder -schema (zweit-)höchster Ebene (Lenk). Diese radikale, aber eben ,nur' strikt *methodologisch*(-transzendental)e Verflüssigung wissenschaftlicher Theorien *umfasst* das Realitätsprinzip gerade auch dadurch, dass es sich selbst als (höchste) Interpretation(sstufe) begreift (contra ,*Alles ist* Interpretation'). Konkretes Interpretieren kann nicht sich selbst Konstrukt sein; aber *was* es denn sei, ist uns wissenschaftlich stets nur interpretativ fassbar. Das dient der Selbstbescheidung *und* dem philosophischen Fortschreiten.

4. Die Eigentümlichkeiten – darunter auch die entsprechend eigentümliche Einheit – der

so als theoretisch unhintergehbar unterstellten phänomenalen Welt müssen nach dem Untersuchunggsstand der zweiten („integrativen": s.o. III.B.1.c) Phase der Moderne in der Alltagssprache, einschließlich des Handelns, ihren Niederschlag finden – folglich auch in der Kulturgeschichte, spezieller dann auch in der Philosophiegeschichte (Wittgenstein, Heidegger, Gadamer; zur Kulturgeschichte s. 2. Teil, dort auch das Wittgenstein-Motto).
Eine integrierte philosophische ‚Theorie' muss folglich:
1. beides verständlich machen: die kognitive Helligkeit der phänomenalen Welt (a) *und* ihre kognitiven Grenzen (b). – Letztere sind ihrerseits bezeichnet sowohl b1) durch den genuin physikalischen Theorietyp, der zugleich erhebliche Erweiterungen positiven empirischen Wissens und seiner technischen Anwendungen beinhaltet, als auch b2) durch eine genuin philosophische Grenztheorie.
2. Aus nachträglicher Sicht kann das eigentlich nur heißen: Eine integrierte ‚Theorie' muss einen – über den sprachgebrauchsanalytischen Minimalismus Wittgensteins hinausgehenden – strikt beschreibenden Charakter haben. Dessen Witz besteht darin: Das so Beschriebene wirft angesichts seiner modern-naturwissenschaftlichen Nichterfassbarkeit zwar unvermeidlich die *Frage* seiner Erklärung auf. *Theoretische* Antworten aber sind nicht nur nicht möglich (in dem Sinne, wie eine theoretische Explikation der Jenseitsidee nicht möglich ist), sondern auch unsinnig im denkbar umfassenden Sinne: Sie sind sowohl logisch widersprüchlich als auch unsinnig im Hinblick auf das ethische Motiv und den hier explizierten ‚Sinn'-Begriff bzw. als partielle Entfremdung der Moderne von unserer alltäglichen Lebenswelt. Das gilt für den Cartesischen Dualismus nicht minder als für den Epiphänomenalismus und eine exklusiv genuin physikalische Weltinterpretation.
3. Den beiden vorgenannten Punkten gemeinsam ist die Verabschiedung der spezifisch modernen – durch eine fundamentale Stellung des genuin physikalischen Theorietyps motivierten – methodisch primären Orientierung (sozio)philosophischer Theoriebildung an der Praxis oder praktischen Nützlichkeit, zumal der Basis-Überbau-Gestalt solcher Orientierung. (Man könnte die erste Phase der Moderne auch als die Phase der Dominanz des extrovertierten Charakters kennzeichnen.) Paradoxerweise scheint gerade dieser Schritt letztlich der *moralischen* Praxis zugute kommen – und zugleich der mit ihr innerlich verknüpften Lebensqualität.
4.a) Da die angestrebte integrierte Theorie Punkt 1 zufolge auch den genuin physikalischen Theorietyp zu integrieren hat und da dieser Theorietyp seit den Anfängen der europäischen Philosophiegeschichte eine zentrale inhaltliche (Thales) bzw. implizit-methodologische Rolle spielt (1. Teil, A), muss sie auch die erste große philosophische Wendung dieser Geschichte spiegeln: die Sokratisch-Platonische Wendung, und sei es nur in dem Sinne, sie verständlich zu machen (vgl. o. III.A.1d). – Verwandt damit ist der nächste Punkt:
4.b) Eine integrierte Theorie muss der modernen – m.E. auf eine dominant genuin physikalische theoretische Denkweise zurückgehenden – ‚Sinn'-Frage Rechnung tragen.
5. Die skizzierte Entwicklungstendenz weist also nicht auf eine Rückkehr zur Innerlichkeit, sondern auf eine wissenschaftlich verbindliche Explikation der Eigentümlichkeit der phänomenalen *Welt*: ihrer beiden gleichgewichtigen Pole (Subjekt- und Objekt-Pol) *und* Aspekte: des physikalisch- und des metaphysikalisch-empirischen Aspektes.
Eine notwendige Voraussetzung dieser Explikation ist die wissenschaftliche Verbindlichkeit des genuin physikalischen Theorietyps und dessen Einbeziehung in das genuin philosophische Forschen, auch wenn dies zunächst und kaum vermeidlich die – u.a. solipsistische – Aporetik des Cartesischen Dualismus erzeugt und ihre Überwindung Jahrhunderte beschäftigt: Diese Überwindung ist weder durch implizite Schwenks in aristotelisch-stoische Naturtheorie und damit verwandte Füllungen des Kantischen Konzepts der prinzipiell unerkennbaren Realität an sich noch mit psychologischen und primär moralischen Argumenten zu haben (s. 1. Teil, A).
In der Antike dürften dieser Entwicklung Heraklit, Sokrates und der frühe Platon nahe gekommen zu sein – eben auf Grund jener *implizit-methodologisch* begleitenden Rolle des

genuin physikalischen Theorietyps. Darin, dass ihre Positionen implizit als Alternative zu diesem Theorietyp gedacht sind, liegt ihre Grenze; und auch diese suchen schon der spätere Platon sowie einige Jahrhunderte später Cicero zu überwinden.

IV. B. Resümierende Skizze der vorgeschlagenen Theorie

Als Ausweg aus jener (u.a. solipsistischen) Aporetik wird hier die Konzeption eines unlösbaren Implikationszusammenhanges der phänomenalen Zwei-Aspekte-Realität vorgeschlagen. Sie ist *konsequent* grenztheoretisch, da sie eine traditionell-theoretische Letztbegründung ausschließt.

1. Das Schlüsselkonzept jenes konsequent grenztheoretisch explizierten Implikationszusammenhanges ist das Konzept der Objektqualia und ihrer im qualitativen Kern notwendig zirkulären Definition (vgl. o. III.A.2). Zusammengeschlossen sind dadurch: a) der Begriff einer theoretisch irreduziblen phänomenalen *Objekt*welt, b) das Konzept einer Pluralität von Subjekten im genuin philosophischen Sinne, die jetzt aber jene eigentümliche Objektwelt als deren Subjektpole ergänzen und so der Welt zugehörig sind, c) das – für überhaupt denkbare empirische Realität ebenfalls notwendige oder apriorische (3. Teil, D.7) – Wert- und Sinn-Prinzip und d) die je äquivoken genuin physikalischen Korrelationen zu all diesen Konzepten. Außerdem bildet jenes Schlüsselkonzept eine wichtige Brücke nicht nur zum alltäglichen Weltverständnis der Menschheit, sondern auch zum philosophisch-theoretischen Weltverständnis der meisten antiken Philosophen. Die Objektqualia, deren Kern aus exklusiv naturwissenschaftlicher Sicht als etwas *bloß* Subjektives aus dem Realitätsverständnis herausfällt, wird so zum systematisch springenden Punkt der genuin philosophischen Sicht.

Dieses Verständnis der Objektqualia verdinglicht sie mitnichten. Denn Objektzugehörigkeit wird ihnen bereits in der alltäglichen Weltsicht zugeschrieben. Auf einer durch den physikalischen Ding-Begriff angeregten Verdinglichung basieren vielmehr Husserls ‚Sinnesempfindungen' (1. Teil, B). Im Kontext der vorgeschlagenen Theorie unterscheiden sich die Objektqualia von Objekten im üblichen Sinne dadurch, dass sie bloß Eigenschaften der *Objekt*seite des nichtfunktionalen Weltaspektes sind.

Aus folgenden Gründen *können* die Objektqualia gar nicht auf sinnliche Empfindungen der Subjekte reduziert werden: 1. im Hinblick auf unsere alltägliche Weltsicht, 2. wegen ihrer im Kern notwendig zirkulären Definition, während es sich bei den sinnlichen Empfindungen exklusiv um kognitive Beziehungen handelt. 3. Wären sie ein dem Bewusstsein Innerliches, wäre wegen der (IV.I.f. genannten) Bewusstseinshelligkeit auch ihr Ursprung als ein Vorgang durchsichtig; ein derartiger Vorgang ist zudem auch aus jenem definitorischen Grunde auszuschließen. (1. Teil, B; 3. Teil, C; 5. Teil.)

Zu sagen, jeder Mensch hätte seine eigene, im methodologischen Sinne ‚private' *Objekt*welt, ist in der vorgeschlagenen Theorie ebenfalls ausgeschlossen: durch die These, beide Weltaspekte gehörten unlösbar zusammen – zumal aus der Sicht des nichtfunktionalen Weltaspektes: qua Inhärenz der Leib-Umwelt-Struktur, aber auch aus der Sicht des genuin physikalischen Weltaspektes (3. Teil, D.7). Zur Verständigung über den nichtfunktionalen Aspekt der Objektwelt gehört der genuin physikalische Weltaspekt mit seinen äquivoken Korrelaten unlösbar dazu (3. Teil, C, vgl. B: Wittgenstein).

Der besondere Charakter der Objektqualia lässt sich auch dadurch ausdrücken, dass man in Bezug auf sie von theoretisch irreduzibel qualitativen – strikt (metaphysikalisch-)objektiven – *Erscheinungsweisen* der Welt redet statt von ‚*Entitäten*' oder ‚*Exemplaren*' (wie z.B. im Falle blauer Farbpartikel). Unsere Alltagssprache spiegelt diesen Sachverhalt in Verwendungen, die von ihrer biologischen Rekonstruktion abweichen (vgl. 3. Teil, C.IV): Es wäre unsinnig, etwa das Blau des Himmels in Reinheit isolieren oder im physikalischen Raum genau verorten zu wollen, analog wie man – auf Grund der Einheit der beiden (unreflektierten) Weltaspekte im normalen Alltag – die Farben eines chemischen Farbengemisches isolieren kann (vgl. o. I.B, Anm. 119f, Platon).

Anders formuliert: Die Objektqualia stehen in denkbar unmittelbarer Beziehung zu ihrem metaphysikalischen Ursprung, der konsequent grenztheoretisch als Ursprung aus dem *quasi punktförmigen Nichts* (statt ‚Realität an sich' oder ‚Weltgrund') zu denken ist: Bezogen auf diesen für uns alle numerisch einen Punkt verliert das Blau des Himmels gleichsam seine *naiv-ontologisch* gedachte Pluralität (→ „verschiedene Exemplare des Blaus"). Dieser konsequent grenztheoretische Ansatz ‚beschreibt' also die theoretische Irreduzibilität sowohl des Erscheinungs- als auch des Objektcharakters der phänomenalen Objektwelt; die phänomenale Welt ist irreduzibel erscheinend *und* objektiv nur vermöge ihrer Beziehung auf jenen Ursprung bzw. der unlösbaren Einheit beider Weltaspekte.

Wieder anders formuliert: Es gibt zwar ein phänomenal-qualitativ plurales *Erscheinen* der phänomenalen Objektwelt, aber diese Pluralität phänomenal-qualitativer Erscheinungsweise ist zu verstehen in konkret unlösbarer Einheit mit dem genuin physikalischen Weltaspekt, wobei beide Weltaspekte einander ontologisch wechselweise relativieren und sich gerade auch darum zur *einen* empirischen Realität ergänzen. – Folgerichtig gibt es zum skizzierten Sachverhalt eine *äquivoke* Kritik naiver Verdinglichung von Objektqualia in der naturwissenschaftlichen Rekonstruktion der phänomenalen Welt bzw. der ‚subjektiven' Perspektive. (1. Teil, B; 3. Teil, C.VII.)

Andererseits wird so aus genuin philosophischer Sicht verständlich, warum über die jeweilige Qualität der von Insekten – wahrscheinlich! – wahrnehmbaren Duftqualia oder auch Farbqualia (zumal bei Bienen im Bereich des Ultravioletten) kein definitives *Wissen* erzielbar ist (analog unserer Kenntnis der Neuronen, Gene oder phänomenalen Farben). Solche prinzipiellen ‚Nebelzonen' möglichen empirischen Wissens sind ihrerseits Teil des hier rekonstruierten Implikationszusammenhanges der Welt.

Das Entscheidende *neben* jener konsequent grenztheoretisch explizierten (wechselweisen) ontologischen Relativierung und Einheit der beiden Weltaspekte, ist der Umstand, dass die Objektqualia *per definitionem (strictê circularem)* gar keine Interpretation als Empfindungen zulassen.

2.1. Was in undurchschauter Anlehnung philosophischer Theorie an das physikalische Theoriemuster zu(m Inwendigen von sinnlich-)*kognitiven Beziehungen* wird, wird in der zweiten Phase der Moderne tendenziell zu einem theoretisch unhintergehbaren Inbegriff der *Objekte* der alltäglichen Wahrnehmung. Und in Anknüpfung daran verhält es sich genau so auch mit den Begriffen des In-sich-Werthaften und des ‚Sinnes'. Sie alle gehören zu den Konstanten in allem Wandel des nichtfunktionalen Weltaspektes, und sie alle finden in der Welt just jene Orte, die ihnen in alltäglicher Sicht fraglos immer schon zukommen – sogar wider vermeintlich besseres naturwissenschaftliches Wissen.

Wert und ‚Sinn', die in der ersten Phase der Moderne, besonders in der (Sozio-)Biologie, in der einen oder anderen Form zunehmend als von menschlichem Geiste oder auch genetisch ‚gesetzte' normative *Beziehungen* oder hervorgebrachte Produkte interpretiert werden, zeigen sich demnach auf einer neuen Ebene genuin philosophischer Arbeit als ein notwendiges Prinzip der empirischen Realität und der Menschheitsgeschichte, welches die Objektwelt und die Subjekte übergreift; in diesem Punkte ist es dem Struktur-Funktion- bzw. dem nomologischen Prinzip (3. Teil, A.I) ähnlich. Zu solcher Arbeit gehört auch, den wechselseitigen Zusammenhang dieser beiden Prinzipien zu erfassen: in dem allgemeinen Konzept zweier Weltaspekte sowie in dem speziellen Konzept zweier Aspekte menschlicher Autonomie (3. Teil, C; 4. Teil, D.III).

In aller empirischen Forschung könnte uns gar nicht an Realität und ihrer theoretischen Erfassung mit denkbar großem Ernst *gelegen* sein, wenn wir diese Realität oder zumindest einen Teil von ihr nicht zuvor schon *intuitiv* – mithin in einer selbst noch theoretisch zu interpretierenden Weise – als *irgendwie* objektiv oder in sich werthaft auffassen würden. Umgekehrt ist in exklusiv physikalischer Sicht der ‚Mensch' nicht minder *ohne* jeglichen objektiven Wert als die 6 chemischen Elemente (C, O, H, N, P, S), die ihrer biologischen Konstruktion und dieser Konstruktion selbst zugrunde liegen (vgl. 3. Teil, D.7). Anders formuliert: Die exklusiv genuin physikalisch verstandene Natur braucht uns Menschen nicht. Doch welchen Sinn kann dann noch der anknüpfende Satz haben: ‚... *Aber wir brauchen die Natur*'? – Wieder anders formuliert: Das hier explizierte Konzept des Wert- und Sinn-Prinzips möglicher empirischer Realität impliziert den Begriff des Nutzens, aber streng genommen, dem vorigen Absatz zufolge, schließt umgekehrt der *exklusive* (D.7 des 3. Teiles zufolge ohnehin schon problematische) modern-biologische Begriff des menschlichen Organismus mit dem Begriff objektiver Werte auch unseren alltäglichen Begriff des Nützlichen aus. (3. Teil, C.II; 5. Teil).

2.2. Diese Konzeption fördert, *sofern sie denn wissenschaftlich überzeugend ist*, eine primär geistige Form von Liebe und Interesse, die sich immer schon regen, wenn auch nur intuitiv und mehr oder weniger verdeckt oder verschüttet).[121]

---

[121] Den zwei höchst verschiedenenen und doch einander bedingenden Aspekten der Welt entsprechend

Da so im Grundsätzlichen der Wert der je anderen Menschen zum Gegenstand desselben Interesses wird wie der Wert der je eigenen Person, handelt es sich bei dieser Form von Liebe um nichts anderes als um das in der vorliegenden Arbeit eingangs (1. Teil, C) thematisierte ethische Motiv und die zugehörige verantwortliche Freiheit (3. Teil, C.VIII, XIV, XVII; 5. Teil). Beide sind, wie alle (im umfassendsten Sinne:) ‚empirische' Realität, stets interpretativ erfasst und durchsetzt.

Eben dieser Sachverhalt lässt uns verstehen: 1. warum einerseits Menschen im Namen von ‚Moral' ebenso wie im Namen von Religion sich von einander entfremden, sich wechselseitig kulturell ausgrenzen und schließlich militant bekämpfen können, 2. warum andererseits a) ‚die' Aufklärung so wenig gegen derartige Irrwege menschlicher Kultur auszurichten vermag, vielmehr wiederum b) ihren Namen dazu hergibt, alte Ordnungen ‚revolutionär'-militant durch neue zu ersetzen, die dann ihrerseits die an der alten Ordnung bemängelten Kardinalvergehen wiederholen – wie Inquisition (Verfolgung Andersdenkender), militante Missionierung und Bruderkriege.[122] Umgekehrt weckt jener Sachverhalt 3. die begründete Hoffnung, dass auf längere, an die Arbeit der Bildungsinstitutionen geknüpfte Sicht ein verlässlicher Weltfriede möglich ist, insbesondere eine Überwindung bzw. Vermeidung jener Irrwege.

3. Vorgezeichnet ist der genannte unlösbare Implikationszusammenhang der phänomenalen Welt schon in der primär vergleichend-begriffsanalytischen Methode des genuin philosophischen Forschungstyps. Sie unterscheidet sich von der für den physikalischen Forschungstyp basalen Methode der Leib-Umwelt-Interaktion und der darin implizierten Trennung von ‚Subjekt' und Objekt auch in der inhaltlich theoretischen Perspektive grundlegend: Im Gegenzug zu jener setzt sie die unlösbare Zusammengehörigkeit der beiden Aspekte der Welt bzw. – in der Neuzeit – des Subjekts implizit voraus.

Die genuin philosophische Forschungsmethode durchzieht die gesamte europäische Philosophiegeschichte (1. Teil, A), setzt also von Anbeginn eine gewisse Vertrautheit mit dem genuin physikalischen Denktyp voraus. Diese Bedingung ist im archaischen Kulturtyp im handwerklichen Denken sowie im Wissen um die Verletzbarkeit und Zersetzbarkeit des Körpers erfüllt. Es zeigt sich so die methodologische Brücke zu <u>nichteuropäischer Philosophie</u> sowie zu expliziten und impliziten Grundannahmen des <u>archaischen Religionstyps</u>.

4. Aus der Sicht des methodologischen Interpretationismus gehört die vorgeschlagene –

---

fordert das dem Menschen ureigene (intuitive) Erkennen von und Interesse an Wert und ‚Sinn' auch ein (für sich) wertneutrales Erkennen und Wollen. „*Es hat im Mittelalter eine lange, nicht abgeschlossene Diskussion über den Primat des Wollens oder des Erkennens gegeben, die in der Neuzeit ihre Fortsetzung gefunden hat. <u>Schelers</u> These vom Primat einer anfänglichen Intentionalität der Liebe, die sowohl den theoretischen Akten wie der Intentionalität des Beabsichtigens und Wollens vorauf- und zugrunde liegt, ist noch weit entfernt davon, gründlich durchdacht und gedanklich erprobt zu sein. Vermutlich liegt in Schelers Begriff einer unsere Akte fundierenden Liebe die Brücke zwischen jener grundlegenden Befindlichkeit, die Heidegger als ‚Stimmung' beschreibt, und den intentionalen Akten, von denen in Husserls Phänomenologie die Rede ist...*" (Robert <u>Spaemann</u> 1996, 70).

[122] Im Zuge wachsender experimenteller und mathematischer Bestätigung des genuin physikalischen Theorietyps, der ja im Prinzip schon von <u>Descartes</u> philosophisch anerkannt war und für den schon in der Antike eine plausible methodische Vorgehensweise sprach (bes. 3. Teil, A.I), geriet eben dieser Theorietyp in wachsendem Maße zur *exklusiven* Fundamentalwissenschaft, zum Muster empirischer Wissenschaft und ‚Praxis'-Orientierung. Das exklusiv durch ihn fundierte Verständnis von Wissenschaft und Praxis füllt so tendenziell die Position der ‚Philosophie' und ‚Aufklärung' aus. In demselben Maße kam immer weiter abhanden das Bewusstsein von einer *im (fortschreitenden) Flusse* befindlichen *genuin philosophischen Forschung*, die selbständig zu betreiben ist und die sich u.a. im Dienste des moralischen Motivs und – besonders bei <u>Kant</u> – einer entsprechenden Beschreibung der Grenzen möglicher empirischer Erkenntnis und Realität weiß. Vielmehr geriet dieses Bewusstsein in den – oft unausgesprochen – Verdacht, dem Grundanliegen wissenschaftlicher Aufhellung der Welt und der Autonomie des Menschen zuwider zu laufen. (4. Teil, A,B; 5. Teil.)

(dem Anspruch nach:) konsequent grenztheoretische – ‚Theorie' der phänomenalen Realität der zweithöchsten Interpretationsstufe an (Lenk 2004, 76). Diese Theorie macht auch plausibel, warum wir aus unserer grundsätzlich interpretativen Beziehung zur (phänomenalen) empirischen Realität nicht gleichsam heraustreten können; m.a.W., sie spiegelt den grundlegenden Anspruch der Interpretationsmethode, wie sie auch das primär vergleichend-begriffsanalytische Verfahren konkret-theoretisch spiegelt (3. Teil, D ; 5. Teil).

Der methodologische Interpretationismus regt durch seine Betonung des interpretativ durchsetzten Charakters aller konkreten philosophischen Theorie (einschließlich der Ethik: s.o. 2.2; 1. Teil, C; 5. Teil) [123] dazu an, konstruktive Elemente oder Fortschritte, etwa der Philosophie Kants (im Vergleich mit Descartes), von möglichen aporetischen Elementen neuer Ebene zu unterscheiden. Andererseits jedoch ist in wohl nicht allzu ferner Zukunft mit einer wissenschaftlich definitiven genuin philosophischen Theorie zu rechnen, gerade auch deswegen, weil spätestens seit der zweiten Hälfte des 20. Jahrhunderts der genuin physikalische Theorietyp definitiv gilt (wenngleich nicht exklusiv). Aber auch dann noch bliebe die Aufforderung zu ständiger kritischer Überprüfung bzw. einer ständigen *kritischen* Aneignung einer derartigen Theorie bestehen.

5. Der ‚Sinn' des offenbar schwierigen und langen genuin philosophischen Wissenschaftsweges liegt nach den vorliegenden Untersuchungen (u.a.) darin, dass dieser Weg Teil der menschlichen Autonomie ist und folglich eine – nicht zuletzt an Arbeitsteilung geknüpfte – menschheitliche Gemeinschaftsleistung (vgl. o. 2.1, Abs.2).

IV. C. Kurzformulierung des Resümees

A.I. Die Welt hat zwei grundverschiedene, im weiten Sinne ‚empirische' Aspekte: einen physikalischen und einen meta- oder nichtphysikalischen (nichtfunktionalen). Gerade deswegen: 1. ergänzen sie sich, 2.a) relativieren einander ontologisch und sind b) praktisch und theoretisch unlösbar von einander: verkörpern je einzeln keine Realität an sich.
II. *Qua* Einheit beider Weltaspekte ist der nichtfunktionale Weltaspekte 1. bar jeglicher magischer Wirkung, vielmehr 2. Inbegriff von Wert und ‚Sinn', die *qua* Einheit auch praktisch relevant sind. – 3. Ein Sonderfall solcher Aspekte-Einheit sind Körper und Seele(n): als Subjektpol(e) mit theoretisch verbürgter Intersubjektivität. a) Auch sie sind praktisch und theoretisch unlösbar von einander; b) beide sind, je auf ihre Weise, weltoffen.
B.I. Beide Weltaspekte drückt fraglos der archaische Religionstyp aus. Sie und ihre Einheit wissenschaftlich – im Grundsätzlichen unzweifelhaft – zu erfassen, gehört zu den großen Herausforderungen des reflektierenden Kulturtyps.
II. In der Moderne ist eine Erfüllung dieser Aufgabe besonders nahe – und zugleich besonders fern: 1. besonders nahe auf Grund des wissenschaftlich definitiven Charakters des genuin physikalischen Theorietyps und der in ihm liegenden Brückenkonzepte für eine integrierte Theorie, 2. besonders fern a) wegen der faktischen fundamentalwissenschaftlichen Exklusivität dieses Theorietyps und entsprechend b) wegen des wissenschaftlich, folglich auch praktisch unverbindlichen, theoretisch vagabundierenden oder völlig unbegriffenen Charakters des nichtphysikalischen Weltaspekts. – Die von einem theoretischen (oder religiösen) Primat der Praxis diktierte ideengeschichtliche Sicht der Philosophie ist ethisch wirkungslos und rückt die Geistesgeschichte tendenziell ins Basis-Überbau-Modell. –

Waren die Katastrophen des 20. Jahrhunderts *nötig*, um ‚die Praxis' zu ändern und durch Erinnerungspflege Wiederholungen auf Dauer zu verhindern?

---

[123] So wenig wie im Falle von Realismus und wissenschaftlicher Objektivität redet der methodologische Interpretationismus im Falle seiner hier durchgeführten Anwendung auf das ethische Motiv und eine genuin philosophische ethische Theorie einer relativistischen Beliebigkeit das Wort. Ganz im Gegenteil *dient* er ihnen allen. Besonders regt er auf denkbar allgemeiner, eben auf (höchster) methodologischer Ebene an zur Überprüfung auch der heute üblichen, geradezu selbstverständlichen, fast schon dogmatischen These sozialer Setzung und / oder biologischer Begründung moralischer Normen.

II. Literaturverzeichnis

Abel, Günter 1988, *Interpretationsphilosophie. Eine Antwort auf Hans Lenk*, in: Allgemeine Zeitschrift für Philosophie 13.
Benedict, Ruth 1960 (1934), *Urformen der Kultur*, Hamburg 1960 (amerikanisches Original: *Patterns of Culture* 1934.
Bieri, Peter 2001, *Das Handwerk der Freiheit*, München.
Bieri, Peter 2005, *Unser Wille ist frei*, in: Der Spiegel Nr.2 / 2005, 124 f.
Campbell, John 1993, *A Simple View of Colour*, in: J. Haldane / C. Wright (Hg.), *Reality, Representation, and Projection*. Oxford.
Churchland, Paul. M. 1985, *Reduction, Qualia, And the Direct Introspection of Brain States*, in: The Journal of Philosophy 82.
Dahlheim, Werner 1995, *Die Antike. Griechenland und Rom von den Anfängen bis zur Expansion des Islam*, 4. erweiterte Auflage (1. Auflage Januar 1994), 814 Ss.; Ausblick auf Wirkungsgeschich. i. Teil D. Paderb.- Mch.- Wien - Zürich.
Darwin, Charles 1982, *Charles Darwin – ein Leben. Autobiographie, Briefe, Dokumente*, München.
Descartes, René, *Regeln zur Ausrichtung der Erkenntniskraft*, Ausgabe mit Einleitung von Lüder Gäbe, Hamburg 1972; Seitenzahlen der Ausgabe von Adam und Tannery (= AT) am Rande des deutschen Textes.
Descartes, René, *Meditationen über die Grundlagen der Philosophie – mit sämtlichen Einwänden und Erwiderungen*, Ausgabe von Arthur Buchenau, Hamburg 1972; Seitenzahlen der lat. Originalausgabe (besorgt von Mersenne in Paris) am Rande des deutschen Textes.
Feigl, Herbert 1958, *The 'Mental' and the 'Physical'*, in: Feigl / Scriven / Maxwell (Hg.), *Minnesota Studies in the Philosophy of Science* Bd. II, Minneapolis.
Gadamer, H.-G. 1975, *Wahrheit und Methode*, Tübingen.
Goethe, J.W.v., *Goethes Gedichte in zeitlicher Folge*, Frankfurt a. M. 1982 (zum 150. Todestag).
Habermas, Jürgen 2005/ 2204, *Zwischen Naturalismus und Religion. Gesammelte Aufsätze*, Frankfurt M.; darin: *Freiheit und Determinismus* (155-186), Original 2004.
Harder, Richard 1958, *Plotin. Auswahl und Einleitung*. Hamburg.
Harder, Richard 1956-1971, *Plotins Schriften*, übersetzt von R. Harder, Neubearbeitung mit griechischem Lesetext und Anmerkungen fortgeführt von Rudolf Beutler und Willy Theiler, 6 Bände (je zweiteilig), Hamburg.
Hastedt, Heiner 1988, *Das Leib-Seele-Problem. Zwischen Naturwissenschaft des Geistes und kultureller Eindimensonalität*, Frankfurt a. M.
Hegel, G.W.F., *Wissenschaft der Logik I*, Theorie-Werkausgabe Bd. 5, Frankfurt a. M. 1969.
Heidegger, Martin, *Gesamtausgabe* (4 Abteilungen), Frankfurt ab 1976.
Heraklit, *Fragmente*, herausgegeben von Bruno Snell, Darmstadt 1983.
Heuser, Harro 1997, *Als die Götter lachen lernten..Griechische Denker verändern die Welt*, München.
Heuss, Alfred 1976 (4. Auflage), *Römische Geschichte*, Braunschweig, 1. Auflage 1960.
Höffe, Otfried 2001, *Kleine Geschichte der Philosophie*, München.
Homer, *Odyssee*, hrsg. und übers. von Anton Weiher, Darmstadt 2003.
Hübner, Kurt 2005, *Paralipomena zu Hans Lenks Theorie der Interpretation*, in: R. Dürr, G. Gebauer, M. Maring, H.-P. Schütt (Hg.), *Pragmatisches Philosophieren. Festschrift für Hans Lenk*, Münster 2005.
Husserl, Edmund 1910/11, *Grundprobleme der Phänomenologie*, Vorlesungsmanuskript WS 1910/1911, Studienausgabe Den Haag 1977 (Husserliana XIII).
Husserl, Edmund 1952, *Ideen zu einer reinen Phänomenologie und phänomenologischen Psychologie, Erstes Buch: Allgemeine Einführung in die reine Phänomenologie*, Den Haag (Husserliana IV)
Jackson, Frank 1996, *The Primary Quality View of Color*, in: Philosophical Perspectives 10.
James, William 1977 (1907), *Der Pragmatismus. Ein neuer Name für alte Denkmethoden*, Hamburg (amerik. Orig. 1907).
Kanitschneider, Bernulf 2002, *Es hat keinen Sinn, die Grenzen zu verwischen*, Interview mit ‚Spektrum der Wissenschaft', in: ebd. November 1999.
Kant, Immanuel 1781/1787, *Kritik der reinen Vernunft*, Ausgabe von R. Schmidt, Hamburg 1956.
Kekes, John 1977, *Physicalism and Subjectivity*, in: Philos.and Phenomenological Research 37.
Kierkegaard, Sören, *Gesammelte Werke*, hg. von E. Hirsch und H. Gerdes, Köln 1985.
Kirchhoff, Jochen 1982, *Friedrich Wilhelm Joseph Schelling in Selbstzeugnissen und Bilddokumenten dargestellt von Jochen Kirchhoff*, Reinbek bei Hamburg.

Lanz, Peter 1996, *Das phänomenale Bewusstsein. Eine Verteidigung*, Frankfurt / M.
Larson, Edward J. / Witham, Larry 1999, *Naturwissenschaftler und Religion in Amerika*, in: Spektrum der Wissenschaft, November 1999.
Lauth, Bernhard (2005), *Descartes im Rückspiegel. Der Leib-Seele-Dualismus und das naturwissenschaftliche Weltbild.* (Klappentext)
Lenk, Hans 1983, *Das Ich als Interpretationskonstrukt: Vom kognitiven Subjektivitätskonzept zum pragmatischen Handlungszusammenhang*, in: ders., Zwischen Sozialpsychologie und Sozialphilosophie, Frankfurt / M. 1987; Original 1983.
Lenk, Hans 1992, *Interpretation und Interpret*, in: Allg. Zeitschrift f. Philosophie 17, Heft 1.
Lenk, Hans 2004, *Bewusstsein als Schemainterpretation. Ein methodologischer Integrationsansatz*, Paderborn.
Locke, John, *An Essay Concerning Human Understanding*, mit einer Einleitung hg. von John W. Yolton, London-Melbourne 1976; dt. Übers. nach C. Winckler, O-Berlin 1962.
Lorenz, Konrad 1963 ff., *Das so genannte Böse. Zur Naturgeschichte der Aggression*, Wien.
Lukrez, *Von der Natur / De Rerum Natura*, lat.-dt., hg. u. übers. v. H. Diels, Darmstadt 1993.
Mayr, Ernst 2000, *Darwins Einfluss auf das moderne Weltbild*, in: Spektrum der Wissenschaften, September 2000.
McDowell, John 2002 (1998), *Wert und Wirklichkeit. Aufsätze zur Moralphilosophie*, Frankfurt / M. (Aufsätze zw. 1978 u. 1996; amer. Orig. d. Sammelbd. 1998).
McDowell, John 2001 (1996), *Geist und Welt*, Frankfurt / M. 2001, amer. Original 1996.
Menne, Albert 1984, *Einführung in die Methodologie. Elementare allgemeine wissenschaftliche Denkmethoden im Überblick*, Darmstadt.
Nagel, Thomas 1974, *What Is It Like to Be a Bat?*, in: The Philosophical Review 83.
Nietzsche, Friedrich, *Werke*, hg. Von Karl Schlechta, 3 Bde., Müchen 1969.
Oldemeyer, E. 2005, *Zur Phänomenologie des Bewusstseins. Studien und Skizzen*, Würzburg.
Plotin, s. unter Harder, Richard
Pohlenz, Gerd 1977, *Das parallelistische Fehlverständnis des Physischen und des Psychischen*. Meisenheim / Glan.
Pohlenz, Gerd 1983, *Leib und Seele – Versuch einer systematischen Vermittlung dualistischer Theorie und menschlicher Lebenspraxis*, in: Theologie und Philosophie 58.
Pohlenz, Gerd 1990, *Die erkenntniskritische Wendung Descartes' als Konsequenz geschichtlicher Entwicklung des Leib-Seele-Dualismus"*, in: Conceptus XXIV, Heft 62.
Pohlenz, Gerd 1990a, *Phänomenale Qualitäten, Erkenntnis und das philosophische Problem der Leib-Seele-Beziehung*, in: Philosophisches Jahrbuch, Bd. 97
Pohlenz, Gerd 1990b, *Phänomenale Realität und naturalistische Philosophie. Eine systematische Wendung der Feigl'schen und Sellars'schen Theorien phänomenaler Qualitäten und Skizze einer alternativen Theorie*, in: ZphF (Zeitschr. f.ph.Forschg.) 44.
Pohlenz, Gerd 1990 / 1991, *Beziehungen zwischen physikalischem und methodisch-metaphysischem Denken in den Anfängen menschlichen Geistes*, in: Perspektiven der Philosophie Bde. 16 u. 17
Pohlenz, Gerd 1991, *Das Verhältnis zwischen Theorie(n) empirischer Wissenschaft und traditioneller Philosophie – Dialog oder Verdrängung? Eine exemplarische Untersuchung am Beispiel des pragmatischen interaktionistischen Dualismus von Martin Carrier und Jürgen Mittelstraß*, in: Conceptus XXIV, Heft 64
Pohlenz, Gerd 1994, *Phänomenale Realität und Erkenntnis. Umrisse einer Theorie im Ausgang von der eigentümlichen Natur des Qualia-Begriffs*, Freiburg / München.
Pohlenz, Gerd 1996, *Hat die phänomenale Objektwelt in den Qualia einen metaphysischen*[124]*Aspekt? - Bietet eine (auch) konsequent ‚metaphysisch'-theoretische Handhabung der Qualia einen Ausweg aus der Aporetik des Cartesischen Dualismus?*, in: Kongress-Reader zum 17. Deut. Kongress f. Philosophie (Hg. C. Hubig, H. Poser), Copright: Institut f. Philosophie, Univ. Leipzig.
Pohlenz, Gerd 1997, *Teleologie und Teleonomie aus der Sicht der philosophischen Qualia-Thematik*, in: ZphF 51.
Pohlenz, Gerd 1999, *Die Qualia als systematischer Kern eines metaphysischen*[124] *Weltaspektes. Eine Anknüpfung an Husserls Lebenswelt-Konzept*, in: Philos. Jahrb. 106.

---

[124] Der hier pointierend eingeführte Ausdruck ‚*metaphysisch*' dient der Kritik und Abgrenzung von genuin physikalisch vereinnahmenden Verwendungen des Begriffs ‚empirisch'. (Schließlich be-

Reese-Schäfer, Walter 1998, *Antike politische Philosophie zur Einführung*, Hamburg.
Röd, Wolfgang 1982, *Descartes. Die Genese des Cartesianischen Rationalismus*, München.
Roth, Klaus 2003, *Genealogie des Staates*, Berlin.
Russell, Bertrand 1983, *Philosophie des Abendlandes. Ihr Zusammenhang mit der politischen und sozialen Entwicklung*, Wien-München-Zürich (1. Aufl. 1950, engl. Orig. 1940).
Scheler, Max 1974 (1913), *Wesen und Formen der Sympathie*, Bern (Studienausgabe: der Text wurde unverändert dem 7. Band der „Gesammelten Werke" von Max Scheler entnommen; Ersterscheinung 1913).
Schelling, F.W.J. 1797, *Ideen zu einer Philosophie der Natur*, in: Schelling, Ausgewählte Werke, Schriften von 1794-1798., unveränderter reprogr. Nachdruck der Ausgabe Stuttg. – Augsb., Cotta 1856/57, hier zit. nach originaler Ausgabe (GW).
Schmitz, H. 1980, *Neue Phänomenologie*, Bonn.
Schmitz, H. 1988, *Der Ursprung des Gegenstandes. Von Parmenides bis Demokrit*, Bonn.
Schumacher, Ralph 2004, *Die kognitive Undurchdringbarkeit optischer Täuschungen*, ZphF 58.
Schumacher, Ralph 2005, *Was sind Farben? Ein Forschungsbericht über die Wahrnehmung und den Status sekundärer Qualitäten*, in: Information Philosophie 2005, Heft 2.
Sellars, Wilfrid 1963, *Science, Perception, and Reality*, London.
Sellars, Wilfrid 1981, *Carus Lectures III: Is Consciousness Physical?*, in: The Monist 64.
Spaemann, Robert 1990, *Glück und Wohlwollen*, Stuttgart, 2. Auflage.
Spaemann, Robert 1996, *Personen. Versuche über den Unterschied zwischen ‚etwas' und ‚jemand'*, Stuttgart.
Steinfath, Holmer 2001, *Gefühle und Werte*, in: ZphF 55, 196-220.
Straus, Erwin 1956, *Vom Sinn der Sinne. Ein Beitrag zur Grundlegung der Psychologie*, Berlin-Göttingen-Heidelberg.
Tugendhat, Ernst 1989, *Selbstbewusstsein und Selbstbestimmung. Sprachanalytische Interpretationen*, Frankfurt / M., 4. Auflage (1. Auflage 1979).
Tugendhat, Ernst 2004, *Egozentrizität und Mystik. Eine anthropologische Studie*, München.
Vernant, Jean-Pierre 1982 (1962), *Die Entstehung des griechischen Denkens*, Frankfurt a. M., franz. Original: *Les origines de la pensée grecque*, 1962.
Waal, Frans B.M. de 2006, *Tierische Geschäfte*, in: Spektrum der Wissenschaften, Juni 2006.
Wittgenstein, Ludwig 1963 (Org. 1921), *Tractatus logico-philosophicus. Logisch-philosophische Abhandlung*, Frankf./M.
Wittgenstein, Ludwig 1945 / 1949, *Philosophische Untersuchungen* (I: 1945, II = PU II: 1949).
Wittgenstein, Ludwig 1912-1948, *Briefe*, Frankfurt a. M. 1980.
Wittgenstein, Ludwig 1989, *Werkausgabe*, Bd. 8, Frankfurt a. M.
Wittgenstein 1914-1951, *Vermischte Bemerkungen*, in: ders. 1989, 445-573.

---

zeichnet auch Kant Erkenntnis a priori, ihre Analyse und Rechtfertigung als metaphysisch; die Bezeichnung gilt also auch für sein Konzept des transzendentalen Bewusstseins). Ich habe ihn hier durch den Ausdruck ‚*meta*'- oder ‚*nichtphysikalisch*' ersetzt. Ich danke Ernst Oldemeyer für die Anregung.

III. Personenverzeichnis

Abel, G. 16, 184, 195f., 212, 235
Adam und Eva 176, 212
Aischylos 6, 177
Ambrosius, Bischof 176
Anaxagoras 12, 14, 42, 55, 86, 91f., 121, 168, 210, 233, 238
Anaximander 11, 27, 168
Anaximenes 14, 55, 121, 208, 219, 222
Aristippos v. Kyrene 12
Aristoteles 15, 28, 34, 57-60, 91, 131, 137, 148, 181, 198, 209, 214, 217, 223f., 233, 236, 239
Augustus 48
Augustinus VI, 141, 176, 179, 225ff.

Benedict, Ruth 41, 126
Berkeley 88, 235
Bieri, P. 217ff.
Bush, G.W. 115

Caesar 100, 126, 128, 180, 208
Campbell, J. 17, 28
Carrier / Mittelstraß 191
Cato d. J. Vorwort V
Cato d. Ä. 128
Churchland, P.M. 24f., 71
Cicero II, V, 4, 47f., 62, 99, 131-134, 137, 141, 152, 162, 172, 180, 193, 198f., 201, 208, 240

Dahlheim, W. 44, 115, 128, 136
Darwin I, 15, 35, 42, 90, 120, 122, 124, 132, 140, 161f., 164, 177, 192, 224, 235
Demokrit 12, 14, 34, 42, 46, 52, 56f., 91f., 109, 121, 168, 173, 179, 195, 198, 219, 222f., 233
Descartes II, Vf., 11-17, 19ff., 27f., 57ff., 60, 76, 79, 84, 86, 91-97, 103, 108-111, 130, 133f., 137, 139, 145, 147ff., 151, 154, 161, 164f., 168, 174, 182, 186, 192, 198. 200, 207, 209f., 214f., 217, 219, 222ff., 233ff., 238, 242f.
Dilthey, W. 164
Diokletian 129

Eckhart, Meister 228
Empedokles II, 14f., 42, 91, 233
Ephialtes 6
Epikur 12, 14f., 48, 55, 141, 217, 220

Fauchereau, S. VII
Feigl, H. IV, 20, 22, 98.,145, 218, 234
Feuerbach, L. 226
Fichte 207
Freud, S. 141

Gadamer, H.-G. 132, 184, 226, 239
Gäbe, L. VII

Gassendi 12, 58, 60
Gauß, C.F. 1
Gebauer, G. VII
Göbbels, P. VII
Goethe 117, 166f., 175, 186, 214
Gorgias 233
Gregor der Große 228
Gulick, R.van 25

Habermas, J. 216f.
Harder, R. 59
Hastedt, H. 24
Hegel 59f., 137, 161, 164f., 201, 207, 214, 217, 220, 224f., 234
Heidegger 27, 110, 139, 165, 226, 234, 238f.
Heine, H. 158
Hekataios 125
Heraklit 11f., 27, 33, 45, 55ff, 59, 91f., 94, 134, 139, 148, 157, 159, 168, 181, 188, 198f., 204, 210, 219, 223f., 233, 239
Herodot 6, 45ff., 124f.
Hesiod 6, 43ff., 121, 127, 130, 221
Heuser, H. 227
Heuss, A. 127
Hitler, A. 180
Homer 6, 44, 82, 127, 221, 226f.
Horaz 129
Hübner, K. 96
Humboldt, A.v. 116, 214
Hume 59, 61, 92, 155, 164, 220, 233
Husserl 18, 21f., 26ff., 60, 87, 91, 98, 103f., 110f., 135, 165, 167f., 181f., 200, 218, 226, 234f., 238, 240

Jackson, F. 24, 71
James, W. 141
Jesus 187, 192 (Anm. 90), 227f.
Juden 129

Kalypso, Nymphe 226
Kanitschneider, B. 174, 191
Kant II, IVff., 3, 11, 13-15, 18, 20f., 23, 26, 28, 31, 57, 59, 61, 66, 68, 74, 80, 84, 88, 91f., 95-100, 103ff., 110f., 116, 121, 130, 133f., 137ff., 141, 145, 147f., 150f., 155, 160f., 164f., 168f., 174, 179, 181f., 191ff, 195f., 199f., 205ff., 210-214, 216-220, 222f., 225, 227, 234f., 238f., 242f.
Karl der Große 228
Kekes, J. 22
Keller, Helen 86
Kierkegaard 179, 189, 226
Kirchhoff, J. 96
Kleisthenes 6
Kloft, H. VII
Kunze, H. u. M. VII
Kutschera, F.v. 24

Lamarck, J.B. 122
Lagreulet, S. VII
Lamprecht, K. 115
Lanz, P. 17
Larson / Witham 174, 191
Lauth, B. VI
Leibniz 36, 59, 88, 135, 141, 234f.
Lenk, H. VII, 19, 24f., 91, 95-98, 101f., 132, 167, 181, 183f. 196, 200f., 203 (Nr. 87, 3b), 212f. (mit Anm. 109), 221, 226f., 234f., 237f., 242f.
Locke 13, 16f., 19, 21, 23, 28, 58, 71f., 105, 111, 147f., 209, 233
Lorenz, K. 35
Lukrez II, 15, 21, 54, 68, 73, 93, 121

Mach, E. 234
Machiavelli, N. 225
Marius, röm. Konsul 123 (Anm. 58)
Marx VI, 91, 120, 124, 141, 152, 201, 221, 225, 235
Mayr, E. 191
McDowell, J. 22, 28f., 59, 72f. (Anm. 44), 236
Meletos 33
Mendel, G. 132, 221
Menne, A. 23
Mommsen, T. 136
Müller-Leyer 80 (Anm. 46)

Nagel, T. 22f. (Anm. 12)
Newton 96
Nietzsche 157, 164, 177, 226

Odysseus 226f.
Ötzi, Gletschermumie 136 (Anm. 67)
Oldemeyer, E. VII, 235, 245f. (Anm. 124)
Ovid 176

Parmenides 21, 92, 139, 210, 233
Perikles 6
Piaget, J. 211
Pippin der Jüngere 228
Platon V, 7, 11, 15, 33f., 36, 45, 56f., 61, 85, 91f., 94, 98, 119, 131, 133f., 138, 140f., 146, 151f., 154, 157, 165, 168, 173ff., 179, 182, 187, 193, 198f., 204, 207f., 210-213, 220, 222ff., 231, 233, 235ff., 239f.
Plotin 59, 72, 76, 91, 134, 182, 198, 233, 236
Polybios, griech. Historiker 127, 191, 193
Popper, K.R. 174, 215
Poseidonios, Stoiker 124
Pythagoras 108

Reese-Schäfer, W. 25 (Anm. 18)
Reich, K. VII

Roth, K. VII

Sallust V, 7, 90, 100 (Anm. 56), 117, 124, 176f., 179f., 225, 228, 235
Sartre, J.P. 179, 189
Scheler, M. 242 (Anm. 121)
Schelling 59f., 96, 234
Schildbürger, die 1ff., 167, 229f.
Schiller 116
Schlick, M. 98
Schmitz, H. 235
Schopenhauer 141
Schröder, J. u. C. VII
Schumacher, R. 16-30, 71, 80f. (Anm. 46), 218
Sellars, W. V, 18, 21f., 98, 145, 218
Seneca V
Sokrates V, 7, 11, 33f., 45f., 56f. 61, 92, 94, 131, 133, 138, 141, 146, 151, 154, 158, 163, 165, 168, 175, 179, 187, 198f., 208, 210, 212f., 219f., 227f., 233, 239
Solon 6
Sophisten 34, 46, 99
Sophokles 177
Spaemann, R. VII, 242
Specht, R. VII
Spengler, O. 141
Straus, E. 87

Thales 55, 92, 121, 198, 219, 235, 239
Theodosius, röm. Kaiser 176
Thomas, ungläubiger 48, 128
Thukydides 7, 45f., 124f., 128 (Anm. 62), 130, 141, 150, 225, 231, 235

Uexküll, J.v. 23

Vernant, J.-P. III

Waal, F. 191
Warko, B. VII
Wittgenstein II, VI, 12f., 18, 22, 24, 26ff., 30, 41f., 61, 63-69, 71ff. (Anm. 40, 44), 74f., 81, 87ff., 95-103, 109, 139, 146, 149, 151, 160, 163, 166, 174, 177, 179, 182f., 187, 192, 195f., 204, 208f., 215-219, 234ff., 238ff.

Xenophanes 159